Microeconomic Foundations of Employment
and Inflation Theory

同文馆·社会科学经典译丛

就业与通货膨胀理论的微观经济基础

〔美〕埃德蒙·S. 菲尔普斯（Edmund S. Phelps） 等著

陈宇峰 吴振球 周禹 等译

北京大学出版社
PEKING UNIVERSITY PRESS

北京市版权局著作权合同登记　图字：01-2006-3743 号

图书在版编目(CIP)数据

就业与通货膨胀理论的微观经济基础/(美)菲尔普斯等著；陈宇峰等译. ——北京：北京大学出版社, 2011.6
(同文馆·社会科学经典译丛)
ISBN 978-7-301-16300-9

Ⅰ. ①就⋯　Ⅱ. ①菲⋯ ②陈⋯　Ⅲ. ①就业-文集 ②通货膨胀-文集
Ⅳ. ①F241.4-53 ②F820.5-53

中国版本图书馆 CIP 数据核字(2011)第 204429 号

Edmund S. Phelps
Microeconomic Foundations of Employment and Inflation Theory
Copyright © 1970 by W. W. Norton & Company, Inc.
Original edition published by W. W. Norton & Company, Inc. All right reserved.
本书原版由诺顿出版公司于 1970 年出版。版权所有，盗印必究。

书　　　　名：	就业与通货膨胀理论的微观经济基础
著作责任者：	〔美〕埃德蒙·S. 菲尔普斯(Edmund S. Phelps) 等著
	陈宇峰　吴振球　周　禹　等译
责 任 编 辑：	仙　妍
标 准 书 号：	ISBN 978-7-301-16300-9/F·2341
出 版 发 行：	北京大学出版社
地　　　　址：	北京市海淀区成府路 205 号　100871
网　　　　址：	http://www.pup.cn
电　　　　话：	邮购部 62752015　发行部 62750672　编辑部 62752926
	出版部 62754962
电 子 邮 箱：	em@pup.cn
印　刷　者：	北京飞达印刷有限责任公司
经　销　者：	新华书店
	730 毫米×1020 毫米　16 开本　24.75 印张　453 千字
	2011 年 6 月第 1 版　2011 年 6 月第 1 次印刷
印　　　　数：	0001—4000 册
定　　　　价：	58.00 元

未经许可，不得以任何方式复制或抄袭本书之部分或全部内容。
版权所有，侵权必究
举报电话：010-62752024　电子邮箱：fd@pup.pku.edu.cn

前言

去年,当发现并非只有我们在孤军奋战时,许多人都感到非常高兴。相似的研究在其他大学校园中也在进行,因此有了这将近一打的论文草稿和断章,这些论文都是针对不完全信息下的工资、价格、工作和产出决策这个主题展开研究的成果。一门涉及非均衡的经济学似乎正在形成。因此,有人提议召开一次会议,来看看我们之间是否使用着共同的语言,思考着相同的理论。在筹备会议的过程中,我们得知绝大部分论文还没有最终定稿,以用于发表。为了能够整理成一本书,我们决定将少数早已完成的论文重新出版。同时,还增加了两篇附加手稿,以填补空缺。这就是本书的由来。

在准备本书的过程中,除了每个作者单独获得的帮助(在每篇论文前都有相应的感谢词)之外,我们还获得了一些共同的帮助。本书所有作者在 1969 年 1 月 25 日至 26 日,齐聚在美国费城(Philadelphia)召开了一个研讨会,我们感谢宾西法尼亚大学从中给予的便利和大力帮助。同时,我们也得到了"国家科学基金会"(National Science Foundation)的财政支持。我们要特别感谢詹姆斯·H.布莱克曼(James H. Blackman),感谢他给我们的鼓励和对会议的灵活协调。感谢出版商为这次会议提供的贷款帮助。尤其要感谢唐纳德·S.拉姆(Donald S. Lamm),他本人具有在不完全信息下迅速作出适应性决策的能力,因此得以应对这本包含十五位作者共同完成的著作所带来的特殊难题。最后,非常感谢《西部经济学杂志》(Western Economic Journal)的编辑们允许我们重新发表 A. A.阿尔钦(A. A. Alchain)的论文;还有《政治经济学杂志》(Journal of Political Economy)的编辑们允许我们重新发表 L. A.拉宾(L. A. Rapping)和小 R. E.卢卡斯(R. E. Lucas, Jr.)的论文,以及 E. S.菲尔普斯(E. S. Phelps)一篇重新改写之后的论文。

埃德蒙·S. 菲尔普斯
1969 年 3 月 24 日
美国　费城

目 录

导言　就业和通货膨胀理论中的新微观经济学

埃德蒙·S. 菲尔普斯 /1

 1 劳动力市场、货币工资行为和失业　　　　　　　　/5
 2 价格和产出波动　　　　　　　　　　　　　　　　/16
 3 小　结　　　　　　　　　　　　　　　　　　　　/19

第 I 部分　就业和工资动态

第1章　信息成本、定价和资源闲置　　　阿门·A. 阿尔钦 /23

 1 交易、失业和价格稳定理论　　　　　　　　　　　/23
 2 劳动力市场　　　　　　　　　　　　　　　　　　/32
 3 理论的潜在检验　　　　　　　　　　　　　　　　/40

第2章　工作搜寻、菲利普斯工资关系和工会影响：理论与证据

查尔斯·C. 霍尔特 /47

 1 基本的工资动态　　　　　　　　　　　　　　　　/49
 2 工会动态　　　　　　　　　　　　　　　　　　　/69
 3 文献和经验证据的回顾　　　　　　　　　　　　　/83
 4 结论与进一步研究的意义　　　　　　　　　　　　/105

第3章　货币工资动态与劳动力市场均衡　埃德蒙·S. 菲尔普斯 /109

 1 菲利普斯曲线及其反对者的演变　　　　　　　　　/110
 2 转移和"广义超额需求"　　　　　　　　　　　　/115
 3 对瞬时扩展菲利普斯曲线的推导　　　　　　　　　/125
 4 预期和宏观均衡　　　　　　　　　　　　　　　　/134
 5 结　论　　　　　　　　　　　　　　　　　　　　/141
 附录1　错列工资设定下对工资变化的数学推导　　　　/142
 附录2　一段时间内的非工资性招聘　　　　　　　　　/143

第4章　工资和就业动态的理论　　　　　　　　戴尔·T.莫藤森／147
  1　劳动力市场的性质　　　　　　　　　　　　　　　　／150
  2　企业的劳动力流量供给　　　　　　　　　　　　　　／152
  3　工资选择理论　　　　　　　　　　　　　　　　　　／160
  4　市场模型　　　　　　　　　　　　　　　　　　　　／169
  5　菲利普斯曲线、通胀—失业权衡与"自然"失业率　　／173
  6　结　论　　　　　　　　　　　　　　　　　　　　／179
  附录　模型的稳定性　　　　　　　　　　　　　　　　／182

第5章　劳动力超额需求的结构　　　　　　　G.C.阿奇博尔德／186
  附录　一个封闭两部门模型中的工资动态例子　　　　／191

第6章　降低失业和通货膨胀的菲利普斯曲线是如何移动的？
　　　　　　　　　　　　　　　　　　　　　　查尔斯·C.霍尔特／197
  1　搜寻、失业、空缺和工资变化　　　　　　　　　　／199
  2　流量、存量、工资、安置概率的基本关系　　　　　／203
  3　劳动力市场分割　　　　　　　　　　　　　　　　／208
  4　不变通货膨胀下存在的稳定菲利普斯曲线　　　　　／212
  5　移动菲利普斯曲线的政策　　　　　　　　　　　　／213
  6　结　论　　　　　　　　　　　　　　　　　　　　／223
  附录　劳动力市场分割中失业和职位空缺的最优分配　／225

第7章　实际工资、就业与通货膨胀
　　　　　　　　　　　　小罗伯特·E.卢卡斯　里奥纳德·A.拉宾／227
  1　模型结构　　　　　　　　　　　　　　　　　　　　／229
  2　劳动总供给　　　　　　　　　　　　　　　　　　　／232
  3　劳动的总边际生产率函数　　　　　　　　　　　　　／239
  4　测量到的失业　　　　　　　　　　　　　　　　　　／241
  5　模型的总结　　　　　　　　　　　　　　　　　　　／244
  6　结　论　　　　　　　　　　　　　　　　　　　　　／246
  7　总结与结论　　　　　　　　　　　　　　　　　　　／252
  附录1　回归中使用的变量　　　　　　　　　　　　　　／253
  附录2　补充结果　　　　　　　　　　　　　　　　　　／254

第 II 部分　产出和价格动态

第8章　个人主义竞争下的最优价格策略
　　　　　　　　埃德蒙·S.菲尔普斯　小西德尼·G.温特／267
　　1　"顾客流量"动态　　　　　　　　　　　　　　／268
　　2　最优动态价格策略　　　　　　　　　　　　　／271
　　3　"产业"均衡:存在性与稳定性　　　　　　　　／289
　　4　结论性评论　　　　　　　　　　　　　　　　／290

第9章　扩散过程与最优广告策略　　约翰·P.高尔德／292
　　1　信息传播的施蒂格勒和奥兹卡模型　　　　　　／295
　　2　增加信誉的非线性成本的罗纳—阿罗模型中的最优策略／301
　　3　一些比较动态分析　　　　　　　　　　　　　／305
　　4　第一扩散模型的最优广告策略　　　　　　　　／307
　　5　第二扩散模型的最优广告策略　　　　　　　　／311
　　6　摘要与总结　　　　　　　　　　　　　　　　／316

第10章　价格动态理论　　唐纳德·F.戈登　艾伦·海尼斯／318
　　1　当前的价格调整理论　　　　　　　　　　　　／319
　　2　随机需求表和价格调整　　　　　　　　　　　／323
　　3　非均衡价格回应　　　　　　　　　　　　　　／329
　　4　卖方通货膨胀和价格动态理论　　　　　　　　／335

第11章　异质资本商品的市场出清　　唐纳德·A.尼科尔斯／338
　　1　模　型　　　　　　　　　　　　　　　　　　／340
　　2　同质商品的市场出清　　　　　　　　　　　　／343
　　3　异质性　　　　　　　　　　　　　　　　　　／346
　　4　结　论　　　　　　　　　　　　　　　　　　／352

第12章　使用者成本、产出和未预期的价格变动
　　　　　　　　　　保罗·陶布曼　莫里斯·维尔金森／353
　　1　不可再生资产　　　　　　　　　　　　　　　／353
　　2　可置换资本存量的情况　　　　　　　　　　　／359
　　3　概要和结语　　　　　　　　　　　　　　　　／361

索引　　　　　　　　　　　　　　　　　　　　　／362
译后记　　　　　　　　　　　　　　　　　　　　／384

导　言 | 就业和通货膨胀理论中的新微观经济学*

埃德蒙·S. 菲尔普斯（Edmund S. Phelps）

　　虽然我们已经传授了许多研究居民和企业供给决策的传统新古典经济理论，但在事实上它们却很少被用于实践。因为众所周知，它们和凯恩斯的就业理论模型以及后凯恩斯通胀理论模型都不相一致。传统理论无法说明总需求①减少导致产出和就业减少的路径，凯恩斯却对此做了比较令人满意的解释。只有考虑到当前特殊需求移动的不可捉摸的非中性因素，才有望使我们得出比单纯的货币价格和货币工资效应更多的理论。通货膨胀在新古典理论中并不具有刺激产出的倾向；在新古典理论中，存在包含或不包含通胀的充分就业。

　　新古典理论在竞争行业或垄断行业中不尽如人意的应用表明，当且仅当存在产品工资（以谷物形式衡量）的上升时，谷物行业的产出和就业水平在给定技术和固定要素的情况下会下降。② 但是，这一理论不能解释需求下降会使产品工资率上升的原因，也没有给我们提供"不完全工资弹性"（imperfect wage flexibility）发挥作用的机理。即使新古典的信条预测到产品工资率的上升，它对此

---

　　* 本文的主要目的在于说明本书总体上对经济学作出的贡献，并比较各篇论文之间的相似和不同之处。但是，本文并没有对任何一篇论文进行充分总结，也没有和其他作者进行过必要的合作与交流。本文在写作过程中得到了布鲁金斯研究所（the Brookings Institution）的资助。

　　① 在本文中，我用"总需求"来表示价格÷实际收入（或实际产出）在平面上的一个关系表。这个关系表可能是垂直的，或者在"凯恩斯"和"庇古"效应下，是负向倾斜的。它表示价格水平和产出之间的关系，这种关系来自希克斯的 IS-LM 曲线交点。

　　② 除了通过市场出清的价格和工资率外，总需求绝不会给任何竞争性企业的产出造成差异（在垄断情形中，存在明显的弹性条件）。可以确定的是，需求曲线的左移会消除一个正的价格在充分就业均衡上的存在。

也同样无能为力。人们普遍认为,在失业率上升的同时,产品工资率并不会显著且恰当地上升。当货币工资不具有完全弹性时,货币价格也是如此。那么,行业定价和产出的正确理论究竟是什么呢?

此外,传统的新古典理论不能解释在后凯恩斯经济学中所提到的,通货膨胀(或没有预期到的通货膨胀)可以"购买"产量和就业增加的原因。首先,在新古典世界里,并没有闲置的资源可以让通货膨胀来进行某种程度的刺激。从新古典的立场来看,企业可能要求更低的产品工资率,以生产更多的产品;而居民则不大可能会在实际工资率下降的情况下做出增加劳动供给的回应。但是,如果承认存在正常的摩擦性失业残值,那么也就存在通货膨胀及其伴随效应如何减少这一残值的问题。显然,宏观经济学需要一个坚实有效的微观经济基础。

凯恩斯主义者假定存在货币工资黏性。经由邓洛普-塔希斯-凯恩斯(Dunlop-Tarshis-Keynes)转换,通常假定也存在一个相同程度的价格黏性。但是,关于得出这一黏性的劳动力市场和产品市场模型,却几乎没有一个清晰的微观分析。在不同时期,经济学家也相应地提出了对黏性的几种不同解释。但是,迄今为止仍没有一种解释能完全把握这个概念。

凯恩斯的一些追随者,依赖所谓的"货币幻觉"(money illusion)理论进行解释。他们认为当总需求下降时,工人的劳动供给价格不会和价格水平一样成同比例下降。因此,利润最大化的产量和就业减少必然源于价格水平的下降。但是,为什么货币工资本身成为工人的关注焦点却依旧不很清楚。凯恩斯本人认为,工人关注的是他们的相对实际工资。在一个完全的劳动力市场上,相对实际工资不会受当前货币工资率下降的任何影响;而不完全市场的性质却需要一个凯恩斯无法提供的新解释,这一解释很可能来自于货币工资导致的满足感。③从某种程度上说,如果生产者因社会压力而使其产品价格本身具有一种符合社会价值的重要性,那么总需求下降可能不会导致价格削减或与货币工资率下降相对应的产出增加。相反,它会和总需求下降引起的货币工资率以及货币边际成本的下降保持一致。如果实际工资的下降最终减少了劳动供给,那么就业也会下降。一些作者假定,在衰退时期卡特尔化的趋势会增强;而另一些作者却假定,在困难时期存在更平坦的需求曲线和更激烈的竞争。

关于工资和价格黏性的货币幻觉解释,与完全市场中价格接受者的行为相

---

③ 工会似乎以"错误"的方式发挥了作用。一个工会能够成功地要求它的所有成员实施一项货币工资削减,而这一削减在每个成员单独行动但忽视其他成员接受削减意愿的情况下将会遭到拒绝,因为单个成员在自己的相对工资上获得了满足。

另一种对货币幻觉的辩护是,生活成本的下降将不会完全被工人感知。(这和价格的充分下降最终被感知的静态幻觉略有不同,我们得到一个低于充分就业的非均衡状态,其中价格和工资出乎预期地下降。)

一致。因此，教科书中经常援引这种解释。然而，对于那些把就业和通胀波动归因于黏性的人来说，这的确显得更为棘手。我们假定存在一个有若干价格制定者（比如寡头）的世界，尽管不存在货币幻觉，但导致非充分就业的非均衡"摩擦"是可能的。本书的几位作者已指出，改变价格和工资将产生相应的"成本"。这些成本中的部分是指修改价目表、菜单、工资条目等所需要的劳动力成本和印刷成本。此外，更重要的是指那些有关价格和工资决定的管理成本。管理者不大可能认为每小时或每天检查价格和工资率是有利可图的，而每个季度或每年检查一次则比较常见。但在新古典的世界里，以任何速率制定决策的成本如此显著的原因却尚不明确。

目前正在形成一种关于产出、劳动力供给、工资和价格决定理论的新微观经济学——一种超越新古典跨期均衡的理论。这种理论不同于刚刚提及的之前为建立一种总供给理论的努力，不同之处在于，它"固执地"坚持新古典理论关于最大化预期终生效用和净值的假设。它不必借助任何所谓的错觉，也不用严格要求价格设定者有效利用他们的决策时间。本书致力于推动这一新理论的发展。

这项新研究从不同角度阐释凯恩斯经济学中的一些旧问题，力图开拓一个关于假说和问题的新研究领域。本书包含的研究论文为以下几个问题提供了新的解释：为什么价格水平变动时货币工资率是"黏性"的呢？或者说，为什么当总需求变动时货币工资率（从而价格）不能足够迅速地做出反应，以使就业和产出保持在相应的均衡水平呢？[④] 这些作者相似地解释了货币生产成本变动时的价格黏性问题。由此，尽管存在递减的边际生产率，就业下降并不必然意味着实际工资率的提升。本书中的许多模型建立了一种存在于就业水平和工资（或价格）变动率之间的瞬时稳态菲利普斯曲线关系。就业变动率还经常出现在瞬时菲利普斯关系中。最后，新理论也赋予预期，尤其是对工资和价格变动的预期关键角色，因此，它使本书的绝大多数作者都围绕同一假说展开论述：瞬时菲利普斯曲线会按照它上面选择的某一点移动。当期的菲利普斯曲线可能会非常稳定，但下一期的曲线会依赖于当期的经济情况变动。特别是当通货膨胀率稳定上升时，它对失业率也只具有一个微不足道的影响。[⑤]

[④] 因此，以下问题变得清晰起来，即为什么尽管存在低成本的计算机，但工人和企业仍似乎不怎么希望制定实际工资协定——也就是说，为自己提供完全自动的工资调整？

[⑤] 这个假说存在其他不同的称呼，如"永久失业理论"或"强预期假说"。该假说并没有让那些学者型的经济学家感到意外。费尔纳（Fellner）和瓦利奇（Wallich）在十多年前就已提出这一问题，冯·米塞斯（von Mises）比他们还要早。弗里德曼和菲尔普斯为这个假说在当代的复兴作出了重要贡献。本书研究的新颖之处在于它对这一假说微观基础的发展。

这些另类的新古典论文有一个共同的理论出发点,即对瓦尔拉斯完全信息假定的偏离。在典型的瓦尔拉斯经济中,所有交易都处于完全信息下,每个买者和卖者都有关于各自做出选择的完全信息。结果是,瓦尔拉斯经济只有满足以下两个条件才能达到均衡。

第一个条件是,经济中不存在非价格因素的配给。即不存在这样一个买者,他知道通过支付一个更高的价格来获取更多的产品,能使自己和其他卖者的利益得到更大的改善;因为要么卖者不知道他的出价,要么卖者存在"以现行的价格为现有买者持续提供供给"的长期利益。同样地,没有卖者会被禁止降低价格以获取更多的利益。这一条件可以用另一种方式表述,即价格使市场得到完全出清。⑥

均衡的另一个条件是,经济中不存在"意外"(surprise)。市场的出清条件只是意味着,对于任何一个价格来说,在知道这一价格的人们之间,市场都是出清的。这也就是说,对于它设定的每一个价格,每家企业都知道应该生产多少产品,这些产品恰好是那些知道价格的买者愿意购买的。同样,对于企业的供应商来说也是如此。不管演化条件如何,不存在意外使每个居民和企业总是知道有关每家企业的市场出清价格。无论现在还是将来,都是如此。由于经济中存在对当前价格严格意义上的完全认知,因此,如果某个价格将要发生变动,每个居民立即就会知道这个新价格。⑦ 否则,均衡将被限制在循环的静止条件中。这也就要求不存在获取或公开这些价格的成本,或者这种成本至少可以忽略不计。众所周知,远期市场的出清价格可以被解释成无成本的经济预测。⑧

在瓦尔拉斯的理想经济状态中,有关总需求和就业之间的关系仍存在一些

---

⑥ 价格使市场出清来自于最大化假设——没有买者或卖者会故意放弃改善福利的机会,以及信息假设——买者和卖者能够预测他们所有的购买和销售机会,包括现在的和将来的。在(非歧视地)设定价格的垄断企业例子中,市场出清简单地意味着卖方垄断企业在它的需求曲线上运行;它不会对买者进行配给,也不会生产超出设定价格所对应需求求量的产量,因为它知道自己在每个价格下的最大销售量。相似地,设定价格的买方垄断企业在它的供给曲线上运行。在竞争的例子中,买者和卖者认为,他们购买或销售产品时接受的价格和他们本身购买或销售的数量无关,市场出清意味着供给等于需求。

⑦ 它并非简单地表示居民认为其知道所有的价格,并且在当前的经济状态中恰好是正确的;下面将要介绍的非瓦尔拉斯均衡的弱概念涉及预期在大的方面(如果不是在小的方面)的正确性。

⑧ 有必要在分析上构建一个复杂全面的远期市场,来提前确定所有的远期价格,从而使它们被置于包含现期价格的面值上,并且在一个具有正出生率的经济中下降到最低点。对经济中的当前成员而言,为获得经济效率,他们会希望自己能够和经济中未出生的成员(他们也不能进入远期合约)交换现期价格。

诡异之处。⑨ 对总需求而言，只有一条路径可以产生人们能预见的价格和货币工资水平。(但是我们可能会问，如果人们只是自发地预见(价格和货币工资率相同的)通胀，而不是一个静止的价格和工资水平，从而使总需求必定稳定地增长以证实这些预期，那么这会造成什么不同呢？)在这种通货膨胀情形下，是否存在高于静止价格的就业水平呢？答案在于，可预测的通货膨胀率和就业水平之间不存在必然的内在联系。面对不同的可预见的价格趋势，就业、投资和其他实际的供给和需求将不变。如果所有预见到的相对价格，包括预见到的实际利率同样不变，那么财政政策和货币政策这两种工具能够赋予政府足够的自由，以实现并维持一个"纯粹"或"中性"的通货膨胀。其中，实际利率和预期通货膨胀率无关。⑩

随着对完全信息假定的偏离，对一般非均衡及其在价格变化和资源使用中的表现形式(包括总需求行为在内的决定因素)的正式研究道路被最终打开。在本书中，三种类型的非均衡模型，无论是在产品市场还是在劳动力市场中，都是富于洞见的。本书的导言也将主要按照这些分类来进行组织，并按这些分类对各篇论文进行归纳，尽管这一做法对书中的许多论文来说有些绝对，因为我们都知道，很少有论文能完全符合某一特定类型，但这些分类的确有助于促进我们的理解。

1 劳动力市场、货币工资行为和失业

劳动经济学家很久以前就已经注意到，在一个庞大复杂的经济体系中，劳动力市场会被严重的不完全信息困扰，这种不完全信息出现在工人和企业考虑其他区域工资率的时候，因此存在一定数量的"搜寻失业"也是很正常的。阿门·阿尔钦的研究论文表明，在一个合理的预期假说下，搜寻失业的数量会通过对样本货币工资率的影响随总需求的变动发生变化。具体而言，总需求的增加将会减少搜寻失业；一些搜寻者因为发现了一份货币工资相对较高的工作，会误以为

---

⑨ 如果想在瓦尔拉斯经济中讨论货币价格和通货膨胀问题，我们需要假设，即使在完全信息的瓦尔拉斯经济中，人们的借据(IOU)也不可能被完全相信；并且，政府或一些政府管制下的银行将会垄断现金或者其他货币的创造。

⑩ 三个条件可能需要提及：第一，实际货币余额的预期资本损失可能会替代所得税，因此如果税收不是被假定为总量税，就会存在一个有利于就业和储蓄的替代效应。第二，如果法律或者技术因素阻止货币(或者货币的一些构成要素)产生利息，那么在预到到通货膨胀的情况下持有货币的机会成本将会更大，并且人们可以想象，由此增加的管理交易余额的麻烦将会缩短工作日，或者从劳动力市场上转移出次要的家庭劳动力。第三，如果在签订最早的用货币表示的规范合约时通货膨胀没有被预期到，那么在劳动力供给上可能存在"分配效应"。

总体货币工资率在上升,并且它已经高到使直接接受工作优于寻找另一份更高工资的工作。

我也发现,以下这一比喻是非常有启发意义的:经济体好比是一组岛屿,岛屿之间的信息流动是需要成本的。为了知道邻近岛屿所支付的工资,工人必须花费一天时间前往那个岛屿,以对它的工资进行取样,而不是用于工作。为简化讨论,设想劳动力总供给,即就业和(搜寻)失业的总和,对于每个居民是固定的,和实际工资率、预期实际利率以及其他因素无关。同时,假设生产函数中劳动在技术上是同质的,并且在生产各种各样产品的不同工作中也是无差别的。每个岛上的生产者在劳动力市场上是完全竞争的,在岛际的产品市场上也是如此。清晨,每个岛屿的工人们组成一个拍卖会,以决定市场出清的货币工资和就业水平。为便于分析,可想象一种非常稳定的静止状态,在这种状态下没有偏好和技术的变化,并且拥有固定的人口规模。

初始时期,工资率的变动和原来预期的一样,并且人们相信没有取到样(其他岛屿上)的工资率和取到样(自己岛屿)的工资率是相等的。那么,整个经济体处于一种非瓦尔拉斯的均衡状态,此时,工资率能被正确地猜测。但和瓦尔拉斯世界一样,它们从来没有被真实地获知;一些岛屿工资的变动将不会被立即得知。为简化说明,我们不妨假设人们预期货币工资不变,那么初始均衡将是一个包含稳定工资和价格的均衡。

现在讨论总需求下降时的情形。如果劳动力引致需求的下降,被认为在所有岛屿之间是普遍一致的,那么货币工资率(及其价格)将会下降,以维持均衡(假定存在新的均衡)的就业和实际工资率。但假设每个岛上的工人由于考虑到他们自己岛上独特的产品组合,都相信需求的下降至少部分地因岛而异。因此阿尔钦很自然地认为,工人们关于其他地方(其他岛屿)货币工资率预期的"修正",在比例上会小于样本货币工资率未预料到的下降幅度。在这一情形下,人们认为因岛而异的工资变动构成会持续足够久的时间,以使搜寻一个更好的货币工资率看起来是值得的,每个岛上的可接受工资的下降幅度将会小于产品价格的下降幅度;在新的(更低的)市场出清货币工资率下,一些工人会拒绝就业,他们宁愿花费时间到其他地方寻找一个更好的相对工资。[11] 因此,在每个实际工资率下,有效劳动供给左移了;实际工资率上升,利润最大化的产量和就业下降。

查尔斯·霍尔特(Charles Holt)、戴尔·莫滕森(Dale Mortensen)和菲尔普斯

---

[11] 我们假定工人的年龄不同,因此他们对从一个指定的工资率的提高中得到的终生收益的评估也不同;或者假定他们工资期望的"可调整性"不同,从而任一岛屿的有效劳动供给曲线将会向上倾斜。

等人的论文,讨论了菲利普斯曲线是如何从劳动力市场模型中推导出来的,尽管更为实际,但是和岛屿寓言并没有根本的区别。在讨论这些模型之前,我们注意到,甚至在极端简单的岛屿模型中,稳定的失业率和工资变动率之间的菲利普斯曲线关系的模糊形状,也显现出来了。如果政府想要操控总需求以使平均货币水平在新的更低的水平上保持不变,那么失业工人将会失望地发现货币工资率在其他地方也是一样低,因此将向下修正他们对与样本工资率相关的其他地方平均工资额度的预期;搜寻将会变得不那么具有吸引力,有效的劳动力供给将会右移。为了防止市场出清的就业率上升,政府将不得不通过紧缩总需求或者将保持总需求稳定需要的总产量独立于价格水平,以继续降低货币工资率。假定样本工资率未被预期到的下降,导致的是其他地方预期货币工资率幅度较小的降低,那么上述措施将会发挥作用。因此,某种情况下货币工资率(在确切数量上)的持续下降,将会伴随着持续的特定规模的搜寻失业。⑫ 显然,实际工资率相对于预期工资率的缺口越大,货币工资率的减少率就越大。同时这种缺口越大,搜寻失业的规模也就越大。因此,在稳定的失业和货币工资率的代数增加率(algebraic rate)之间,我们得出一个类菲利普斯关系。在这种关系中,预期到的货币工资增加的长期趋势率起着参数的作用。如果工人们回顾历史并且发现货币工资率是稳定下降的,且他们相应地改变了对工资变动的总趋势的预期,那么在搜寻失业水平维持不变的情况下,一个不断加速的工资率降低幅度将会跃入眼帘。

在上面的论述中,样本工资率总是系统性地不同于(小于)之前对它们的预期,在这个意义上,每个失业率为正的稳定状态都是一个非均衡状态。⑬ 在非瓦尔拉斯的意义上,均衡意味着这样一种状态,即工资率和其他价格平均而言(跨越空间和时间)将被发现和它们曾经被预期的相一致。而只有在零失业的情况下,这个意义上的稳态均衡才会在上述简化的岛屿模型中发生。为了避免这个含义,对结构上变化的介绍是必要的,比如"实际"微观经济中产品需求和相对成本或者人口的变动。⑭ 因而,与工资率低于对其他地方预期工资率的岛屿相比,货币工资率高于对其他地方平均预期货币工资率的岛屿将会足够多,从而使均衡时的稳定失业率为正。因此,将存在足够的与搜寻失业数量相联系的职位

---

⑫ 一个严格的论证——工资率的下降是不变的(至少是近似于这样),需要模型做出更多详细的设定。

⑬ 如果货币工资变动的预期长期趋势率是(比如说)4%,那么一个足够小的稳定失业率将会和增加的货币工资率联系在一起;但是它们的增加将会小于4%,因此相同的对其他地方工资率的平均过高估计将会存在,并且净失望将会发生。

⑭ 关于这些条件一个更长的讨论,我将会联系阿奇博尔德(Archibald)的论文在下面展开。

"空缺"——定义为在其他地方预期中值工资率下的劳动力需求量,减去"高"工资率下的实际就业,这使均衡"总体上"是可能的,尽管单个搜寻者和非搜寻者可能会感到失望或者满意。[15] 在这个扩展的模型中,存在"过度就业"是可能的。从搜寻失业的均衡水平开始,当货币工资率被推到平均预期水平之上时,"过度就业"就会出现。这种未预期到的工资上升使得一些搜寻失业者在比较早时就停止搜寻,即在样本工资率上接受就业(并且一些就业者推迟搜寻)——如果像前面所假设的那样,每个未预期到的工资增加都将会使其他地方的平均预期货币工资率发生一个幅度较小的增加。[16]

因此,岛屿情景揭示了一个工资变动方程,在这个方程里,菲利普斯关系是一个元素。工资变动率与失业率水平、就业变动率以及工资率增加的预期趋势率相关联——后者作为单位系数被引进方程中。根据菲尔普斯、莫滕森和(在一些约束下)霍尔特等人所提出的某些方面更为现实的模型,这个方程同样能够被推导出来。

在这三篇论文里,莫滕森的论文在两个方面和岛屿故事最为相像:首先,工作和工人基本上是同质的——只有工资率(不同企业之间)和对工资率的预期(人们之间)有所不同。其次,企业永远不会为了减少现有员工而解雇那些还愿意工作的工人;在这个意义上,市场是出清的。我们将在后面指出,在同质性要求和不存在工作配给之间存在着一些联系。

莫滕森的模型同样适用于菲尔普斯的论文所采用的方法,它假定每个企业都是工资决定者,而不是工资接受者。假定对于每个企业而言,工资是一种重要的招募员工的工具。在瓦尔拉斯理论中,每个企业可以在现行工资下立即获得它想要的劳动力。在一个严格的、无信息交流的劳动力市场上,将每个企业看做一种类型的岛屿似乎更为自然,有关它的工资的信息只能慢慢地被获得。因此,企业可以被认为在每一个时点上拥有动态的垄断权力:企业所提供的工资相对于其他地方工资的上升,将会提高该企业雇用人数的上升速度。

莫滕森是沿着这些方向详细阐述关于最优工资设定的严格理论的始作俑者。最优工资依赖于企业对任何特定工资预期的动态反应。莫滕森关于企业劳

---

[15] 与一些模型不同,在我刚刚描述的经济中,当空缺像正文一样定义时,工资率是高的而且会下降;而在工资率低于其他地方预期工资率(失业的当前路径)的部门,工资率是低的而且会上升。我相信这些变化率不需要刻画一个更彻底的非瓦尔拉斯市场,在那里每个企业都是一个岛屿。

[16] 我应该指出上面这个搜寻失业模型的一个缺点。当工人们将消费者物价当作总体货币工资的一些指标时,如果他们观察到生活成本和样本货币工资率同比例(或者以更大比例)下降,那么总需求的下降可能不会产生到其他地方寻找相对高一些的货币工资率的预期,从而不会增加搜寻失业。(这暗示价格水平黏性在搜寻失业中也发挥着作用。)

动力"流动供给"的讨论,来自于霍尔特把失业作为"最优停止"(optimal stopping)问题的处理方式。在前者的版本里,每个工人拥有一个关于当前工资报价(wage offers)的主观概率分布,这种工资报价可能会静止不变,或者更一般地,以某种预期的指数速率(预期中值工资变化率)变动。相对于就业工人,失业工人可以对工资率进行更为精细的采样,但是就业工人具有获取外部工资报价信息的可能性。基于以上情况,失业工人确定一个可接受的工资或者保留工资。从经验角度看,一些工人不如其他工人熟练,并且工人们在这个方面组成一个连续统一体。因此,企业的工资越高,失业工人从它那里采样工资的比例就越大(企业预期到工人会接受它的工作)。同样地,它所预期的对其他地方就业工人的吸引速度也就越快。莫滕森还假设,企业工资的增加会减少现有雇员辞职的速度——假定这种反应的渐次性(gradualness)主要是为了分析的便利。因为,当面对固定工资率的轻微变动时,企业雇员具有更为有效地利用他们决策时间的一种强烈愿望。

总需求的增加会使企业具有增加(相对于其他地方的预期工资率而言)自身工资的激励。如果系统从均衡出发,并且平均工资增加率刚好等于平均预期中值工资增加率,从而失业处于它的正常水平或者自然水平,那么工资提供者的增加会逐渐将工人们从失业池中拉出来。一个更低的失业率的维持,要求当预期向上修正时,工资率位于预期之上。如果货币和财政当局想维持一个稳定的工资膨胀率,以及超过固定的预期中值的工资变化率,那么失业率将下降到某个非均衡的稳态值,此时失业工人总体上将要求更高的可接受工资。但是稳态工资膨胀不会永久抵消失业率的减少,因为工人们很有可能学会在实际平均工资增加率的方向上,向上修正他们的预期中值工资增加率。

尽管霍尔特和菲尔普斯的论文在莫滕森的论文里得到了更为广泛的综合和提炼,但它们和后者之间依旧存在着显著的差异。前两篇论文都强调了当失业水平降低时辞职率会变高的结论。但是,纯粹从莫滕森—阿尔钦这一观点出发,无法解释下述的论断:相同的未预期到的工资增加,缩短了早已失业者的搜寻期,并且会导致一些就业工人高兴地惊讶于这种他们认为在其他地方不会有的工资上升,从而决定不选择辞职以加入为搜寻更好工资而失业的队伍中。辞职率和失业率的负相关性涉及了劳动力市场中的工作配给现象。当总需求高时,工作变得易于获得,一些先前没有能力"出价"的工人,现在可能和当前工作持有者一样有资格出价。当就业工人知道这些机会时,他们辞职以从事那些比他们当前工作更好的工作;相应地,当搜寻可获得工作的人们找到他们的目标时,失业就会下降到一个更低的水平。

在霍尔特的分析中,总体工资增加率是那些辞职并直接从事另一份工作的工人的工资增加率,以及在职工资增加率(它扮演了一个多少有些消极的角色)的适当的平均。那些直接转换工作的人之所以这么做,是因为有雇主向他们提供了一个更高的工资。而那些被解雇的工人一般不能享受同样的工资增长。辞职率的上升增加了工资上升的频率,并且增加了平均工资的增长率。通过假定辞职率和失业水平之间的反向关系,霍尔特给出了稳定状态时失业率和工资增长率之间呈负相关性的一个推导过程。

关于这种关系的另外一个推导过程依赖于失业的平均持续时间。霍尔特推断,平均失业时间越短,平均代数工资增加(average algebraic wage improvement)就越大。他的论证是,失业工人,不管有没有关于平均工资和工作可获得性程度的完全知识,当获得更多关于工资报价分布的经验时,倾向于降低它对工资提供分布的方差估计。而且,他的净财富和流动性将随着失业时间的延长而下降。因此,可以预期到他的可接受工资会随着失业时间的延长而下降。从而,借助于总离职率(辞职进入失业池者加上解雇者)趋势和失业率无关论断的支持,霍尔特假定平均失业持续时间和失业率之间存在一种反向关系。从而他表明,当失业率水平越低时,经过失业池的那部分劳动力的代数工资增加率就越大,同时相应地,平均工资增长率也将越大。

原则上说,平均工资能以这种方式向上移动,此时不存在任意公司工资率的任意上涨——就片刻而言。向更高工资企业的跨企业流动和"升迁"就是例子。但是霍尔特将提升工资率看做另一种策略:当职位空缺增加时,企业将试图通过这一策略吸引更多的劳动力。霍尔特表示,可以把对企业设定工资的讨论和他关于劳动供给者可接受工资的观点,联系起来进行对应分析。

在菲尔普斯的论文中,得出瞬时菲利普斯曲线的方法和上面的方法有某种程度的相似之处。经济从一个均衡状态开始,实际中值工资的改变率和平均预期的中值工资改变率相一致。总需求的增加带来了更多的工作机会;当搜寻者找到这些机会,而企业也成功地完成了额外的非工资性招聘工作时,失业率将会下降。该论文也对跨时最优招聘工作进行了讨论。从而,当工资本身增加时,总失业将减少;在模型中,通过相对于不久的将来新工资合同所预期提供的工资率提高当前合同约定的工资率可以实现这点。但是这也表明,阿尔钦—莫滕森的观点——它依赖于对当前中值工资的错误预期——可以被综合进这个模型中。

想要维持一个低于均衡失业水平的稳定状态,职位空缺率必须保持在一个更高的水平。否则,当工人更加难找时,新员工会变得更少;如果失业率要维持在一个更低的水平上,新员工不能变少,因为在更低的失业率上,离职至少和原来一样高,事实上,此时的辞职率变得更高了。因此,失业率和空缺率之间存在稳定的负向关系。

尽管更大的雇用意愿和更多的使用非工资招聘措施,例如招聘广告,是减少总失业的主要途径;但是单个企业仍然将它的货币工资率看成是一种重要的招聘工具。当职位空缺增加而失业减少时,每个企业都希望相对于它预期不久将来的一般工资水平,提升它的现期工资,这种相对工资的增加有助于招聘新员工。但是,在我们所讨论的非均衡状态下,每个企业的工资提升幅度都比它对其他地方平均工资的预期增加幅度要大。因而每个企业必然会对实际结果,即它的事后工资高于合同工资,感到失望。同时,因为每个企业的相对工资比它原来所预计的要低,所以企业也会对它的招聘结果感到失望。企业通过进一步增加货币工资率以"追赶"(catch up)形势来适应这个意外,从而实现它的招聘目标。同样地,工人也会对他们过去合同期的相对工资感到失望,并会要求也得到这样一种"追赶"的工资增加。最终将存在一个对应于稳定的低于均衡水平的不变货币工资增长率的失业率,它超过了预期的增长率。这表明工资增长率越大,失业率就越小。(当然,如果企业维持就业的激励没有随着货币工资率的上升而下降,那么它可能会对财政和货币政策提出一些更为严格的要求。)

顺便指出一点,以货币工资率的变化率为一边,以空缺率和失业率为另一边,它们之间的关系可能具有一种简单的"超额需求"形式,因为只有后面两个比率之间的差异发生了作用。因此,在货币工资波动理论中,"超额需求"和菲利普斯曲线之间并没有冲突。这是因为,在稳态时职位空缺率决定了失业和超额需求以及通货膨胀率——更准确地说,指货币工资增长率超出预期货币工资增长率的部分。

我们已经讨论了对应于一个特定预期货币工资增长率的瞬时菲利普斯曲线。当实际货币增长率稳定地超过预期时,稳态失业率由瞬时稳态菲利普斯曲线给定。当实际工资增长率只是等于预期工资增长率时,根据定义,曲线上对应的点是均衡失业率。显然,对应于每个预期工资增长率的值,会存在不同的均衡失业率。这样的一个均衡轨迹一般来说比瞬时菲利普斯曲线簇更陡峭;它可能具有负或正的斜率。作为最初的理论近似,菲尔普斯在他的论文中表明,均衡失业率和预期工资增长率无关,即均衡轨迹是垂直的。这个唯一的失业率又被称为保证率(菲尔普斯)、或自然率(弗里德曼)或正常率(哈伯格),以及充分就业率(勒纳)。在这种情况下,一个缺乏波动的"预期通货膨胀率"会和相同的失业率联系在一起,并与稳定价格下一个不产生波动的组合相关;这时货币工资率只能以和生产率进步一样的速度上升。这个命题的论证逻辑在本质上即,在给定了失业率和空缺率的实际情况下,经济中其他地方预期货币工资率每增加一个百分点,工人会要求他的工资增长率也相应增加一个百分点,而雇主必须支付一个额外1%的工资增长率。如果我们引入一种关于预期工资增长率的行为假说,比如适应性预期假说,那么这种拘泥于形式的讨论就会具有更为重要的意义。因此更快的总需求增长,以及更高的通货膨胀率,并不能导致失业率在自然率之下的持续,尽管在这一过程中它可能带来巨大的幸福感。关于这些结论的几个前提条件,在菲尔普斯的论文里已经得到确认且被进一步强调。

工作配给,我们已经提到过,是最后两篇论文讨论的重要特征。阿尔钦也注意到了劳动力市场和产品市场中排队盛行的现象。什么是工作配给的微观基础原理呢?尽管主要是研究面对随机需求的卖者定价决策,但唐纳德·戈登(Donald Gordon)和艾伦·海因斯(Allan Hynes)的分析还是从劳动力市场购买方的角度,使"配给"变得清晰起来。经济学家已经逐渐熟悉于这种想法,即面临劳动力变动需求的企业,可能需要支付工资给那些由闲置或近乎闲置工人组成的劳动力"缓冲储备",以确保它可以在边际招聘成本为正且上升的情况下,满足产品的随机性高需求。在相同的招聘条件下,如果雇主面对一个随机的劳动力供给,那么企业总是支付给其现有员工一份超过失业者(或其他人)对这份工作"出价"的工资是有利的。如果雇主不能确定在每份工资下有多少就职工人,或者哪些工人会在第二天辞职,以及多少失业工人会寻找和接受这份工作,那么他可能会发现通过支付在大多数时间里似乎不必要的高额工资来实现企业想要的平均就业水平,从而降低工人损失的风险,可以使企业的预期净现值最大化。尤其当工人之间的技术同质性相当强时,这种考虑的确是最重要的。此时,边际招聘成本会变得更高,并且可能会更陡峭地上升。我们将会回过头来对这篇论文进行更进一步的讨论。

现在考虑这个已经纠缠了我们许久的问题:什么原因使自然失业率保持为正?为什么我们假设任何失业均衡趋于保持在一个正的位置上是符合现实的?毫无疑问,如果不存在超过预期的足够高的通货膨胀率,那么我们不可能在这一年得到零失业水平。众所周知,为了在某个子市场中得到非正的超额供给,那么在另外一些子市场中必须存在巨大的超额需求。一些精致的静态模型可以阐明这一点。这些年所出现的资源不当配置,通常被归因于跨行业和跨地域部门需求函数和供给函数的不平稳移动。我推测上述论断的逻辑在于,工人得出类似于下面的结论是需要时间成本的。例如,今年在一个多大概率水平上(如果不是总是如此),诺丁汉对于就业而言是一个差地方。但是,不太可能发现乡村地区的失业会永久地大大高于平均水平,只是因为那里存在着相对于其他产品而言低于平均水平的食物需求增长、高于平均水平的生产率增长,以及高于平均水平的人口增长。这样一种模式在农业上并不新奇,因此有人假定市场巧妙地对这种模式进行了"贴现"。这种使自然失业率为正的不平稳波动,是一种非系统性的不可预见的因素。G.C.阿奇博尔德的论文讨论了这一点,并引进术语"随机稳定性"来描述使均衡失业率不至于衰减到零的供给—需求的移动特征。这个问题的上述观点提示我们,跨行业和跨地区部门的失业率方差对于解释中值失业率是颇为关键的。然而,阿奇博尔德发现给定失业均值时,方差似乎对工资变动率起着一种独立的作用。这个解释可能是由于存在特定的非线性化,据此我们会得到一个有趣的结论,即当分布的偏度已知时,方差对统计的拟合不会增加任何信息。

当然,非平稳移动和可微的变化率,并非均衡失业率为正的全部本质。在一个不完全信息的劳动力市场中,典型的劳动力大军新进入者似乎希望察看一下他的更好机会——一个比起初看上去更好的机会。只有少数工人会在熟悉工作信息之前就接受工作。在这种情况下,一个正的人口出生率本身就确保了自然失业率是一个正数。并且在事实上,我们发现失业率在非常年轻的人中——那些寻找他们的第一份工作的年轻人,或者那些寻找一份比第一份工作更好一些的工作的年轻人是最高的。在他们的模型中,霍尔特、菲尔普斯和莫藤森同时发现,劳动供给的增长率越大,均衡失业率也就越大。另一个发挥显著作用的参数是生产率的增长。简短地讨论一下这些容易被公共政策改变,并影响自然失业率的参数是有益的。但是,让我们暂时结束这里对失业和相应工资变动的模型分类法。

在已讨论的搜寻失业模型中,接受一份工作的替代选择是寻找另一份工作。认识到另一种可能性是重要的,即选择闲暇。相应的闲置可以称为"等待失业"。实际生活中,在人生的不同阶段上,失业可能是搜寻和闲暇(一些闲暇可能用于生产,比如做饭或者家庭维修)的混合物。

戈登和海因斯讨论了服从随机波动需求的资源间断性闲置模型。他们的主要例子是定价策略问题。他们的分析对产品市场的意义可能更为重大,但是他们的洞见同样可以被延伸到对劳动力市场的分析中。

戈登和海因斯认为,每个雇主和雇员之间的工资合约是一个时间期界有限的合约——即使这种理解并非如此明显,且现实中存在着反对契约佣工(indentured servant)的法律。如果一个工人发现在标准工资下他的服务没有市场需求,那么他应当充分降低工资以使自己被雇用。这时他可能要承担在从事新工作期间,不得不拒绝一份以他的标准工资提供的工作的风险。面对随机需求的供给者,如果他能正确地估计需求的概率分布,那么他会把工资设置得足够高,从而产生间段性的失业。这个模型非常清楚地解释了技师、律师、演员、建筑师、顾问以及政治家等群体的零星失业现象。当我们考虑到,一份频繁辞职的记录甚至在没有明确的工作需要完成的时候,也可能会给工人的经历打上烙印时,很明显,戈登—海因斯模型与劳动力市场一个更为广泛的部分存在相互关联。

等待失业的数量和搜寻失业的数量一样,并非与总需求的变动无关。当总需求增加提高了对工人服务需求的均值时,大多数恰好闲置的劳动力将会对这种需求的增加做出反应,且以他们原来的标准工资接受工作。但是当这种不平常的需求持续下去时,供给方会向上修正他们的期望需求均值,并且相应地提高他们的标准工资。因此,如果就业被维持在均衡水平之上——对于后者,中值需求被正确地估计,那么工资将会持续增加(超过卖者认为对于长期需求增长而言是恰当的正常增长率)。工资增长率越大,就业超过其均衡值的幅度就越大。从而,瞬时菲利普斯曲线再次出现。但是戈登和海因斯认为,当供给者发现他们酬金的稳定增加不足以补偿均衡时,他们会加速对酬金的增加。戈登和海因斯推断,他们的模型也拒绝就业和通货膨胀之间存在稳定权衡的可能性。

还有一个作为潜在补充的等待失业模型,除了排除完全预见的因素外,这是一个标准的新古典经济模型。它没有假定预见到的价格变化会导致预期实际利率发生系统性的相关变化。但是,很有可能的是,没有被预见到的价格水平的变化趋势,作为一种经验事实,会导致预期实际利率的系统性改变。因此,在事实上,就业也会朝着相同的方向变动。罗伯特·卢卡斯(Robert Lucas)和里奥纳德·拉宾(Leonard Rapping)对此做了相关讨论。

假设在一个具有预期价格和工资稳定性,且到现在为止这种预期仍正确的经济中,价格水平出现了未预见到的上升。卢卡斯和拉宾假定,居民对他们关于未来价格水平预期的"修正",只是部分地回应了未被预期到的价格上升。换言之,居民推测价格水平会逐渐返回到初始水平。因此,他们认为,如果居民计划将任何货币工资的增加部分用于未来消费,那么和当前价格水平同比例上升的货币工资率,会使额外的劳动供给变得比以前更具吸引力。这样,在每个实际工资率上,劳动供给曲线向右移动了。此时,实际工资率下降,就业得到刺激。这种分析假设,如果货币利率随着价格上升而下降,它们也不会下降太多,其下降幅度不足以阻止预期实际利率的上升。在他们的模型中,正是预期实际利率的上升刺激了劳动力供给的增加。作为示范,作者演示了一个简单的包括现在和将来消费与闲暇的关于居民劳动力供给的最大化预期终生效用模型。

从卢卡斯—拉宾模型中,不仅可以得出货币工资黏性的理论,还可以得到价格变动率和就业率之间的瞬时菲利普斯关系。如果总需求被政府通过某种方式进行操控,以使价格水平在新的更高的水平上保持不变,那么工人们会根据上面所说的适应性预期假说,持续地向上修正他们关于未来消费品价格的预期。这种修正会逐渐减少劳动力供给(在每个实际工资下),从而迫使货币工资率向上变动,并且导致利润最大化的产量和就业回到它们的稳态均衡水平。但是,存在一个持续的未被预见到的价格增长率,一个能够保持预期未来价格水平等于实际价格水平的恒定比例的增长率——如果每个未被预见到的当前价格水平的增长,导致一个不变且较小比例的预期价格水平的增长,从而使得居民将他们的劳动力供给维持在给定的"过度就业"水平上。当然,这要求经济中存在一个不变而非永远加速上升的通货膨胀率,因为只有当"预期价格变动率"——在其论述中被明确固定在零值上——不能被调整到实际价格水平趋势上的时候,通货膨胀率才会加速上升。预期价格变动的长期趋势率,伴随单位系数被引进价格变动(或者工资变动)方程的卢卡斯—拉宾公式。

需要指出的是,本书中的论文承载了对公共政策的真切关注。而这点在某种程度上值得我们引以为豪。因为失业和通货膨胀一直是社会所面临的重大问题,更是公共知识分子研究的普遍兴趣所在。在另一方面,必须强调的是,本书并不旨在为政策措施提供可供直接操作的药方,本书作者主要致力于对政府干预行为可能产生影响的预期,并不提供任何有关这种变化基于福利的判断,或者估计它在成本—收益评估中的绩效。

在众多的政策工具中有这么一组工具,即使不能凭一己之力实现全部目标,至少也可以贡献它的微薄之力,这组工具包括了货币政策和税收政策。在制定有关总需求的政策时,我们经常会碰到下述问题,即一段时期中未预期到的通货膨胀和暂时性的过度就业是否有利于增进社会的总体福利。阿尔钦强调失业具有生产性的特征,因而消除失业是无意义的清教徒式行为,就像在严重的萧条时期增加税收一样。今天的失业是对明天的投资,使得任何给定数量的就业人员都能够得到一种更好的配置;它的机会成本像其他任何投资一样是现在的消费。相似地,戈登和海因斯认为过度的生产能力和等待失业对经济效率是重要的,那些只是站在一旁等着而没有正式就业的人同样也提供了服务。但是,对于自然失业率,它是否是"恰好正确"的呢?这就很难讲了。在一个存在摩擦、不确定性以及排队和其他现象的世界里,外部性是无处不在的。因此,比如说一个小数额的过度就业,可能会帕累托优于自然就业数量,如果忽略它对通货膨胀预期和经济效率的引致影响。偏离自然率的分配后果也必须得到重新评估。

另一个政策工具还在构建中,它由可能改进劳动力市场配置效率的全部公共服务和财政激励组成。正如霍尔特在本书第二篇论文中所指出的,在这些新模型中,反馈和相互作用效应是新颖且充分有力的,从而特定政策措施可能不会达到它的预期效果。例如,他发现在其他条件不变的情况下,减少辞职倾向的措施会延长均衡失业的平均持续时间。莫滕森在他关于自然失业率决定因素的讨论中也发现,失业工人搜集工资率样本的速度的增加,会提高他们的保留工资,导致平均失业持续时间的延长,进而很有可能会增加自然失业率。当然,这些悖论并不表明那些减少劳动力市场中获取信息成本的结构性措施不适用。制定这样一种政策措施的标准,应当包括它对分配和效率(以现值计算)的影响,而不是这项措施是否能增加或减少均衡时的失业数量。另外,更多且成本更低的信息必定是更好的这种观点,也不能被不加批判地认为是一个公理。

2 价格和产出波动

上述模型的一个典型特点是,假设买方对所有物品的价格具有完全信息。如果某个企业改变它的产品价格,这种改变对企业产品需求量的全部影响将会立即被市场察觉到。在这些模型中,要使得企业雇用更多工人——使其用工资单位表示的劳动需求曲线向下移动,那么产品工资率(或者更宽松地实际工资率)必须下降。没有人认为产出波动能够得到完全的解释,即使能的话,也只能通过反周期的实际工资率的变动。关于定价的更为复杂的观点去除了各种瓦尔拉斯式的信息假设,它可以避免卷入要使总需求的变动影响产出和就业,实际工资率必须如何运行的问题。这些观点也可以将过度生产能力现象合理地解释为非瓦尔拉斯经济的一项正常内容,正如在非瓦尔拉斯经济中存在失业一样。

西德尼·温特(Sidney Winter)和菲尔普斯讨论了一个模型,在模型中,主要是因为信息传播的缓慢,企业发现自己在每个时刻都拥有短暂的垄断势力:如果它提高价格,不会立即失去所有的顾客;如果它降低价格,也不会立即赢得整个市场。[17] 当然,这种价格变动的影响会随时间推移以及价格差异的信息向整个市场的逐渐扩散而慢慢增强。他们的论文将注意力集中在无差异的原子式情形,在那里,企业是近似完全竞争的。企业知道,如果自己的价格永久地高于其他可比商品的预期"通行价格",它最终将会付出失掉所有市场份额的代价;反之,如果自己的价格永远低于通行价格,它最终会赢得数量巨大的消费者。在这样一种经济中,我们可以设想存在一个非瓦尔拉斯均衡。在均衡的产品方面,对于每家企业而言,新顾客的流入刚好等于已有顾客的流出;因此企业相信,它的价格恰好具备"竞争性",即等同于其他地方收取的价格;同样地,消费者相信,他们面对的是其他地方的通行价格。

在上述均衡中,有两个显而易见的"标价"(markup)定理。第一个命题是,企业没有能够完全利用它的短暂性垄断位置。企业的生产会超出边际成本等于瞬时边际收益的那个点,因为企业预计价格的暂时提高,在为它带来短期更大现金流的同时,也会让它失去一些有价值的顾客,从而损失一些未来现金流。第二个命题是,企业的产量小于边际成本等于均衡通行价格的那个产量。为了得到

---

[17] 这是劳动力市场中企业动态垄断势力的菲尔普斯—莫藤森假设在产品市场中的对应观点。

在通行价格下更大销售量可能带来的更大现金流,企业会暂时降低它的价格以吸引更多的顾客。如果预期实际利率是正的,那么在边际成本和价格之间会有一个缺口,这个缺口非常之小,使得暂时性价格削减(考虑到企业采取短视行为,因此它总是生产得过多)所带来的当前现金流的损失,要小于最终获得顾客带来的未来现金流贴现值的增加。[18]

在均衡状态存在某种过度生产能力。如果我们考虑一排机器,每台机器都可以生产一个单位的产品,但通常情况下它们对劳动力的需求存在差异,那么那些劳动力使用更为密集的机器中,即使在通行的产品工资下也会有部分机器被闲置。部分收益会被留存下来作为这些机器的租金,如果它们的产品不需要上面所说的成本就能够找到买家。过度生产能力还可能在另外一种意义上存在:当总需求增加时,在没有任何产品工资率下降的情况下,产量也会相应地增加。

原则上实际工资率可以顺周期变动,我们注意到给定控制顾客流量对企业价格变动作出反应的预期速度的参数时,它们的最优价格与消费者需求价格、货币工资率以及其他地方的预期通行价格是一次齐次的。它的最优产出关于这些变量是零次齐次的。假设总需求的增加使企业需求曲线中性地向上移动,而且货币工资率恰好也上升相同的比例,那么如果企业对竞争对手通行价格的预期没有变化,或者认为竞争对手价格上升的幅度比自身需求上移的幅度要小,则企业以比瞬时"需求价格"小一些的比例提升自身价格来适应额外的需求量,并带来更多产出和更多的就业是可能的。如果以与初始均衡产出中需求价格上升相同的比例提升它的价格,则企业将会忽视这种价格上升所带来的竞争力的下降。因此,非均衡的结果是实际工资率上升,产出和就业增加。[19] 在对应的情况下,即需求和货币工资率下降时,生产者会提高他们产品价格,而没有认识到必须更大幅度地降价以维持之前的竞争力。因此,尽管产出和就业都下降,价格水平的下降幅度也可能会以低于货币工资率的下降幅度。

在知道了事情的原委之后,容易看出,一种产出水平(相对于生产能力而言)和价格上涨率之间的类菲利普斯关系(a Phillips-like relation)产生了;如果每个企业知道它在一个更高的价格上不会遭受净消费者损失,并且这时货币工资

20

---

[18] 相同的命题也可以应用在劳动力市场,在这里,企业面临着相似的情况,它是劳动力的近似完全竞争购买者,但在每一个时刻有暂时性的垄断势力。参见莫藤森的论文。

[19] 我为了完成这篇学术综述所做的太过简短的文献搜寻发现,在凯恩斯之前(甚至之后)只有极少作者曾经问过,为什么我们可以预期货币或者其他宏观扰动所产生的价格效应会产生相应的数量影响。让我感到惊奇的是,其中的一位作者 D. H. 罗伯特森(D. H. Robertson),明确地讨论过上述涨价行为:"提高价格的刺激部分是由于幻觉……[商业领袖]被以他的下属员工为代价所获得的虚幻利益所驱策。刚开始确实很难相信,其他人竟也会这么厚颜无耻,或者这么好运,能够和他(商业领袖)曾经做过的一样来提高他们的价格。"参见 *Money* (Cambridge University Press, New York, 1929)。

率和一般价格水平保持一致,那么它们都将持续地向上调整产品价格。但是,现在已经熟悉的那个限制性因素必须被再一次强调,即货币工资率、需求与企业对其他地方的预期通行价格,这三者增长的长期趋势率将在任何一个稳态菲利普斯关系中发挥参数的作用。当这些预期趋势率符合感觉到的趋势时,菲利普斯关系将向上移动。

显而易见,非瓦尔拉斯产品市场是这样一个地方,在这里任何一个有能力的广告商都会兴旺发达。约翰·古尔德(John Gould)通过回顾和梳理研究该领域的早期工作,在由两个"扩散"模型组成的框架里讨论了最优跨时广告支出问题。他发现,不论在哪个模型中,被限制在固定价格上的企业,会选择满足跨时广告支出不变的预算计划。在"扩散"(diffusion)模型中,广告在刚开始时很小,接着逐渐增加。在"传染"(contagion)模型中,广告支出在刚开始时达到顶点,然后逐渐减少。除非将口头交流的速度也解释为与价格有关,否则上面两个模型都是固定价格模型。显然地,古尔德的最优广告模型与菲尔普斯和温特的最优定价模型有着异曲同工之妙,放在一起研读不无裨益。

在最近对供给者面临未来价格或需求不确定性时的最优定价决策的分析中,出现了另外一些关于产量经济波动的模型。当需要决定是现在还是将来销售产品时,当前留下部分产品不销售所获得的未来利润和这种不确定性有关。

戈登和海因斯的论文分析了一个面对随机需求曲线的垄断者。他们的论文对于解决必须为房间提供一年租约的公寓大楼所有者面临的难题很有用。通过一些简化,他们想象楼主"每天"给空闲房间设置一个租金额。楼主的目标不是设置一个足够低的租金额,以使每天几乎没有空闲的房间。出于经常考虑到的"缓冲储备"(buffer-stock)理由,把租金额定得高一些或许会更好。

需求均值的增加首先会减少房间空置率。空置房间的租金是黏性的,因为需求均值的增加被误认为是一种随机偏离。如果这种低于均衡的空置率持续下去,楼主会开始调整在当前租金额下所面临需求均值的主观估计,并相应地提高其租金额。如果总需求稳定增加,使得低于均衡的空置率持续下去,房间租金的向上调整也会随着楼主对分布均值变动的不断探索而继续下去,这是因为暂时菲利普斯关系在发挥作用。但是楼主最终会意识到,要想成功地抑制房间空置率上升,他必须以比先前更快的速度提高租金额。戈登和海因斯认为,这正与对单只股票的价格变动进行预测的情形一样,它不可能存在一个稳定的规律。但是,上述观点也是有争议的,关于非均衡价格波动,我们没有稳定的规律可以直接套用。当其他人同时知道这个规律之后,它就不再具有描述性的客观意义。因此,必须考虑到对当前事件进行必要学习的成本和回报。

如果愿意,我们可以假设在这种类型分析中,所有价格都是已知的。那么现在讨论的这个市场是不完美的,因为人们并没有获得关于每种物品的完备信息。因为每套房间之间多少会有一些不同,人们在租下房间以前,总会希望对房间做出必要的检查和比较。唐纳德·尼科尔斯(Donald Nichols)认为,异质性是那些通常会经历间断性闲置的物品的重要属性。最同质的资产,比如货币和特定行业的股票,具有很高的流动性,即它们可以被迅速兑换。而更异质的资产,比如房子和油画,却是经常被闲置的。

对真实"使用者成本"(user cost)在逻辑上可能会产生怎样影响的研究重新活跃起来。这里的使用者成本是指这样一个事实,即机器运行的速度越快,每天轮替的次数越多(因而维修机会减少),它老化的也就越快。保罗·陶布曼(Paul Taubman)和莫里斯·维尔金森(Maurice Wilkinson)在预期是静止的条件下,从理论上探讨了使用者成本给竞争性企业最优产出和投资决策所带来的影响。

使用者成本的概念,加上适应性预期,可能给下面的事实提供另外一种解释,即为什么没有被预见到的价格波动,即使在存在不变产品工资率(让所有产品价格和货币工资率都毫无预期地同比例上升)的情况下,也会导致产出发生变化,假设价格和工资被适应性地预期到会逐渐回归它们原来的水平。考虑这样的生产者,它们既不能卖掉已有的资本,也不能购买更多的资本。很明显地,企业会希望增加轮班次数和加速机器运行,使边际货币准租金以等于当前价格及货币工资上升速率的比例增加,而反映未来预期准租金的资本利用的货币影子价格,则会以略小的比例增加。[20] 因此根据使用者成本经济学,没有被预期到的通货膨胀进程,会使产品供给和劳动力需求向右移动。但是再一次地,不断增长的通货膨胀率对维持这种非均衡是必要的假设前提。

3　小　　结

本书中的模型具有一个共同的线索。每个模型中的行为者不得不应对他们关于未来,甚至更多的是关于现在的无知。孤立但又具有理解能力,这些具有品特派戏剧(Pinteresque)风格的人物,构建了自己对经济状态跨越空间和时间的预期,试图最大化这个想象世界的关联边界。产出和劳动服务的供给价格,以及劳动的需求价格(包括随机情况下的预期需求价格均值),关于已知和预期(包括现在和未来)的价格,是线性齐次的。同样地,关于这些变量的数量决策是零次齐次的。

---

[20] 根据卢卡斯—拉宾的处理,这表明当前准租金能被借用的名义利率并没有下降,至多也只是等于(或高于)远期价格和工资率被预期到的递减率。

在适应性预期或者其他错误修正预期的假说中,总需求变动改变了样本价格和预期价格之间的关系。这种预期相对价格——其他地方预期工资率相对于样本工资率、预期未来需求价格的均值相对于当前需求价格,以及预期实际利率等——的隐含改变,将使数量决策发生变化,从而导致就业和产出发生波动。如果由于意外事件或者出于某种设计,需要维持一个非均衡,其中平均预期出现系统性的错误,那么对错误的学习会使预期不断被修正,从而导致后续的劳动服务供给与需求和产出价格修正。这是一个不断趋向菲利普斯曲线的过程。是否存在一条斜穿过瞬时菲利普斯曲线簇的永久菲利普斯曲线是另一个问题。本书的作者普遍认为,均衡产出和就业近似独立于对工资和价格上升的预期。因此,如果这些预期符合实际工资和价格的上升情况,那么即使通过增加总需求,也只能得到微不足道或非持续的产出和就业增加。

第Ⅰ部分　就业和工资动态

第 1 章 | 信息成本、定价和资源闲置*

阿门·A. 阿尔钦

1 交易、失业和价格稳定理论

A. 引言

关于交易的经济理论通常隐含地表明,需求变化会直接导致工资和价格调整,以便维持对资源的充分利用。但是,失业、排队、配给和闲置资源的存在,推翻了与此相关的任何隐含结论。宏观经济学理论并没有解释为什么需求减少导致失业,而不是劳动工资和人力资源价格的直接调整。相反地,管制价格、垄断、最低工资法和工会限制,以及工资和价格"自然的"非灵活性成为人们经常援引的内容。

本文试图表明,能够建立一个可阐述的经济理论,它与个人不受竞争者约束,且不受有关工资和价格惯例或禁忌的约束,作为效用或财富最大化行为者的假设相一致,从而进一步推出在价格稳定下,短缺、过剩、失业、排队以及闲置资源和非价格配给等现象的普遍存在。该理论表明,在开放市场个体效用最大化行为的环境中,大量与劳动力和资本使用相关的波动是对总需求下降的反应。这一理论具有普遍性,因为它同时适用于非人力商品和人力资本服务。虽然我最初的动机是解释源于劳动力市场行为中的"闲置"资源,但是这些分析起初最

---

* 感谢 Lilly Endowment 有限公司的实质性帮助,它资助了加州大学洛杉矶分校(UCLA)开展一项不同产权的行为效果的研究。

好的应用并没有特别地涉及劳动力市场。

直到最近,最为重要的观点似乎已被人们忘记,即核对关于潜在交易机会的信息成本是非常高昂的,并且可以通过多种方式实现。① 在零成本的情况下,没有人知道有关他人供给和需求(包括供给和需求的商品特征)的信息;但在付费的情况下,我们可以获取更多的信息。因此,两个问题贯穿于我们的分析。第一个问题是,采用什么方式可以更为有效地提供信息? 第二个问题是,假定信息非常昂贵,应当采取哪种替代方式使搜寻成本更为节约?

在均衡状态下,每个人都有相等的边际替代率,但是如何才能达到这样的均衡状态呢? 期望某人与他偶然遇到的第一个人交换互不相同的主观评价,这显然不合理。寻找一个更高的"出价"或一个更低的"要价"也需要成本。发现不同报价、出价和趋向均衡状态的实际交易价格的最优路径或次序,同样需要在人群中进行成本高昂的搜寻。各种各样的制度促进了这些搜寻,并且使它们的成本更为节约。市场即是一个例子,在所谓的市场活动中,存在一个很大且成本高昂的部分被用于信息传递。例如,广告、窗口展览、销售人员、专业代理人、经纪人、存货、邮寄目录、通信、电话、市场调查机构、职业介绍所、许可和认证,以及能力倾向测试服务等,都促进了关于潜在需求者和供给者,以及他们商品信息和期望获得的通行价格信息的扩散和获取。

市场包括许多活动:(a) 对所有潜在卖方或买方的"广泛"搜寻;(b) 各方搜寻商品特性的信息交流——"密集"搜寻;② (c) 合约的形成;(d) 合约的执行;(e) 卖方的"存货缓冲";(f) 买方的排队;(g) 价格可预测性的防御。下述有关产品成本或市场机会信息的两种观点,在我们接下来的分析中极为重要。

a. 信息扩散和获取(即生产)遵循生产成本的一般规律:更快的扩散(或获取)需要更高的成本。信息搜寻一个简单且富有成效的描述,即来自于包含均值和方差的"出价"(或"标价")分布的取样。平均而言,当样本空间扩大时,观测到的最大值将以一个递减的速率增加。假定以一个在时间上(从而在样本空间大小的测量上)不变的速率搜寻(取样),那么预期的最大观测值(即最大观测

---

① G. J. Stigler 的一项研究[G. J. Stigler, "Information in the Labor Market," *Journal of Political Economy*, Supplement(October 1962, No.5, Part 2) pp.94—105]揭示本文是对他论文基本理论的扩展与应用。对此问题更早的关注还可以参见 A. Rees[A. Rees, "Wage Determination and Involuntary Unemployment," *Journal of Plitical Economy*, 59(April 1951) pp.143—164; "Information Network and Labor Market," *American Economic Review*, Supplement, 56(May 1966) pp.559—566]。Arrow 和 Capron[K. J. Arrow 和 W. . M. Capron, "Dynamic Shortages and Price Rises: The Engineer Scientise Case," *Quarterly Journal of Economics*, 73 (May 1959) pp.292—308]把了解真实市场需求和供给的困难,作为向均衡价格和产量调整过程中个人延误的一个理由。

② 此术语源自 Rees, "Wage Determination and Involuntary Unemployment"。

值的数学期望)将以一个递减的速率由均值向分布的上限增加。③ 所以,这一上限将会超过之前的实际价格,因为之前的售价并不一定以可能的最高价格达成协议(包含详尽的优先取样而不考虑成本)。

b. 像任何其他生产活动一样,信息专业化是有效的。当商品或人员处于闲置从而可以专业化(即正处于专业化)时,收集和发布商品或人员自身的信息在一些情况下更为有效。如果搜寻其他工作的信息成本在就业时比在失业时更高,那么拒绝工资削减、选择失业以从事工作信息的搜寻会更为经济。④ 原有工作的工资削减得越多,为寻找信息做出失业选择的成本也就越低。如果排除差异化搜寻成本问题,则该理论在解释某些人在获取和比较工作信息时拒绝接受一个低工资的事实上,将不能和财富最大化选择保持一致。

雇用事实本身作为对指定雇主的一个推荐,从为了达成这点而需要较大幅度削减工资的角度来看,并不否认可能为这一推荐支付弥补成本。这一推荐意味着为保留工作接受一个更大幅度的工资削减。但是这里的问题在于,为什么人们愿意放弃更低的工资并接受失业,而不是为什么人们有时为了保留工作而接受工资削减。

当论及寻找"工作信息"而非寻找"工作"时,我们的措辞是经过深思熟虑的。工作总是很容易找到。所有有关可得工作薪水和工作条件,以及工作期限的及时信息都是需要成本的。从某种意义上看,这种类型的失业正是对信息收集的自我雇用(self-employment)。

这点同样适用于非人力资源。例如,旧车市场上的汽车——在"正常"的服务范围之外(闲置的)——有利于潜在购买者获得更便宜的信息。类似地,闲置

---

③ 例如,如果潜在价格满足均值 m、方差 σ^2 的正态分布,那么第 n 个样本观测到的预期最大标价 $W(n)$ 近似于

$$W(n) = m + \sigma \sqrt{2\log n}$$

$W(n)$ 从 m 开始,并且以一个递减的速率随 n 增长。如果我们假设每 λ 个单位时间内有一个观测值,那么可以用 λt 代替 n,得到一个关于搜寻时间的函数 W。进一步地,如果我们增加在搜寻上的支出,那么无论在什么样的搜寻环境下,搜寻的速度可以在每个单位时间内被提高;换言之,有效的 λ 是一个关于环境 V 和搜寻支出 $E(t)$ 的函数 $\lambda = f[V, E(t)]$。更大的支出意味着更大的 λ,并且如果我们令一个更大的 V 代表一个更高成本的搜寻环境,那么更大的 V 意味着一个更小的 λ。因此得到:

$$W(t) = m + \sigma \sqrt{2\log \lambda t}$$

其中 $\lambda = f[V, E(t)]$。我们在后面将会用到这个模型。在命题(2)中,我们已经预先假定 $(\partial E/\partial \lambda)(\lambda/E) > 1$。

④ 这个命题被添加进 Stigler(前引)所包含的内容里,并且对接下来的很多分析都是至关重要的。

公寓和房屋(如同汽车和人员一样)可以更便宜地展示给指定客户。⑤

B. 图解

虽然在附录中包含了解释性的数学公式,但图1还是部分给出了搜寻及其成本特性的图解。横轴表示时间,纵轴表示价格或工资。对于所有以不变速率在人群中搜寻的潜在购买者,搜寻的时间和范围都可以在横轴上得到测算。如果某些商品(如汽车)现在在 t_0 时被第一个发现的报价者以价格 P_0 出售,那么曲线的高度 P_0P_t 即为 t 时发现预期最大可辨别且可得的合约价格——假定可辨别的选择不会随着时间消逝或衰退。曲线将会以递减速率上升,而不是在 P 的位置保持水平状态,正如所有潜在报价者的信息不需支付成本(并且假定所有人都知道产品的所有特性)时的情况一样。随着样本(信息)的增加,预期最大可辨别的可得价格会以连续较小的幅度增量上升。对成本而言,存在预期最大确认价格的单位增量递增的边际成本。⑥ 如果失业确实发生的话,那么一个失业搜寻者的曲线将位于就业搜寻者曲线的上面。通过确定那些影响曲线形状和位置的特性,我们可以推出失业的模式。

C. 流动性

对流动性的分析是显而易见的。流动性的概念可以通过同样的图表来描述。由 P^* 到 P 的价格比率是流动性向量的一个维度。另一个维度是由 t_0 到 t_1 的时间向量。

可辨别的最大要约期望值是对任何时刻获取信息所需支付(所有类型的)总额的一个函数。在任何时间 t,如果更多的时间被用于促进获取信息的过程,那么潜在的(预期最大可辨别的)总价格将会更高。卖方得到 P_1 减去其搜寻成本的净收益,而买方的支付为 P_1 加上他的搜寻成本。一个完美的流动资产满足:(a) 曲线开始于 P^* 而不是 P(即 $P_1 - P^* = 0$);(b) 买卖双方获取有关特定

---

⑤ 我们现在可以确定一个"完美的"市场——在这个市场中所有潜在的要价和出价都可以以零成本被任何其他人知道,并且此时合同的执行也是零成本。每种商品的特性都可以以零成本被完全了解。一个"完美的"市场意味着一个"完美的"世界,在这个世界上所有生产的成本,甚至"交易的"成本都是零。奇怪的是,当我们这些经济学家从来不会基于分析上一个理想的完美世界(即没有生产成本的意义上)形成分析时,我们实际上却已经预先假定了一个无成本的信息作为分析的理想形式。这是为什么呢?

⑥ 如果我们在搜寻间隔中,从当时观测到的最优销售标价中减去累计的搜寻成本,那么净价格曲线以及现在的净搜寻成本会达到一个顶点。在这个顶点之后,假设不存在早期意识到的"拖延"时,曲线将会下降。

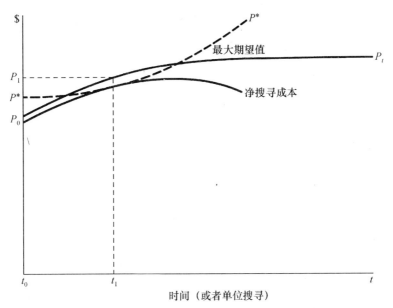

图1 最大可辨别且可得出价的预期,专业者的总搜寻成本和净搜寻成本

资产的信息不需要成本。货币被看做是满足这些标准的典型资源。⑦ 因为货币能给交易活动提供方便的交易媒介,所以它几乎参与每一次交易。

D. 经纪人和中间人

曲线 P_0P_t 表示当存在居间性经纪人时的交易机会。这一分析同样适用于非人力商品和劳动力商品。如果"经纪人"或"中间人"认为商品(他的净搜寻成本)可辨别的再销售价值,会以一个高于利率和商品当前所有者利率水平的速率上升,那么他在最初时刻 t_0 提供一个比 P_0 更高的价格将是有利可图的。他在时间 t_0 提供的出价,至多是预期最大可辨别标价的现值,此时可辨别价格曲线(他的净搜寻成本)以等同于利率的速度上升。这点可以通过引进一条"等净现值"曲线 P^*P^* 得到阐释,纵轴($t=0$ 时)的高度表示和所有未来可得净额(中间人的净搜寻成本)贴现至当前(即 t_0 时)相等的最大净现值。现值价格 P^* 和未来售价 P_1 之间的差异,本质上即为零售-批发价格之间的范围,或者是经纪人、批发商和零售商出价-要价之间的范围。由于他是一个成功的信息搜寻专家,根据定义他拥有更低的搜寻成本,因而他的 P^* 高于其他中间人或那些不是专业型

---

⑦ 对信息和搜寻成本应用于资产和流动性本身时的阐述,参见 Miller[H. L. Miller, "Liquidity and Transactions Costs," *Southern Economics Journal*, 32, No.2 (July 1965), pp.43—48]。

的搜寻者。⑧

E. 价格稳定性：信息成本与市场调节成本的节约

除生产信息的明显方式（如广告和专业的中间人）之外，还存在一些不太为人们所熟知的其他方式，这些方式涉及价格的稳定性、闲置资源和排队等（此时的成本带来了搜寻成本以及其他营销成本在更大程度上的降低）。存货节约了信息成本。存货看上去是空闲、过剩或闲置的资源，但是它也可以被解释成对资源的节约使用。⑨ 考虑一个过于简单但却发人深省的例子：即一个报童所面临的问题，他平均每天销售100份日报——但并非每天都销售100份。如果他试图作出更精确的预测，并试图对需求流量不可完全预测的波动作出更快的调整，那么他的行动成本也就越大。尽管未出售的报纸导致更高的成本，但是潜在顾客可能更愿意购买报童超过平均水平的存货，因为存货具有直接可得的优点。更高的成本可能通过更小号的报纸、更少的报纸经销商和报刊种类，以及每份报纸更高的售价等途径，对顾客产生影响。但是，这些（来自未出售报纸的）额外成本低于报纸销售者试图获取每个未来时段完整的需求信息，或在没有存货时对报纸数量进行瞬时调整产生的成本。简言之，未出售报纸的成本（即存货成本——译注）可以带来市场营销信息成本的更大节约。

存在另外一个选择。当需求发生波动时，报纸经销者可以立即改变价格，以便总能保持市场出清，从而不存在给定版本的未出售报纸的存货在等待买者。⑩ 零售商不被列入等待购买者的队伍中。针对顾客光临的随机波动，酒店可以即时性地变动价格，以避免预订和排队现象。他们为什么不这么做呢？毕竟，这正是期货市场和股票市场正在发生或似乎即将发生的事情。⑪

---

⑧ 参见 H. Demsetz, "The Cost of Transacting," *Quarterly Journal of Economics*, 82 (February 1968), pp. 33—53。

⑨ 参见 T. L. Saaty, *Elements of Queueing Theory* (McGraw-Hill, New York, 1961)。

⑩ "需求波动"的表达方式包含了许多恶作剧的成分。对于一个更严格的概念化而言，"潜在报价的概率分布"是一个更好的表达方式。对这个潜在可辨（或者可揭示）需求的分布均值和方差的参照，可以提供面对销售者需求的一些规范。更进一步，并不是一个假定的数量和一个已经暴露的需求者。此外，不存在一个意境披露的需求流量。报价可以以一种更慢或更快的速度被发现或收到。粒子从放射性元素中被发射出的类推是切题的。发射具有一个"均值"和一个取值"范围"（电压伏数），以及发射中的任意一个间段，即发射的"速度"。这些"随机有间隔地"市场需求的发射可以通过一个概率分布来表现其特点。销售者辨别需求的速度可以通过从事更多的信息行为（也就是市场行为）来提高或者是降低。本文并不是尝试严格地详细说明一些特别的潜在分布。这方面的进展可以参见 Stigler 的著作（前引）。

⑪ 事实上，甚至在期货市场和股票交易中，也存在一些专业人士和"投机抽头者"，他们通过提供缓冲存货来达到稳定价格的目的［H. J. Working, "Test of a Theory Concerning Floor Trading on Commodity Exchanges"，未发表］。

考虑以下影响。虽然顾客流量的概率密度可以预测,但他们还是会在随机的时间间隔内出现。那么,他们是否更愿意看到所有市场出现不存在排队的瞬时出清状态,或仅仅通过价格波动来达到配给的作用?答案是否定的。这可能会导致其他地方比排队状态下更多的搜寻。顾客更偏好于可预测的价格,以及与此相伴的排队概率的上升和搜寻的减少。不可预测的价格和排队增加了顾客的成本;不存在仅仅使某人避免(上述成本的增加),而不考虑其他人成本增加问题的推理。酒店必须平衡:(a)不可预测价格和存货产生的搜寻成本,相对于(b)排队成本在队列中的等待成本。

例如,如果某个给定品牌的天然气,在不同的销售场所以每加仑30美分到35美分不等的波动价格销售,那么那些平均支付每加仑32美分的购买者,会首先寻找价格更低的销售场所,这将产生一个搜寻成本,比方说平均每加仑1美分。如果人们知道所有地方都以32.5美分的统一价格出售汽油,那么搜寻将会减少(仍将存在寻找较短等待队伍的搜寻),并且总成本将由每加仑的33美分下降到32.5美分。这正是对制造商控制零售价格在经济上的一种抵制。

如果某个销售者消除了不可预测的波动,那么瞬时市场出清价格将给他的顾客带来搜寻成本的某种节约。通过持有更多的存货来缓冲瞬时需求波动,他可以使价格变得更可预测;如果顾客接受排队时的部分等待成本,那么他们可以在一个具有稳定(即被预期到的)价格保证的情况下减少搜寻成本。

只要购买的平均速度和生产速度相匹配,等待队伍的长度就可以随着不变价格发生变化。购物者出现瞬时速率的方差越大,队伍长度的方差就越大,并且队伍的平均长度也就越长。当价格恒定时,对存货进行"排队"是顾客排队作为缓冲储备,以消除等待队伍的一种替代。在下列选项中——瞬时的直接价格变化、顾客队列和存货,以及对更好选择的连续市场搜寻——究竟是什么决定上述任一途径的有效程度呢?

顾客从事重复性的购买;在制订购买计划时,价格的可预测性有利于向最优购买做出更为趋近的调整。修改购买计划和行为需要成本。如果在光临某家酒店时,人们发现因随机出现的高需求而导致暂时性的高价晚餐,那么他已经做出了不适当的行为。他是带着和当前面临的实际价格不同的预期来酒店的,因此他的事后行为并非最优。为避免这种损失,他在以后将提前推断每一次购买,在卖方之间从事更多的搜寻以试图发现经常出现的瞬时低价。这种额外的搜寻成本,比他到瞬时波动的市场中去碰碰自己的价格运气的成本要低。

通常,更小且更频繁的需求随机波动(即概率密度函数具有固定的数学期望)、更高的搜寻成本和时间价值,以及排队或配给的更低麻烦程度等,都将增加价格稳定性的影响范围。如果需求概率密度函数的移动是可以预测的,那么价格也将发生变化。举例来说,就像在下午和晚上的酒店和剧院发生的情况一样。一个比产品价值更低的存货成本,将会提高存货的相对规模,增加价格的稳定性,并缩短随机需求波动在任意频率和规模上的等待队伍。⑫

因此,当制造商试图确保那些以较低总成本购买公平交易的商品,以换取时间相对比较珍贵的购买者(即高工资群体)质优价廉的最终顾客时,我们预测,在不同的零售商店中(遵循所谓的公平交易原则),某些价格随时间将会维持一个相对的刚性。

这种分析的一个显而易见的运用是在营业时间上。商店在众所周知的时间里开放,而且当看不到顾客时仍然开放。如果顾客摁响门铃并等待店主开店,那么这个商店可能具有比别处更低的价格,但是这会产生一个顾客的等待成本。我预先假定,在看不到顾客时关门的商店经营者拥有的优势(可以给顾客提供更低的商品价格),对购物者而言只具有较低的便利程度。

超出业主期望出租的平均数量的公寓单元被建造起来。当然,我们在这里假定那些披露给业主的公寓需求,既不是持续的也不是无成本且完全可预测的。像报童一样,如果这些需求波动不能通过需求者之间,或出租的直接变化产生的"毫无麻烦"之间、进行没有成本的再分配以达成调和的话,那么他将为建造更多的公寓来满足不可预测的"需求波动"中反复无常的状况花费更高的成本。公寓所有者总能以较低且迅速变化的租金来促使它们被全部租出去;或者以一个更高且稳定的租金来保持某段时间存在部分的闲置公寓。拥有一套空置公寓的业主,如果忽视市场营销(包括移动)成本的话,那么他可能会大幅度地削减房租,以便能和他偶然遇到的第一个人达成立即租用的交易。但是,当考虑到交易成本时,合同的修订以及为已被"占用"的房屋支付更高价格的新承租人所做的展示和安排,提前做出能够保持公寓总是被租用的瞬时租赁修订,有时会获得更大的收益。在维修期间,房东要对租用人的偏好作出反应:(a)检修公寓,使租金具有可预测性,以及更自发地移动;而非(b)对租金变动作出持续调整;或者(c)在价格具有可预测性和没有空置公寓时,提前制订计划和储备。

如果直接生产成本不高于缓慢生产或调整的成本,那么人们总能生产那些在某时恰有需求的产品和服务。但是在事实上,以不太匆忙和略为便宜的比率提前生产,并且为可能出现的需求保持一个"超额"存量,在考虑到不包含长期

---

⑫ 如果本文也专注于引起非市场出清的价格,那么即使在可预测需求的条件下,它也应当包含对待售商品产权形式的讨论[A. A. Alchian and W. R. Allen, *Exchange and Production*; *Theory in Use* (Wadsworth Publishing Co., Belmont, Calif., 1969), Chap.8]。

提前的"储备型"计划下能适应变化的需求的价值时,将会节省在有更多业务时值得支付的成本。这种情况等同于一幢有足够多浴室和餐厅的房子,它通常更适合比较多的访客而不是被某人拥有。那些存在"空闲"、"浪费"或"闲置"浴室或餐厅空间的说法,只考虑到了这种过剩空间的成本,而忽视了对它们不频繁使用的价值,以及其他为获得相同效用或高便利的方式带来的更大成本。

上述考虑表明,在一个具有以下情形的社会中,不断变动以试图永远排除买卖双方排队,从而出清市场的价格,并不能被描述为"理想"的市场价格:(a) 获取所有卖方价格信息的成本,(b) 卖方获取顾客需求信息的成本,以及(c) 由不可预测的价格变化趋势导致的买卖双方的额外搜寻。相反地,如果价格是完全稳定的,那么为减少不可预测的交货时间产生的损失,需要支付以下成本:(a) 卖方持有存货;(b) 买方接受某些排队——作为以可预测价格购买,以及避免在没有排队和存货时直接调整导致的更高搜寻成本的一种手段;并且(c) 有时在签订合同前继续闲置。包含排队和存货的稳定价格,将略微高于没有通过排队和存货达到的稳定价格——但是更高的标价能够节省搜寻和令人沮丧的不正确的价格预期。这个更高的价格对买方而言,比他们在较低波动时的平均价格加上搜寻和不便捷成本的总和要低。

在离开把价格稳定性作为一种信息节约机制的讨论之前,考虑到一些价格可能会持续低于或高于市场出清水平,尝试着完善对价格稳定性原因的分类是有益的。通过引进商品分配者具有的产权、价格管制和交易实施成本等方面的考虑,我们可以实现上述目标。被削弱的产权,例如非营利性企业和不以赢利为目的的机构,以及公共所有的企业的盛行,使得价格低于市场出清水平。他们这么做是因为,一个更高的市场出清价格带来的更高收入和财富,并非很容易就能被分配者及其授权的代理人捕捉到。交易成本也带来了价格的非灵活性和在零价格上的配给。如果所配给商品的价值低于收集酬金和实施合同(如同对停车位或街道的使用)的成本,那么价格一般会非常低。或者,如果价格向市场出清水平变动的收益低于这一价格变动的实施成本,那么价格在非市场出清水平上将会出现滞后。[13]

---

[13] 参见 A. A. Alchian 和 W. R. Allen,前引,第八章;A. A. Alchian and R. A. Kessel, "Competition, Monopoly, and the Pursuit of Pecuniary Gain," *Aspects of Labor Economics*, *A Conference* (*National Bureau of Economic Research*, *1962*), pp.156—183;以及 Arrow 和 Capron,前引。

2 劳动力市场

虽然大多数关于失业的分析,都依赖于工资惯例和为延迟工资调整至市场出清水平上的控制,但是希克斯(J. R. Hicks)和胡特(W. H. Hutt)做了更深入的研究。[14] 希克斯提出了一种与传统交易理论相一致的解决方法。

> 当他们不能紧密结合在一起时,对于机会的认知是不完整的。迁移伴随着寻找居住地方的所有困难,以及社会关系的破坏和移植。因此,在解雇与再就业之间有一段时间间隔并不奇怪,而工人们在这段间隔中是失业的。[15]

他总结道:

> 很清楚地,只有当我们充分考虑到均衡理论没有给予足够关注的两个一般环境——经济体做出调整所必需的时间和困难以及预测的事实时……失业对工资的影响才能够得到解释。它们的重要性,在我们涉及交换理论时……得到极大地提高。[16]

本文试图发展这种已经得到强调的重要性,而这正是希克斯所忽视的,他直接转向了其他因素——工会和工资管制。他把英国20世纪20年代和30年代的严重失业,主要归因于工会和工资管制。

稍微离题去关注一下凯恩斯,凯恩斯在使用产量调整而非价格调整的交换理论时,仅仅假定"缓慢"的反应价格,却没有说明缓慢的反应价格与开放且不受约束的市场中效用或财富最大化行为相一致。他的分析在后续的收入支出模型中被修改,在收入支出模型中,信赖被放在"传统"或"非竞争性"的工资率上。"收入-支出"模型的现代理论家假设,"制度上"或"非理性"的非灵活性工资是由工会、货币幻觉、规则,或者与劳动力有关的特殊因素导致的。凯恩斯的非灵活性假设并不只是针对工资。他的理论同时涉及更广泛的价格非灵活性范

---

[14] 参见 J. R. Hicks, *The Theory of Wages* (London,1943), pp. 42—45; W. H. Hutt, *The Theory of Idle Resources* (London, 1939)。

[15] Hicks, 前引, pp. 28—29。

[16] Hicks, 前引, p.29。他增加了另一个类型——"人们为寻找一份更好的工作而放弃现有工作带来的失业"。

围。⑰ 本文可以被部分看成是证明凯恩斯关于价格反应需求扰动的假设的一种尝试。

在1939年,胡特⑱得出许多对闲置和失业的错误解释。胡特采用希克斯提出的分析,但是不幸的是,在后来讨论凯恩斯对非自愿失业及其消除政策的分析时,他忽视了这些。⑲ 同样不幸的是,他的分析看似能够解释和说明这种失业的部分实质。

如果我们沿用希克斯和胡特的思路,并且拓展对人力和非人力商品"摩擦性"失业的影响,那么我们将察觉到,在满足理性效用最大化行为的开放且不受约束的竞争市场中,隐含着大量"摩擦性"失业和衰退的条件。而且,我们可以给出对这些解释的部分检验。⑳

A. 失业

前面的分析表明,为什么雇员并不一定会接受工资削减以保留工作,即使有一些现在的工资收入比"没有"时要好得多。雇员正确且敏感地认为,在对可供选择的工作机会进行搜寻和评估之后,他能够在一些其他的工作岗位上得到大概相当于过去的工资;毕竟,这也正是他在目前工作中可以得到的一切。如果在已被雇用的情况下,寻找和"找到"另外的工作需要耗费更多的成本,那么他将有理由选择暂时性失业,这种暂时性失业被当作信息"生产"或信息投资的一种有效形式。

甚至对"暂时性"工资削减的拒绝也是有原因的。随后出现的恢复性需求,不可能以零成本立即被披露给销售员工;如果他只想花费"找到"成本,那么他会以比在别处可以获得的更低的工资在这里继续工作。当然,雇主竞争不可能

---

⑰ 要了解对凯恩斯这些观点更加彻底的说明和辩护,参见 Leijonhufvud [A. Leijonhufvud, *The Economics of Keynes and Keynesian Economics* (Oxford University Press, New York, 1968)]。

⑱ Hutt,前引。

⑲ Hutt,前引,pp. 165—169。

⑳ 许多劳动经济学家已经在他们的著作中使用了这种方式的部分要素。在这种意义上,前面所说的并不新鲜。但是我们正在尝试着收集和整理这些要素,并把它们组合成一种关于商品和服务的价格和交易,以及包含劳动力的概括性理论。例如,参见以下论文:H. Kasper, "The Asking Price of Labor and the Duration of Unemployment," *Review of Economics and Statistics*, 49 (May 1967), pp. 165—172; R. V. Rao, "Employment Information and Manpower Utilization," *Manpower Journal*, 1 (July-September 1965), pp. 7—15; L. Reynolds, *Labor Economics and Labor Relations*, 4th ed. (Prentice-Hall, Englewood Cliffs, 1964), pp. 345—357; A. M. Roose, "Do We Have a New Industrial Feudalism?" *American Economic Review* (December 1958), pp. 903—920; H. L. Sheppard 和 H. A. Belitsky, *The Job Hutt: Joob Seeking Behavior of Unemployed Workers in a Local Economy* (W. E. Upjohn Institute of Employment Research, 1965); V. Stoikov, "Some Determinants of the Level of Frictional Employment: A Comparative Study," *International Labor Review* (May 1966), pp. 530—549。

迅速地披露随后出现的需求增长;雇主同样需要为获得可供选择的替代信息花费成本。了解所有潜在可得的出价和要价所需花费的成本(关于雇主和雇员,以及所提供商品的特质)限制了价格调整的速度。总之,拒绝将工资削减到可以维持现有连续工作的水平,既不是非最优行为,也不是坚持"适当"工资的惯例。

任何经历了需求减少的企业,都会试图通过减少投入(为了维持产出)来降低成本。但是,如果投入品的供应商知道或认为,在别处仍有未错过的机会,那么他们将不会接受这种投入的减少。[21] 不可能发生这样的情况,即所有投入品的供应商知道所有的改变已被扭曲,以至于他们不得不为维持现有的工作而接受足够的削减。如果雇主想要继续在现有工作上的就业,没有把可发现的替代机会看做已经扭曲的投入品的供应商的比例越多,那么他们将要求提供补充性投入品的供应商接受的价格削减也就越大。[22]

解雇。存在一种现象,使得现有的解释变得模糊。例如,我们看到,当对汽车的需求下降时,通用汽车公司解雇了两万人,而没有采取任何暂时性的工资削减谈判。仅仅把上述现象归因于工会,或者推断不存在一种工资水平(不论多低)能使通用汽车公司可以有利可图地维持其就业人数,或者推断由于来自没有解雇工人的压力,不可能维持更低的工资,这看上去都过于简单了。但是,假定不存在这样的压力和工会合约,当对通用汽车公司的需求下降时,"明智的"回应会是怎样的呢?雇主认识到将工资削减到足够维持原来的产出和就业水平时,将使工资下降得过多,以至于不能保持雇员对替代选择的信心。因此,在没

---

[21] 销售者面对一个购买者减少的需求,并不会把它当成是需要这项服务的所有其他需求者,在需求方面的类似改变的可信赖指示。然而,这种行为已经被描述成对"小于统一价格期望弹性(或者甚至是零)"的非理性的坚持。一个购买者出价的降低并不意味着所有其他的购买者都会降低他们所提供的价格。我们在任意一个时间段上看到的仅仅是潜在的"市场"的一部分而已,从这个意义上说,我们有理由相信,在这里价格的降低并不意味着在别处所有潜在的出价者都将会降价。凯恩斯在假设无弹性的价格期望时已经提出,一个现在的雇主或者一小部分这样的雇主减少工资,并不足以保证在每一个地方工资都是比较低的。有价证券之间的对比尤为显著。在有价证券市场比较便宜的情况下——也就是说,它更便宜地反映了更大且更完整的出价和要价人口的样本,任何观测价格的下降更像是其他潜在出价者也会降价的指示;关于包含搜寻的可辨别且可得的价格期望值的弹性应该更高。从而,在不同的市场中假设不同的价格期望弹性,在这种假设过程中并不存在任何矛盾;事实上,在考察导致价格期望弹性出现差别的因素的过程中我们可以得到很多信息。在 Tobin [J. Tobin, " Liquidity Preference as Behavior towards Risk," *Review of Economics Studies* (1958)]和 Fellner[W. Fellner, *Monetary policies and Full Employment* (University of California Press, Berkeley,1946), pp.145—151]的研究中,可以找到制造区别失败的案例。

[22] 为维持原来工作而接受的工资削减越大,那么当失业时从事工作信息搜寻的动机就会越大。资历越高,在失业之前被强加的工资削减就会越多,因为并不能通过变换工作而在其他地方获得同等的高资历。更大威胁的工资削减,遭到了较低资历的人被优先淘汰条件的抵制。

有进行毫无成果的工资再谈判的情况下,公司就已经宣布解雇了。

如果工作转换需要成本,但就业的搜寻成本不会比失业时高太多,那么一个暂时性的工资削减很有可能被接受。如果暂时性削减的工资幅度太大,以至于工作变得不值得了,那么这样的结果即为一种不包含改变工作意图的"暂时性解雇"。在这种情况下,如果"暂时"的开始和持续时间都是可以预测的话,它在可预测的时间间隔内是对正常工作时间(例如,晚上或周末不用工作)的一种认知,因为此时工人更偏好于休闲而不是可得的工资。如果需求减少的开始是不可预测的(建筑工人),但它的概率被认为是可知的,那么这种情况类似于周末休息——并且,工资率得到调整以反映这种需求的变化。建筑工人即是一个例子;"随意的"劳动力是另外一个例子。[23] 如果需求下降的持续时间比预期的要长,那么这个人将会开始对工作信息进行搜寻。

如果工作信息的成本取决于雇员是否就业,那么(包含或不包含移动成本的)失业将会发生。当同时存在移动成本时,失业的时间期限将会更长。但是差异化的信息成本对于失业的影响范围是必要的。共同的(即非差异化的)搜寻成本和(或)工作转换成本仅仅意味着雇员财富更大的减少,而不是导致未预期需求的减少所产生的失业。[24]

B. 原子式的非相关性与垄断市场类型

资源在原子式市场(缺乏完全垄断或"不纯粹"的竞争)上的销售将会经历闲置。在所有市场——甚至在参与者都是价格接受者的原子式市场,所有的价格"管制"或约束都是自由的——当需求下降时,存在一些销售者,他们不能以别人正在销售的价格直接销售自己的产品,除非市场(即信息)的成本为零。虽然不免略带一些风险,但是将这种分析推广到纯粹完美且非垄断市场的基础上是有趣的;理想化的另一个极端是,纯粹竞争市场假定市场信息和产品鉴定的成本都为零。如果这两者的成本都是显著的,那么为迎合那些认为不值得进一步寻找更低价格销售者的顾客,一些销售者将以较高的价格销售较少的商品——假定寻找这些信息需要成本。把失业归因于垄断市场,或受到规制的传统工资

---

[23] Hutt,参见前引,第三章和第四章。
[24] 通过明确地把信息当作一种被需要和被提供的商品,可以按照一般的经济理论总结前面提到的一些想法。对所有商品的额外需求和供给的总和在理论上应该是零。我们认为在失业期间,关于市场机会的信息的需求和供给都会增长。或者我们可以认为每一种商品的市场都是均衡的,但是市场机会信息的生产已经提高了,将其他的生产放置于比它现有的更低均衡水平,这种情况会拥有更多市场机会信息的生产所没有的资源。这种分析结构的阐述方法保留了萨伊(Say)的原理,即超额需求总和等于超额供给总和——在任何情况下都是如此。

和价格,等同于假定市场的信息成本相同,而不考虑它们是如何被生产出来的。

C. 工作空缺:雇主的搜寻

雇主也在搜寻信息。为搜寻最好雇员而出现的工作空缺是另一种闲置。雇主寻找(即竞争)更多的雇员,他意识到更高的工资会得到更多的员工——或者更快地找到以相同工资和能力工作的人,需要花费更多的成本。雇主搜寻行为会提高工作改变的发生率,而它不包括员工已经经历的失业在内,因为雇主会寻找现在已被雇用的劳动力,并提供更好的工资给他们。

D. 产品之间的转移与"衰退"失业

产品之间需求的转移比率越大,失业率就越高。在不考虑完全就业的情况下,我们仍可以讨论产品之间的需求转移失业和总需求减少(衰退)的失业。[25] 在讨论不存在总需求转移的失业时,我将偶尔使用"充分"就业这一术语。在这种情况下,产品之间需求的转移将决定与"充分"就业相关的失业程度。这种失业的根源通常被认为是"摩擦性"因素。但是,如果总需求发生变化,那么失业程度也将改变,不管对它的称呼如何。

E. 单位投入的产出

在面临被认为是暂时现象的需求减少时,因为寻找新的替代员工需要成本,雇主仍将保留已有的员工和设备。(当然,任何解雇都可能包含部分员工的损失。)在工资表上保留少量的"剩余"雇员,类似于在考虑到不可预测的暂时性需求转变时,保留闲置公寓的经济调整。因此,对雇主产品需求的减少意味着同等程度的就业下降,以及单位产出内一个明显的引致性"更高成本"。这比迅速调整劳动力的规模更加经济(有效)。

F. "衰退"失业

我们在此没有必要解释总需求的减少。(我们的目的在于总需求减少的影响,而不是失业对总需求减少的反馈效应。)总需求减少导致失业增加,因为更多的人会接受失业以从事搜寻。同时,每个失业的人会看得更长远。当人们认为其他地方的工资会更低时,赚取工资收入的机会将减少。人们需要时间来意识到,他们之所以没能像自己所认为的那样,迅速地找到一份同样好的工作,是

---

[25] Hutt,前引,p. 35。

因为总体上的可替代选择减少了,而不是因为运气不佳。如果替代选择的结构没减少,那么可辨别的最大工资提供将会下降。最值得选择的低水平和低速率增长,起初被认为是一系列运气不佳的搜寻,因此在人们认为能"立即"找到模糊的最优选择的期望之下,失业得以延续。并且,当每个人都把目光放得更加长远时,任一时刻的失业总人数将会更大。(收入降低且反馈效应产生。)此时,每个人都有修改他整个期望模式的额外任务。之前,他会搜寻一个明确阐述的更高期望工资。而现在他必须意识到,"最好的"工资已经被扭曲了。㉖

如果总需求的减少是一个持续事件(因此为明确起见,我们将假定货币数量也持续地下降),那么在这段需求持续减少的期间,失业会一直处于较高的水平,而且这种情况必定不断地"被发现"。总需求下降的速率越大,失业的程度就越大,并且平均失业持续时间就会越长。因此,货币社会存量的持续下降与总需求的持续下降以及人力(和非人力)资源的持续闲置有关。保持总需求在它的新水平可以减少失业。但是这种恢复模式的成本,可能比把总需求提高到人们所持有需求信心时的行动成本更大。

相反,如果(未预期到)货币数量的上升速率加快,那么总需求的增长将会增加工作空缺,并且增加雇主发布的工作信息,以及对可得称职资源信息的搜寻行为。"工作更容易找到……"意味着替代选择比他们之前(包括现在)想象的更好。

总需求的变动会混淆公众的认识。每一个销售者都注意到其现在销售商品的需求改变,但他不能判断总需求是否也发生了变化,而这种总需求的变化影响其他地方的选择。需要回答的问题是,他是否应当转向一个选择?或者,如果需求的改变是普遍的话,他是否不应当那么做?又或者,保留他原来的选择而去改变价格?当收到更高的工资提供时,雇员是应该转换工作,还是应该更全面地搜寻市场?给定产品之间的波动,任何一个拒绝失业以搜寻最好替代选择的人,可能被误导而过快地接受另一项工作。因为存在增长的需求,他将会更容易地找到一份比现在所得工资更高的工作。然而,他应该坚持更长的时间,因为总需求曲线的上移意味着他能够做得更好。失业将会低于"最优"水平——给定产品之间需求转移的程度和了解其他潜在工作的不同成本。在提及"最优"失业时,

---

㉖ 关于阐述和解决最优搜寻问题的困难的指示,参见以下研究:J. MacQueen and R. G. Miller, Jr., "Optimal Persistence Policies," *Operations Research Journal*, 16(1963), pp.362—380; J. J. McCall, "The Economics of Information and Optimal Stopping Rules," *Journal of Business*, 38, No.3 (July 1965), pp.300—317; 以及 J. J. McCall, *Economics of Information and Job Search* (Rand Corp., Monica, Calif., 1968), RM-5745-OEO。

我们并不是说失业本身是合理的。我们的意思是,给定不同搜寻成本和需求转移的事实,在失业时更节约地从事一些搜寻是合算的。失业时的搜寻机会,比转向失业以作为一种更有效的搜寻方式这一机会的缺乏要更好。给定产品之间的需求发生了转移,在排除闲置的情况下,资源得到最大化利用的程度被削减了。因为公众错误地认为自己已经找到了可以找到的最好工作,而事实上他们并没有投资于足够的搜寻,以发现可以找到的"最好的"可得工作。

注意到不变的单位(人均)总需求与最终产品价格的下降相一致。在这种情况下,下降的消费商品价格反映生产的低成本,而不是减少的生产利润。资源价格将不会下降。如果存在一个未预期到的通货膨胀趋势,那么(未预期到的)单位(人均)总需求的增长将会减少失业,并且将它维持在一个较低的水平。(此时菲利普斯曲线变成了一对环,在失业的零价格水平变动率处连接。)如果通货膨胀可以被正确预测,那么任何给定总需求变动率隐含的失业率,将低于未预期到的通货膨胀率,且它独立于预期通货膨胀率。

G. 何者之后的滞后?

这里的分析可以更传统地来表达,但不是像下面这样:"需求的减少涉及价格背后滞后工资率的降低——即,实际或相对工资率的上升。这种上升隐含着较低的就业率,因为劳动力投入的边际收益减少了。"这种观点在当前的分析中没有被包括;工资率和所有的其他价格能够以同样的比率下降。(但确实发生的滞后是指,尚未识别的和最好的当新价格(即新的未经确定的较低均衡价格)被发现时,它会使就业恢复到这一劳动力水平的背后对最优价格识别的一种滞后。)在瓦尔拉斯经济中,拍卖人不会即刻披露新的均衡价格向量。(即使在一个实际拍卖中,出价人披露最优价格的时间也不是微不足道的。)这种"滞后"即为发现所需的时间。"滞后"这一术语容易使我们把其他因素或商品价格背后的工资滞后,与(未经确定的)均衡价格——一种并不是免费或立即披露给公众的价格——下对最优机会识别的"滞后"相混淆。这表明,一个总体经济范围内的需求减少,并不意味着实际工资率和衰退(以及复苏)之间存在相互联系。工

资率可以像其他价格一样快地下降;那种滞后对失业而言并非必要。㉗

人力和非人力资源使用的减少,和传统的生产函数结合时,与单位雇用投入的实际产出之间没有任何关系。假设在现有工作中,劳动力资源面临需求减少时,会立即接受第一份可得工作——上述为一份更好工作而从事的搜寻。工作配置将是"无效"的。更好的配置可以通过有成本的搜寻来识别。之前的均衡被打破之后,不会立即产生一个无成本的新均衡。但是搜寻越快,成本就会越高。存在一些最优的搜寻速率。在人力资源从事临时工作时,为得到更好的工作而进行的"无效率"搜寻或失败搜寻,将使"总体"产出向量变小。换言之,给定需求变动率和搜寻的不同成本时,将存在一个失业的最优比率。由于通货膨胀所导致的非常低的失业率从社会角度而言是无效率的,因为资源在未曾经历为找到更好工作而进行的搜寻之前,就已经错误地接受了新的工作。

㉗ 一个有趣的聪明的历史美术品爱好者可以由该理论解释,就像 Axel Leijonhufvud 引起笔者的注意一样。凯恩斯对偶然失业的强有力但却省略的定义被留在了地狱的边缘。他写道:

如果人们是非自愿的失业,并且工资商品的价格相对于货币工资有小幅度的增长,那么愿意为了得到当前货币工资而工作的劳动力总供给和愿意付出那些工资的劳动力总需求将会大于现在的就业量。

[J. M. Keynes, *The General Theory of Employment, Interest and Money* (The Macmillan Company, London, 1936).] 为了解失业的这种定义(不是成因)的解释力和意义,考虑以下的问题:为什么货币工资的削减导致了不同的回应而不是价格水平相对于工资的升高——当两者都与相对价格有着同一程度的改变,而仅仅在货币价格水平不同时?几乎所有人都认为凯恩斯预先假定了货币工资幻觉。然而,一个更尊重凯恩斯意愿的回答是可得的。价格水平升高传递了不同的信息:相对于价格而言货币工资在各处已经下降了。另一方面,某人本身的货币工资的削减并不意味着在别处的选择也下降了。只针对某人当前工作的工资削减被披露。货币与实际工资的区别不是相关联的比较关系;当前工作的工资与其他所有工作才是相关联的比较关系。这使凯恩斯以价格水平改变形式对非自愿失业的定义变得合理了。如果工资在其他地方也被削减,并且如果雇员知道这点,那么他们将不会选择失业——但是如果他们认为只是他们目前的工作的工资被削减了,那么他们就会选择失业了。当某个雇主削减工资时,不意味着工资在别处也会削减。他的员工会立刻认为在别处工资不会被削减。另一方面,随着价格水平的升高,员工没有什么理由去认为他们当前的实际工资低于别处。因此,他们不会立即拒绝由更高价格水平引起的实际工资的降低,但他们会拒绝当前工作中相等的货币工资的削减。这正是关于在别处产生了不同期望的信息关联。并且这与凯恩斯的失业定义是完全一致的,和他的市场调整进程的整个理论也是一致的[R. A. Kessel 和 A. A. Alchian),"The Meaning and Validity of the Inflation-Induced Lag of Wages behind Prices," *American Economic Review*, 50(March 1969), pp.43—66]。因为他认为工资滞后于非工资价格——一种未经证实且可能是错误的观念(凯恩斯,前引)。排除了这种观念时,一般价格水平的上升事实上是普遍的;它包含了工资,并且同样没有理由相信价格水平的升高与特定工作货币工资的削减是相等的[A. C. Pigou, *Lapses from Full Employment* (London, 1945), pp.26—29]。

3 理论的潜在检验

对上述理论的实证检验,可以通过确定增加失业时间和失业频率的资源的特性来达到。或者可以通过比较在搜寻条件的参数已经改变的各种情况,来看看失业中隐含着的变动是否可以观察。替代理论的种类是无限制的,因此我们只简单地解释本文理论中的一些隐含结果,留给读者自己来推断任何一个可供选择的替代理论是否能够包含如此广泛的现象。

如前所述,对理论的差异性检验,不是基于对"周期性"劳动力失业波动的隐示,而是基于对失业、价格稳定,以及对所有类型资源排队的隐示。

这个分析隐含着总体失业的一个特点,即就业从衰退中恢复的程度和之前的下降程度之间存在正相关;扩张的程度与随后下降之间的相关系数为零。不存在恢复就业的趋势意味着,在每一组变动之间不存在相关。事实上,在上升幅度和之前的下降幅度之间存在一种正相关,而在紧缩程度和之前的上升程度之间却不存在任何相关。[28]

符合获取或发布信息的较小成本(就业或失业时)差异的资源,具有较低的影响范围和较短的失业周期。雇主对他自己员工的了解比对其他雇主员工的了解要多,因此,改变工作(任务和级别)的可能性在一个公司内部比在不同公司之间更大——特别是在提升时。但是,在支付更高报酬的工作中,这种可能性上的差别会减小,因为在雇员职位的边际产量更高时,额外的搜寻将更为经济。[29]

容易(即,便宜地)识别的、可分的(时间地点等)、轻便的(给定成本时更迅速移动的)、耐用的(长久因而可以减少签约成本的)资源应该显示出更短的失业时间。[30] 商品的何种特性产生了信息的低成本?市场需求和同质商品("容易且便宜地识别")的供给能被更为便宜地调查到。同一个建造者设计的相同的住宅比定制的住宅更容易销售或出租。"更容易"销售或购买意味着,对于给定的搜寻成本,现实的价格更接近于(更快地)最优可得价格(即假设每个潜在购买者或销售者都被彻底细查过,且每人都拥有产品的足够信息时,将达成的价

---

[28] 参见 M. Friedman, *A Monetary History of the United States*, 1867—1960 (Princeton University Press, Princeton, M.J., 1964), pp.493—499。

[29] 参见下文,第48页。

[30] 前面这句陈述让我们想起了货币的特征,并且谁能够质疑货币具有一种非常低的"闲置"率?上述容易让人产生联想的类比事实上非常贴切。

格)。搜寻成本一个可观测的重要关联在于买价与卖价之间的买卖价差或加成。[31] 因此,低信息成本的商品相对于高信息成本的商品而言,其存货只占有比较小的销售比率。购买者频繁和重复的购买行为,应当和对商品或可替代购买资源的了解相联系,从而使买卖价差更低。正常市场上出售的商品应当具有较低的价差,反映出正常市场提供信息的成本相对较低。例如,不通过交易所而直接售给顾客的股票,比有组织市场上出售的股票具有更大的价差。[32] 我们推测,新商品包含更高的信息分散成本,从而具有更高的存货—销售比率和更大的价差。[33]

以统一标准设计建造的公寓具有较低的空置率,因为它们的特性能更为便宜地被得知,相关信息几乎已经被普遍了解。在南加利福尼亚州,带有游泳池的房子在一个时期内非常罕见,以至于它们陷入了更高信息成本的类别中。因此,经纪人的酬金比例应当更高。

公司股票和债券可以按照公众对公司的了解程度进行分类。如果仅有少数人得知,并且,除非它们是比较容易发现的,否则的话市场将会变"稀疏",这意味着出现更长的搜寻周期或更大的买卖价差。市场稀疏或高信息成本的来源,并不是购买者或销售者人数较少这一事实本身,而是在更大人群中寻找那些少数的潜在购买者的较高成本。因此,在新的"未调适的"股票和债券,与已经发行的旧股票和债券的买卖价差之间,应当存在显著的区别。[34]

通过交易所的交易员,商品和股票交易中包含暂时性需求波动的价格稳定性得到提供。他们根据个人存货在"标价之上和标价之下",减少对应于交易者所认为在市场需求和供给得到披露时,暂时性随机波动的价格变化。[35]

任何种类商品最高和最低价格之间的变化,相对于典型的或形式上的变化而言,拥有一个更长的存货周期和更大的零售批发价差。我们假定情况极端不相似类型的情形;信息的获取和支付成本将会更大。特殊用途的机械工具比普通用途的设备类型的闲置期更长。它们的存货—销售比率应当更高。

相对于不经常使用的汽车而言,标准类型的常用汽车的存货间隔时间更短(存货—销售比率更低)。因为在潜在购买者中,标准类型汽车的信息流传得更

---

[31] 参见 Demsetz,"The Cost of Transacting"。
[32] 参见 Demsetz,"The Cost of Transacting"。
[33] 参见 Demsetz,"Exchange and Enforcement of Property Rights," *Journal of Law Economics*, 7(October 1964), pp.11—26。
[34] 参见 Demsetz,"The Cost of Transacting"。
[35] 参见 Working,前引。

普遍。购买者中潜在出价的方差越大,持续搜寻的总收益就越大。方差越大,可识别最大价格的绝对(而非相对)增长也就越大。假定人们对较为昂贵且不经常使用的商品(如绘画或艺术品)的评估存在较大的方差,则我们预期会存在一个更长的搜寻周期或更大的价差。

在任何群体中主要的雇主数量越少,失业的时间就会越短,并且失业的发生率也就会越低。如果只有较少的雇主进行搜寻且被告知员工的个人能力,那么,关于工作的信息就会更容易得到。在只有一个雇主的区域里,工资能更迅速地得到调整。已经表明,美国南部小镇里的黑人面临比北方相似小镇更少的雇主,因此在南部他们在工作搜寻上面只需花费少量的时间。㊱

如果高技能工人在从延长的工作信息的搜寻中自动产生(self-generated)的收入值和每小时工资之间具有一个更高的比率,那么获得高工资的劳动力将会更依赖于就业机构,以节约他相对具有更高价值的搜寻时间。并且他将会使用更多的私人就业机构而不是公共就业机构,因为私人机构可以对高收入的雇员收取高额的费用,从而具有比公共机构更强的动机,投入更多的资源来安置这些人。对于低工资的工作应聘者,公共就业机构与私人就业机构是实力相当的竞争者。(这并不意味着私人就业机构不为低工资工人提供服务。)从购买者或者是雇主的角度来看待就业问题,我们表明,对于昂贵的、异质的经理主管人员的工作空缺,将会比具有低生产率以及标准责任的劳动力类型持续更长的时间。部分论据可以从就业机构的收费中发现,按照现有分析,就业机构对高收入应聘者的收费应当比低收入工作的应聘者更高。

考虑一个正在寻找经理和门卫的雇主。经理的服务价值比门卫更高,因此,用于寻找经理人所花费的每一美元拥有更大的预期净边际产量。因为高边际产出雇员的边际产量概率的更好测算,比低边际产量雇员更有价值,所以雇主将会发现,在潜在经理身上比在门卫身上花费更高的信息搜寻成本更有利可图。如果肤色、眼形或者性别可以很容易地分辨且被认为和工作质量有关,那么身体特征提供了关于个人素质的便宜(虽然并不完全)信息。对于更高工资水平的工作来说,在潜在的雇员信息方面的额外 1 美元的成本很有可能是有利可图的。额外信息将会补充肤色、眼形或者性别等素质指标。结果,对于高收入的工作,便宜的信息将会通过其他信息得到补充。仅仅根据眼形、性别、肤色,以及人种

㊱ 由 H. Gregg Lewis 提出。

得出的"识别"并不是有利可图的,因此不太可能出现在高收入的工作中。㊲

如果这种证据适用于前面提到过的所有影响,那么它是否与1929—1939年发生的事件相一致呢?毫无疑问,总需求在1929—1932年间迅速减少。在1929年、1931年、1932年,货币存量每年大约下降了15个百分点。这确实意味着下降的总需求和非正常失业。但是,在1932年之后,当总需求停止下降时,仍然存在延长的高失业和缓慢的复苏,这看上去和理论不相一致。1932年之后,国民收入和货币存量都在增加,因此,很难相信失业率不应当以更快的速度下降。即使货币存量没有增加,如果允许人们从个人偏好出发推测预期恢复速率,那么,向充分均衡价格向量收敛的进程应当更快。㊳

不考虑延长的失业,有一点能够说明上述解释,即在许可价格中对专断限制的强迫接受。另一个不支持上述解释且有助于解释延长失业的因素是衰退政策的后续影响。

换言之,延长的失业——不伴随下降的总需求——如果相对于价格的实际许可(而非均衡)工资被任意或外生提高,那么它将与现在对价格行为和失业的解释相一致。支持这个解释的事件已经被鲁斯(K. D. Roose)和弗里德曼(M. Friedman)编入了他们的相关著作中。㊴ 政府在这段时间内采取的一系列措施(美国全国工业复兴法、Guffey 煤炭法案、农业价格支持,以及劳动关系法和最低工资法案)任意且成功地提高了价格和工资——并不只是在1932年。如果不存在这些推升许可(虽然并非均衡)工资和价格的自动因素,那么1933—1937年可能出现更大的就业和产出。鲁斯(K. D. Roose)将这种微弱的复苏归因于限制性政策,如美国全国工业复兴法、国家劳动关系法、最低工资法案、就业的社会保障税,以及失业和老年保障税。在相同时期里,其他政策包括新管制机构,被认为

㊲ 这个段落中所举的例子是由 A. DeVany 陈述的。同样的规律可以应用于短期和长期雇员的对比中。这项检验与差异化的(根据就业或失业)搜寻成本无关,而是相反,它是这种搜寻成本的出现导致的。关于区别的一个指标是,相似类型的人以什么样的程度在一起工作。门卫很大程度上更可能是同一类型的,而经理更可能是一个混合的群体。通过便宜的、可以观察的特征找到的区别应该不会很频繁地发生在经理这个职位上。事实上我的印象是,低报酬工作相对于高报报酬工作而言,存在着更多外在类型的一致性或统一性。

㊳ 在尚未恢复的货币数量上,仍然存在一个抑制因素。如果货币数量没有增加,那么产出和就业的复苏将暗示着仍然比较低的"充分就业"的均衡价格。不变货币存量下增加的实际产出仍然要求更低的价格。这种价格上的持续的通货紧缩压力将会延迟生产和就业向"充分使用"水平的回归。通过消除其他所有机会下潜在可得价格和工资持续下降的识别成本,货币存量的足够增长能够避免价格和工资下降的必然性,从而提高资源再分配以及就业和产出的恢复速度。当然,这就是凯恩斯提倡的政策。

㊴ K. D. Roose, *The Economics of Recession and Revival* (Yale University Press, New Haven, 1954), pp. 45—57; M. Friedman, *The Monetary Studies of the National Bureau*, *The National Bureau Enters Its Forty-Fifth Year*, *Forty-Fourth Annual Report*. (Washington, 1964), pp.14—18.

暂时性地抑制了资本商品的生产。社会保障和交易法案、将投资从商业银行中分离出来、公共事业持股公司限制、对罢工的鼓励,以及对商人普遍的抨击,都为降低资本商品均衡价格作出了贡献——无论它们各自有怎样的优点。在这些因素中,还要加上1937年货币法定储备的崩溃。如果所有这些因素一次性地同时发生,比方说1932年,那么后续的复苏速度应当更快。但在事实上,它们是在几年之内连续发生的。如果将上述因素都考虑进来,那么直到1941年才以非下降的总需求为面目出现的延迟复苏,与最优可得工作机会的差异化搜寻信息成本的失业理论是相一致的。

附录:一个固定样本空间的数学模拟

通过一个差强人意的解释方程,可以对本文的模型进行数学模拟。将问题陈述为,给定需求发生未预期变化的状况下,能够影响个人财富最大化的失业长度和失业影响范围的一个相关因素。因此,可以将其财富很自然地与两个选择行为相联系:(a)在他搜寻最优工作的过程中接受了现有可得的最好工作机会,这一工作他或许在某一未来时刻也可以接受,即,他拒绝使自己陷入失业;(b)他在能够直接获得新工资时停止现有工作,并且接受失业以搜寻新工作,此时,失业状态依赖于他对新工作的发现。

如果他在(b)状态下失业的所得财富要比在(a)状态下工作的所得财富大,那么他将选择失业。而且失业时间的长短,即工作信息搜寻的长短是一个关于选择的变量,而不是一个参数。

a. 对于一个总是受雇用的行为:

$$\Omega_E = \int_0^{T_E} W_E(0) e^{-rt} dt + \int_{T_E}^{T_0} W_E^* e^{-rt} dt$$

$$- (L_E + M_E) e^{-rt} E - \int_0^{T_E} C_E(V,t) e^{-rt} dt,$$

其中:Ω_E为财富;$W_E(0)$为现在可得工资;$W_E^*(t)$为通过受雇用时搜寻而在t时刻发现的最优工资提供;r为利率;L_E为受雇用时离开工作的成本;M_E为受雇用时转换工作的成本;$C_E(V,t)$为搜寻工作的成本比率(依赖于搜寻的努力程度V,反过来又影响W^*,选择C_E和T_E使Ω_E最大化);T_E为现有工作结束和新工作开始的时间;T_D为因死亡或退休而离开工作岗位的时间。

b. 对于一个为了寻求更好工作而选择失业的人,我们可以得到:

$$\Omega_U = \int_0^{T_U} U(t) e^{-rt} dt + \int_{T_U}^{T_D} W_U(t)^* e^{-rt} dt - L_U$$

$$- M_U \mathrm{e}^{-rtU} - \int_0^{T_U} C_U(V,t)\mathrm{e}^{-rt}\mathrm{d}t,$$

除了用 U 表示失业以外,这个方程与上述方程具有相同的变量,$U(t)$ 是失业获得的价值补偿比率(正式或非正式的,以及闲暇价值等)。

选择不同的 $C(V,t)$ 和 T_U 使 Ω_U 最大化,同时给定一个 Ω_E 值,比较两者大小。如果 $\Omega_U > \Omega_E$,他必须付出失业时间为 T_U 的代价。T_U 是预期的失业结束时间。

如果能够确定上述方程的形式并把参数具体化,我们就能使用这些参数得出一些关于失业发生率和失业影响范围的结论。为得出这一结论,我们假定方程 W 是单调的,它以现在可得的最优工作开始,以某一递减的速率递增,可能没有极限或存在渐近线。我们可以直观地假定,潜在的工资提供围绕某一均值 m 成正态分布,m 为现在的可得工资。在包含 n 个个体的样本中,第 n 个样本的最大期望值约为 $W^*(n) = m + \sigma\sqrt{2\log n}$。如果我们令 $n = Vt$,这是一个关于时间 t 的方程。m 和 σ 也可以作为反映雇主获取更多关于求职者品质的信息而付出的成本。信息成本越低,雇主工作提供的向下偏离就越小。因此,提供曲线会变得更高。但是,因为上限并未改变,且使用了正态分布的提供方程,我们通过减少 m 增加程度的 $1/3$,来确保可观察工资的预期上限为一个常数。(假定最大值是一个比 m 大 3σ 的数值。)

为了识别失业搜寻和就业搜寻,我们假定对任意给定的 V,C_E 大于 C_U。标准差 σ 同样取决于就业和失业,我们得到以下方程:

$$\Omega_U \equiv \int_0^{T_U} U(t)\mathrm{e}^{-rt}\mathrm{d}t + (m_0 + \sigma_U\sqrt{2\log V_U T_U})\int_{T_U}^{T_D} \mathrm{e}^{-rt}\mathrm{d}t - L_U$$
$$- M_U \mathrm{e}^{-rT_U} - \int_0^{T_U} C_U \mathrm{e}^{-rt}\mathrm{d}t,$$

$$\Omega_E \equiv m_0\int_0^{T_E} \mathrm{e}^{-rt}\mathrm{d}t + (m_0 + \sigma_E\sqrt{2\log V_E T_E})\int_{T_E}^{T_D} \mathrm{e}^{-rt}\mathrm{d}t$$
$$- (L_E + M_E)\mathrm{e}^{-rT_E} - \int_0^{T_E} C_E \mathrm{e}^{-rt}\mathrm{d}t.$$

对于给定的参数值,我们求解每个方程的最大财富 Ω_U 和 Ω_E,并确定是选择就业还是失业。显然,我们可以假设某一隐含失业的参数值。但是,与此相关的问题在于,我们能否借助于在经验上可以观察的资源种类以及和不同资源的相关失业率一致的引致影响,来确定一些更高或更低的参数值。虽然本文中我们已经陈述了几个非正式的引致影响,但它有待进一步的发现。

除了假设固定样本空间的搜寻信息以外,我们可以假设搜寻者使用一个连续的决策规则,在该规则下,他决定在累积的证据能够表明结论的任一时间停止。这种策略目前为止,已经得到了精确的构建和求解。[40]

存在的另一个问题是,不"仅仅"要确定何时停止搜寻一个固定的分布,而且要确定何时停止搜寻一个移动的分布。此时,搜寻必须(a)能够发现移动的事实;且(b)估计它的数额。这一问题同样由于缺乏明显的结论,而不能构建方程和求解。[41]

我使用一个固定样本空间的非移动分布模型的合理之处在哪里呢?首先,它得出了具有争议的影响结论。其次,它得出了以搜寻时间长短为形式的结论和显而易见的参数化变动,这可能与那些更为精确模型得出的结论是相一致的。

---

[40] 参见 MaQueen and Miller; McCall, "The Economics of Information and Optimal Stopping Rules;"以及 McCall, "Economics of Information and Job Search"。

[41] 参见 McCall, "The Economics of Information and Optimal Stopping Rules"。

第 2 章 工作搜寻、菲利普斯工资关系和工会影响:理论与证据*

查尔斯·C. 霍尔特(Charls C. Holt)

> 在市场过程中,更多的注意力必须指向反应的速度。在没有更多关注时间问题的情形下,经济学已经检验了通过定价机制的资源配置。伴随着运行的巨大成本、不确定性、绝大部分家庭的有限资源,以及通常被排除在模型之外的许多方面的行为,讨论必须超越对市场完美和瞬时调整的依赖。
>
> 约翰·T. 邓洛普
> 《贸易工会下的工资确定》,1944

本文从新工作(jobs)与在岗工作(on the job)之间工资变化相关的特定行为假设中,得出了货币工资变化率和失业水平之间的菲利普斯关系。本文重点研究劳动力市场的搜寻过程,但也关注工会对相对工资与绝对工资水平的影响。文献中相关的经验研究也被简要地评述。

关于菲利普斯关系和劳动力市场的研究一般都严重倾向于经验研究,而几乎没有把注意力放在理论的发展上。出于发展易于理解且能经受严密检验的假设的兴趣,本文主要关注菲利普斯关系的理论模型的发展以及工会对工资的影响。因为本文试图在许多错综复杂的作用过程中寻找相互之间的关系,所以它

---

* 本文是作者在任威斯康星大学社会系统研究所所长时写成的。本文得到福特基金会对劳动力市场动态研究的资助,是社会系统研究所对贫困的研究成果之一。作者感谢同事 Martin H. David, George P. Huber 的帮助;同时也感谢 Christopher C. Archibald, Frank Brechling, Wanda Kedinger, Harry Kelejian, Ed Kuh, Richard A. Lester, Dale T. Mortensen, John G. Myers, Edmaund S. Phelps, Stanley S. Wallack 等人的有益评论。

必定是探索性的。在本文中,绝大部分的相关文献已经得到了覆盖,但我们并不能声称已经完成了一个全面的综述。

虽然本文强调了菲利普斯关系在劳动力市场上的解释,但是我们认识到,根据价格动态、预期、垄断势力等的替代假说已经得到了发展。其中部分假说将出现在本书的其他论文中。我提出这种方法的理由在于确信劳动力市场在通货膨胀过程中毫无疑问地扮演了一个重要角色。特别地,在劳动力市场上,货币工资的稳定浮动可能已经初步显现,并且通过决定价格水平的标价过程传导给了价格。这些经过严格假定的关系在结论的分析上是清楚的,但是如果这些方法确实有用的话,它必须在经验检验下能够站得住脚。

基本的劳动力市场关系是决定了一条稳定的菲利普斯曲线,还是仅仅决定了一条移动菲利普斯曲线的均衡失业水平呢?在政策目的方面,这对于深化人们对劳动力市场结构和众多人力资源商品影响的理解是极其重要的。本文为这一方向的研究提供了一个先例。

这项工作的一般理论框架首先由霍尔特(Holt)和戴维德(David)在一篇论文中提出。[1] 它集中研究了失业工人和空位存量之间的动态相互作用,以及导致流量注入和存量渗出的关系。一般的方法认为,工人在技能和偏好上是复杂且唯一的。类似地,工作也被认为在条件和报酬上是唯一且复杂的集合。促成就业的某个工人和某份工作的成功配对,不仅需要工人和雇主之间相互满意,而且依赖于工作和工人的众多特征。为了获取做出选择的必要信息,大量的资源和时间被雇主和工人的搜寻、广告、面试和试用等活动消耗掉了。[2] 在预先假定产品是唯一的而不是"标准化"的,以及关于工作和人员的极为具体知识的重要性的情况下,我们认为知识是昂贵且高度不完全的,因此盲目的随机搜寻必然扮演着重要的角色。[3]

---

[1] C. C. Holt and M. H. David, "The Concept of Vacancies in a Dynamic Theory of the Labor Market," *Measurement and interpratation of Job vacancies* (National Bureau of Economic Research, New York, 1966), pp. 73—144.

[2] 这个领域的理论和经验研究,参见 G. J. Stigler, "The Economic of Information," *Journal of Political Economics* 70, Part 2, Suppliment (October 1962), pp. 94—105; Albert Rees, "Information Networks in Labor Markets," *Papers and Proceedings of American Economic Association* (December 1965), pp. 559—566。

[3] 普遍认为这种框架只适用于技能型或职能型的工作,而不适用于非技能型的工作。这可能是正确的,但即使它们在生产中的作用是简单且标准化的,也可能存在其他许多作用并非如此的相关因素。专制型雇主、公司保龄球联盟、朋友、便利的交通、随和的个性以及信赖等的存在都可能显著地影响工作报价、工作接受和工作期限。

每个标准化的产品都有一个特定价格,完全知识在分析上似乎具有吸引人的简单性,但是这些模型可能会忽视特定经济现象的本质。劳动力市场毫无疑问是我们最重要的市场,它的波动可能很容易归入这一类型中。关于这一重要论点,参见 C. C. Holt and G. P. Huber, "A Computer Aided Approach to Employment Sevice Placement and Counseling," *Management Science*, Vol. 15, No. 11, July 1969, pp. 573—594。

在此，我们考察了那些在劳动力市场上产生菲利普斯关系的特定存量和流量，部分是因为它对两个重要的关联政策变量（通货膨胀和失业）的重要性，部分是因为它们已经得到了大量的定量研究。然而，从这个观点出发也许并不是研究劳动力市场结构关系的最好方法。例如，有理论和经验表明，空位存量和货币工资变化率之间存在相似且更直接的关系。④

与此不同的是，菲利普斯关系最清楚地反映了供给关系。一个与空位关系相对应的研究将更令人满意地显示出需求的波动。在菲利普斯关系中，空位波动仅仅在失业波动上被间接地反映出来。

为了试图超越把工会工资拉升和需求推动当作无法回答的困境（其中相互作用的力量不能被分离）的探讨，一个关于公司和工会讨价还价力量的决定因素的正式模型得到了发展。这一方法致力于在不涉及各种谈判策略的具体相互作用的前提下，分析讨价还价威胁的力量，并且运用这些力量来预测谈判结果。

本文的结构如下：第一部分给出了不存在工会的劳动力市场上的一个工资动态分析，考察了劳动力市场的结构和功能，并且得出了菲利普斯关系的几个不同版本；第二部分引入工会，分析讨价还价的力量、工资漂移、劳资纠纷和工会对菲利普斯关系的影响；第三部分回顾了处理劳动力市场关系、工会现象和菲利普斯曲线的理论与实证文献；最后，第四部分得出结论并指出进一步研究的意义。由于本文研究范围广泛，所以它在理论发展以及运用过去的经验研究检验这一理论的问题上，必然是探索性的。

1 基本的工资动态

A. 工资变化与失业水平

这部分首先考察劳动力市场的结构，接着给出在没有工会的情况下工资变化的过程。分析了失业工人和就业工人的工资期望，引入了在岗工资的变化，推导且分析了菲利普斯关系。

劳动力市场的结构。强调劳动力市场结构的示意图如图 1。其中，方块里包含了空位和工人存量，带箭头的线表示相应的流量。

---

④ 参见 C. C. Holt and M. H. David, "Concept of Vacancies," 以及 A. D. Brownlie and P. Hampton, "An Econometric Study of Wage Determination in New Zealand Manufacturing Industries," *International Economic Review*, 8, No. 3 (October 1967)。

■ 就业与通货膨胀理论的微观经济基础

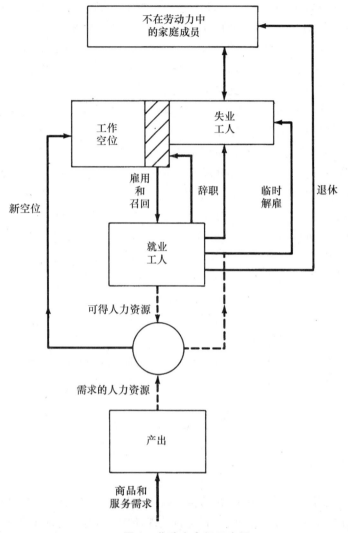

图1 劳动力市场示意图

在整个美国的劳动力市场中,工人(特别是年轻、非熟练工人)的流动量,平均每年占到劳动力总量的1/3至1/2。⑤ 这种年度流量对于任何时候失业工人

---

⑤ 也就是说,一份工作的平均期限可能只有两到三年。当然,一些工作仅仅持续了几个星期,也有一些工作持续了几十个星期。Robert Ozanne[*Wage Practice and Theory, A Payroll Book Study of Wage Movements*, 1860—1969, based on the McCormick and International Harvester Companies (University of Wisconsin Press, Madison, Wis., 1967)]报告,美国公司的员工离职率每年高达177%。

的存量而言都是巨大的。辞职和退休经常迫使雇主不断地招聘工人,即使那些维持不变劳动力的雇主也同样如此。当人们离开家庭、从学校毕业、辞去原来的工作或被解雇时,劳动力将流入市场;当他们被重新雇用、召回以及重返家庭或学校时,劳动力将离开市场。这种高流动性使它保持在一个恒定的流量状态,也使它能根据经济条件的变化快速地做出反应。

把"失业"看成所有工人阶段性通过的一种状态,而不是作为对特定群体人们的描述更为准确。当然,这并不否认一些人比其他人面临更频繁和更长时间的失业。

由于工人和工作的异质性,以及知识的不完全性,新雇用工人的流量最好被看做由一个随机过程决定。可以找到一些规律,来解释每个时期工人找到工作和雇主找到雇员的概率,以及失业持续时间、空位和工作的概率分布。

工人和雇主的经济选择,受到搜寻过程随机不确定性的强烈影响。工作报价一般必须在对明天可能出现什么申请者或工作一无所知的情况下,制定并被接受。这不是一个能够在边际上做出确切权衡的世界。雇主和工人必须不完全地寻求各自的经济利益;否则,他们预先考虑搜寻的成本问题。

劳动力市场的快速流动可以在图1的循环图中得到直观的体现。其中,工人通过辞职和临时解雇流出劳动力市场,又通过新雇用和再召回流回到劳动力市场。流动的速度通过失业工人在一个月内的存量被完全替换的事实反映出来。

如果这些转向失业的大量流入不是非常接近地等于从失业中的流出,那么失业工人的存量就会发生大幅的变化,而我们知道失业只是缓慢地发生变化。这种总流进量与总流出量的近似相等,即使在经济的周期性波动期间,也被认为是系统总会趋向于随机均衡的基础。如果劳动力市场处在随机均衡上,那么预期(数学期望)的水平和存量的构成将是恒定的,并且每个存量的预期流进与流出在程度和构成上也是相等的。由于高周转率,我们预期劳动力市场的一个扰动,在一个季度或半年之内将会在很大程度上逐渐消失。

为了描述市场如何运作,让我们看一下生产突然增加时的反应。当前期望的劳动力超过了就业工人的存量,因此新的空位产生。随着空位存量的增加,工人—工作匹配的概率上升,从而促成了新雇用的产生。这将部分抵消空位的增加,降低失业工人的存量,并增加就业工人的存量。空位的增加和失业的减少缩短了失业的平均持续时间,延长了空位的平均持续时间。这些变化使一些就业工人因市场上存在改善的机会,而辞去他们当前的工作。辞职降低了就业工人的存量,创造了新的空位,增加了失业工人的存量。空位和失业两者的增加提高了促成新雇用的市场匹配概率,从而部分地恢复了就业工人的存量。意愿劳动力的增加、空位持续时间的延长和辞职率的增加,将同时导致公司减少它们的解雇量。这会增加就业工人的存量,减少失业工人的存量。失业工人在数量上的减少降低了新雇用,促进了空位时间的延长和失业持续时间的缩短。上述影响刺激更多的辞职,但是就业机会的改善将吸引新人,特别是二次(secondary)工人(相对于新进入者而言——译者注)进入劳动力大军。而这些进入在一定程度上抵消了失业工人存量的降低。

这一市场体系的如下几个方面值得我们注意:

a. 一般而言,变量之间通过几条路径存在强烈且快速的相互作用。

b. 该体系具有强烈的负向反馈特征。(例如,当存量增加导致决定存量的其中一个流量减少,从而倾向于使存量恢复它的初始水平时,我们得到负向反馈)

c. 两种类型的周转流在图1中清楚地显现出来:辞职—再雇用流和临时解雇—再召回流。两者都将一个工人从就业状态带入劳动力市场,然后又回到就业状态。当空位对失业的比率较高时,辞职的流量也较高;但是,当这一比率较低时,临时解雇也较高。当工人很容易被召回且新工人很容易被雇用到时,他们将被临时解雇。由于总周转流是辞职和临时解雇流的总和,而这两者的波动是反经济周期的,所以通过市场的总流量在周期上以相对较小的百分率波动。

d. 由于市场接近随机均衡,部分是因为负向反馈的结果,从而新雇用和再召回的总和近似于辞职和临时解雇的总和,也近似于新空位的流量。例如,失业水平在一年中可能改变(劳动力的)1%,但是失业者流进和流出的数量可能占劳动力的36%至48%之间。因此,很清楚地,流进量几乎等于流出量。美国劳动力流量的数据如图2所示。⑥

现在我们转向对劳动力市场上运作的工资调整机制的分析。

工资变化的过程 在下面的分析中,我们将考虑三种类型的工资变化:(a)在工人失业时,工作之间发生的工资变化;(b)不包含干预性失业时,工作从一个雇主变动到另一个雇主时发生的工资变化;(c)雇用公司内部在岗工作之间发生的工资变化,如工资率的变化或内部工作调动。然后,我们将这三种类型的工资变化结合起来,用于解释货币工资总水平的变化。

我们的基本假说是,菲利普斯关系是由涉及上述工资变化的搜寻过程导致的结果。

在预测工人们从一个状态变化到另一个状态(如,从一个工作到另一个工

---

⑥ 在作者的"Improving the Labor Market Tadaroff between Inflation and Unemployment," *Papers and Proceedings of American Economic Association* (May 1969)一文的第二部分中分析了这种关系。

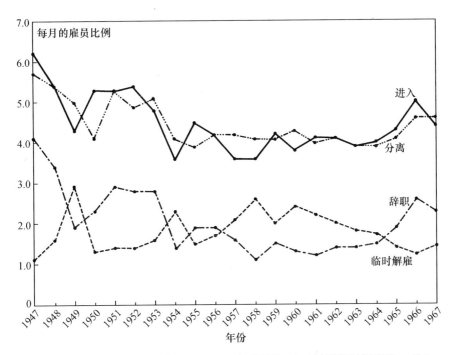

图 2　进入(accessions)、分离(separations)、辞职(quits)以及临时解雇(layoffs)：美国制造业年度平均劳动力流量

资料来源：*Employment and Earnings*，美国劳工部。

作，从失业到工作，从工作到失业，或者从家庭到劳动力)的决策行为时，我们假定了如下的决策过程。⑦ 这个决策人比较当前状态与替代状态的效用。如果替代状态的效用"更好"到足以弥补转移成本，那么变化发生；否则，变化不会发生。是否接受一个替代状态决定于预期水平。在这个预期水平之下的替代状态将被拒绝；在这个预期水平之上的替代状态将被接受。例如，现在的状态也许是"失业和搜寻"，替代状态也许是"接受刚刚收到的报价"。当然，继续搜寻的效用涉及对其风险结果的预测。

在下面的推导中，我们将表明，货币工资(或者更准确地说，连续时间上平均小时收入加上额外福利)稳定的向上或向下漂移与失业水平有关。这个结果是以下列前提为基础的：

a. 工人的失业时间越长，他愿意接受的货币工资越低，或者愿意接受满意

---

⑦ 这种决策模型由 J. G. March 和 H. A. Simon (John Wiley & Sons, Inc., New York, 1958)在 *Organizations* 中提出，在 C. C. Holt 和 G. P. Huber 的 "Computer-Aided Approach" 中得到了应用。

度越低的工作;即随着失业时间的流逝,他的期望水平降低。

b. 失业工人的工资期望水平,受到同期一般工资水平变化和工作空位的影响。

c. 在职工资发生变化,以便和工作之间工资的变化相对应。

d. 当失业较高时,失业的平均持续时间相对也较高。

e. 雇主通常给他们合意的工人提供比雇员本身能接受的最低工资更高的工资。

f. 作为对高报酬空位数量增加的回应,就业工人倾向于转换工作,或者辞职以从事搜寻。

g. 雇主会提高在岗工资,以回应辞职损失和招聘的困难。

h. 一般货币工资水平的变化,是失业工人在不同工作之间经历的工资变化、在没有失业情况下转换工作时的工资变化,以及在岗时发生的工资变化的共同结果。

我们现在来更详细地讨论这些要点:

失业工人的工资期望水平。 劳动力供给的传统静态分析强调了那些将由不同实际工资率展现的劳动力的数量上。尽管它对某些问题而言是正确的,但并不是作为一个家庭主心骨的失业工人的短期行为的合适分析工具。因为这个工人没有一个刚性且决定是否接受一个工作报价的供给曲线。⑧ 随着失业时间的流逝,工人供给曲线的适当移动就会发生。因此,我们需要一种预测这些移动怎样发生的理论。

已经得到心理学家广泛关注的适应性期望水平,同时为行为假说和理性搜寻策略提供了一个合适的起点。

通常情况下,一个工人的工作机会是依次出现的。一个报价通常必须在相当紧的时间限制下被接受或拒绝,因此工人必须权衡当前报价与进一步寻找可能出现的更好报价之间的得失。如果考虑到工资和其他因素,当前报价足够好,则他可能会接受它,并放弃进一步搜寻和等待的成本和可能的收益。这个决策行为可以用期望水平——作为区分足够好因而能被接受的报价与更差因而被拒绝的报价的决策规则——加以分析。

我们不要求期望水平是清楚明显的,仅要求它以概率形式反映了一定程度的规律性。事实上,如果注意力在满意和不满意之间转换,那么工作机会将具有如此多的维度,从而使决策过程倾向于相当不稳定。

---

⑧ 我们没有发现一个工人,当他的孩子忍饥挨饿且他的妻子恳求他的时候,依旧想要永久性地坚持一份符合他供给曲线的报价。传统经济理论中的保留工资是一个静态概念,就当前的分析目的而言,它几乎不能令人满意。

在如此复杂的选择当中,我们不期望得出精确的最优,仅仅期望某种程度上促成更好替代的选择发生。但是马克昆(Macqueen)[9]表明,当面对随机的机会时,对期望水平决策规则的使用是在考虑到搜寻成本的前提下,在最大化预期结果方面严格最优的。

对期望水平机制[10]的透彻理解,还有待于社会心理学家的进一步研究。但是,有足够的经验支持它的存在,以及在失业期间它将下降、以作为一个能说明问题的解说得到接受的事实。在本文后面,我们将讨论一些证据。虽然我们认识到期望适用于许多工作维度,但出于现在的目的,我们强调以货币形式表示的工资期望水平。

初始期望水平的设置依赖于工人先前的经验(特别是他最近的工资)、他关于其他工人获得多少工资的知识,以及他对当前市场上可得工作机会的看法。

随着失业时间的流逝,由于下面几个原因,我们预计期望水平会下降:

a. 期望水平在最初时设定得很高,以保护工人因接受碰到的第一份工作——如果它不是非常好的话——而签订短期劳动合约的风险。之后,期望水平将随着关于全局的各方面知识的积累而降低。

b. 当搜寻开始的时候,好的工作机会首先被发现;随着搜寻转向更加缺乏吸引力的岗位、公司和工作地点,期望水平会降低。

c. 最后,随着资金和精神资源的耗尽,继续搜寻的代价提高,这趋向于降低期望。随着家庭资产的减少,收入变得越来越有吸引力。

作为通货膨胀或生产率改变的结果,如果在一个工人的失业期,存在所有工资的普遍性改变,那么我们预计他的期望水平将会逐渐调整以补偿这些变化。即,个人工资期望的设置与其他人接受的工资有关。

与上面的讨论一致,我们假定第 i 个失业工人的期望水平由下面的关系式给出:

$$w_{t+T}(i) = w_t(i) A_i \frac{W_{t+T}}{W_t} e^{-D_i T} r_{t+T}, \tag{1}$$

---

[9] 参见 J. MacQueen and J. J. Miller, "Optimal Persistence Policies," *Operations Research*, 8, No. 3 (May 1960),以及 "Optimal Policies for a Class of Search and Evaluation Problems," *Management Science*, 10; No. 4 (July 1964)。

[10] 这个领域的基本研究参见 J. Atkinson and G. Litwin, "Achievement Motive and Test Anxiety as Motive to Approach Success and Aviod Failure," *Journal of Abnormal Social Psychology*, 60 (1960), pp.52—63; E. Burnstein, "Fears of Failure, Achievement Motive and Aspiring to Prestigeful Occupations," *Journal of Abnormal Social Psychology*, 67 (1963), pp. 189—193; R. R. Bush and Frederick Mosteller, *Stochastic Models of Learning* (John Wiley & Sons, Inc., New York, 1955); 以及 K. Lewin, T. Dembo, L. Festinger, and P. Sears, "Level of Aspiration," in *Personality and the Behavior Disorders*, J. M. Hutt, ed. (Ronald, New York, 1944), Vol. I。

其中，$w_{t+T}(i)$是在时间$t+T$第i个工人的工资期望水平，工人在时间t进入劳动力市场，T是他失业的时间长度；$w_t(i)$是他先前工作结束时的工资率[11]，A_i是一个常数，通常比1大，它设定了初始的期望水平。W_{t+T}/W_t表示在他失业期内的总体工资变化率；D_i表示期望对应于失业呈指数下降的速率，是一个常数。r_{t+T}表示随机变量，它的几何平均值反映影响工资期望水平的偶然和非工资因素。

最后一份工作的工资$w_t(i)$，是设置接受水平的初始参考。但是，A_i对之进行了调整，以考虑工人对其工作机会的初始认知。这点在本文后面将得到更多考虑。

如果要将这个理论应用于稳定且可能较高通货膨胀率的时期，那么假设失业工人没有考虑到这点是不合理的。

期望水平的指数下降被证明在数学上是方便的，也是和以许多学习行为为特征的逐步滞后调整相一致的。当一般工资水平是常数且随机变量被忽视时，工人的期望水平如图3所示。

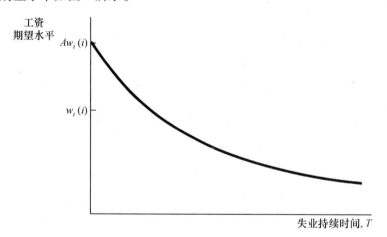

图3 失业期间递减的期望水平

可接受的工资。 在下面的推导中，我们假定雇主给出了一个工作报价，工人要么接受它，要么拒绝它。通常一个报价会超过工人的期望水平，所以雇用工资将等于或高于期望水平。我们用一个比1大的随机变量B，乘以期望水平，来反映这个事实。然而，雇主们大概不愿意提供比为成功招募工人所必要的工资高

---

[11] 对一般工资水平w_{t+T}/w_t变动的调整，可能应当包含在一个充分发展的理论中，这一理论引进了对这些变动感知的滞后。同理，对通货膨胀的调整可能（至少部分地）适用于前期就业；参见 Holt, "Labor Market Tradeoff"。对通货膨胀的完全补偿，被证明在质疑菲利普斯关系的唯一性中是一个关键论点。

得多的工资：
$$w_{t+T}(i) = Bw_{t+T}(i), \qquad (2)$$

其中，$w_{t+T}(i)$ 代表雇用工资，如果失业在持续时间 T 后成功地结束，那么它表示雇主提供给第 i 个工人且被接受的工资；因此 B 反映了报价"酬金"。在下面的推导中，通过假定 r 和 B 的概率分布是常数，并处理它们的平均值后，我们排除了随机变化。

我们引进第 i 个工人在市场上对应的工资变化率 u_i，以及一般工资对应的变化率 g，定义如下：

$$\frac{dw_t(i)}{dt}\frac{1}{w_t(i)} = u_i \quad \text{和} \quad \frac{dW_t}{dt}\frac{1}{W_t} = g. \qquad (3)$$

如果 u_i 和 g 在失业持续时间 T 上是常数，T 是一个月上的报价，整理式(3)，我们得到：

$$\frac{w_{t+T}(i)}{w_t} = e^{u_i T} \quad \text{和} \quad \frac{W_{t+T}}{w_t} = e^{gT}. \qquad (4)$$

联立式(1)、(2)和(4)可得：

$$e^{u_i T} = A_i B e^{(g-D_i)T}. \qquad (5)$$

取对数，化简后可以得到一个表达式，它表示对于第 i 个工人，其在不同工作之间的货币工资变化率取决于一般工资变化率和该工人的失业持续时间。

$$u_i = g - D_i + \frac{\ln A_i B}{T}. \qquad (6)$$

这个关系式的一般意义能够从图 4 看出，其中，我们已经描绘出等式(1)在排除随机变量，且假设一般工资不变时的情况。比率 u 是连接 1 和时间 T（一个新工作被发现时）所对应的期望曲线上点的直线的斜率，取对数形式。图中显示了三种替代性的失业持续时间。当一个工作很快被找到，并且期望水平依然高的时候，增长率 u_1 是高且为正的。在失业持续时间 T_2，工人以零工资增长率（$u_2 = 0$）接受以前的工资。经历一个长久的失业时间 T_3 之后，货币工资的变化率 u_3 变成负的。此时，失业已经持续了如此之久的时间，以至于工资削减被接受。如果工资的一般水平不是常数，那么 g 将增加到工资水平变化率之上。

对流经市场的所有失业工人而言，工作之间的平均工资变化率，由与等式(6)相对应的总关系式给出：

$$u = g - D + \frac{\ln AB}{T}, \qquad (7)$$

其中，u、D、$\ln AB$、T 变成了工人之间的平均值。我们在这里对总量问题考虑得较少，但这并非意味着它们不重要。

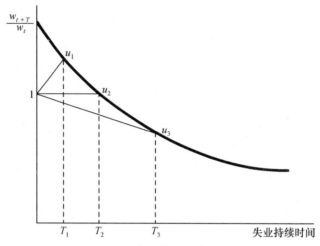

图 4　工作间的工资变化率

我们能直接地解释上述关系。失业工人的工资变化率是三种独立影响的总和。首先是货币工资的变化率 g，它之所以作为解释因素，是因为工人们相对他们看到其他人获得工资的变化而设置期望。第二个解释因素是失业期间期望的下降比率 D，它是负的。第三个因素是正的，它反映为获得工资增长而作出的努力。为了得到工资变化率，我们用工资增长除以为达成这种增长而经历的失业时间，即 $(\ln AB)/T$。如果失业持续时间是短暂的，等式(7)的第三项将超过第一项 g。

失业的平均持续时间 T，通过基本的存量—流量关系直接与失业工人的数量相关。失业的平均持续时间与工人流进劳动力市场次数的乘积等于失业工人的存量：

$$Tf = \mathcal{U}, \tag{8}$$

其中，f 是大部分由于临时解雇和辞职以寻找工作而由就业状态进入失业状态的工人流量，而 $\mathcal{U}$ 是失业工人的数量。

将式(8)代入式(7)，得到失业期间工资率的变化率与一般工资率的变化率、失业工人的存量以及进入失业状态的流量之间的一个关系：

$$u = g - D + (\ln AB)\frac{f}{\mathcal{U}}. \tag{9}$$

就业工人的工作搜寻。 一些工人在就业时仍然在搜寻新的工作，这种业余时间的搜寻在许多情况下会取得成功，特别是当存在大量空位的时候。上面的分析不能直接应用到这种情况中，因为式(7)中失业的零持续时间使工资变化率变得无穷大。然而，期望水平的一般性定义在作为辞去一份工作而转向另一份可能更好的工作的选择标准时，仍然和它应用于超过期望水平下报价奖金的调整一样适用。

如果工人们能够通过 ABC 的一个因素获得工资增长(其中 C 是一个大于 1 的常数,反映了就业工人的强讨价还价能力),那么他们将辞职。否则,他们将继续从事旧的工作。它对货币工资增长率贡献的程度,依赖于工人辞职以改变工作的人数和辞职的频率。如果 T_c 是就业劳动力在辞职之前的平均就业期限,那么我们将独立地得出这种类型工资变化的关系式:

$$\frac{w_{t+T_c}}{w_t} = ABC = e^{cT_c}, \qquad (10)$$

其中,w_t 是在时刻 t 开始的原先工作的工资,w_{t+T} 是新工作的起点工资,c 是仅从工作变化本身中得到的平均工资变化率。因此,通过工作的转换而得到增加,增加的比率是由 ABC 因素与各次增加之间的时间间隔 T_c 决定的。使用我们熟悉的存量—流量关系和式(8),我们可以估计就业的平均持续时间:

$$T_c = \frac{\varepsilon}{q}, \qquad (11)$$

其中,ε 是经济中就业工人的数量,q 是在没有政府干预失业的情况下,改变工作的工人的流动率。

将式(11)代入式(10),取对数可得:

$$c = \ln ABC \frac{q}{\varepsilon}. \qquad (12)$$

注意到对失业工人而言,上式和等式(9)之间高度的相似性。因为周转率 f/n 和 q/ε 可以被解释为每一个时期改变状态的概率。所以我们发现货币工资变化率依赖于每单位时间工人将被雇用的概率,以及每单位时间工人辞职以转换工作的概率。这些概率越大,工资上涨的压力也就越大。

在岗工资的变化。我们现在考虑雇主给予他们雇员工资率的变化。排除了来自有组织的劳动力的时间压力,显然地,雇员辞职和可能在市场上找到更好报酬工作的机会,将会导致雇主倾向于提高在岗工资率,而不是遭受劳动力的严重损失。然而,如果差额不是太大,在不考虑其他地方更好工资率的诱惑下,将劳动力的绝大部分保持在现在的工作上,将存在足够的关联和摩擦。如果雇主必须采取全面增加工资的措施,就像通常情况下出于道义原因而所做的那样,那么留住流动性工人的代价会变得更加高昂。

当经过劳动力市场的工人遭受工资降低的损失时,雇主同样可以削减雇员的工资而不用担心会失去他们。当然,雇主会预期到来自工人们的抵制。

在招募新雇员的时候,雇主同样受到来自市场的影响,但是,此处工人在当前工作上的摩擦性会使雇员对着雇主干。雇用失业工人或其他地方的就业工人,倾向于增加制定更高工资报价的可能性。但是,当新招募是在更高工资或更低质量上进行时,公司当前雇员的士气(民心)将受到损害。

因此,我们预计在岗工资会受到与市场工资变化的相同力量和相同方向的影响,但是这种调整可能仅仅是部分的。

我们假定在岗工资变化率 j 会对失业工人和改变工作工人的工资变化率作出反应。[12]

$$j = k_u u + k_c c, \qquad (13)$$

其中,k_u 和 k_c 是比 1 小得多的常数,用来反映雇主的部分反应。[13]

即使因改变工作而带来的工资率上升 u,大大地超过了工作 j 的工资率上升,也并不意味着所有工人将辞去他们的工作,以寻找新的工作。因为高的增加比率 u,包含着为发现更好工作而出现一段工作搜寻的失业时期。

一般工资水平的变化。一般工资水平 W_t 的变化,取决于失业工人的工资变化 u,以及就业工人在工作岗位 j 和改变工作 c 上的工资变化。上述每一个变化的权重取决于每一类型劳动力的比例。因此,一般工资水平的增长率 g,由下式给出:

$$g = Uu + (1 - U)(j + c), \qquad (14)$$

其中,U 是下面定义的比率变量之一:

$$U = \frac{\mathscr{U}}{\mathscr{L}} \quad \text{和} \quad F = \frac{f}{\mathscr{L}}; \qquad (15)$$

U 是失业劳动力的比例,$\mathscr{L}$ 是劳动力的规模,比率 $f/\mathscr{L}$ 被定义为周转率。

从原则上来说,我们给出的关系式都是可以观察到的和经得起检验的。但是,目前尚缺乏数据来清楚区分工资变化的不同组成部分(它们组合而成 g,即一般货币工资的变化率)。由于关于这个变量的样本是可得的,我们可以组合这些不同的线性方程,以减少不可观察的变量,同时得到 g 的表达式。

将式(13)代入式(14),然后代入式(12)和式(9),我们可得:

$$g = \frac{1}{1 - k_u} \Big[\Big(\frac{U}{1 - U} + k_u \Big) \Big(-D + \ln AB \frac{f}{U} \Big) + (1 + k_c) \Big(\ln ABC \frac{q}{\mathscr{E}} \Big) \Big]. \qquad (16)$$

尽管因变量是可观察的,但是关于流进失业队伍和因工作转换辞职的流量的准确数据,可能是缺乏的。然而,使用近似数据,工资调整关系能以这种形式得到估计。

基本的菲利普斯关系。为了得到更加接近菲利普斯关系的解释性变量,我

---

[12] 在一个更为充分发展的理论中,我们预期雇主行为将强烈地受到他填补空位及其辞职率成功与否的影响。

[13] 这种关系可能涉及一个滞后的反应。

们将使用其他的干扰关系。我们假定辞职转换工作是总辞职中的一个固定比例,且辞职率随着空位率发生波动是可靠的。反之,空位率也将随着失业率的波动而发生变化。[14]

$$\frac{q}{\mathscr{E}} = r_q \frac{1}{U}, \tag{17}$$

其中,r_q 是常数。

将式(15)和式(17)代入式(16),得到关于失业率的货币工资变化率的表达式:

$$g = \left[\frac{-D}{1-k_u}\left(\frac{U}{1-U}+k_u\right)\right] + \left[\frac{1}{1-k_u}\right]\left[\left(\frac{U}{1-U}+k_u\right)(\ln AB)(F)\right.$$
$$\left. + \left(\frac{1+k_c}{1-U}\right)(\ln ABC)r_q\right]\frac{1}{U}. \tag{18}$$

注意到 $(U/1-U)$ 相对于 k_u 可能很小,因为辞职和临时解雇的波动倾向于相互抵消,从而周转率 F 在循环上的波动不是很大。我们得出结论:对于较低的失业水平,以 $1/U$ 项表示的波动可能在 g 的表达式里占支配地位,所以式(18)括号里面的系数可以用常数来近似,至少可以作为一个最初的近似:

$$g \approx -k_1 + k_2 \frac{1}{U}, \tag{19}$$

其中,k_1 和 k_2 是参照等式(18)定义的近似常数。这是基本的菲利普斯关系。因此,这个理论能预测在研究许多国家时所观察到的函数形式和正负号。[15] 图5中描绘了我们得出的菲利普斯曲线,它是下移双曲线的一支。

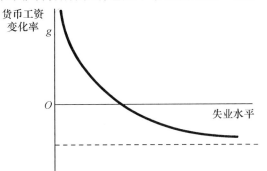

图5 基本的菲利普斯关系

---

[14] 参见 Phillip Ross, "Labor Market Behavior and the Relationship betweem Unemployment and Wages," *Proceedings of the Industrial Relations Research Association* (December 1961), pp. 275—288; R. V. Eagly, "Market Power as an Interventing Mechanism in Phillips's Curve Analysis," *Economica* (Februry 1965), pp. 48—64; 以及下面式(20)的讨论。

[15] 参见 III.C 部分引用的参考文献。

货币工资的变化率被发现依赖于就业工人和失业工人为获得最好的机会而搜寻市场的行为,以及雇主面临辞职和招聘难题时在他希望的工资水平下保持劳动力的努力。这些几乎都是不怎么令人惊讶的发现,但是采用这种形式的模型可以增加我们的理解,并且有助于对相互作用关系的计算和检验。在本质上,该模型提供了这样的理论,即劳动力市场上的摩擦和知识不完全性,导致了微观层面上耗时的随机动态调整过程,它们产生了工资水平要么向上、要么向下的连续且取决于失业水平的爬行调整。

在考虑进入失业状态的流量时,我们几乎没有把重点放在劳动力以外的家庭成员的净流量上。从那些倍感沮丧的工人对劳动力不断减少而失业却仍然很高这一现象习以为常的主要反应的角度来看,这种忽略可能是非常严重的。即使就业的变化大致上等于对失业和劳动力的影响,从家庭流入劳动力的净流量,与辞职和临时解雇的周转量相比,也是相对较小的。在一年的过程中,相对于24%至36%的典型周转量,劳动力也许有一个百分之几的净变化。然而,新进入劳动力的稳定流量,显然会对失业产生一定影响,应当将这种影响纳入考虑范围之内。

工资变化和空缺之间的空位关系。即使菲利普斯关系和我们分析的重点在于失业,我们还是指出空位的存量与失业工人的存量之间,具有强随机的相互作用。经验和理论研究的研究文献[16]表明,下式可以作为一个最初的近似,

$$V = k_3 \frac{1}{U}, \quad (20)$$

其中,k_3 是一个常数,V 是空位占劳动力的比率。本文作者近来的研究在一定深度上分析了这种关系。[17]

将上式代入式(19),可以得到一个有很强直觉性的空位关系,因为空位在推动工资变化方面,扮演了一个比失业更积极的动因作用。

$$g = -k_1 + k_2 k_3 V. \quad (21)$$

使用新西兰和欧洲的数据,这个关系已经得到了大量的经验支持。我们预期空

---

[16] 相关例子参见 Edward Kalacheck and James W. Knowles, *Higher Unemployment Rates, 1957—1960; Strutural Transformation or Inadequate Demand?* Staff Study, Joint Economic Committtee, 87th Congress, 2nd Session, November 29, 1961 (U. S. Government Printing Offie, Washington, 1961); J. C. R Dow and L. A. Dicks-Mireaux, "The Excess Demand for Labor: A study of Conditions in Great Britain, 1946—1956," *Oxord Economic Papers* (February 1958); C. C. Holt and M. H. David, "Concept of Vacancies"; 以及 Albert Rees, "Industrial Conflict and Business Fluctuations," in *Industrial Conflict*, A. Kornhauser, R. Dubin, 和 A. M. Ross, eds. (MaGraw-Hill, Inc., New York, 1954), pp. 213—220。

[17] 参见 Holt, "How Can the Phillips Curve Be Moved to Reduce Both Inflation and Unemployment?" 本书。

位关系也许比失业关系更稳定的一个原因,是第二个变量更容易受到劳动力参与方面的任何变化的影响,而第一个变量不是这样。

模型的含义。可能会出现两种反对意见,一是认为这个模型太过复杂以致不能得出通货膨胀率依赖于失业的结论;二是认为行为假设在整体上过于简化。两种批评都有合理的地方。因此,我们已作出相关努力,只在模型中引进仅有的最重要关系,并尽可能使每个变量简化。

因为从就业到失业的流量 f,由两个不同的部分组成,将它代入到式(18)中可以阐明上述理论,

$$f = f_l + f_q = F\mathscr{L}, \tag{22}$$

其中,f_l 是临时解雇的流量,f_q 是辞职的流量。

出于政策目的,我们希望能够在与曲线相关的范围内,降低通货膨胀和失业。为了完成这个目标,上述理论和等式(18)和(22)的组合表明,工人们应当:(a)更快地降低他们的期望水平(升高 D);(b)更低地设置他们的初始期望水平(降低 A);(c)不要轻易辞职以寻找更好的工作(降低 r_q 和 f_q);以及(d)对于转换工作,要求一个更低的补偿(降低 C)。与此类似,雇主们应当:(e)降低在岗工资对劳动力市场条件和辞职率变化的反应(降低 k_u 和 k_c);(f)降低对导致劳动力周转的临时解雇率(降低 f_l);以及(g)不应该在招聘期望水平上制定奖金工资报价(降低 B)。注意到方法(c)和方法(d)是部分矛盾的。

暂且不说这些含义需要更多的研究,但它们确实是有趣且看起来是合理的。当前简洁明了的陈述在解释菲利普斯关系上得到了经验上的支持。研究需要在以下方面做出:影响工作信息的流量、咨询、就业、安置,以及其他可能影响期望水平和雇主减少通货膨胀和失业行为方向的努力。[18]

工资爬行过程概览。我们对工资移动过程的描述如下:当失业较低时,那些辞职以搜寻更好工作的工人通常能发现这些工作,一段时间以后,他们能获得比辞去的工作更高的工资。另外一部分工人,通过业余时间搜寻工作,通常会排队等候更高工资的工作。当等到这样的工作时,他们会直接辞去工作而转到新工作岗位上去。

观察到这种雇员离去的雇主,必须不断招聘以弥补工人的减少。但是,他会发现,为雇用到新的工人,通常必须支付比工人以前所得更高的工资。他可以保

---

[18] 这个领域的进一步研究参见 E. P. Kalacheck, "The Composition of Unemplyiment and Public Policy," in *Propetity and Unemployment*, R. A. Gordon 和 M. S. Gordon, eds. (John Wiley & Sons, Inc., New York, 1966), pp. 227—262; Kalacheck 和 Knowles, *Stuctural Transformation*? 以及 Holt and Huber, "Computer Aided Approach".

持质量标准且逐渐提高工资报价,或者保持工资层次而逐渐降低质量要求。在上述任意一种情况下,如果他不同意提高原有工作岗位的工资,或者将雇员提升到更好的工作岗位,那么这些原有的劳动力就会变得不满意。

这个一点一点推进的过程不断地延续着,失业水平越低和空位数量越多,辞职的可能性就越大,同时整个过程进行得也就越快。在转换工作或威胁转换工作、变换工作安排以及造成全面的工资变动三者之间,会存在一定的摩擦。所以直到差别逐渐形成之前,超过注意力下限和最后的触发性行动才会被采取。

相反,在高失业水平时,如果工人的服务不被当前工作的生产所需要,那么他们就更易于被解雇。工人们发现要找到新工作将花费很长时间,并且他们也可能会获得较低的工资。但是雇主们却不受辞职的困扰,他们发现能够在比当前支付水平更低的工资水平上雇用到新工人,或者在支付与原来相同工资的前提下提高工人的质量标准。在这种情形下,雇主能够将他的工人降级到低工资的工作,或者实施全面的工资削减。工人们知道工作难找,所以他们几乎没有选择余地,只有接受它们。这个一点一点推进的过程会使得工资稳步下降,但是只有当失业达到极高水平时这种情况才会发生。

通过想象一个与具有随机特性且与假想的物理世界相类似的过程,能够有助于使上述市场过程变得形象和直观。考虑一个由两种气体组成的混合物,一种由"空位"分子组成,一种由"工人"分子组成,这些单个分子中的每一个都带着一个价格标签。在这种气体的随机混合中,当空位分子与工人分子碰撞时,它们的价格可以比较。如果空位价格超过工人价格,那么一个"安置"就产生了,该分子对从混合物中消失。为了弥补"市场"中的这种流出损失,存在新空位和新工人的不断流进。

可变的初始期望水平。 前面的理论也许足够精细以便随时接纳其他的调整机制。例如,假定参数 A、B、C 是空位和(或)失业水平的函数是非常合理的。

例如,当劳动力市场紧俏时,工人们可以合理地提高促成 A 提高的初始期望。工人们能大致地得到关于空位数量构成、其他工人经历失业的持续时间、当前提供的工资等劳动力市场条件的一般信息。对工人们而言,权衡他们的选择以回应于这些信息,并据此设定他们的期望水平似乎是合理的。

当空位多的时候,雇主也倾向于提供比必要水平更高的工资报价,从而提高 B。当其他雇主的工作充足时,就业工人们可能产生转换工作的更高动机,从而提高 C。

这可能也和区别临时解雇的失业工人的期望水平和自愿辞职的失业工人的期望水平有关。前者可能仅仅想保持原有的工资水平,而后者可能为了找到更高工资的工作而故意辞职。如果 A 的值对于这两个群体是不同的,那么所有失

业工人的 A 的平均值,将随着辞职—临时解雇比例 f_q/f_l 的不同,而出现上升或者下降。由于这反过来又随着失业水平出现变化,所以我们有在循环上改变 A 的其他机制。

以下情形是可能的:相比于单个失业工人可接受的失业期限,总期望水平对失业水平及其平均持续时间的变化的反应更为强烈和直接。需要实证工作来确定不同机制的相对影响,但是存在强烈的理由可以预期,总接受水平将随着失业平均持续时间的增加而出现剧烈的下降。

图 6 用实线描绘了不同的平均失业持续时间 T_1、T_2 和 T_3 反映出的不同的一般经济条件下,一个典型工人可接受工资下降的情形。斜线连接了第 i 个工人失业持续时间等于经济中平均值的点。如果所有工人与第 i 个工人具有相同的期望结构,那么虚线将是有效的总体可接受曲线。这会产生同时提高式(7)中 AB 和 D 的效应。

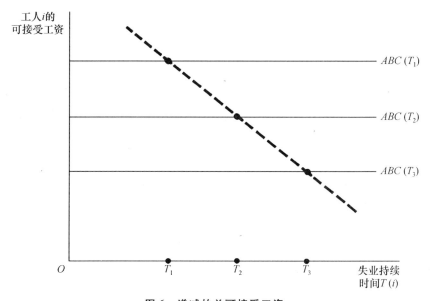

图 6 递减的总可接受工资

相应地,可变的期望水平将直接被引进式(18)。例如,如果

$$\ln AB = a\left(\frac{1}{U}\right)^b, \tag{23}$$

其中,a 和 b 是正的常数,则式(19)可以写成

$$g = -k_1 + k_3\left(\frac{1}{U}\right)^{(1+b)}, \tag{24}$$

其中，k_3 是常数，一些实证研究看起来表明上式中的指数比 1 大。[19]

B. 工资对就业变化的反应

菲利普斯和其他经济学家已经发现了货币工资增长率的一些趋势。当失业下降时，货币工资增长率处于图 5 所示的基本静态关系之上；当失业增加时，货币工资增长率处于图 5 所示的基本静态关系之下。依据预期、非线性、工资标准和其他机制的解释已经得到了推进。[20] 发现自然而然得出的理论产生了围绕静态菲利普斯曲线的动态连环，确实令本文作者感到吃惊。

考虑国民产出突然上升从而要求劳动力突然增加时的情形。对从一个固定水平的就业到一个更高就业水平的充分循环的描述如下。在一个时期内市场上的失业工人的可接受工资是分布在一定范围内的。通过累加报价水平上升时将被雇用的工人，可以得到一个具有正斜率的暂时"供给曲线"。因此，为得到就业增量 ΔE，就要求有一个工资增量 ΔW。由于就业的变化 ΔE 与失业的变化 ΔU 是紧密相关的，因此我们期望发现工资变化与失业变化是负相关的。当然，工资和失业的变化能被表述为变化的时间速率。这是失业变化导致工资变化的基本解释。现在，我们来更详细地讨论这个过程。

在就业量恒定的初始，总离职量等于总进入量。为了增加就业，新雇用的流量相对于离职量而言必须增加。这可以通过工作空位存量的一个突然增加来达到。它将增加每一个失业工人在一段时期被雇用的可能性，从而提高雇用率。由于对失业工人提供的工作报价率提高，工人们增加了就业机会，他们可以通过选择更好的报价来提高起点工资。随着市场上空位数量和失业工人的减少，雇用也将减少，直到一个新的平衡建立，此时雇用率和离职率相等。通过达成更高就业的过程，雇用工资将增加到一个更高的水平。

当就业增加刺激劳动力以外的家庭成员或其他公司的雇员加入招聘时，一个相似的工资增加就会发生。此时，如果一个公司想从这些劳动力资源中增加雇用，它必须以更高的工资报价或更低的质量要求等形式，提供比以前更有吸引力的空位。它试图吸引新雇员的数量越大，工作报价也就必须提高得越多。

---

[19] 参见 G. L. Perry, *Unemployment, Money Wages and Inflation* (M. I. T. Press, Cambridge, Mass., 1966)。

[20] 参见 A. W. Phillips, "The Relation between Unemployment and the Rate of Change of Money Wage Rates in the United Kingdom, 1862—1957," *Economica* (November 1958), pp. 283—299; R. G. Lipsey, "The Relation between Unemployment and the Rate of Change of Money Wage Rates in the United Kingdom, 1862—1957: A Further Analysis," *Economica* (Februry 1960), pp. 1—41；以及 E. A. Kuska, "The Simple Analytics of the Phillips' Curve," *Economica* (November 1966), pp. 462—467。

换句话说,为了增加新的雇用,报价必须在招聘的预期期望水平之上作出。需要招聘的人数越多,需要超过的期望水平也就越大,要求的报价也就越高。

为了得到就业的向下调整,进入率必须降低到离职率以下。这可以通过取消空位以降低雇用率和(或)解雇工人达成。空位减少和失业增加现在给了雇主一个机会——在更高质量水平和(或)降低起点工资上提供选择性报价来实施雇用。在达到新的平衡之前,为质量变化而调整的起点工资将下降。

实际上,就业通常是逐渐地增加或减少,因此,上述过程是在一段时期内发生的,并且我们预期$(E_t - E_{t-1})$和$(W_t - W_{t-1})$的变化率之间是成比例的。

我们可以把这些工资变化的额外因素引进式(24)中,从而得到一个更完整的菲利普斯关系:

$$g = -k_1 + k_2 \left(\frac{1}{U}\right)^{(1+b)} + s(U)\Delta E, \tag{25}$$

其中,反应系数$s(U)$随着失业率的变化而变化。菲利普斯以失业变化的形式表述了该模型的原始关系,当然它也会紧随就业的变化发生波动。

在离开国民经济的自由市场模型之前,我们应该注意到这些地区也可以应用于地区的情况,假定这些地区在很大程度上能够自我包含(self-contained)的话。

强调市场搜寻影响的一般方法同样可以很好地运用到价格行为中[21],例如,在租房和消费者耐用品方面。事实上,当交易者给出在价格和销售上具有显著差异的产品,从而需要费时甚或可能是随机搜寻时,像野马(汽车品牌)一样的标准化制造业可以呈现出独一无二的产品特征。

以上对自由市场的动态分析,为考虑工会讨价还价能力的影响提供了一个框架。

C. 没有工会时的工资弹性和差异

在转向由工会创造的工资差异和弹性之前,我们考虑不存在工会情况下工

---

[21] 关于产品定价模型的有趣的拓展研究已经作出,例如本书第二部分的论文。

不确定性的存在使保持部分最终产品(已完成产品)的库存作为缓冲储备是经济的。因此短期定价和生产决策能够被单独制定,但必须同时考虑到存货和订单积压的波动。类似地,在劳动力市场上企业也能够单独制定工资和生产决策,但也必须同时考虑到加班和松懈的波动。因此我们需要一个充分考虑到不确定性和波动成本的理论,以把上述两个市场结合在一起进行分析。与静态古典理论相比,这种新发展的理论使我们对一个充满不确定性和波动的世界上所收集到数据的分析能力得到实质性的提高。

Alfred Kuehn (*An Analysis of the Dynamics of Consumer Behavior and Its Implications for Marketing Managemnet*, Carnegie Mellon Graduate School of Industrial Administration, 1958, Ph. D. Thesis) 和其他一些人已经使用概率模型分析消费者品牌忠诚度的市场搜寻问题,且得出了一些较好的结论。这些市场模型中的部分模型可能会在预测职位和区域流动性中有所应用。

资差异和工资弹性的循环波动。

如果一个市场系统要有效地履行它的配置功能,那么价格和工资应该尽可能地不受与现行产出和需求形势无关的变幻莫测的变量的支配。因此,以前的扰动和调整的剩余影响应该很快消失。

在强调市场交易中从事搜寻以获得更好的平均工资,减少由信息缺乏造成的随机变化导致的价格风险上,施蒂格勒(Stiegler)有一个值得注意的贡献。这些利益当然受搜寻成本本身的限制,而且,也正如我们上面所讨论的那样,期望水平可能是一个最优的停止搜寻的规则。

这里发展的模型在相对工资以多快的速度调整,以及它们在多大程度上自由地处于随机非均衡方面是否具有某些含义呢?简言之,它能阐明工资弹性吗?

劳动力市场的搜寻涉及两个方面,公司搜寻工人和工人搜寻公司,虽然在不同的商业周期内,这种搜寻的相对紧急程度可能从一方转换到另一方。在处于商业周期的不同阶段的劳动力市场上,我们能否指出有关赎金和摩擦的情况呢?

当失业高而空位少的时候,雇主占据讨价还价的优势地位。如果一个雇主成功地找到一批愿意接受比他当前支付工资更低的工人,那么他可以解雇以前雇用的工人而招聘新的工人,但由于雇员的反对,他们通常不能这样做,尽管这样做可以降低工资成本。他们只能在一定的限度内提高雇用质量标准。

在空位多而失业低的地方,工人们占据讨价还价的优势地位。如果一个工人成功地找到一个更高工资的空位,那么他会主动停止搜寻或者辞掉原来的工作。改变工作有一定的障碍是理所当然的,但这种障碍通常比对雇主的相应限制要少得多。因此,似乎是工人更易于改变工作,如果他这样做能获得更高的工资和其他更有诱惑力的条件的话。

搜寻努力在失业高的时候可能比失业低的时候更少。确实,当有许多失业工人的时候,他们有更多的时间搜寻工作,但是他们可能会感觉到空位少得可怜,从而不太可能取得成功。当失业低的时候,雇主会大大增加他们的广告和其他招聘努力。因此,雇用劳动力中将有越来越高比例的人在业余时间搜寻工作。失业的时间如此短暂,以至于工人能承担找到一份更好工作的成本。

由于搜寻和行动的意愿这两个原因,我们预期在有更少且更小不稳定工资差异的意义上,工资倾向于更有弹性,同时,它在失业低的情况下比失业高时消失得更快。如果这个假设是正确的,那么我们将预期当失业低时:(a)从乡村到城市移民产生的地区工资差异将更快地减少;(b)不依赖于技术差异的职业工资差异会降低得更快;(c)工资的种族差异[22]会降低得更快;以及(d)类似地,在公司和产业之间不基于当前条件的工资差异会下降。换句话说,通过增加总需求造成的劳动力稀缺,我们能改善劳动力的配置效率。

如果这些假设经得起检验,那么它可能不是因为工人比商业公司拥有更好的信息。也许他们并不拥有更好的信息。当工人在决策上占优势地位的时候,相当多的工人能够更加容易地对其机会作出自由的回应;当劳动力稀缺而工作丰富的时候,搜寻的激励会增加。除非存在一个被提供给工人的空位,否则仅仅工资差异的存在不会构成工人采取行动的经济机会,认识到这点是非常重要的。

如果失业水平如此之低,以至于总工资水平快速增加,那么工资交易的随机性便会出现一定程度的增加。

2 工会动态

A. 工会讨价还价力量对相对工资的影响

在这一部分我们将讨论工会讨价还价的力量,[23]以及雇主对这种力量的回应和工会工资的差异。我们仅考虑由工人组成的工会组织的影响结果之一:它们对工资的影响。然而,我们并非贬低它们在其他方面的作用和功能。

由工人组成的工会组织与工资有关,它基本上是以集体讨价还价力量代替个体讨价还价力量的努力,部分是为了抵消企业科层组织导致的管理层所拥有的集中权力。

在试图确定工会化对工资的影响时,认识到下面这点是很关键的,即讨价还价力量在不同工会之间以及商业周期的不同阶段是不同的。在没有尝试解释工会的成长过程或工会的领导角色等因素的情况下,我们同样能够勾勒出可能决定工资的一些一般影响因素。

我们假定工会能达成高于个体讨价还价工资的力量,首先取决于如下因素

---

[22] 通过维持一个非常低的失业水平来增加非技术型工人和黑人的谈判能力和经济稀缺性,显著地提高了贫困收入水平和就业保障程度。因此,它无疑为以许多年的通货膨胀为代价来促进这些人融入主流经济的合理性提供了辩护。

[23] 关于谈判能力一个较好的讨论及其相关参考文献,参见 N. W. Chamberlain and J. W. Kuhn, *Collective Bargaining* (McGraw-Hill, Inc., New York, 1965)。特别注意第二版第170—187页对同意和不同意本的分析。我们对"谈判能力"一词的使用像上述两位作者一样,假定它并不依赖于需求的制定。

之间的相互作用:(a)工会罢工的能力;[24](b)集体讨价还价相对于个体讨价还价的优势;(c)公司通过提高产品价格把工资升高的负担转移给顾客的能力;以及(d)公司利润目标的实现程度。下面依次讨论它们。

罢工能力。工会罢工的能力也许附加地取决于:(a)作为工会会员的就业工人的比例 M;(b)工人支持的力量。工人参与工会的程度将反映工会组织的约束力,也会影响到工会经费的多少。组织的活力和工人支持的力量可能反映在工会会员的增长率上,[25]$\Delta M = M_t - M_{t-1}$。然而,当工会会员数量已经很大时,它想要进一步壮大将变得越来越困难。因此,ΔM 的重要性应该取决于 M,这意味着变量之间的相互作用。具体来说,我们将每一时期非工会工人参加工会的可能性作为辅助性的计算尺度:$(\Delta M)/(1-M)$。第一项加上第二项的一个线性近似值给出下列等式:

$$罢工能力 = p_1 M + p_2(1 + p_3 M)\Delta M, \qquad (26)$$

其中,所有的 p 都是常数,第一项近似表示对工会有组织的支持的数量,第二项是工人支持力量的调整(它可能是正值,也可能是负值)。

罢工威胁。由于罢工和停工是工会和管理层在工资讨价还价上使用的最高形式的威胁,因此我们需要考察它们对各方的潜在影响。这种以收入损失(即参与各方的机会成本)形式出现的情况在初始时是经济的。罢工的成本当然取决于它的持续时间,但是我们排除了那种考虑,因为我们不涉及总成本,而只涉及讨价还价各方的相对成本。由于罢工,双方都会遭受损失,但是在相对主观的意义上说,一方的损失比另一方更多。讨价还价的力量源于不同的成本影响。罢工的成本以及相应的不同影响主要取决于一般经济条件,而失业劳动力的比例是一个相关的衡量指标。

由于总需求的减少会减少公司利润而增加失业,所以我们预期公司罢工的成本在更高的失业水平上会更小[参见图7(a)]。大致上讲,罢工会中断生产,

---

[24] 当然,我们并没有表明其他的威胁不被使用。例如,工会可能以一个足以使公司利润为负(但高于公司完全停产时)的劳动力供给的下降相威胁,这给公司造成的损害远远大于工会本身。公司的自然回应将会是制定一个停产,从而以剥夺工人收入的方式给工会造成损害,此时公司本身仅仅承担了损失的较小增加。因此我们预期,一旦谈判中断,且实际行动替代了罢工威胁时,一个迅速的升级将会导致生产过程中双方合作的完全破裂。所以,停产和罢工的区别在分析上只有较小的重要性;正如它们是公然冲突等较少出现的极端形式一样。

[25] 我们使用工会增长率作为反应更为基本的变量的一个替代,这些基本变量包括领导能力、金融实力和组织努力等。如果能够得到令人满意的数据,那么使用这些更为基本的关系进行分析可能更好。关于强调工会增长重要性的经验研究,参见 A. G. Hines, "Trade Unions and Inflation in the United Kingdom 1893—1961," *Review of Econimic Studies* (October 1964), pp. 221—251; and Ozanne, *Wage Practice and Theory*.

之后存货会下降,同时影响到销售、收入和利润。当然,利润的减少取决于顾客与公司的联系是否足够紧密,从而能使他们之间的业务关系维持到罢工结束。在这样的情形下,利润会被推迟而不会产生损失。为了形成有效的威胁,工会需要准备足够长的罢工时间,以使公司发生利润损失。罢工对利润的影响之一是在拖延的争论中导致劳动力的损失。劳动力市场越紧俏,永久性失去的工人就越多。尽管当需求高的时候,利润损失是最大的,但是公司管理层可能认为他们能够很好地承担罢工的损失。此时通过价格的升高来转移工资的升高的机会将更好。

我们能够列出一些假设和条件,但是似乎很有可能,一个罢工对管理层的主观成本随失业下降而上升。

对工会和它的成员而言,罢工的成本与失业呈反方向变动[参见图7(b)]。最基本的成本是损失的工资,但是劳动力市场越紧俏,在罢工期间工人得到一份临时(或业余)的工作就越容易;如果罢工的时间如此长,以至于他可以停止罢工来接受一个新的永久性的工作,那么他找到一个新工作的时间越短。

当工资的增加会提高工会成员失业率的时候,为了更高工资而罢工的工会领导层有一个额外的政治成本。工会成员的失业越高,这种考虑的权重越大。

通过在每一个失业水平上,取公司罢工成本除以工会成本的比率,我们可以在图7(c)中绘出能显示公司与工会相对成本的罢工成本比率。这个比率越高,工会的罢工威胁越有效,工会讨价还价的能力越强。假设函数是线性的,我们有:

$$\text{罢工成本比率} \atop (\text{公司}/\text{工会}) = \frac{p_4 - p_5 U}{p_6 + p_7 U}, \qquad (27)$$

其中,所有的 p 是常数,U 是失业率。

很清楚,当失业上升时工会的罢工威胁将快速下降。在高失业水平,相对于公司而言,罢工对工会的损害可能比对公司的损害更大,反之则反是。

辞职威胁。工会集体讨价还价的力量通常比单个工人罢工威胁的力量大,但是个人典型的威胁不是罢工,而是永久性辞职,这是一个更加激烈的行为。由于作为讨价还价单位的工会是一个相对较弱的民主组织,它所有的工人与公司都有联系,而且工会借用其本身的权利作为与公司讨价还价的代表方也是如此,所以它不能制造出集体辞职的强有力威胁。从这个意义上说,单个工人有更强的讨价还价力量。此前,我们需要确定决定工人威胁辞职的谈判能力的成本比率。

辞职的成本取决于一般的经济条件,并且我们需要检验工人和公司的辞职成本是怎样随着失业而变化的。对公司而言,辞职成本是招募一个替代者加上空位期间损失产品的机会成本,再加上因预期到辞职而贮藏劳动力产生的生产率下降和松散的时间成本。辞职的不可预期性和短期关注的特征以及空位持续时间

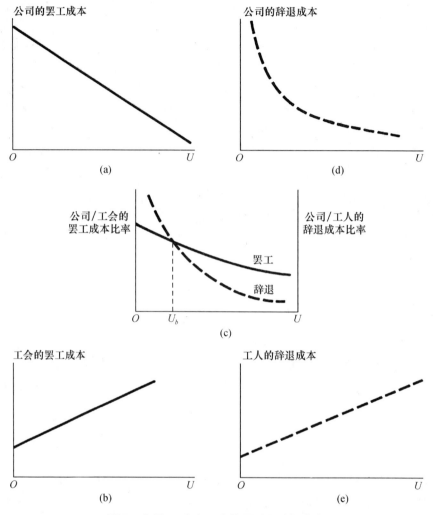

图 7　公司、工会和工人的罢工和辞退成本

的不确定性,解释了后面两个成本的组成部分。在辞职实际发生之前,第一种情形中的替换来得太晚,而第二种情形中的替换在预期上来得太早。

一个空位的平均持续时间与空位的存量有关,反过来又与失业成负相关[参见式(20)],所以我们得到如图7(d)所示的成本曲线,函数形式是:

$$公司的辞职成本 = p_8 + p_9 \frac{1}{U}, \tag{28}$$

其中,所有的 p 都是常数,当有许多失业的工人可供利用时,对公司而言招聘成本会变得很低。

一个工人的辞职意味着他将损失工作期间的收入,面临寻找工作的痛苦和压力,以及工资下降的风险。搜寻工作的持续时间将随着失业而升高[参见式(8)],工资降低的风险也是如此。图7(e)的线性关系应该是目前分析的一个合理近似。

作为一个结果,我们能利用这些成本比率,从而得到:

$$\text{辞职的成本比率}（\text{公司}/\text{工人}）= \frac{p_8 + p_9(1/U)}{p_{10} + p_{11}U}, \tag{29}$$

其中,所有的 p 都是常数。

在图7(e)中绘出这个比率表明:在低失业水平下,辞职对公司的成本相对于对工人而言变得非常高,从而给单个工人威胁辞职很大的讨价还价力量。在高失业水平下,单个工人讨价还价的力量很小。当失业高时,有效的威胁是公司的临时解雇。

罢工威胁和辞职威胁之间的比较。如果单个工人发现在紧俏的劳动力市场里,辞职的成本比率比罢工的成本比率大得多,那么他会推断基于辞职威胁的个体讨价还价,比基于罢工威胁的集体讨价还价在提升他们的经济利益上更为有效。在这样的情形下,工会的集体讨价还价会失去一些工人的支持。

当然,这两种方法不是相互排斥的,工人可以同时使用它们。然而,当单个工人感觉到他可以自食其力时,在一个紧俏的市场,相对于低成本的工作转换而言,他更少地倾向于去冒罢工的高成本风险。

现在比较图7(e)中的罢工成本比率与辞职成本比率,以下两个结论是明显的:(a)随着失业的下降,工会和单个工人的讨价还价力量得到提高;以及(b)在低失业水平时,单个工人讨价还价的力量比工会集体罢工讨价还价的力量上升得更快;因此,低于某个特定的水平 U_b 时,单个工人的辞职威胁比工会的罢工威胁的讨价还价地位要高。

当一个组织处在他的对手可以在几种报复性行动中进行选择的讨价还价情形之下,我们假定注意力将首先集中在对手最严重的威胁上。这并不表明更小的威胁被忽视,而仅仅是它们受到较小的关注。因此,当一个雇主在高失业水平上作出工资决定时,他将对(相对更为严重的)罢工威胁作出更多的回应。当失业低时,雇主将对辞职威胁作出更多的回应,因为此时罢工威胁相对较不严重。

由于我们的兴趣在相对于没有组织的工人而言工会所能得到的工资差异上,所以我们通过确定罢工成本比率与辞职成本比率之间的差异,可以得到集体讨价还价优势的一个度量(参见图8)。

因为假定对雇主最严重的威胁是占支配地位的,所以当失业处于 U_b 之上时我们发现相对于个体的讨价还价来说,集体讨价还价具有显著的优势。在低失业水平上,工会威胁比个人辞职威胁相对而言较为次要,因此工会差额趋向于消

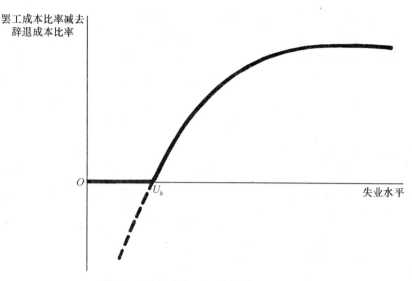

图8　集体谈判相对于个体谈判的优势

失。集体谈判优势的最简单形式可以被写成：

集体讨价还价的优势 = max[（罢工成本比率 − p_{12} 辞职成本比率），0]，

(30)

其中，我们引进常数 p_{12} 来考虑这样一个事实，即工会比个人更多或更少地培育自己的讨价还价力量。

或许工会的工人从未处于不利的境地，因为他们通常可以单独使用辞职威胁。集体讨价还价优势的消失仅仅意味着：在相同的方向上，同工会威胁相比，公司更多地会对单个工人的压力做出回应。在这种情形下，集体讨价还价的优势趋近于零。

这个分析的充分发展需要进一步的研究，这里没有表明。㉖

㉖　参见 J. R. Hicks, *Theory of Wages* (The Macmillan Company, New York, 1932); Chamberlain and Kuhn, *Collective Bargaining*, 第7章; John G. Gross, "A Theory of the Bargaining Process," *American Economic Review* (March 1965), pp. 67—94; J. C. Harsanyi, "Bargaining and Conflict Situations in the Light of a New Approach to Game Theory," *Papers and Proceedings of American Economic Association* (December 1964), pp. 447—457; 或者 R. L. Bishop, "Game Theoretic Analysis of Bargaining," *Quarterly Journal of Economics*, 77 (November 1963), pp. 559—602。

博弈论的支付矩阵会随顺序发生变化。或者说，一个行为博弈论应当考虑到谈判各方在求解复杂的概率策略中存在的有限能力。

如果并非只强调包含在所有威胁中的占优威胁，而是强调一个额外的权数 Z，把它置于上述的占优威胁上，我们可以得到，集体谈判优势 = max$Z$[（罢工成本比率 − 辞退成本比率），0]。此时工会差额总会大于0，且在中等程度的失业率上取得最小值，并随更高或更低的失业率上升。

虽然上面的分析是粗线条的,但是它表明在紧俏的劳动力市场上,通过工会成员支持的减少,工会的力量有一个界限。换言之,随着失业的减少,当辞职威胁相对于罢工威胁占据了优势时,由于仅有的个人讨价还价,市场更倾向于向一个自由的方向运行。在相反的方向上,失业越高,集体讨价还价的相对优势越大。

工资增加对消费者的转嫁。在推动工资上升的过程中,工会遇到的阻力取决于公司提高它们商品价格和对消费者转嫁的能力。它的能力大致上取决于产业的集中程度、需求的弹性,以及其他的产品市场因素。作为这种类型因素的代表,我们简单地给出方程:

$$\text{工资上升的转嫁能力} = CR, \qquad (31)$$

其中,CR 是产业的集中程度,即最大四家公司占整个产业销售的百分比。

公司的支付能力。前面的分析集中在国家、地区或产业等宏观变量上。在决定对工资上涨压力的抵制上,某些公司的特殊因素显然也是很重要的。人们会通过公司管理层保持高水平的投资收益率的能力,对管理层做出判断。不管什么原因,没有取得这种标准的公司管理层在相对较高的利润标准上,会遇到比有组织的松散管理层更多的阻力。我们可以通过如下方程来计算:

$$\text{标准之上的利润} = \frac{1 + \pi/K}{1 + r}, \qquad (32)$$

其中,π 是公司近来的平均利润,K 是公司的资本投资,r 是考虑了风险的资本回报率。

工会的工资差额。现在我们具备了五个因素,有希望将它们联合起来解释工会工资与非工会工资之间的比率。我们有两种类型的变量,一类反映工会推动工资上升的力量和倾向(罢工能力和集体讨价还价优势),另一类反映当它们推动(集中程度和利润)的这种上升时可能会获得多大的成功。如果第一类型的任何一个变量是微乎其微的,即没有罢工能力或者没有集体讨价还价优势,那么不管第二类因素提供的潜力有多大,工会差额将不会实现。这表明工会工资对非工会工资的比率只有通过提高由第一类因素决定的第二类因素的力量才能得到。在第一类因素中,我们预期这些变量之间会多重性地相互作用,而第二类因素也会附加地起作用。仅工会力量就会给整个产业创造差额,但是集中程度和利润会增加这种可能性。因此,我们得到:

$$[\text{工会工资对非工会工资的比率}] = [1 + \text{集中程度} + \text{利润}]$$
$$\cdot [\text{罢工能力} \times \text{集体讨价还价优势}]. \qquad (33)$$

引进附加常数以反映各种效果的强度,将式(26)、(30)、(31)、(32)代入式(33),取对数后可得:

$$\ln \frac{W_u}{W_{u'}} = [p_1 M + p_2(1 - p_3 M)\Delta M]$$
$$\text{(工会工资率)} \qquad \text{(罢工能力)}$$

$$\times \max\left[\left(\frac{p_4 - p_5 U}{p_6 + p_7 U} - p_{12}\frac{p_8 + p_9(1/U)}{p_{10} + p_{11} U}\right), 0\right]$$
$$\text{(集体讨价还价优势)}$$

$$\times \ln\left[p_{13} + p_{14} CR + p_{14}\left(\frac{1 + \pi/K}{1 + r}\right)\right]$$
$$\text{(集中程度)} \qquad \text{(利润)}$$

$$= \ln(1 + d), \tag{34}$$

其中,W_u 是工会工资的指数,$W_{u'}$ 是相应的非工会工资的指数,d 是由 $W_u/W_{u'} = 1 + d$ 定义的工会工资差额。该表达式的多重后缀形式导致了统计估计问题,但是我们能够求出合适的近似解。

由此我们推断,工资差额取决于罢工能力,而罢工能力由工会成员人数及其增长情况来衡量。集体讨价还价相对于个人讨价还价的优势取决于经济中的失业水平;转嫁工资的能力取决于产业集中程度和标准之上的利润,而后者又取决于公司利润、资本投资和正常的回报率。

通过参照等式(34)和图 8,我们发现这个理论预示工会差额在高失业水平时是大的,而当失业下降时会下降。这是一个重要的结论。

这里应当引进几个条件,特别是我们的结论与工会讨价还价的能力及其对工资的影响效应在市场紧俏时最大的一般性结论不尽相同。由于缺乏对讨价还价过程的详细分析,式(30)中函数形式的严格条件不能得出。将讨价还价的支付与协定的工资差额联系起来,一个更精细的分析应该考虑到使工人在公司的现有制度环境下不断增加的其他重要因素。[20] 在这一点上,工会和管理层都负有责任。资深员工的权利、在技能梯子底部的雇用政策、养老金的权利严重地增加了老工人转换工作的成本,因而降低了辞职威胁和个人讨价还价的效果。这使得工人越来越依靠集体的讨价还价,甚至在紧俏的劳动力市场上也是如此,从而增加了资历浅且在养老金上投资低的年轻工人的负担。在失业水平极低时,工会差额上升的概率可能会增加,这在脚注⑬中被提到。

至多在解释工会工资率的期望值时,如式(34)那样的关系必须得到理解。讨价还价的巧妙设计、权力预期、信息、欺骗和策略会带来许多其他方面的影响,

---

[20] 虽然 A. M. Ross ["A New Industrial Fedalism," *American Economic Review*, 48 (December 1958), pp. 903—920] 发现在辞职率数据中存在较少这种趋势的证据,但是沿这个方向的某些变动似乎是极有可能的,尤其在高度工会化的寡头产业中。

在它们得到很好的理解之前,只能被当作随机变量处理。

工会成员的数量、失业和利润会随商业周期波动,因此工会差额也会波动。我们预期失业波动将会对工会差额产生最大的影响,而利润波动会部分抵消失业波动的影响。

B. 工资漂移和劳资纠纷

上述模型对工资漂移和罢工的发生有一些相当直接的周期性影响。

工资漂移。在一个非常紧俏的劳动力市场上,实际工资的支付趋势会超过工会合约规定的工资,这看起来和上面的理论是非常一致的。在一个相当紧俏的劳动力市场上,从被辞职的威胁和任意提高工人的工资以招聘新工人的困难所导致的意义上而言,公司相对较少地对集体讨价还价的压力做出回应。当然,公司管理层会根据时间选择、公告[28]等整体因素推行这些工资增加,用这种方式减少工会的罢工威胁。类似地,将工资增加的所有好处都给它的会员,符合工会领导层从工资的增加中取得信用的政治利益。但是,并不是工会的讨价还价威胁在决策中占据主导地位。

公司可以找到间接提高工资的各种各样的方法,如升职、加班等,但这超过了公司向工会承诺的工资的永久增加。雇主毫无疑问地希望这些增加是临时的。在任何情况下,公司都会寻求保持一些弹性。所以,我们看到了公司自愿做出的一些令人吃惊的现象,如公司支付的工资超过了工会合约中规定的工资。正如上述理论预期的那样,这种现象更多地发生在欧洲,[29]那里的失业比美国更低。

劳资纠纷。给定罢工威胁的阵痛时,考虑罢工的发生是很紧要的。由于个性、战略等进入讨价还价谈判的因素无限多样,一般分析最有希望产生的最重要的成果是罢工的概率。

为了通过罢工威胁保持工资差额,工会必须按照足以保持它的可信性的威胁采取行动。因此,在每一个时期就有一个罢工概率的基础"保持水平"。[30] 罢工概率围绕这一水平上下波动,它大致上取决于双方之间讨价还价的差距以及他们愿意接受罢工而不是放弃主张的意愿。如果工会所想与公司所想之间的差距较小,那么在没有罢工成本的情况下,协议可能达成。另一方面,当差距变大

---

[28] 这里存在一个显著的类似,即公司为了满足工会工资协议而增加价格的"包装"。

[29] 在欧洲同样存在制度因素,涉及从国家最低工资协议到商店层面工资支付的实际操作,它允许比美国更长时间的工资漂移拖延。在美国,大多数谈判都在公司层面进行。

[30] 当然,除促成这种基准工资水平的谈判之外,罢工还有许多其他方面的原因。

时,罢工的概率会增加。

如同我们所看到的那样,当劳动力市场变得紧俏时,工会差额会缩小。差额同它长期的正常平均水平相比越低,工会越有可能感到受压迫。这种情况发生在商业周期中利润水平高于正常水平的时点。此时,工会希望将公司的"超额"利润转化为工资增长,以恢复原有的工会差额。管理层的观点是,利润的处置是它的特权,并且它将抵制工资增长中的"浪费"。因此,当失业下降时,可能存在一个通过罢工才能解决的、宽广的讨价还价"鸿沟",从而使罢工的概率增加。自由市场工资的增加、工会在保持其相对地位及保持其差额甚至利润等方面的无能,毫无疑问地会给作为一个组织的工会提出严峻的威胁。

在生产周期的波谷里,工会差额比正常水平高,因为非工会工资已经下降,所以工会更少地倾向于罢工。

经验研究一般认为,罢工的阶段随经济周期发生变化。证据同样表明,在顶峰有一个略早的向下变化,在波谷有一个稍后的向上变化。[31]

达到峰值的趋势会出现,因为工会差额减少和利润上升的速度可能是对罢工的一个刺激。在每一个时期罢工将出现的概率 S 由下式给出:

$$S = s_0 - s_1(d - \bar{d}) + s_2 \Delta d + s_3 \left(\frac{\pi}{K} - \frac{\bar{\pi}}{K} \right), \tag{35}$$

其中,s_i 是常数,d 是工会工资超过自由市场工资的比例差额 [$d = (W_u - W_{u'})/W_{u'}$],$\bar{d}$ 是 d 的长期平均值,$\Delta d = d_t - d_{t-1}$,π/K 是资本的回报率,$\overline{\pi/K}$ 是它的长期平均值。

在周期的顶峰之前,工会做出巨大的努力以追赶非工会工资,在失败后,工会成员会发现单独的讨价还价能力是如此有效,以至于他们不情愿有工会号召罢工,这可以解释顶峰之前罢工的向下变化。

虽然当失业增加时,公司的讨价还价能力提高,但是管理层通过迫使工会工资跟随自由市场工资的下降来增加公司利润的能力,显然会受到公共关系敏感性的限制。因此,工会差额在波谷也许比工会讨价还价力量所真正能支撑的差额要高。所以直到恰好通过波谷并且非工会工资的上升已经开始减少工会差额时,罢工才开始上升。这可以解释延迟的波谷现象。另外一个解释也许是工会受到了罢工的限制,直到许多被临时解雇的工会成员被召回时为止。

所有这些都是一种推测,但它确实表明关于劳资纠纷的理论和分析有助于澄清工会在工资决定中扮演的角色。这些谈判的私人性质意味着直到讨价还价

---

[31] 参见 F. S. O'Brien, "Industrial Conflict and Business Fluctuations, or Comment," *Journal of Political Economy*, 73 (1965), pp. 650—654, 以及 Ress, "Industrial Conflict"。

破裂,从而发生罢工之前,只存在着相对较少的已公布资料。所以,需要投入更多的努力来理解可用的罢工资料的重要性。在罢工次数与工会差额之间也许存在相反的关系,从而使罢工比率可以被作为代理变量,来探索和解释工会工资差额的变化(参见Ⅱ.A)。或许罢工的平均持续时间具有额外的重要性。

矛盾的是,下述陈述也许是正确的,即当罢工次数达到最大时,工会在工资上的作用将会最小——在相当大的程度上,罢工只是一种抱怨的姿态。

C. 工会对菲利普斯关系的影响

现在我们把Ⅰ.A和Ⅰ.B部分得到的自由市场菲利普斯关系的结论与Ⅰ.C部分得到的工会工资差额联系起来,来表明工会差额的变化如何影响货币工资的变化。接着,我们考虑工会怎样影响公司对市场条件的回应。最后,我们考虑工会对变化的回应。

改变工会差额的效果。 如果工会工资通常是非工会工资的一个常数倍数;即如果工会差额是常数,那么差额的存在几乎不会(或者很少会)对菲利普斯关系产生影响。工会工资和非工会工资同时出现简单移动。由于当失业和其他影响差额的变量是常数时存在一个固定的工会差额,[32]因此,除非工会化带来了除创造该差额之外的其他影响,否则基本的、静态的菲利普斯关系不会受到工会化存在与否的影响。后面我们将回到对这点的讨论。

然而,如同我们所看到的一样,这些决定工会差额的变量会随着经济周期发生变化,所以我们必须在动态菲利普斯关系上考虑它们。

在改变一般工资指数 W 上,工会差额的影响取决于在工会影响下得到支付的工人工资数量。

$$W = (1 - N)W_{u'} + N(1 + d)W_{u'}, \tag{36}$$

其中,N 是所有按照工会工资率得到支付的就业工人的比例,W_u 是非工会工资的指数,工会工资指数是 $W_u = (1 + d)W_{u'}$,d 是不同行业的平均工会差额。

我们承认,一些在有工会组织的公司和没有工会组织的公司中的非工会成员,在后一种情况下将以非工会化的工资率得到统一支付,以便预防受到威胁的工会化。因此 N 比 M 大,M 是就业工人中工会会员的比例。

---

[32] 在第Ⅰ.C部分的基本分析中,我们推断工会谈判能够取得一个相对于个人谈判的工资差额,但是这并不表明工会具有持续性地提高工资差额的能力。在获取公司利润率和提高它们产品相对价格上存在限制,因此最终会为工会工资差额设定一个上限。只有存在一个稳定的技术创新源泉,而且它的收益能被工会成功获取,或者对劳动限制性供给的一个工会成员进入限制时,才能取得递增的工会工资差额。当然,这种情况对特定的工会而言在某段时间里可能是存在的。

引进一个工会成员进入限制达成的差额因素在此不予考虑,因为它与公共政策是相悖的。

$$N = mM, \quad m > 1. \tag{37}$$

联立式(36)和式(37),我们可以得到:

$$W = W_{u'}(1 + mMd). \tag{38}$$

决定变化的百分率,我们得到:

$$\frac{\partial W}{\partial t}\frac{1}{W} = \frac{\partial W_{u'}}{\partial t}\frac{1}{W_{u'}} + \frac{mM}{1+mMd}\frac{\partial d}{\partial t}. \tag{39}$$

注意到尽管差额是巨大的,但是,除非工会成员和工会模式的追随者不构成劳动力的实质性比例,并且差额快速地发生变化,否则该差额不会对一般工资水平的变化产生较大的影响。

由于式(34)左边近似地㉝等于差额 d,我们可以写成:㉞

$$d \approx f_1(M, \Delta M) \times f_2(U) \times f_3(\pi/K), \tag{40}$$

其中,$f_i(\cdot)$是由参照式(34)定义的函数,我们已经假定在集中度和利润目标中的周期性变量是可以负的。

意识到在有工会的公司之外,工会的影响可能取决于它是否得到发展壮大,即 $m = f_4(\Delta M)$,我们可以估计式(39)的右边项,使用式(40)近似地得到:

$$\frac{dW}{dt}\frac{1}{W} = \left[\frac{dW_{u'}}{dt}\frac{1}{W_{u'}}\right] + f_5[M, \Delta M, \Delta^2 M, U, \Delta U, \pi/K, \Delta(\pi/K)], \tag{41}$$

其中,f_5 是隐含给出的。

上式第二项粗略地代表了一个自由市场的工资动态,并且它对应于式(25)中的 g,第三项代表了由工会会员和影响的变化、失业的变化和利润率的变化共同引起的工会差额的变化。

代入式(25)且使用一个 $f_5(\cdot)$ 的线性近似,我们可以从式(41)中得到:

$$\frac{dW}{dt}\frac{1}{W} = -k_1 + k\left(\frac{1}{U}\right)^{1+b} + s(U)\Delta E + k_4 M + k_5 \Delta M$$
$$+ k_6 \Delta^2 M + k_7 U + k_8 \Delta U + k_9(\pi/K) + k_{10}\Delta(\pi/K), \tag{42}$$

其中,k_i 是正的常数。从式(40)可以明显地看出,我们已经忽视了几个周期性变量之间可能存在重要的相互作用,这些交叉产品形式(cross-product items)应该以正号被引进。

注意到 ΔE、$\Delta \pi$、ΔU 的系数都是正的。由于在就业和利润上升时,失业一般会下降,所以前两项倾向于抵消最后一项。在一个仅有 ΔE 项的自由经济里,存

㉝ 对于 $|x| < 0.3$,有 $\ln(1+x) \approx x$。
㉞ 罢工能否作为工会差额的一个有效替代,除了仅仅使用式(40)中的因果变量外,我们应当作出一个更为直接的解释。

在一个关于基本菲利普斯关系的逆时循环。由工会化导致的 k_8 项的附加可以抵消这些,或者甚至会产生顺时针环。

等式(41)的线性化形式没有反映一个重要事实,而这从初始函数(34)(参见图8)中可以明显看出。当集体讨价还价的优势接近于零时,对很小的 U 值所具有的附加项应该下降。

从工会差额波动中出现的可变形式的增加,在经验数据的简单绘图分析中,隐藏着基本的菲利普斯关系。在对失业影响的估计中,一个将这些项目归入残差的多重回归分析将会发现减少的相关性和可能的偏离。

讨价还价工资对市场条件的回应。集体讨价还价影响工资的另一个方式是通过减小对市场工资波动的回应。根据通行的理论,当市场工资上升时,管理层会反对工会工资的匹配性增加,因为他们预期到未来当自由市场工资下降时下调工资的困难,以及工会会反对工资下降。这样,工会工资在任何一个方向会波动得更少,即它们缺乏弹性的争论就会产生。㉟

在已经建立的理论中我们可以发现,工会工资同非工会工资相比,更少地对失业工人和转换工作工人的工资变化率做出了回应。这对应于用非工会化和工会化的加权平均值取代等式(13):

$$j = (k_u u + k_c c)(1 - N) + (k_u u + k_c c)(N)K, \qquad (43)$$

其中,K 是比1小的常数,它反映工会部门对市场条件的回应。在初始的分析中,这对应于用新的减少的 $k_{u'}$ 和 $k_{c'}$ 取代 k_u 和 k_c。其中,

$$\begin{aligned}k_{u'} &\equiv k_u[1-(1-K)N],\\ k_{c'} &\equiv k_c[1-(1-K)N].\end{aligned} \qquad (44)$$

这些回应的减少降低了给定失业水平下的通货膨胀率。

工会工资对市场条件的回应的减少,已经被用来解释工会差额在周期顶点的消失和在周期波谷的放大。如果在经济上涨阶段非工会工资比工会工资上升得更快,那么工会差额将增加;在经济下滑阶段,情况正好相反。

尽管式(43)对周期波动来说看起来是合理的,但是当失业恒定时,它给出了一个不合理的结果,即工会差额将不确定性地增加或减少。因此,工会工资不仅要对与辞职和失业相联系的工资变化作出回应,而且要对它本身存在的差额作出回应。从而式(43)需要被修改成:

$$j = [k_u u + k_c c][1-(1-K)N] - k_d N(d-\bar{d}), \qquad (45)$$

其中,k_d 是反馈系数,它表示当工会差额 d 比它的长期平均值 $\bar{d}$ 低时,工会工资

㉟ 参见 Milton Friedman, "Some Comments on the Significance of Labor Unions for Economic Policy," in *Impact of the Union*, D. McCord Wrigh, ed. (Harcourt, Brace and Company, New York, 1951)。

将倾向于上升。现在,当非工会工资以一个固定的速率增加时,工会工资也会以一个相同的速率增加,但是当工资增加时,差额会有一定程度的减少,而当工资减少时,差额会有一定程度的增加。

可以用式(45)取代式(13),得到一个工会工资的非弹性理论,它是本文讨论的讨价还价理论的替代。工会工资的非弹性理论将产生工会差额,它也能解释一些经验证据。虽然这个动态调整机制在完整的理论中可以扮演一个令人较为满意的角色,但其在前面提出的不包含讨价还价的理论中并不完全适用。

只有当存在一个工会差额时,对非工会工资回应的不敏感性才站得住脚的。如果一个工会雇主支付了比相应的非工会工资更高的工资,那么它的辞职率会相对更低,招募会相对更为容易。因此在没有回应的情况下,不会出现特殊的问题。当非工会工资比工会工资上升得更快时,差额会逐渐消失,雇主不会再提供不回应辞职和招聘问题的因素。因而我们发现,为了达到非常低的失业水平,回应系数必须接近1,工会部门像非工会部门一样逐渐地增加应采取的行动。也就是说,K实际上是关于U的函数,假定为$K(U)$。工会非弹性理论在一个紧俏的劳动力市场上会失灵,因而我们必须回到讨价还价理论。

哪个理论更好?或者,我们是否需要它们两者的某种组合?这些问题必须通过仔细的经验研究才能得到回答。式(38)中讨价还价的差额明显地比式(45)中通过菲利普斯分析支持差额动态和非弹性的理论简单,所以从分析的角度来看,前者是我们所期望的。

实际工资讨价还价。在市场经济中,实际工资而非货币工资与工作决策的关系更大。在决定货币工资,特别是涉及有工会情况下的货币工资时,实际工资与货币工资也可能是相互关联的。

我们写出基本的利润关系:

$$\pi = PX\mathscr{E} - W\mathscr{E}, \tag{46}$$

其中,P是制成品(相对于半成品而言——译者注)的价格指数,$X\mathscr{E}$是实际产出流量,X是劳动生产率,$\mathscr{E}$代表就业。在"公平"的立场上,假定工会将致力于使利润维持在不超过其占总收入的当前比例($\pi/PX\mathscr{E}$)的水平。那么,根据等式(46)

$$\frac{\pi}{PX\mathscr{E}} = 1 - \left(\frac{W}{P}\right)\left(\frac{1}{X}\right), \tag{47}$$

我们推断工会将保持$(W/P)(1/X)$为常数或者使它增长。

在常数假设下,分别取对数和差分,可以得到:

$$\ln W_t - \ln W_{t-1} = (\ln P_t - \ln P_{t-1}) + (\ln X_t - \ln X_{t-1}) \tag{48}$$

或

$$j_u = p + x, \tag{49}$$

其中，j_u 是要求保持实际收入份额的工会工资变化率的最小百分比，p 是制成品价格变化的百分率，x 是生产率变化的百分率。

因此，在最低的底线上，工会会为抵消通货膨胀因素，以及代表应从生产率提高带来的利润中获得的"公平份额"（fair share）的工资上升，进行讨价还价。通过引进价格—标价动态，讨价还价分析考虑这种提高将会明显地增加大量的复杂性。

从单个工人的角度出发，假定他通过最大化货币收入来最大化其实际收入，似乎是合理的。因此，他在考虑了已发现的一般工资变化 g 之后，寻找和设置他的期望水平，但是他不受自己控制范围之外的价格和生产率的明显影响，他只是接受给定的价格和生产率水平。

类似地，我们表明：工会通常会在与雇主相关的讨价还价力量限制之下对一切可能获得的利益进行讨价还价。为了证明它的应得物和组织的存在性是正当的，这样做将处在连续的压力之下。一般价格和生产力的变化认为工资增加是正当的争论，将被理所当然地运用到讨价还价的修辞学中。同更直接的影响相比，工会会员及其增长与公司的价格和利润，不可能是一个非常次要的考虑。简单地说，不存在建立一个工资与价格连接的理论基础，它确信工资是由劳动力市场上的个体或集体讨价还价所决定的，并且需求和其他直接影响市场的变量是决定工资的因素。如果这是正确的，那么作为劳动力市场的一种特殊现象，我们能够研究菲利普斯关系。这并不是说，由于统计上的原因，我们不想联合估计工资和价格动态，而是说工资将由劳动力市场的结构性关系决定。同样，检验必须是经验性的。

3 文献和经验证据的回顾

A. 有关劳动力市场关系的经验证据

本文已经提出了一套互为关联的假定关系。这些相对完整的理论公式的优点是它们（a）使许多不同集合程度的检验更加容易；（b）对相关数据的收集提供了引导；（c）有助于有分量统计检验的设计。对宏观层次上不精确陈述的假设关系进行灵敏性检验是困难的。

当然，上述理论的发展已经考虑到了文献里的经验发现，并且受到了它们的影响。因此，很难就此得出结论，认为该理论正确地预见了那些发现。然而，许多假设被引进正确性未知的理论，许多其他的含义可以从理论中引出。促进这些假设和含义的检验是本文的重要任务之一。

虽然最终要求对新数据进行严格的统计检验,但是检验理论总是必不可少的,并且大量用于初步检验的经验研究已经出现。要完全覆盖这些文献是不可能的,因此,必须从更相关的一些文献中做出某种选择。我们对这些文献进行了考察,以找出与上述理论相矛盾的地方。1968年早期以后的文献没有被包括进来。

工资期望水平。上述理论中的这个重要概念相对较少地得到经济学家的注意,特别地作为一个动态适应过程,虽然在公司的行为理论中它即将扮演一个重要的角色。[36] 社会心理学家们就这个主题进行了大量的研究。在"保留工资"的标签下,可以发现它被作为一个静态概念出现在经济理论文献中。然而,近来的数据已经被部分研究者搜集起来并进行了分析。在检验这些研究之前,我们将简要地考虑在测量期望水平时所涉及的一些困难。

当假设的期望水平作为一个决策规则时,它可以通过人们作出的选择被间接地观察到:在期望水平以下的工资报价被拒绝,在期望水平以上的工资报价被接受。得到大样本工人的可能性会有助于期望水平的测量。

不幸的是,仍有许多棘手的问题有待解决:

a. 质疑这些假设问题的访谈方法,"你今天愿意接受的最低工资是多少?"对它的回答与下述非常相近问题的答案一样具有诱惑性,"你喜欢的工资是多少"。当这个问题含蓄地假设存在一个静态的期望水平而不是一个连续变化的期望水平时,其他的困难也就出现了。无论如何,此类口头的回答都要求被调查者预测自己行为,并且易于受到被调查者偏见的影响。显然,对决策行为的观察是更可取的。

b. 关于实际被接受的工资报价的数据碰到了另一个难题。报价可能高于平均期望水平。很少有雇主的报价恰好在可以接受水平的最低点上。这带来了雇主报价的概率分布问题。期望水平截短了它上面的残值部分。观察到的是雇用工资,而不是期望水平。

c. 存在一个报价关系与接受关系的识别问题。如果对于一个给定的技术水平,所有的雇主报价会在一个精确的相同水平上给出,那么此时,将不会观察到包含失业的雇用工资的下降,即使在期望水平下降时。

d. 在任意情况下,口头和决策行为易于受到心理定位的影响,也会受到大量不稳定因素和客观经济环境的影响,所以,期望水平行为充其量具有很大的随机成分。

e. 另外,在期望水平及其通过依靠者、财政资源、个性、年龄、教育、社会阶

---

[36] 相关例子参见 William Starbuck, "The Aspiration Mechanism," *General Systems* (December 1964), pp. 191—203, 以及 Atkinson and Litwin, "Achievement Motive"。

层、就业信息和查阅、近期经历以及进入劳动力市场的理由等的调整率上,也可能存在对称性的影响。因此,期望行为不太可能是失业时间一个简单的稳定函数。为了提高测量的准确性,对这些影响中的某些影响进行控制可能是必要的。

由于上述困难,特别是当它们关系到统计问题时,下面的研究结论应该得到批判性地看待。出于简洁的考虑,证明被省略。

卡斯普(Kasper)㊲研究了1961年经济衰退中,在明尼苏达州就业服务中心登记的3 000个长期失业工人的样本。他们的失业期限从0个月到20多个月不等,平均值为7.5个月。失业工人提供了他们先前雇主支付工资率的信息,且被问及"你目前在寻找工资为多少的工作"。他的发现简述如下:

起初,工人们要求的工资比他们先前的工资高,但是,失业6个月以后,他们愿意接受比以前更低的工资。在所有的样本中,期望水平大约以每个月0.32%的速度直线下降。一个具有递减的下降速率的非线性的衰减函数 $W_{t+T_u} = w_t(A/T_u^k)$,比线性函数更好地拟合了数据。

问卷调查后的5个月后,对样本中的工人们是否仍然在领取临时的长期失业补偿做了调查。如果没有,则假定他们已经被雇用。对809个找到工作的工人和那些没有找到工作的工人分别作了回归,期望水平下降的直线速率对前者是每个月0.76%,对后者是0.32%。我们由此推断期望水平下降得更快的群体更有可能找到工作。卡斯普这一非常有趣的研究会受到上面列举的某些棘手问题,如(a)和(c)的影响。

索贝尔(Sobel)、佛克(Folk)和威尔科克(Wilcock)访谈了在六个州的就业服务中心登记的4 000名工人。㊳ 这个样本是在45岁以上的工人样本中按照75%的比例随机抽取的。它可能是典型的失业工人,因此严重地依赖于不熟练的蓝领工人。在作者关于劳动力市场调整的一般性研究中,数据支持下列与失业持续时间相关的结论。当失业持续时间从"不到一个月"到"两年以上"时,"在低水平上找到的工作"将随着回访者各自失业持续时间从2.4%增加到15.4%,而出现稳定地相应增加。"转换到一个低水平的意愿"从26.1%增加到73.9%。"接受兼职工作或季节性工作的意愿"从60%增加到89.9%。寻找并

㊲ 参见 Hirschel Kasper, *The Relation between the Duration of Unemployment and the Change in Asking Wage*, 未出版的博士学位论文, 明尼苏达大学经济学院, 1963; 以及 "The Asking Price of Labor and the Duration of Unemployment," *Review of Economics and Statistics*(May 1967)。

㊳ 参见 Irvin Sobel 和 R. C. Wilcock, "Job Placement Services for Older Workers in the United States," *International Labor Review*(August 1963), pp. 1—28, 以及 Sobel and Hugh Folk, "Labor Market Adjustments by Unemployed Older Workers," in *Employment, Policy and the Labor Market*, A. M. Ross, ed. (University of California Press, Berkeley, 1965), pp. 333—357。

接受较少满意度的工作的意愿随着失业的增加而大幅上升。这种职业的调整对工资比较低的工人而言似乎更容易被接受。从他们的数据[39]我们推测:最低可接受的工资在最初的 4.5 个月里以平均每月 0.27% 的速度下降,在接下来的 14 个月里以平均每月 0.18% 的速度下降。在整段时期内,73% 的工人没有降低他们的预期工资,但是 10.9% 的工人愿意接受超过 20% 的工资降低。

工人们在可接受的工资上对找到工作机会的估计会随着失业下降。对"好或非常好的机会"的预期从失业不到 1 个月的工人们的 63% 下降到失业超过 25 个月的工人们的 24%。作者指出,尤其对于工龄比较大的工人,需要劝告以阻止他们采取延长失业时间来达到不切实际的高薪酬的预期。作者的数据可用于对期望水平进行进一步有成果的回归分析。

谢泼德(Sheppard)和贝利斯基(Belitsky)的研究从心理和经济维度上提供了许多关于工作搜寻行为的重要数据。[40] 他们所使用的 530 个工人的样本(其中绝大多数是蓝领低收入工人),来自于宾夕法尼亚就业服务中心伊利(城市)办公室的文件。曾在从 1963 年 1 月起的 15 个月内的某些时间失业的工人被选出来以用于调研。一个工人所接触过的公司的数量越多,他找到一个工作的可能性越大。超过一半的失业工人只在不到 5 个星期的时间内处于失业状态。

对一个罢工的研究发现,大约三分之二被临时解雇的工人期望被召回到他们原来的工作中,而实际上却有五分之四的人被召回。但是,这种对召回的预期反过来又会通过阻止工人寻找工作来扩大其他人的失业。

对于下面这个问题:"当你正在寻找一个新工作时,你是否有一个不愿意往下走的小时工资或周薪水——也就是说,在你心里是否有一个最低工资或薪水?"69% 的人回答"是"。当问到他们是否拒绝过工作报价时,17% 的人回答"是"。这个证据看起来支持在决策过程中存在期望水平的现象。

期望水平看起来是这样一个规则:在失业之前或之后实际上去接受 20% 工资以下的聘书。这看起来与其他研究者的发现如此不一致,以至于这一令人吃惊的高数据必然受到质疑。[41]

为了寻找工作而接触到的公司的总数从 0 到 40 以上,平均数是 10.3,每个月接触公司的数量随着失业的持续期限而减少,在最初 2 个月为每月 7.2 个,在接下来的 9 个月为每月 4.5 个,在更长的失业期为每月 1.9 个。

---

[39] Sobel 和 Wilcock,"Job Placement."表 17。

[40] 参见 H. L. Sheppard and A. H. Belitsky, *Job Hunt* (John Hopkins University Press Baltimore,1966)。

[41] 在上述引证中,那些没有提供一个"工资下限"的 31% 的工人能否用 0 来代替呢?(参见 Sobel 和 Wilcock,前引,表 21)

在期望水平上决定失业持续时间影响的数据并没有得到研究。谢泼德和贝利斯基发现,低的期望水平与找到一个工作的低可能性相联系,但是他们分析的是绝对水平,而不是与这个工人先前工资相关的水平。因此,他们含蓄地使用了每一类熟练工人组群中工人质量都是同质的这一毫无根据的假定。[42]

美国武器控制与裁军机构明智且深谋远虑地看到航空和国防支出的急剧减少所带来的研究机会。[43] 的确,更具有戏剧性且更棘手的社会科学"实验",几乎不能专为研究劳动力市场调整而设计。三个这样的研究已经做出。

1963年12月,当国防部取消了制造自动翱翔机(一种人造的、易操作的空间工具)的合同时,位于西雅图、华盛顿的波音公司在四个月内裁减了7 700个工人。不同于上面讨论的三个就业服务中心的研究案例,被波音公司临时解雇的工人具有异乎寻常的高技术和教育水平。其中50.2%的人是专业人员、半专业人员、技术人员和熟练工人。1964年5月对3 758个工人的邮寄调查问卷完成。这些人当中有77%在8月完成了第二次调查问卷。超过6%的失业率对西雅图社区的经济冲击是巨大的,许多被临时解雇的工人被迫卖掉他们的房子,并移居到其他州。在13.8个月的平均失业持续期限后,第一次调查中有69%的工人仍然处于失业。

波音公司提供了每一个工人在被临时解雇前的工资数据,并且那些仍然失业的工人填写了如下空线:"我需要每月至少支付_____美元的工作。"

期望水平对先前工资的比率随着失业持续时间的延长而下降。[44] 相同失业水平下所有工人的平均上述比率在21个星期内指数性地从接近1个单位下降到85.7%。这是每个月2.6%的混合比例,一个比上面研究中观察到的快得多的下降比率。这可以用更高的教育水平和航空公司支付平均水平以上工资的事实来解释。

在五月份以前已经找到工作的人当中,男性的中位收入下降4.6%,女性的中位收入下降18.3%。但是大约85%的人报告他们对自己的工作不满意,工资低是他们给出的最多的解释。大约73%的工人表示愿意接受培训。

在丹佛,被马丁公司临时解雇的6 800名高技术工人——占科罗拉多州制造

---

[42] Sheppard 和 A. H. Belitsky, *Job Hunt*, 第Ⅴ章,第Ⅳ部分。

[43] 这项研究参见 United Ststes Arms Control and Disarmament Agency, *The Dyna-Soar Control Cancellation* (U.S. Government Printing Office, Washington, 1965); U.S.A.C.D.A., *Post Layoff Experieces, Republic Aviation Workers* (U.S.G.P.O.,1966); U.S.A.C.D., *Marten Company Employees Reemployment Experiences* (U.S.G.P.O.,1966);以及 Pieter de Wolff, *Wages and Labor Mobility* (Organization for Economic Cooperation and Development, Paris, 1965)。

[44] *Dyna-Soar*, 表 D-49。

业就业量的8%,是一个类似的故事。通过对3 000个工人的邮寄调查问卷发现,超过一半的人在不到15周内已经找到了工作,但是26%的人仍然失业。对这个问题"每个星期你愿意接受的最低工资是多少"的回答表明,伴随每个月大约1.4%的失业率,期望水平将会下降。⑤ 在已经找到工作的人中,他们的工资大约平均下降10%。⑥ 有更多倚靠的工人的失业时间更短。

武器控制机构、国防部和不同州的就业服务中心,以及在有价值的数据收集上合作的公司值得高度赞扬。然而数百个2×2表的众多分析性缺陷是非常明显的。在复杂的形势下,同时对两个变量的检验不仅拙劣,而且容易存在得出无效结论的严重风险。这些数据值得进一步的研究。

社会心理学家已经发现证据⑰表明:相对于期望成功的人,那些害怕失败的人更倾向于为自己设置不切实际的低或高的期望。这些可能严重阻碍这些人寻找工作的效率,并且他们可能从劝告关心中获益。谢泼德和贝利斯基已经研究了一些与市场行为相关的心理。⑱ 例如,他们发现一些工人拒绝工作报价是因为他们感觉到自己不能胜任。一些人可能对搜寻工作过程中的失败或害怕失败具有如此强烈的回应,以至于低水平空位导致的搜寻困难将严重地阻碍他们的搜寻行为。

根据已经实现的必要的经济调整,虽然工资期望水平的快速下降可能是合意的,且工人收入的关联下降很难接受,但是,更重要的是工人自尊的附带下降由社会价值数量计量明显的下降引起。人们要求有时间来做这种调整是可以理解的,一些人可能发现接受它是不可能的。⑲ 再三劝告也许对单个工人有帮助,或有助于使菲利普斯曲线左移。在这个领域,许多事情需要做,计算机给识别那些需要帮助的人提供了很大的可能性。在寻找更好工作的同时暂时接受一份低工资的工作,这毫无疑问是一个常见的调整。为了处理这种情况,模型必须更加精细。

总之,证据看起来支持第I部分第A小节给出的期望水平的理论形式,但是需要更多数据进行系统的计量分析。虽然工人之间有许多易变性,所观察到的工资期望水平在开始时很高,之后随着失业下降,但是与工作的非工资方面报酬相联系的预期仍将以一个递减的速度对应下降。数据的一些更丰实的组成已经存在,但是需要更多的数据,特别是用来区分辞职工人和被临时解雇工人的数据。我们需要检验那些在业余时间寻找工作的就业工人的期望水平,而且我们

---

⑤ *Dyna-Soar*,表IV-3。
⑥ *Dyna-Soar*,表VI-2。
⑰ Atkinson 和 Litvin,前引。
⑱ Sheppard 和 Belitsky,*Job Hunt*。
⑲ 参见 Atkinson 和 Litvin,前引;Burnstein,前引;Bush 和 Mosteller,前引;以及 Lewin 等,"Level of Aspiration"。

需要测量工资期望水平和接受的工资。最后,这些经验研究表明,一般经济条件可能既影响初始的期望水平 A,又影响下降速率 D。

空位、失业和辞职。 在上面的理论里,我们已经表明:空位的存量与失业工人的存量持续不断地相互作用,因此系统总是接近于随机均衡。假设在循环上通过市场的流量以一个较小的百分率变化,那么式(20)表明,失业和空位存量将发生一个系统性的变化。当空位的数量增加时,额外的安置会发生,从而失业工人的存量下降;反之则反是。在存量之间发现这样一个稳定的关系将是我们理论中存在随机均衡的证据。

道(Dow)和迪克-米尔乌斯(Dicks-Mireaux)在国家和产业层面上分析了和式(20)相对应的空位—失业关系。[50] 他们发现,在 1946—1950 年间,英国的空位与失业率都有下降的趋势;但是,从那时起两者的关系就相当稳定了。他们使用数据拟合出矩形双曲线(UV = 常数,参见图 1 和图 2)。这将给出一个以 $\log U$ 和 $\log V$ 为坐标轴的平面图上的直线,其斜率为 -1。

空位与失业值对数之间的线性关系,运用 NICB 的求职—招聘索引和美国就业服务中心非农业工作批准开放资源,在美国的数据中[51]已经发现。卡罗特·波卡恩(Charlotte Bochan)已经研究了空位的周期性波动。[52]

罗斯(Ross)和埃格利(Eagley)研究了类似于式(20)的关系。埃格利发现,对于美国 1931—1962 年的数据而言,失业解释了辞职空位的 69%。[53]

劳动力参与。 已经有大量特别针对二次工人(secondary-workers)从家庭流进劳动力市场和从劳动力市场流出的研究。有明显的证据表明,当失业下降时,劳动力膨胀,所以它倾向于抵消失业的下降。这个重要的关系需要得到比我们在理论发展中所作出的更明显的考虑。我们没有重点考虑它,因为相对于辞职和临时解雇的流量而言,由参与变化产生的从家庭净流进失业的劳动力数量可能是相当小的。

参与可能受到空位和失业的影响,而前者扮演更为基础的角色。然而,空位和失业之间的紧密关系可能使我们很难确定这一点。无论如何,使用失业倒数的非线性关系比已经使用的线性关系拟合地更好。

辞职和工资变化。 在上面的模型中我们已经假设,辞职的增加对工资的增长在两个路径上起作用:直接通过改变工作获得的工资增加,或间接诱使在岗工

---

[50] Dow 和 Dicks-Mireaux,前引。
[51] Kalacheck 和 Knowles,前引。
[52] 参见美国国民经济研究局,*The Measurement and Interpretation of Job Vacancies*,前引。
[53] 参见 Ross,前引;Eagly,前引。

资增加。[54] 在对辞职的强调上,我们的分析与贝姆(Berman)和埃格利(Eagley)的分析类似,他们都是把辞职作为至关重要的"介入"变量。在一个回归分析中,贝姆发现辞职比新的雇用更好地解释了工资增加,她将新的雇用仅看做是空位增加的第一个影响效果。对美国1946—1961年的年度数据,她能够用单一的变量—辞职率,解释工资变化差异的90%。在一个相似的分析中,埃格利发现对于1931—1939年的萧条,回归拟合是糟糕的。这并不奇怪,因为辞职机制在失业期间相对较不显著,并且此时,它充其量只能作为更直接涉及的其他变量的代理变量。

在岗的工资变化和不同工作之间的工资变化。我们对工资变化的系统研究不是很清楚,当工人经历失业或改变工作时,它可以改变工资。我们没有特别将这些努力同在岗工人制造的工资变化联系起来。这种中间关系的研究,可能需要不是前面可以利用的数据。

工资变化和空位之间的关系。上述模型没有重点研究空位,因为菲利普斯关系在市场供给方面占据主导地位,国家空位数据披露的滞后性延缓了经验关系的发展。然而在我们的理论中,空位扮演了需求先行者的重要角色,并且我们在空位和工资变化之间得到一个理论关系。鲍恩利(Brownlie)和哈姆顿(Hampton)采用新西兰的空位数据,用单一变量解释了1951—1963年年度工资变化差异92%。[55] 在构成法定最低工资率的一般工资菜单中,一个附加变量是相关系数 R^2 在96%上呈现高度的显著性。劳动生产率、利润和价格并没有显著改善回归拟合优度。

失业持续时间、工作和空位的概率分布。如果建立上述模型的基本前提——劳动力市场进入、安置、辞职、临时解雇和单个空位的填补是由系统关系决定的概率所支配的随机事件——是正确的,那么可以推断我们应该能够观察到某种稳定的概率分布。

在最简单的情形中,如果每个时期离开一个特定状态(如失业)的概率是一

---

[54] 相关研究参见 G. C. Cain, "Unemployment and the Labor Force Participation of Secondary Workers," *Industrial and Labor Relations Review* (Journary 1967); Jacob Mincer, "Labor Force Participation and Women," *Aspects of Labor Economics*, National Bureau of Economic Research (Princeton University Press, Princeton, N. J., 1962), pp. 63—106; W. G. Bowen and T. A. Finegan, "Labor Force Participation and Unemployment," in *Employment Policy and the Labor Market*, A. M. Ross, ed. (University of California Press, Berkeley, 1965), pp. 115—161; John Korbel, "Labor Force Entry and Attachment of People," *Journal of American Statistical Association* (March 1966)。

[55] 参见 Brownlie and Hampton, "Wage determination in New Zealand"。Willianm Fellner, Milton Gilbert, Bert Hansen, Richard Kahn, Friedrich Lutz 和 Pieter de Wolff 使用欧洲数据得出了相似的结论,参见 *The Problem of Rising Prices* (OECD, Paris, 1961), p. 401。

个常数,那么在同一时期的某个失业工人群体,会随着找到工作成员的逐渐增加而指数性地减少。然而,一些工人将失业很长时间,仅仅是因为他们在到达正确的工厂门前之前,存在一长串不利的中断,从而到达这一门前时已经处在一个错误的时间。如果失业已经持续 t 或更长时间的工人的百分比被描述成与 t 相反,那么在一个时点上截取的失业工人的样本将显示出相同的指数性延迟。

当然,当经济条件变化时,概率会产生变化并带来不同的概率分布。这样,在上面讨论的最简单的例子中,每一个概率水平上将存在整个指数分布的家族(family)。从解释随机过程的概率分布中估计一定的参数,应该是可能的。部分分布已经被探讨过。

沃依金斯基(Woytinski)在对 20 世纪 30 年代的失业的研究[56]中,给出了布法罗(Buffalo)失业男性的持续期限直到 52 个星期的累积分布。从 1929 年到 1933 年,每年分布的平面图大概显示为指数分布,在这里每年延迟的比率是不同的,它们取决于对应时期的失业水平,或者更准确地取决于每周找到一个工作的当前可能性。如果系统不在均衡上,那么交叉部分的分布率将在一定程度上反映刚刚过去的市场运动。

在另一个数据集中,沃依金斯基发现在 1931—1938 年时费城对失业工人做了年度调查。在这个例子里,失业的持续期限得到测量,一些工人失业已经超过 4 年。这里出现了一个结构性影响占据支配地位的情况。当长期失业工人的重要组成部分几乎没有机会找到工作时,一些近期失业的工人也许有一个相对好的找到工作的机会。1934—1938 年的数据显示,失业年限超过 3 年但不到 4 年的工人,当失业不到一年时,他们找到一个工作的概率在不同年份分别是 42%、52%、80%、59% 和 57%。这样,失业年限以相应的新失业工人机会的平均大约 40% 的程度减少。[57] 显然这里存在证据表明,结构因素导致某些特定群体人们的失业,但是奇怪的是,三个额外的失业年份并没有更加显著地影响就业能力。

当失业工人不是同样地值得雇用时,更值得雇用的人倾向于首先被雇用,留下较少值得雇用的人。因此,安置的概率似乎随着期限的延长逐渐降低。然而,每个组成群体安置的概率可能实际上保持为一个常数。显然,我们需要更好地理解这个随机过程。

失业持续期限的指数型分布的一个重要含义是,在某个固定期限上的失业

---

[56] W. S. Woytinski, *Three Aspects of Labor Dynamics* (Social Science Research Council, New York, 1942), pp. 96—106.

[57] 我们使用和 Woytinski 相同的方式处理这些数据,即假定这些数据反映了失业工人的就业,而非他们从劳动力中的离开(流出)。

工人的比例随着国家失业率的上升而系统性地增加。当一些年前失业仍在上升时,那些关于期限超过 15 周的失业工人不断上升的比例经常引起了人们的关注。这被看做是一个越来越严重的结构性影响。结构性的问题事实上可能在增加,但是,被引用的证据与不包含结构性的失业是完全一致的。

贝姆(Berman)、戴维德(David)和奥特斯基(Otsuki)[58]近来已经对不同种类失业工人的失业概率做了研究。概率关系显示出明显的稳定性和可预测能力。贝姆发现指数分布远不能解释失业持续期限的分布,但是存在一个明显的指示表明,结构性影响甚至在一年中也是明显的。

虽然样本容量较小,但是约翰·梅耶(John Myers)的延长至一年的工作空位的期限分布数据似乎也是呈指数分布的。[59]

大不列颠劳动力周转的研究已经表明,自愿终止占所有终止比率从 46% 到 93% 不等。西尔科克(Silcock)也表明[60],就业期限的分布接近于指数型,但是在更长的期限上,存在一个延迟率下降的显著趋势。雇员就业的时间越长,他终止的可能性越小。西尔科克发现两参数的 Γ 分布比指数分布更好地拟合了他的数据。

雷恩(Lane)和安吉(Andrew)的后续研究论文推断:[61]对数正态分布甚至拟合地更好。但是,对一个经济学家而言,尽管存在辞职率强烈的周期性波动,在这些分析中不考虑经济波动仍然是很有意思的。早期的高辞职率被部分地解释为,典型工人在接受一份工作之前,只获得关于该工作的极少信息。当这个在岗工作出现之后,工人发现它不合自己的口味,然后他选择辞职。

需要考虑的首要问题是,成本高昂的周转减少是否可以被更好的安置来完成。[62]

工资差额中的周期性波动。证据[63]似乎表明,当普遍性的失业增加时,低技

---

[58] Barbara Berman, "Alternative Measures of Structrual Unemployment," in *Employment Policy and the Labor Market*, A. M. Ross, ed. (University of California Press, Berkeley, 1965); Martin David and Toshio Otsuki, "Forecasting Short-Run Variation in Labor Market Activity," *Review of Economics and Statistics* (February 1968), pp. 68—77.

[59] Holt 和 David, 前引; J. G. Myers, "Conceptual and Measurement Problems in Job Vacancies, A Progress on the NICB Study," in *Measurements and Interpretation of Job Vacancies*, R. Ferber, ed., National Breau of Economic Research (Columbia University Press, New York, 1966), pp. 405—446。

[60] H. Silcock, "The Phenomenon of Labor Turnover," *Journal of Royal Statistical Society*, 117, Part IV, Series A(1954), pp. 429—440.

[61] K. F. Lane and J. E. Andrew, "A Method of Labor Turnover Anaysis," *Journal of Royal Statistical Society*, Part III, (1955), pp. 296—321。

[62] Holt 和 David, 前引。

[63] 参见 P. W. Bell, "Cyclical Variations and Trend in Occupational Wage Differential in American Industry since 1914," *Review of Economics and Statistics* (November 1951), pp. 392—337。

能水平工人的失业率的上升速度要高于比例性的上升,非技能工人的工资比技能工人相对下降得更多。

奥依(Oi)和雷德(Reder)[64]增加了更为相关的补充性解释。公司培训技能工人的投资,使其因害怕失去他们而不愿临时解雇他们。相对于临时解雇低技能的工人而言,公司更愿意对技能工人采取降级措施。类似地,工会资历深者可能通过更短的服务等待期限,给予技能工人相对于非技能工人优先权。如果技能工人失去工作,那么他们仍能胜任任何需要非技能工人的工作,因此具有比非技能工人更好的机会找到新的工作。当我们考虑到工人的精力随年龄增加而下降,而养老金支付使年龄更大的工人成本更高时,非技能和年龄因素在失业上升时期显然会带来特殊的难题。[65]

当商业出现复苏时,因为下述两个原因,公司通常会从内部实施招募,并且在底层员工中采取雇用,即促进本公司员工的士气,以及本公司员工具有更好的可得信息。

雷德[66]表明了不同熟练程度组失业率间的值得注意的关系:每一个特定熟练群体的失业率是国家失业率的常数倍或一部分,如果这个重要的发现在更广泛的检验之下能够获得支持,那么可能有重大的政策含义。它也许意味着不同熟练群体之间的相关关系和相互作用是如此强烈,以至于有效地造成了不熟练工人、老人和少数种族群体的失业问题,我们将需要减少所有群体的失业水平。很清楚,如果这样的一个重要关系是稳定的,那么我们需要更好地理解它。

本文理论给出的一个解释表明,随机性的相互作用过程产生了这种稳定关系。根据雷德和奥依已经解释过的原因,低技能工人被临时解雇的概率更高,被雇用的概率更低。前者的效应降低了他们工作的时间长度,后者的效应增加了他们失业的持续时间。这样,他们会更频繁和长久地遭受失业,两个因素共同解释了他们的高失业率。根据古典理论,短期工作将得到更高的工资补偿,但是失业的持续时间可能会影响非技能工人的(工资)期望水平,从而把额外的失业转换成降低的相对工资。这也许正是高失业时扩大技能工资差额的机制。雷德的失业差额与相应工资差额之间的关系需要得到更进一步的研究。

在保存公司特定人力资本的利益上,上述失业差异能被证明是正当的,但是这里存在一个严重的政策问题。

---

[64] W. Y. Qi, "Labor as a Quasi-Fixed Factor of Production," *Journal of Political Economics* (December 1962), pp.538—555, and M. W. Reder, "Wage Structure and Structural Unemployment," *Review of Economic Studies* (October 1964), pp.309—322.

[65] 参见 Sheppard 和 Belitsky,前引; Sobel 和 Folk,前引。

[66] Reder,前引。

本文第 I 部分第 C 小节提出的理论表明,由于空位在所有技能水平上的存在,为所有能胜任最好工作的工人提供了获取它们的重大机会,因此工资弹性在低失业时将会增加。这似乎意味着,出现在紧俏劳动力市场上不同技能工人的狭小工资差额可能是社会合意的。对失业之间和工资之间不合意的巨大差异的处理,可能会极好地有利于总需求的增加。当然,如果此时我们不移动菲利普斯曲线,那么它可能会造成通货膨胀问题。

这里描述的基本论点可以很好地适用于地区、产业和工会差额。但是,为了达到静态价格理论假定的社会合意差额,我们可能还需要市场搜寻成本的实质性减少。

职业、地区和产业层面的流动性。本文建立的模型存在严重不足,它没有处理劳动力供给和需求的不同技能、职业、产业和地区层面的构成因素。虽然各种各样伴随着工作转换、迁移和搜寻而来的摩擦性成本在过去曾经被提到过,但是这些分析在本文中并没有得到充分发展,我们也没有建立一个令人满意的随机过程理论。[67]

蒙特格(Montague)和范德卡普(Vanderkamp)发现,职业流动性可以通过工资激励、家庭责任的缺乏和教育得到促进。[68]

帕勒斯(Parnes)[69]的研究和兰新(Lansing)等人[70]最近的综述搜查有助于构建必要的理论。

艾尔博里特(Albrecht)[71]表明,地区和产业层面的工资差额受到当地失业的影响,但是他发现这种反应是不相一致的;因此他质疑了国家层面上的菲利普斯关系在面临失业的地区分布变化时,是否可能存在稳定的系数。

B. 工会影响的经验证据

本小节我们讨论一些有关工会工资差额、讨价还价力量、工资漂移和罢工的经验研究。工会对一般工资水平的影响在本文第 III 部分第 C 小节已经得到了考虑。

---

[67] 在作者的"How can?"一文中,一个关于分割的理论分析已经作出。

[68] J. T. Montague and J. Vanderkamp, *A Study in Labor Market Adjustment* (Institute of Industrial Relations, University of British Columbia, Vancouver, 1966).

[69] H. S. Parners, *Research on Labor Mobility: An Appraisal of Research Findings in the United States* (Social Science Research Council, New York, 1954).

[70] J. B. Lansing, Eva Mueller, William Ladd, 和 Nancy Barth, *The Geographic Mobility of Labor: A First Report* (Survey Research Center, Institute for Social Research, Ann Arbor, Mich., 1963).

[71] W. P. Albrecht, "The Relationship between Wage Changes and Unemployment in Metropolitan Industrial Labor Markets," *Yale Economic Essays*, 6 (Fall 1966), pp. 279—341.

工资离差、工会差额和失业。在一定程度上,不同产业有不同的工会化程度,我们希望发现产业间的工资幅度存在繁荣时期狭窄、衰退时期宽大的趋势。毫无疑问,产业需求的周期性差异和职业层面差额的周期性变化,都会导致产业层面的工资模式发生变化,并且避免了只根据工会的单一效应,对它们作出简单的解释。

刘易斯(Lewis)计算了大约70个产业平均年度全职补偿的变异系数。[72] 对工资离差的这种测量是相当稳定的,从1929年到1958年,它的范围始终位于24.1%至35.1%之间,但是与失业水平存在一个显著的正相关。他估计当变异系数在1958年的31.5%时,工会化可能说明2或3个百分点。[73] 在1929年的低失业时期,相应的估计是"不到1个百分点"。工会和非工会工资差额的这些变化和上面建立的模型是一致的,但是比我们的预期要明显小得多。

里斯(Rees)和汉密尔顿(Hamilton)将变异系数的变化作为工资离差的一个量度,进行研究后推断:产业间讨价还价模式的传播有助于离差的缩小。[74] 低工资的竞争性产业对一般经济条件恶化的回应,以及高工资的工会化产业对这些压力的抵制,在失业上升时倾向于增加工资离差。他们观察到繁荣时期差额的缩小与上述模型一致,模型强调了工会谈判能力相对于个体谈判能力的下降和差额的一般性降低。他们在表10和表8中,联系了失业数据,似乎表明离差随着不断上升的失业会有一个明显的增加。但是在战争年代,因为工资差额很大程度上被政府命令冻结,所以它并不遵循这种模式。同时,似乎存在一个显著的指向下降离差的时间趋势,这可能是由之前受到抑制的农业人口和地区增加的产业雇用所造成的结果。

在观察工会差额方面,伊格利(Eagly)[75]对1950—1962年间产业工资变化的横截面研究是极其有趣的。作为工会提高工资的证据,他解释了一个产业相对较低的辞职率。这种关系的出现有三个原因:首先,当不存在工会时,工人们将单独进行讨价还价,这在某些情形中将会导致辞职。其次,在工会已经建立工资差额(相对于非工会工作而言)的地方,那些工会以外的工作相对缺乏吸引力,并且辞职也相对较低。最后,由于工会资深者和工会谈判的养老金,辞职在工会化产业中通常倾向于较低。

---

[72] H. G. Lewis, *Unionism and Relative Wages in the United States: An Empirical Inquiry* (University of Chicago Press, Chicago, 1963), p. 287.

[73] *Ibid.*, p. 292.

[74] Albert Rees and M. T. Hamilton, "Post War Movements of Wage Levels and Unit Labor Costs," *Journal of Law and Economics*, 6 (Octorber 1963).

[75] Eagly, "Market Power."

伊格利发现,根据辞职率划分的产业等级在时间上是非常稳定的,这和工会化模式的稳定性相一致。[76] 他依据工会会员的比例对产业进行了分级,发现辞职率等级划分与工会化之间存在一个显著的负相关性——工会化水平越高,辞职率越低。

接着,他考虑了 19 个产业不同年份的货币工资变化率与同一时期相应辞职率之间的横截面关系。[77] 横截面回归线的简化版本参见图 9。他发现在一个给定的年份,辞职率越低(表明不断提高的工会化程度),货币工资的变化率就越高。因此,工会越强大,产业工资增加越快。(他没有观察到图中具有正斜率的那条斜线)这些负斜率没有与一般化的关系产生矛盾,即高失业总是伴随着低辞职和货币工资的低增长,因为整个横截面部分的关系随着失业的增加将会向左下方移动。总体上的辞职水平取决于当年的一般经济条件,但是单个产业的相对辞职水平却由工会化的程度决定。因此,单个产业的货币工资增长率同时取决于工会化和一般经济条件。

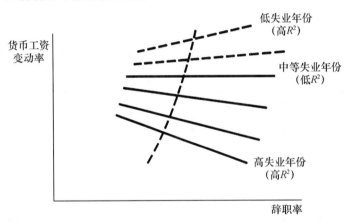

图 9　不同年份间的产业截面回归线

虽然伊格利的结论与上述模型完全一致,但是他的分析同时使我们能够检验模型的几个附加含义。

首先,通过把工会成员的辞职率作为影响工资的工会力量的一个相关量度,他对此提供了一些间接的证据。其次,辞职率与工会会员[78]之间的相关性,导致它随失业率呈现周期性的波动。当失业较低时,辞职率作为工会影响工资的反

---

[76]　*Ibid*., 表 4.
[77]　*Ibid*., App. D.
[78]　通过使用当前工会成员等级的数据(如果可以找到的话),上述分析能够得到改进。

向替代变量,同意味着与工会谈判相关的力量的降低(参见他表 4 中的 M 栏)之间的关联度较差。最后,当失业下降到中间水平时,工资变化的斜率变小且较小地呈现出负数。当失业较低时,辞职回归再次反映了工会和非工会工资增加之间减少的差异。直到失业的某个中间水平斜率和 R^2 都为零时,由工资变化对辞职作横截面回归解释的差异随失业水平下降。辞职率作为工会力量的一个量度,在失业较高时,比失业水平处于中间水平时,更好地解释了工资变化。因而伊格利的分析极大地支持了下述命题:即工会对工资的影响在经济处于萧条时最大。当失业处于中间水平时,工会和非工会工资变化之间似乎只有较少的差异。工会通过罢工威胁增加工资,非工会工人通过辞职威胁和辞职寻求类似的增加。

伊格利的分析并未给出具有正斜率的横截面回归。他的样本中的最低失业率是 2.9%,在 1952 年这个失业率可能并不足够低,以使非工会工人的工资同工会工资相比提高得更快,从而降低或消除工会差额。对于处于中间水平的失业,我们参照性地取 3% 左右的区间。如果失业降到更低水平,例如 2%,那么我们预测工会会员与辞职率之间的伊格利相关性会下降得更多,从而使横截面回归的斜率变成正的,由辞职率解释的工资差异将会再次增加。虽然从伊格利的图形[79]中可以清楚地看出,其中存在一些涉及动态效应的情形,但是我们并未试图对此进行分析。也许工会谈判的刚性和滞后性在这里起了作用。

刘易斯(Lewis)对工会主义和相对工资细微而深刻的研究[80],并非这里的一两句话就能得出令人满意的陈述。在回顾 18 个先前的研究之后,他给出了自己对工会化提高工会劳动力相对于非工会劳动力的平均工资水平的百分比估计。他推断,工会差额在 1932—1933 年达到它的峰值 25%,而在战后 1947—1948 年的通货膨胀时期接近于 0 到 5% 以下。刘易斯在总结中说:"存在显著一致的证据表明……工会化对工会/非工会相对工资的影响差异,在时间上以一种系统性的方式变得更大。特别地,相对工资效应的估计与通货膨胀率呈现出负相关性(而且可能与失业率呈正相关)。"[81]他自己的估计[82]表明和失业率具有强相关。虽然他只是基于工会工资的刚性和滞后性来解释差额的这些变化,但是他的经验估计与上述讨价还价力量理论也是兼容的。

集中度、利润和工会会员。当考虑到在不同的商业周期阶段上它们的影响可能不同时,相当多的努力已经致力于确定这些变量对工会工资差额的影响上面。

---

[79] Eagly, "Market Power." App. D.
[80] 参见 Lewis, *Unionism*。
[81] *Ibid.*, p.191.
[82] *Ibid.*, p.222.

然而不幸的是,行为的波动性极大,以至于很难清楚地得出建立在经验上的一般化结论。通常使用的统计技术在处理多重因果关系问题上也并不令人满意。

112　　鲍恩(Bowen)研究了 1947—1959 年间美国的"二位"产业,发现利润、集中率和工会会员平均而言,在预期的方向上对平均小时工资都有影响,但在周期上呈现出显著的波动性。[83] 然而,在衰退中把高集中度、强工会的产业与低集中度、弱工会的产业进行对比时,工资将对就业的变化作出回应,并且利润水平对后者而言要大得多。[84] "集中度和工会化的共同影响可能大于它们简单的代数和。这两者更大部门之间的另一个显著差异在于,与竞争性部门相比,集中度和工会化程度相对较高的部门的衰退工资走势,较少地受到会员公司衰退的直接影响。"[85] 这些发现似乎和上述模型的预测相一致,即工会差额取决于集中度、工会化与失业三者的共同作用。

威斯(Weiss)利用 1960 年人口普查数据进行研究[86]后发现,集中产业和工会化产业的雇员具有相对较高的收入。但是,当津贴根据可能与生产率相关的个人质量制定时,集中效应几乎会完全消失,工会影响可能减少 6—8 个百分点,并且在统计上仅仅勉强达到显著。

虽然至少在威斯的一个基本回归上面,集中和工会化之间的交叉产品项目,似乎呈现出更大的显著性,[87]但是这些相互作用的形式被认为只具有次要的显著性。上述模型中工会化的重要性得到威斯研究结论的支持,尽管并不是强有力的支持。集中本身的非显著性也与模型一致。工会化、工会化产品和集中三个因素单独来看,或者其中两者的组合,与工资的非个人因素之间相互关联的程度如何,并不能从威斯的结论中得到确定。对其数据的进一步研究会很有趣。

从当前分析得出的结论是,工会化且集中的产业可能会支付高得多的工资,但是通过工会的谈判力量,他们的劳动力成本仅仅提高了一个较小的数额。威斯的研究没有阐明失业率变化的影响。

113　　会员、富有进取心(pushfulness)和罢工能力。在许多横截面数据的研究中,工会力量只是简单地由工会会员的百分比度量,并且如我们所看到的那样,这个变量具有显著的解释力。我们现在考虑是否存在对工会力量其他量度的经验支持,这些量度影响罢工威胁效应,从而影响工资。由于没有直接测量工会力量的

---

[83] W. G. Bowen,前引。
[84] *Ibid.*, p.81.
[85] *Ibid.*, p.91.
[86] L. W. Weiss, "Concentration and Labor Earings," *American Economic Review* (March 1966), pp.96—106.
[87] *Ibid.*, p.106.

方法,我们将寻找它对工资变化的影响。

刘易斯(Lewis)指出:"工会化的记录包括许多环境证据,特别是当工会化的范围在经济中不断增加时,一些使用工会化威胁的非工会雇主提高了他们雇员的相对工资。"[88](伊塔里克斯(Italics)加注)

在对约翰·R.康芒斯(John R.Commons)《劳动的历史》第二卷、第四卷,及其罢工数据、卷入罢工的工人数量和工会会员进行了仔细研究的基础上,奥泽恩(Ozanne)[89]推断,在上世纪的美国,"相对于非农劳动力较小差异的百分比而言,工会化是否增长或下降对工资的影响具有更多的实际意义"。

海恩(Hines)假设工会会员的变化率对会员水平本身的变化具有一个额外的影响。他对1893—1961年英国数据的检验支持了这一观点。[90]他发现,使用排除了战争时期年度数据的货币工资变化的百分比,通过工会会员(以工会化劳动力的百分比表示)以及反映它们增加和减少的一阶差分之间的线性关系,可以得到最好的解释。这个关系在高度显著性的回归系数上解释了82%的差异。有趣的是,工会会员变化率本身同仅仅使用3%的工会会员水平相比,只解释了差异的67%。这表明使用后一个变量的横截面研究,可能并未使用工会力量的最重要量度。

海恩对他的基本内容给出了很好的支撑:工会会员及其变化具有强大影响,同时,他验证了涉及从工资增加到会员增长之间,因果关系不成立情况下滞后的正确性。当对不同子时期进行回归时,他发现工会会员的变化对1949—1961年工资的影响比对1921—1938年的更强。实际上这可以从他自己的理论中得到预示,[91]该理论表明会员水平越高,对一个给定的会员而言变化将更显著。随着会员水平的升高,它的进一步升高将变得越来越困难。100%的工会化是它的绝对限制。他的理论表明,工资会受到会员水平及其变化之间的相互作用(产品)形式的影响。子时期回归跨度中这种形式的考虑应该会显著地改善它的拟合度。

道(Dow)和迪克斯-米尔利斯(Dicks-Mireaux)为了测量工会激进态度,引进了他们自己对"富有进取心"的客观估计,从"明确限制"到"显著的富有进取心"分为五个步骤。他们发现[92]这个变量在解释英国1946—1956年的工资时具有统计上的显著效应。

---

[88] 参见 Lewis, *Unionism*, p.26.
[89] 参见 Ozanne, *Wage Practice and Theory*, 第3章及表9.
[90] Hines, "Trade Unions."
[91] *Ibid.*, p.229,脚注.
[92] J.C.R. Dow and L.A. Dicks-Mireaux, "The Determinants of Wage Inflation: U.K. 1946—1956," *Journal of the Royal Statistical Society*, 122, Series A(1959), pp.169—190.

工资漂移。在上述理论中,我们预期当失业率非常低时,工会讨价还价与对需求条件原子式的回应相比,对货币工资只有较小的影响。"工资漂移"现象,即工资收入比合同工资率上升得快,似乎与这个预测相一致。

在美国存在一个非常高,然而其差别却并不可靠的失业水平,并且这种工资漂移现象并未得到足够的指明。因此,在这个问题的经验研究上,我们转向战后时期的欧洲经济。

当然,可能存在明显的制度差异和失业差异。欧洲的讨价还价倾向于集中在产业层面,而不是公司层面。工会在劳动力管理机构中的地位,迫使它们为可能由谈判工资增加导致的任何一次通货膨胀承当部分责任。这限制了工会从雇主的让步中推动工资最大化的行为。

为了解释美国以外更低失业水平的相关事实,我们在表1中给出了根据里夫(Neef)采用美国式定义调整的、一些国家在1961年时失业率数据的点样本。[93] 为了确定工资漂移(每年平均约为4%)的原因,汉森(Hansen)和瑞恩(Rehn)分析了8个产业在1947—1954年间的年度数据,解释了战后瑞典平均小时工资的三分之一至二分之一程度上的增加。[94] 他们将工资漂移定义为,平均小时收入增加的百分比,与"不同产业雇主和雇员组织的中央机构之间年度工资谈判协定"的相应增加之间的差异。[95] 因此,工资漂移包含了工人向更高工资的工作、公司或产业转换,以及加班的改变和计件工作下生产率改变的诸多效应。基于下述条件,他们建立了一个工资漂移理论:(a) 工资回应超额需求和达到均衡的调整机制;(b) 利润边界;以及(c) 生产率的变化。

表1 1961年不同国家的失业率(采用相同定义)

国家	失业率(%)
美国	6.7
加拿大	7.2
法国	2.4
联邦德国	0.4
大不列颠	2.3
意大利	3.7
日本	1.3
瑞典	1.5

---

[93] A. F. Neef, "International Unemployment Rates, 1960—1964," *Monthly Labor Review*, 88 (March 1965), pp. 265—269.

[94] B. Hansen and G. Rehnm, "On Wage Drift, A Problem in Money wage Dynamics," in *25 Essays in Honor of Eric Lindahl* (Economisk Tidskrift, Stockholm, 1956), pp. 87—138.

[95] *Ibid.*, p. 88.

运用相关和部分相关分析,他们推断出人力的超额需求(产业的空位率减去失业率)对工资漂移有着最为重要的影响。超额利润似乎仅扮演一个不太重要的角色,而且只有在计件工作极为重要的少数产业中,生产率的改变才扮演重要角色。通过指出估计工资漂移的困难以及他们解释变量的数据缺陷,两位作者严格限制了这一结论的运用。

马昆德(Marquand)分析了英国1948—1957年16个产业的年度数据。[96] 她把工资漂移定义为,在消除加班工作的效应之后,平均工资收入变化与协定工资率变动之间的差异。收入漂移也包括加班支付。她估计在1955年时,由于额外加班了10%,英国存在7%的工资漂移。在解释这个现象时她说:"收入漂移(或工资漂移)的出现经常被归因于雇主在招募足够劳动力时碰到了困难,这种困难使他们支付高于协定工资率的工资,以便吸引更多的劳动力,或试图确保那些已被雇用的工人不会离开。"[97] 这种支付通常与雇主获取足够且合适劳动力碰到的困难相关。

运用相关分析和部分相关分析,马昆德推断,"加班工作、生产率的变化、公布的尚未得到填补的空位程度……解释了144个收入漂移中的122个"。显然,计件工作的生产率效应,解释了具有许多小工厂的产业似乎更倾向于漂移的原因。但是并未发现利润具有显著性影响。

一群来自欧洲经济合作组织的相互独立的专家所作的研究,较为详细地考察了1953—1960年间丹麦、德国、荷兰、瑞典、英国和美国的工资和价格,他们同时对其他一些欧洲国家作了适当的考察。[98] 工资漂移问题被用于对除美国之外的所有国家的分析中。虽然产生这些结果的确切机制尚不清楚,但是超额需求的重要性在所有的例子中得到了强调。例如,尚未得到填补的空位解释了瑞典81%的工资漂移差异。[99]

劳资纠纷。里斯(Rees)、温曹(Weintraub)和欧博仁(O'Brien)运用国民经济研究局建立的分析方法,对罢工在不同时间跨度上的周期性波动作了和上面相似的研究。[100] 他们的发现大体上与罢工以相当大的振幅呈顺周期运动相一致;商业周期波谷时平均约为长期平均值的90%,波峰时平均约为长期平均值的

---

[96] Judith Marquand, "Earning Drift in the United Kingdom, 1948—1957," *Oxford Economic Papers*, 12, No.1(February 1960), pp.77—104.

[97] Ibid., p.98.

[98] Fellner et al., *Rising Prices*.

[99] Ibid., p.401.

[100] Rees, "Industrial Conflict"; Andrew R. Weintraub, "Prosperity versus Strikes, An Empirical Approach," *Industrial and Labor Relations Review*, 19, No.2 (January 1966), pp.231—238.

125%。罢工在商业周期的波峰之前下降了4至14个月,在商业周期波谷之后出现增加。波峰时的主导模式类似于波谷时失业的滞后性,[101]这似乎与我们模型中伴随失业而来的讨价还价力量的转变相一致。

在结束对工会行为的讨论之前,我们应该注意到许多研究已经得到了里斯的概括[102],而且它们似乎并没有和上述模型产生矛盾。类似地,上面讨论的研究似乎总体上和这个模型相一致。

C. 菲利普斯关系的经验证据,包括工会工资推动

关于失业和货币工资变化率之间关系的研究如此之多,具体形式如此之广,以至于还没有人尝试作出更为系统、全面的分析。我们将简要地检验这个宏观关系在解释不同国家历史经验上的能力。接着,我们将考虑我们的理论模型如何解释最近一些更为深入的经验研究。

不同国家的菲利普斯关系。英国的数据已经得到菲利普斯、道和迪克斯-米尔里斯、利普西、克莱因和波尔(Ball)以及其他经济学家的集中研究。[103] 利普西用$1/U$、$1/U^2$、ΔU解释了1862—1913年年度工资变化差异的82%。对1923—1939年和1948—1957年的数据,相同的解释变量加上ΔP(价格变化)给出了取值为0.91的R^2。使用1948—1957年的季度数据和同步估计方法,克莱因和波尔发现价格变化对工资的影响比失业对工资的影响强得多。这些估计赋予失业如此小的权重,以至于出现了一个菲利普斯关联性或结论有效性的严重问题。但是波尔在后来的理论研究[104]中,似乎并未表明存在最小化失业对工资重要影响的倾向。研究之间存在如此多的差异,所以要对它们进行比较很困难。但是对于英国历史的大部分时期而言,说失业及其变化对货币工资具有很大的影响似乎也是客观公平的。

在一篇几乎不为人知的文章中,菲利普斯使用澳大利亚1947—1958年的季度数据,通过失业与出口和进口价格的变化,得到相当好的拟合。[105] 其中,政府工资仲裁与价格被假定是内生决定的。

卡里斯基(Kaliski)通过研究加拿大的数据,发现当价格对工资具有强影响

---

[101] The President's committee to Appraise Employment Statistics (R. A. Gordon, Chairman), *Measuring Employment and Unemployment* (U. S. Government Printing Office, Washington, 1962) ,p. 67.

[102] Albert Rees, *The Economics of Trade Unions* (University of Chicage Press, Chicago, 1962).

[103] Phillips, Dow and Dicks-Mireaux, Lipsey,前引. 以及 L. R. Klein 和 R. J. Ball, "Some Econometrics of the Determination of Absolute Prices and Wages," *Economic Jounal*, 49 (September 1959), pp. 465—482.

[104] R. J. Ball, *Inflation and the Theory of Money* (Aldine Publishing Co. ,Chicago, 1964).

[105] A. W Phillips, "Wage Changes and Unemployment in Austrlia, 1947—1958,"Economic Society of Austrlia and New Zealand, New South Wales Branch, *Economic Monograph*, 219 (Auquest 1959).

时,$1/U$ 和 ΔU 对战后时期而言是一个显著性的解释变量,但是并不适合战争时期。[106]

沃顿艾博(Watanabe)研究了日本1955—1962年的季度数据,发现工资四季变化差异的86%能被失业和滞后的价格变化所解释。[107] 价格方程的同步估计给出了非常相似的结果。

美国的数据已经得到了许多研究者的验证。巴哈蒂(Bhatia)通过研究1900—1914年和1921—1942年的数据发现,失业和价格变化对工资有显著的影响,但是他没有发现非线性的存在或失业变化带来的影响。[108] 在后来的研究中,他发现利润及其变化也有显著的影响。法郎士(France)发现随着失业以及它的显著变化存在更强的关系。[109] 鲍恩(Bowen)和贝利(Berry)发现在工资变化和失业之间只存在松散的关系,从而提出"不存在任何的长期关系"。[110] 鲍恩、里斯和汉密尔顿通过对战后时期的研究,发现失业及其变化对工资增加有很强的影响,但是这种影响关系并不稳定。[111]

在考虑谈判的时间选择之后,埃克斯蒂恩(Eckstein)对需要工会塑造国家模式的重要性作了估计。[112] 他发现这种模式设定的重要证据,也发现了失业具有显著的影响。他的研究强调了已经得到阐述的理论模型的一个缺陷,即我们没有在模型中引进强大的工会所扮演的领导角色。

舒尔茨(Schultze)和特荣(Tryon)通过对六个产业组的研究得出结论,失业、利润和消费者价格在解释季节工资变化方面都有显著的影响。[113] 泊利(Perry)对1947—1960年的季度数据做了研究,运用来自失业、生活成本、利润及其变化的

---

[106] S. F. Kaliski, "The Relation between Unemployment and the Rate of Change of Money Wages in Canada," *International Economic Review*, 5 (Journuary 1964).

[107] Tsunekiko Watanabe, "Proce Changes and the Rate of Change of Money Earnings in Japan, 1955—1962," *Quarterly Journal of Economics* (February 1966), pp. 31—47.

[108] R. J. Bhatia, "Profits and the Rate of Change in Money Earnings in the United States 1935—1959," *Economica* (1960), pp. 255—262; "Unemployment and the Rate of Change in Money Earnings in the United States 1900—1958," *Economica* 28 (August 1961).

[109] R. R. France, "Wages Unemployment and Prices in the United States 1890—1932, 1947—1957," *Industrial and Labor Relations Review* (January 1962), pp. 171—190.

[110] W. G. Bowen and R. A. Berry, "Unemployment Conditions and Movements of the Rate of Change of Money Wage Level," *Review of Economics and Statistics* (May 1963), pp. 163—172.

[111] Bowen, *Wage Behavior*, 以及 Rees 和 Hamilton, "Post War Movements."

[112] Otto Eckstein, "A Theory of the Wage-Price Process in Modern Industry," *Review of Economic Studies* (October 1964), pp. 267—286.

[113] C. L. Schultze and J. L. Tryon, "Prices and Wages," in *The Brookings Quarterly Econometric Model of the United States* (Rand McNally, Chicago, 1965), pp. 281—334.

显著效应,解释了87%的工资差异。[114] 库(Kuh)使用1950—1960年的季度数据,提出把失业和利润作为解释变量,且发现使用价值生产率可以得出更好的结论。[115] 数据和分析方法上的差异无疑是上述结论多样性的一个重要原因。

基于许多国家研究的一般性结论表明,菲利普斯关系具有很多经验上的支持,但在目前的阐述中,上述估计是相当不稳定的。这意味着我们需要改善概念、数据和对这些关系的估计。我们跨过了质疑菲利普斯关系是否存在的争论,因为它确确实实存在着。目前需要研究的是什么机制导致了这种关系。

菲利普斯关系的形式和变量。有证据表明失业的影响是非线性的,当失业水平变化时,线性估计倾向于不稳定。[116] 附加$1/U$、$1/U^2$等项的线性函数都有显著的影响。上述模型表明附加项应当具有$1/U^k$的形式,其中k可能是1.5。在所有的研究例子中,k的值都应该从数据中估计得出。

模型表明ΔU是否具有影响取决于工会的力量。这种相互作用可能解释了为什么相对于早期工会较弱时而言,ΔU项在目前似乎只具有较小的影响。

如同工会会员及其变化一样,利润[117]及其变化似乎也具有经验上的支持。[118] 显然,来自其他项、等式(41)中交叉项和ΔE的影响并没有被观察到。模型预测的最大偏离是波动性工资变化中价格变动的明确显著性。当然这种结果可以追溯到工资对价格的影响上。

但是,另一种情况可能是其他研究者(不包括海恩、道和迪克斯—米尔里斯在内)没有引入工会力量的直接量度。因为劳动力成本影响价格,所以它们的引入可以作为工会力量的替代变量。

根据理论,我们有理由预期,在集中度、工会会员和失业,以及工会会员和其他失业因素之间存在重要的相互作用,但是它们也没有得到检验。

所有对菲利普斯关系的研究都没有考虑这个事实,即工会的相对影响可能因不同的失业水平而发生改变。当劳动力市场如此紧俏,以至于当存在工资漂移时,工会的影响将明显不同于存在一个宽松市场时的情况(此时,我们的模型表明它的相对影响是最大的)。

上面发展的理论是复杂的,如果想对这些不同影响进行估计,从而可以得出一个稳定的结构,那么经验研究也必定是极其复杂的。

---

[114] Perry, *Unemployment*, p.50.
[115] Edward Kuh, "A Productivity Theory of Wage Levels-An Alternative to the Phillips' Curve," *Review of Economic Studies* (1966), pp.333—360.
[116] 参见 Lipsey 和 Perry, 前引。
[117] 参见 Perry 和 Bhatia, 前引。
[118] 参见 Hines, 前引。

对新西兰空位关系的估计表明,我们需要发展模型的需求方面。也许只有在需求方面得到研究之后,菲利普斯关系的供给方面才能被很好地定义。

4　结论与进一步研究的意义

在结论部分,我们试图将具有理论和经验支持的重要论点加以简要概括。接着我们考虑研究方法的一些含义、理论的拓展和进一步研究的意义。

概括。货币工资的稳定变化与失业水平之间,以及工会工资差额与工会讨价还价力量之间关系的存在性都具有强有力的理论和经验支持。工资漂移和劳资纠纷的现象已经得到了理论上的预测和观察上的支持。导致这些结果的基本行为机制如下:工人愿意接受的工资随失业持续期限下降,随工作空位增加。工人愿意辞职的可能性随空位增加,但是如果工人当前的工资相对较高,那么辞职的可能性会受到抑制。雇主的工资报价取决于他们招募工人填补工作空位的困难,以及辞职率和工会讨价还价等因素的共同效应。工会通过讨价还价获得工资差异的能力将会随着下列因素的增加而提高:(a) 工会会员及其增长率;(b) 集体谈判优势相对于个体谈判优势增加导致的失业水平;(c) 产业的集中程度;(d) 公司的盈利能力。当冲突增加时出现劳资纠纷可能性上升。

不同流量、存量和工资率等因素之间稳定的随机性动态关系,似乎在劳动力市场中普遍盛行。这些关系反过来又取决于以概率形式表现的行为规律,它反映了不确定性和摩擦成本等因素的影响。这些规律和关系在工人、公司、产业和国家层面上已经被观察到了。

研究方法的含义。当不同行为和概率关系得到清楚阐明和描述时,即使在抽象方程粗线条的拙劣模仿中,发生在劳动力市场体系中相互作用的极端复杂性也将变得更为清晰。例如,本文建立的模型表明,工会创造工资差额的能力取决于以下四个变量之间多层次的相互作用:工会会员、工会会员变化、失业水平和集中率。因此,这些变量之中某个变量的单独影响取决于所有其他变量的取值,并且我们预期随着商业周期阶段、时间变化和不同产业之间的不同差异,它们的影响将会不同。在另外一个例子中,本文的模型表明,工资水平的变化取决于附加项,它们是辞职率、失业水平、就业变化和工会差额的函数。

我们在研究中总是不时地问自己:"变量 X 对变量 Y 有什么影响?"我们通过检验数据回答这个问题。当得出一个结论后,我们继续考虑另外一个变量对 Y 的影响。当模型变得更为"复杂"时,我们保持部分其他变量在统计上的常数性,探讨两个变量之间的部分相关性,或运用多元回归工具分析数据,以寻找高度的部分相关性。

只要有许多额外影响尚未被引入我们的分析,我们就面临一个严重的危险,即由于其他变量导致的波动性,我们试图寻找的效应不会被我们发现,从而使我们错误地得出不存在显著性影响的推断。在涉及其他变量的多重性或其他非线性关系上,同样存在一个严重的危险,即我们可能会推断出不存在系统性的关系。

从规范的意义上而言,我们需要使用能够区别多重原因(包括非线性相互作用的影响效应)共同影响的统计工具。但在这里要选择正确的解释变量和函数形式变得极为关键和困难。回归方法总能找到拟合最好的参数,但是由于关系的复杂和数据的缺陷,同样不能指望这些方法能给出阐述这一关系的可靠指示。因此,能够自我修正且逻辑上可以验证的细致的理论阐述是很重要的。

我们不得不依赖的许多数据是高度加总的,所以许多信息丢失了,或者与分析需要的概念不相一致。因此改善我们的数据库极为重要,特别是在微观层面上使它们能更好地满足研究的需要。

即使关系复杂且原因众多,但是作为不同因变量波动的结果,我们还是能从统计上解释它们的影响,如果有足够的数据以及对这一过程有足够的理论理解——至少这是我们所希望的,并且也是我们最终的期望。我们面临着严峻的困难,但是并非无法解决的困境。只要给定工会推动和需求拉动在完全的同步性上不出现波动,那么我们就应该能测量每一变量的影响效应。当然,许多研究者因为对这些问题感兴趣,从而致力于成功地解决它们。然而似乎很难拒绝下述推论,即如果我们想显著地提高对劳动力市场这一复杂系统的认知,那么在进行统计分析和理论分析的同时,我们还需要逐渐扩大制度分析和经验分析。所有这些补充性的方法都是重要的。

如同使用许多相关研究来验证我们建立的理论时一样明显,我们显然已经学到了很多东西。然而一些研究在方法论上是如此粗略,以至于很难确定应当对它们的结论赋予多大的权重。

显然,我们目前建立的模型需要使用多变量技术的严密且系统的计量经济检验。这对于标准教材中已被接受的部分模型,以及和它们相矛盾的其他模型而言也是适用的。

对劳动力的需求。在菲利普斯关系里,市场的需求方面是隐性而非显性的。需求变化通过供给的反应被人们察觉。显然,通过考察显性的需求关系,我们将获得更好的理解与估计。我们需要研究生产决策是如何通过一个生产率关系,与加班、松散时间和空位的产生相联系的。⑲ 此外,我们需要研究最大工资报价(以向先前同一岗位工人支付的相关工资测量)是如何随尚未填补空位的持续时间而增加的,以及类似地,工人的质量标准是如何下降的。

在一个更温和的水平上,菲利普斯关系的估计也许可以通过引进辞职率[参见式(16)],或和它完全替代的空位得到改善。

显然,工资易于受到来自失业变化和空位变化的影响。因此,我们应该将这两者引进分析中,并且不再使用失业部分地作为空位的替代变量。

进一步的研究。对进一步研究和假说的建议在许多观点中已经提到。本文建立的假说需要在每一层面上进行批判性的检验。特别地,即使当自满(complacency)在非线性起着关键作用的模型中确实没有得到保证时,加总问题还是没有获得应有的注意。我们简要地考虑了应引起研究注意的某些特定领域。

本文模型在理论层面上,应该同诸如菲尔普斯、库和埃克斯蒂恩等人的类似研究作一仔细的比较。⑳

对区域、职业和产业流动性的一些研究可以提供一个非加总的随机过程模型,当考虑不同差额时,这一过程在我们的模型中是一个明显缺失的环节。参见博雷克林(Brechling)、戴维德(David)和欧卡特(Orcutt)等。㉑

公司对增加在岗工资的回应的横截面和时间序列研究,迫切需要给予等式(13)一个更为坚实的基础,并且估计它的滞后结构。我们需要知道更多公司临时解雇和召回的行为,以及它是怎样与加班和库存水平相联系的。

需要研究在岗工人的市场搜寻行为,以及他们为接受新工作作出辞职决策时的期望水平。促使工人辞职以搜寻新工作的确切原因是什么?临时解雇的工人在开始搜寻新工作之前,愿意花多长时间等待被召回?

需要相关的理论研究工作,使用行为讨价还价理论,来把威胁和临时解雇与安置联系起来。毫无疑问,与工会会员的变化相比,存在对工会进取性和管理权力的更好量度。心理态度或许可以通过对话调查得到度量。

尽管我们已经建立的模型似乎与劳动力市场的数据高度一致,但是"大劳

---

⑲ 参见 C. C. Holt, F. Modigliani, J. F. Muth and M. A. Simon, *Planning Production, Inventories and Work Force*(Prentive-Hill, Inc., Englewood Cliffs, N. J., 1960)。

⑳ E. S. Phelps, "Money Wage Dynamics and Labor Market Equilibrium," *Journal of Political Economy* (July—August 1968), PartⅡ; Kuh; "Productivity Theory"; Eckstein, "Wage-Price Progress."

㉑ Franck Breching, "Trends and Cycles in British Regional Unemployment," *Oxford Economic Papers*, 19, No. 1 (March 1967); Martin David, "Part I: Labor Force Simulation," Household Sector Micro-Model Working Paper 6414(mimeographed), Project MUSE, Social Systems Research Institute, University of Wisconsin, 1965; G. H. Orcutt, A. Rivlin, M. Greenberger, and J. Korbel, *Microanalysis of Socioeconomic Systems* (Harper & Row, Publishers, New York, 1961)。

动者群体、大公司、大政府"高层之间的、具有半政治性的谈判,通过对平衡支付等问题的影响,同样会给影响国家层面通货膨胀率的模式带来影响。工资对收入政策在国家层面上的影响效应的分析及其评估的改进,将不得不有待于我们对劳动力市场动态的更好理解。希望当前的研究有助于人们更好地理解菲利普斯工资调整关系背后的力量,更为重要的是,希望它能提供移动菲利普斯曲线从而同时降低失业率和通货膨胀率的方法。

第3章 货币工资动态与劳动力市场均衡*

埃德蒙·S. 菲尔普斯（Edmund S. Phelps）

如果宏观经济始终处于均衡状态，那么作为最近的研究成果，充分就业的货币与增长（money-and-growth）模型就足以解释货币工资和价格水平变动的时间路径。但是，真实经济总是处于持续的非均衡状态，所以，我们需要研究任意条件下的工资和价格波动。

过去十年的菲利普斯曲线研究已经对上述问题进行了探讨，提出了众多的解释变量组合以解释工资变动。但是要想在这些计量经济学模型中进行选择并非一件易事，已使用的模型也不具备一个清晰的理论基础。本文开始尝试着寻找一个统一且可供经验论证的货币工资波动理论。同时，它试图引进预期的作用，从而在劳动力市场均衡的概念下研究这一理论。

---

* 这是论述均衡失业、超额需求和瞬时菲利普斯曲线等概念的论文的第三版。前一版于1967年8月在大学教授会议上提出，并发表在1968年8月的 *Journal of Political Economy* 上。更早的版本"A Theory of Money Wage Dynamics and Its Implications for the Phillips Curve"作为第47号被收集在1967年2月出版的"宾夕法尼亚论文集"中。

这次改写使我想起了有关一个意大利男高音演唱家在全国巡回演唱的故事。唱完歌剧中的第一首咏叹调后，掌声雷鸣，于是他重唱了一次。面对更持久的欢呼声他又唱了一遍。当观众们要求他再唱一遍时，这位男高音演唱家说道："感谢大家，不过如果再唱一遍的话，恐怕我将没有足够的嗓子来完成这部歌剧。"于是观众中有人喊道："你必须再唱一次，唱对了你才能继续下面的演出。"

这篇论文在附录二中重新提及了第一版中有关私人企业最优非工资招聘的动态规划分析。在附录一中提出了一个错列工资设定模型的新的数学处理，而前者恰好支持了关于平均工资变化的（广义）超额需求理论。第二部分和第三部分结尾处的简要附录，用基于对现实工资的错误预期代替了对不久将来工资的错误预期，从而证明了Alchian和Mortensen的观点和我的观点具有一致性。最后一部分是关于工作配给和异质作用可理解性的讨论（正如人们所希望的），Gorden和Hynes的某些观点使其更具备了可能性。

1 菲利普斯曲线及其反对者的演变

凯恩斯的《通论》[①]和战后时期几乎所有正式的宏观经济模型都假定,最低失业水平——充分就业下的失业水平——无论在价格稳定还是上涨时都将存在。在这个前提下,额外的总需求使价格和工资上涨,而失业率却不会下降。这种剩余失业被称为"摩擦性"或"自愿性"失业,它被(错误地)假定不对需求作出回应。[②] 因此,在低失业与价格稳定之间无须作出抉择。

这种信条建立在凯恩斯货币工资行为的概念之上。在高于最低失业的水平上,需求和就业的上升(下降)至多造成货币工资一次性的上升(下降),而价格保持不变;从而导致的价格水平的任何上升(下降)将引起货币工资较小幅度的上升(下降)。因此,至少在一个稳定的经济中,凯恩斯的理论没有预测到正常失业率上货币工资率持续上升的可能性,更不用说以超过生产力增长的速度上升;他只提到了价格和工资向最低失业转变中的一次性的"半通货膨胀"(semi-inflation)状态[③]。

这一学说迅速受到罗宾逊的质疑[④],她提出了适度高失业率和价格稳定之间的冲突。邓洛普[⑤]则表明,货币工资的变化率更多地依赖于失业水平,而不是像凯恩斯所说的那样依赖于失业的变化率。战后,辛格[⑥]、布朗芬布伦纳[⑦]、哈伯勒[⑧]、布朗[⑨]、勒纳[⑩],以及许多其他学者的研究表明,在一个高于最低失业的较低

[①] J. M. Keynes, *The General Theory of Employment, Interest and Money* (The Macmillan Company, London, 1936).

[②] 一个货币经济能够在不同的摩擦性失业水平之间进行选择,以回应于不同的总需求和工作空位水平。促使需求影响摩擦性失业的部分机制将在下文得到讨论,尤其是在第三部分。

[③] J. M. Keynes, 同上, p. 301。

[④] J. Robinson, *Essays in the Theory of Unemployment* (The Macmillan Company, New York, 1937), pp. 30—31.

[⑤] J. T. Dunlop, "The Movement of Real and Money Wage Rates," *Economic Journal*, 48 (September 1938), pp. 413—434.

[⑥] H. W. Singer, "Wage Policy in Full Employment," *Economic Journal*, 62 (December 1947), pp. 438—455.

[⑦] M. Bronfenbrenner, "Postwar Political Economy: The President's Reports," *Journal of Political Economics*, 56 (October 1948), pp. 373—391.

[⑧] G. Haberler, "Causes and Cures of Inflation," *Review of Economics and Statistics*, 30 (February 1948) pp. 10—14.

[⑨] A. J. Brown, *The Great Inflation, 1939—1951* (Oxford University Press, New York, 1955).

[⑩] A. P. Lerner, "Inflationary Depression and the Regulation of Administered Prices," *in The Relationship of Prices to Econimic Stability and Growth*. 在共同经济委员会第85届大会二次会议上递交给陪审员的论文纲要(华盛顿:美国政府印刷办公室,1958年)。

失业水平上,存在着这样一个变化过程:从"成本通货膨胀"、"工资推动的通货膨胀"、"收入通货膨胀"、"爬行的通货膨胀"、"卖方通货膨胀"到"进退两难的通货膨胀"或者"新通货膨胀"——这种现象被归源于缺乏"超额需求"情况下工会和寡头企业(或两者同时)具有的推升工资和价格(或两者兼而有之)的相机抉择的权力。⑪

习惯性地将成本通货膨胀归因于存在的大经济单元是不必要也是不充分的。与失业理论一样,成本通货膨胀需要构建一个非瓦尔拉斯模型,模型中不存在一个拍卖人不断地使产品市场和货币市场达到均衡。此外,对我而言,垄断势力所发挥的作用并非如此明确。垄断势力的增长——比方说由于增强的集中程度——在任何既定的失业率和生产力水平下将提高与工资相关的价格;但是之前在通行失业率下,实际工资(相对于生产力而言)已经下降到一个足够的幅度以适应更高的标价。这一过程将会停止,而通货膨胀的持续却依赖于其他因素。⑫

类似地,劳动工会的行为也不能充分解释成本通货膨胀现象。然而,工会是否极大地加剧了这一难题——它们是否提高了与价格稳定相一致的失业率——是个很难回答的问题。肯定性的回答中大部分始于邓洛普⑬的理论。他假定,为了最大化其效用,工会试图"权衡"实际工资和成员的失业状况,它们不断提高实际工资(相对于生产力而言),直到从工资的进一步上涨中获得的收益被预

---

⑪ 虽然经常被混淆,Jimmy Hoffa 的通货膨胀理论与一般的成本通货膨胀概念有着极大的不同。他将大部分通货膨胀的根源归因于大工会和企业领导人的动物精神。持工资推动观点的理论学者,如 S. Weintraub,在他的著作 *A General Theory of Price Level, Output, Income Distribution and Economic Growth* (Chilton Co., Philadelphia, 1959)中所叙述的那样,将通货膨胀视为自发产生的,实质上独立于在相关范围内变动的失业率,因此它并非由总需求引起。我早期的一篇论文,"A Test for the Presence of Cost Inflation in the United States,1955—1957," *Yale Economic Essays*, 1(Spring 1960)检验了这样的假设,即1955—1957年间的通货膨胀比两次战后早期的通货膨胀更具有该特征。假定自发的"工资推动"或"利润推动"在部门上的发生频率是不均匀的,从而部门价格变化和部门产出变化之间的相关系数,在 1955—1957 年期间的水平将会小于(如果这一假说正确)它更早期的水平。在数字上是更小的,但并不能以此判断这种下降在统计上的重要性。顺便提一句,R. T. Selden 在其论文 "Cost-Push versus Demand-Pull Inflation, 1955—1957," *Journal of Political Economy*,67(February 1959),pp.1—20 中,错误地将这种重要性归因于 1955—1957 年间的正相关系数,而非下降数额的大小。

⑫ Ackley[G. Ackley,"The Contribution of Guidelines," in G. P. Shultz and R. Z. Aliber, eds.,*Guidelines, Informal Contruls, and the Market Place*(University of Chicago Press, Chicago,1966)]和 Lerner[A. P. Lerner,"Employment Theory and Employment Policy," *American Economic Review*: *Papers and Proceedings*, 57 (May 1967),pp.1—18]的回答表明,对应于每一个失业率和生产率水平,即使发生结构性变化也存在一个不能削减的自然实际工资,从而货币工资将和价格同步增长,直到失业率开始上升为止;这于我而言似乎是极不可能的。在任何情况下,如果本文观点正确的话,成本通胀理论并不要求任何这样的"双重垄断"观点。

⑬ J. T. Dunlop, *Wage Determination under Trade Unions*, (A. M. Kelley, New York,1950).

期由此带来失业增加造成的效用损失所抵消。在低于工会最优失业水平下,工会将以超过生产力的速度来推动工资率上升。但是,企业将更高的成本转移到消费者身上,从而使实际工资收益大打折扣。因此,只要政府维持一个低失业水平,通货膨胀周期将不断延续。

我在把这一理论应用于美国经济时碰到了困难。几乎四分之三的居民劳动力不属于工会,这质疑了该模型定量分析结论的显著性。由此带来的问题可能不只局限于此。如果工会造成的失业成员对未来的工会就业状况没有一个良好的预期,那么他们将在其他地方寻求就业。假定在另一个极端的情况下,工会失业以一个更短工作周的形式得到分担,那么即使成员没有在外"兼职"(moonlight)在某程度上足够真实,这种失业也没有被计入官方统计的失业率中。当然,工会参与了成本通货膨胀的形成过程,它们甚至稍稍加大了与价格稳定相一致的失业规模。但我认为,工会应当给成员提供和其他地方具有可比性的充分就业机会,以维持他们的生计,略微减少的就业机会将要求工会就业与其他就业方式之间具有比一般所能观察到的更大的工资差额。⑭

菲利普斯成功地拟合了消除制度色彩讨论的英国历史数据的散点图,现在被我们称为菲利普斯曲线⑮,它巧妙地概括出成本通货膨胀的新概念——使用这一术语,我们意指(如同我所认为的前面提及的大部分学者试图说明的那样)这种类型的通货膨胀只有在较低的总需求下,通过失业率的降低才能制止,因此它给财政政策和货币政策造成一个严重的两难困境。⑯ 菲利普斯曲线将工资变动率描述成失业率的一个连续型递减函数,工资以一个很低但超过最低失业率和典型生产力增长的速度上升。因此,如果价格与边际成本或平均成本有关,并且总需求决定的失业率的水平越低,那么通货膨胀率的持续性就越高。

---

⑭ 然而,工会力量的上升,即使只是地方性的,也很有可能在任意不变失业率上提高平均工资水平。参见 A. G. Hines, "Trade Unions and Wage Inflation in the United Kingdom 1893—1961," *Review of Economic Studies*, 31 (October 1964), pp. 221—252。

⑮ A. W. Phillips, "The Relation between Unemployment and the Rate of Change of Money Wage Rates in the United Kingdom, 1861—1957," *Economica*, 25 (Nonvember 1958), pp. 283—299。

⑯ 相反地,在凯恩斯和古典的纯"需求通胀"理论下,价格下降的趋势在不造成产出和就业成本时也能达到,因为总需求在开始时必定过剩了。"需求通胀"的概念值得保留,因为一个"混合通胀"的机制是可以预见的。

我早期的论文 [E. S. Phelps, "A Test for the Presence of Cost Inflation in the United States, 1955—1957," *Yale Economic Essays*, 1 (Spring 1961), pp. 28—69] 包含了一个相对完整的关于通货膨胀的分类法。[同时参见 W. J. Fullner, "Demand Inflation, Cost Inflation, and Collective Bargaining," in P. D. Bradly, ed., *The Public Stake in Union power* (Universuty of Viiginia Press, Charlottesville, Va., 1959.] 顺便提一句,成本通胀作为菲利普斯曲线自发性上移的偶然定义是非常拙劣的,它并非意味着通货膨胀分析家在 20 世纪 50 年代所关注的"政策困境"。

令人惊讶的是,菲利普斯发现19世纪数据表明的工资上涨和失业之间权衡的方式,和使用当代数据所显示的方式相同。利普西[17]的后续研究表明,对1861—1913年间某段子时期而言,菲利普斯曲线关系具有统计上的显著性。事实上,这一早期菲利普斯曲线高于(大约1%的比率)他用1929—1957年数据拟合的菲利普斯曲线。[18] 如果上述结论正确,那么成本通货膨胀的趋势在历史上显然不是一个"新"概念。无论如何,它在英国都不会比过去更为糟糕。

本文将论述围绕菲利普斯曲线的两个理论问题。第一个论题是对以下假说在宏观经济方面的详细探讨,即给定一般价格水平和工资变动的预期,如果想要保持一个较低的失业率,那么工资率必须以一个更高且稳定的速度不断上升。该理论贡献有可能颠覆新凯恩斯主义(或更模糊的渊源)的平衡,后者认为稳态菲利普斯"曲线"是一条横线,因为经验研究还没有得到广泛的接受。虽然美国式菲利普斯曲线的支持者们起步艰难——许多其他变量被认为是重要的[19]——佩瑞对一些早期文献的综述[20],赋予了失业率(以及利润率和价格变动率)在解释美国制造业货币工资变动的定量分析中以重要角色。但是在1963年博文和贝瑞[21]发现,失业率的下降在推动工资上涨方面远比失业率水平更为重要。里斯和汉密尔顿[22]关于年度长期工资数据的近期研究也揭示了稳态失业率和工资增长率之间(统计上显著)的负相关性(虽然在他们的方程中,工资变化给价格

---

[17] R. G. Lipsey, "The Relation between Unemployment and the Rate of Change of Money Wage Rates in the United Kingdom, 1861—1957: A Further Analysis," *Economica*, 27 (February 1960), pp. 1—31.

[18] 在一个不变价格和2%失业率共存的水平上,Lipsey(前引)对1862—1913年数据所作的回归(他的方程[10])预测了工资将以2.58%的年均速度增长,而对1929—1957年数据的回归(他的方程[13])预测了1.65%的年均增长率。在两个时期生产率同时增长3%的水平上,比方说,价格稳定在后一个时期将产生更小的失业率。但Lipsey的表2(第30页)却是早期菲利普斯曲线对二战后工资增长低估的证据。

[19] W. G. Bowen, *Wage Behavior in the Postwar Period* (Industrial Relations Sec., Princeton, N. J., 1960); R. J. Bhatia, "Profits and the Rate of Change of Money Earnings in the United States, 1935," *Economica*, 29 (August 1962), pp. 255—262; O. Eckstein and T. Wilson, "The Determinants of Money Wages in American Industry," *Quarterly Journal of Economics*, 70 (August 1962), pp. 379—414.

[20] G. L. Perry, "The Determinants of Wage Rate Changes and the Inflation-Unemployment Trade-off for the U. S.," *Review of Economic Studies*, 31 (October 1964), pp. 287—308.

[21] W. G. Bowen 和 R. A. Berry, "Unemployment Conditions and Movements of the Money Wage Level," *Review of Economics and Statistics*, 45 (May 1963), pp. 163—172。

[22] A. Rees 和 M. T. Hamilton, "The Wage-Price-Productivity Perplex," *Jounal of Political Economics*, 75 (February 1967), pp. 63—70。

造成的影响对工资具有强烈的反馈效应)。这一证据强有力地支持了萨根[23]和库[24]领导的新凯恩斯主义的复兴,他们将失业率水平以及生产力和价格水平看做决定货币工资水平的因素。[25] 基本理论是一目了然的,总需求的上升造成了"瓶颈",从而引起特定地区和技能工人的工资率上涨,同时也增加了就业;一旦这些瓶颈消失,就业也将达到新的更高的水平,向上的工资压力就不复存在。根据该理论,货币工资上涨和就业增长是协同一致的,它和高就业率水平没有本质上的必然联系。

第二个论题是所谓的菲利普斯曲线的稳定性,虽然不如第一个论题那么前沿,但同样具有深刻的政策含义。冯·密赛斯[26]等大陆经济学家总是强调预期在通胀过程中的作用。在我们这个时代,费尔纳和瓦利奇最为经常地与下述主张紧密联系在一起,即保持一个过低水平的失业率和由此带来的对沮丧预期的持续修正,将导致一个无法控制的通货膨胀。这些思想反映在由勒纳[27]开创的稳定且"可预期的"通胀的现代模型中。该模型指出(或假定),如果通货膨胀率被企业和劳动者完全预期到,那么高通胀率就不会带来以高就业形式存在的好处。[28] 最近,弗里德曼[29]和我[30]正努力促成菲利普斯假说和前述可预期通胀理论的相互协调。我假定以百分比价格上升(或工资上涨)的形式,预期的百分比价格上升(或预期的工资上涨)每增长一个百分点,菲利普斯曲线将一致地向上移动一个百分点。从而,均衡失业率——实际价格上升(或工资上涨)和预期相同

---

[23] J. D. Sargan, "Wages and Prices in the United Kingdom: A Study in Econometric Methodology," in P. E. Hart, G. Mills, and J. K. Whitaker, Eds., *Econometric Analysis for Economic Planning: Sixteenth Symposium of the Colston Research Society* (Butterworth, London, 1964).

[24] E. Kuh, "A Productivity Theory of Wage Levels-An Alternative to the Phillips Curve," *Review of Economic Studies*, 34 (October 1967).

[25] 如果实际工资率被当作就业率的一个迅速递增函数,那么 Kuh-Sargan 模型将产生较低但高于最低失业率的(成本)通货膨胀。

[26] L. von Mises, *The Theory of Money and Credit* (Yale University Press, New Haven 1953).

[27] A. P. Lerner, "The Inflationary Process-Some Theoretical Aspects," *Review of Economics and Statistics*, 31 (August 1949), pp.193—200.

[28] Lerner ("Employment Theory and Economic Policy") 现在放弃了他的主张。我的论文,"Anticipated Inflation and Economic Welfare," *Journal of Political Economy*, 73 (February 1965), pp.1—17, 包含了许多参考文献。两个最近的研究选择性预期价格趋势结果的货币和增长模型,详见 J. Tobin, "Money and Economic Growth," *Economitrica*, 33 (October 1965), pp.671—684, 以及 M. Sidrauski, "Rational Choice and Patterns of Growth in a Monetary Economy," *American Economic Review: Papers and Proceedings*, 57 (May 1967), pp.534—544。

[29] M. Friedman, "Comments," in G. P. Shultz and R. Z. Aliber, eds., *Guidelines, Informal Controls, and the Market Place* (University of Chicago Press, Chicago, 1966).

[30] E. S. Phelps, "Phillips Curves, Expectations of Inflation and Optimal Unemployment over Time," *Economica*, 34 (August 1967), pp.254—281.

时的失业率——独立于通货膨胀率。如果进一步假设一个"适应性"或"错误修正"的预期理论,像弗里德曼和我所做的那样,那么持续低于均衡失业率的失业水平所导致的对价格或工资上涨幅度的长期低估,将使预期不断地被向上修正,从而使通货膨胀率在不受限制的情况下逐渐上升;相应地,虽然不变通货膨胀率的上升起初"购买"了一个很低的失业率,但是随着已形成的通货膨胀预期,它将要求失业率朝均衡水平逐步上升。因此,根据这一理论,社会无法在稳定失业水平和稳定通胀水平之间进行权衡;它最终必将推动(或允许)失业率趋向均衡水平,或者迫使它围绕均衡水平上下波动。㉛

本文主要讨论上述两个论题。下一小节描述非均衡工资变动的修正了的超额需求理论的宏观经济线索。接着结合就业动态模型,表明为什么在给定的预期时,失业水平和就业变动率都与货币工资的变动相关。最后一小节介绍预期工资变动对菲利普斯曲线的影响。

2 转移和"广义超额需求"

在将劳动工会纳入已建立的框架之前,该小节大部分篇幅的分析将集中在"原子式的"(atomistic)劳动力市场。这意味着不存在工会和企业之间的集体谈判。每个工人都是一个"工资接受者"也支持了这一点。

但是,这里的劳动力市场并不是完全竞争的。我排除了任何瓦尔拉斯式的拍卖人,他通过收集每个人供给和需求的数据信息,似乎能保持劳动力市场处于一种充分信息和充分就业的均衡状态。缺乏这样的拍卖人,每个企业必须设定它自己的工资率。因为劳动的供给者缺乏有关各个企业工资率的具体信息,所以企业具备了动态垄断权力:在其他招聘努力(如求职—招聘广告)既定的情况下,与其他企业的工资率相比,企业制定的工资率越高,它就能越快地吸引到工人。这种工资差额的效应是"动态"且逐渐显现的,因为工资信息在市场上的扩

㉛ 在关于偏好和其他事项的特定假设上,我表明基于"时间偏好"之上,社会(或世界)将选择一条从"过度就业"下降到均衡就业率的路径(从而留下一个对应于通胀预期的高菲利普斯曲线遗产),或者选择一条从"过低就业"上升到均衡就业率的路径。时间偏好的作用在 Friedman 把"现在失业抑或以后失业"作为"真实权衡"(前引,第59页)的描述中得到了阐述;模型存在这样一种处于讨论中的跨期权衡,即如果人们保持最终的通货膨胀率不变,那么现在消费抑或未来消费的费雪式权衡将以同样的方式成立,假定随后的财富或资本保持不变的话。但在任一时点上都存在失业和通货膨胀之间的静态权衡(将预期通货膨胀率作为一个参数),类似的还有消费和资本形成之间的静态权衡(将初始资本存量作为一个参数),这正是跨期权衡的根源。

散需要时间。㉜ 在一个生命短暂、信息成本高昂的社会里,企业要想维持一个更大的就业量,就必须支付一个永久性的更高的工资差额;但是这种静态垄断权力在下面的分析中并不重要。㉝

信息的这种不完全,部分源于经济经历的多样性。即使工作和工人在"技术上"是同质的——每个工人都将所有企业和工作在非货币方面的收益视作相等的,而每个企业也将所有工人看做在生产力上是相同的——不断变动的产品需求移动的呈现和不相一致的技术进步,或者不均匀的劳动力增长,都足以造成工资率的某种波动分布。随后,工人认识到他们自身工资报价的经历并不适用于其他工人和企业。因此,工人会拒绝当前的工资报价,为更容易地搜寻更高的工资报价而接受失业。劳动供给者工资率波动分布的预期,使积极失业成为一种正常现象。

失业的存在并不必然反映社会的通货紧缩现象。由于生产力的增长和就业工人总是会退休、辞职或死亡,正常情况下对劳动力的需求是不断上升的,因此企业一般会以某个正的比率试图增加新员工。当失业工人的数量足够少时,除非企业提高相对于工人对其他企业工资率预期的工资率,否则它将不能成功地吸引到新员工。也只有在存在完全信息的条件下,失业工人才能立即找到最好的工资,从而使工资水平降低;当出现正的失业时,它必然会推动货币工资率趋向更低。

即使当存在某些失业者时,企业为吸引新雇员所必需的时间,通常由工作"空位"的出现得到反映。当企业决定(在预期的平均工资水平)雇用的劳动力数量,假设存在完全信息——即,不需要支付以暂时性高工资率、求职—招聘广告,以及其他对劳动者的要求等形式存在的资本类型的信息成本——超过了在实际信息下的现有工人数量时,我们就说它就具有了空位。当空位极大时,企业将支付高于其他地方预期平均工资率的工资。一些失业者对这些工资率的发现有助于失业工人从失业池中流出,并作为新工人进入该企业;失业工人并不总是完全不变地感到沮丧,从而不断向下修正其要求的工资率。其次,因为处于"休整"期间,企业满足于从失业池和其他企业中招聘到的"公平份额"的劳动力,那

㉜ 某种程度上相类似,如果企业允许它的工资率相对于工人认为的平均工资率下降,那么它预期自己不会立即失去其所有的工人。一些雇员为了一份更好报酬的工作,可能在辞职之前就已经从事在职搜寻。差额下降的预期持续时间也是一个因素,但并未包含在正式的模型中。

㉝ 从某种角度来说,对辞职率的讨论中,突出不完全信息的另一个维度是有帮助的。一些企业可能在大部分时间里都是配给工作,它们将打发那些愿意以一个低于企业支付其雇员工资的工资率、接受工作的工人。在这种情况下,工人不仅缺乏各个企业正在支付工资率的完全信息,而且缺乏关于每个企业的工作可得性的完全信息。

么根据上述定义,支付与别处预期平均工资率相同的企业仍然存在空位。当企业处于"休整"状态时,它仍能从一些额外员工的自由流动中获益(直到空位那点);即使每个员工都以平均工资水平的估计数得到支付,企业也并不打算填补这些空位,因为由此产生的资本类型的费用存在利息成本。空位的存在,即使对正常年代的代表性企业而言,也如同正常年代里失业的存在一样,标志着雇主和工人在不完全信息下各自找到对方的成本。㉞

但是,如果工作和工人在技术上是同质的,那么信息成本将不会像本文所认为的那么重要。企业能够廉价地在当地报纸的"工资报价"版面公布它们的日常工资率。从而,员工也不必为每天收集大量的工资率信息而放弃现有工作。只需很少的订购费,人们就可以阅读就业咨询服务的每周通信,以获取地区性工资变动信息和(或者还有)针对不同地区的"进入"、"离开"或"留任"等各方面的建议。当工作和工人在技术上存在显著差异时,信息将变得更加不完全。因此,具有异质性劳动力任职要求的企业,不得不提供更多的工资信息以获得与其他企业相同的招聘绩效。此外,如果只出于特殊利益考虑的话,那么工资信息的传递会更慢。㉟ 一个更为重要的异质性发生在工作内部。特定类别工作的非货币特征在不同企业之间是不同的。每一工作类别中,不同工人之间的能力和技术也是千差万别的。因此,面试是重要的,并且"搜寻失业"更有价值。不同员工的工资率可能是保密的,从而工人关于替代工资机会的信息可能和他关于不同工作的非货币特征的信息一样,严重地不完全。

与"成本"和信用可得性之间的区别相类似,工资和工作可得性之间也存在差异。"工作配给"发生在当一个工人不能找到工作时,尽管他的工作意愿小于具备相似能力和技术的就业工人。部分而言,工作配给如此普遍的一个原因在于,工人在最初工资报价时,想得到该份工作一定程度上的终身任期承诺。他们偏好这点是因为搜寻一份新工作将花费众多的组织成本,如迁移开支;这种成本中的绝大部分,甚至可能全部,都被认为来自不同工作之间的异质性。从长期来看,与一个迫使工人承担过低要价产生的工资波动风险的政策相比,通过在"合约"的有效期限内保护工人免受工资过低要价的损失,企业一般而言将会获得

㉞ 确实,人们能按下述方式重新定义空位,即从劳动率的边际回报中减去为保持相对于企业资本存量或劳动力总量而言、固定不变就业所需的成本后的净收益,从而使空位在企业的稳态目标位置,即"静止点"时为零。类似地,可以将失业定义为"均衡"或"自然"水平之上的超额失业。关于处在静止点上或远离静止点上的工资—边际产出关系,参见本书 Mortensen 以及 Phelps and Winter 的论文,也可参见附录 2。

㉟ 另一方面,在专门从事特定工作类型的工人中,也存在正式或非正式的信息网络;特定类型工作本身较为稀疏的特点,并不会提高专门从事该类型工作工人的工资报价的取样成本,因为专业工人知道这些报价在哪儿。但是当所偏好工作类型的工资率让人不可接受时,许多工人有时会选择较不熟悉的工作类型,此时工资报价对他们而言并非容易获得。

工资节约的好处。工作配给的第二个原因是企业对可预测就业劳动力的偏好（区别于工人对一个更可预测工资的偏好）。如果企业试图迅速调整工资率，以保持与可得工人的供给变化或自身对工人的需求变化相一致，那么在工资降低的情况下，它将面临未预期到的大规模的辞职风险。这一风险由于雇用和再雇用以及培训和再培训异质性工人所带来的组织成本而变得非常高昂。为应对市场供求关系的变化，企业将会寻找其预期利润最大化的方式来延迟工资的调节，首先是拒绝雇用新员工以察看形势，其次是当劳动力缓冲储备量过大时，通过实施临时解雇进行"微调"。[36]

因此，正的失业和正的空位显然可以并存，而且持续出现在每一类型的工人和工作中。在下面更为正式的分析中，为了从整体上讨论工资率、失业率和空位率，我将排除任何类别工作中的严重瓶颈，假设这些统计数据在不同类别的工人和工作中存在极大的一致性。本文的重点将放在"代表性"企业（即企业数量的某种平均）的工资决策和雇用经历上。

劳动力供给 L，定义为失业和就业工人的总和。令 N 表示就业人员数量，U 表示失业人员数量，我们得到

$$L = N + U. \tag{1}$$

假设总体而言，劳动力供给的规模在任何时间都是一个常量，它独立于当前和未来、实际和预期的价格水平，也与工作的可得性无关。根据这一假设，由于不管在什么样的预期平均实际工资上，失业工人都更偏好于工作而非休闲，所以我们将失业者定义为积极搜寻可接受工作报价的工人集合。

在给定预期产品价格——无论现在还是将来的价格——以及预期实际利率，并假定存在无限总量的工人以企业认为的现行工资或平均工资被提供给无限总量的工作岗位的条件下，劳动需求总量 N_D 定义为企业招收就业的工人数量。N_D 取决于技术和当前预期的"产品工资"（招聘和培训一个新雇员中投资支出的净利息和"折旧"，以企业计划的产品价格计算）；当企业的价格固定从而产生的存货和排队成本时，N_D 也直接取决于总需求。因此，假设企业雇用工人的数量恰好能够填补工作空缺（不存在工人身兼数职或兼职工作），那么空位 V 可以由下式给出

$$N_D = N + V. \tag{2}$$

用 X 表示劳动力"超额需求"的概念，通常定义为：

$$X = N_D - L. \tag{3}$$

---

[36] 在劳动力市场非瓦尔拉斯式处理的这一变形中，周期性货币工资上涨在一定程度上代表了工人朝更高薪水（或者，在任何工人偏好的工资率上）的工作类型的移动。

联立等式(1)和等式(2),得到

$$X = V - U. \tag{4}$$

货币工资变动的一般超额需求理论表明,货币工资变动率与超额需求率 x 是成比例的。后者指单位劳动力供给的超额需求量,它等于超额空位率 v 减去失业率 u

$$x = v - u, \quad x = \frac{X}{L}, \quad v = \frac{V}{L}, \quad u = \frac{U}{L}. \tag{5}$$

工资变化和失业率之间存在简单菲利普斯曲线关系的一个广为人知的理论基础是,至少在较少或没有工会化的部门或经济中,失业率是超额需求率的良好替代,并且超额需求率在很大程度上解释了工资变动(除了如就业混合变化等总体现象之外)。即使超额需求是工资变化的单一决定变量——本文试图归纳出这一理论,并使其符合预期的影响——也并没有充足的理由显示,失业率可以作为超额需求率的一个良好替代。那么,如果等式(5)中的空位率自行其是,即独立于失业率变化,将会怎样(我将在后面对这点进行论证)?利普西的论文从就业动态的一个模型出发,成功推导出空位率(从而超额需求率)和稳定失业率之间存在一个令人满意的关系。然而,我将使用一个类似的模型表明,在非稳态情形下,失业率并不是超额需求率的良好指标,就业变化率在超额需求率推导过程中必定是一个重要的额外指标。[37]

对工资变动的超额需求解释需要更深层次的分析。为什么人们期望空位率每增长一个单位与失业率每下降一个单位产生相同的工资效应?其次,为什么人们预期,在大部分时间内,在均衡点附近区域(见第四小节),空位总等于失业,而工资率的一个非均衡上涨则要求空位超过失业?为什么失业会产生影响?并且为什么空位也具有相似的影响?

下面我们试图为货币工资变动的广义超额需求理论寻找理论支持。它没有简单超额需求理论那么严格的限制条件,但是它允许存在特例,至少是在稳定状

---

[37] 只需通过下面的运算我们就能理解这两点:在一个马歇尔式的平面上,以预期产品工资为纵轴、劳动力单位为横轴,画一条非负向倾斜的劳动力供给曲线和一条非正向倾斜的劳动力需求曲线。现在考虑给定失业率时对应的点的轨迹;这条等失业率曲线将落在供给曲线的左边,并且也是非负向倾斜的。当然,如果需求曲线负向倾斜,或者供给曲线正向倾斜,那么并不是所有轨迹上的点都代表了相同的超额需求。特别地,当我们把这条轨迹从它和需求曲线的交点向下移动时,尽管失业率不变,空位和超额需求也将上升。因此,后者并不必然完全代表了前者。(这一证明并没有和以下命题相抵触,即空位率不变时,超额需求将随失业不断下降。需求曲线上空位为零的情况是个熟悉的例子。本文试图摆脱这样的观点,即我们总是"在需求曲线上",即使产品市场上的非均衡超额供给产生了凯恩斯式的需求曲线。)

当考虑失业率不变而空位更高的情况时,就业增长率同样会更高,因为雇主会试图通过更大的招聘减少空位。这两者——失业率和就业增长率——共同构成了超额需求的一个令人满意或更好的替代。

态下。为简便起见,我们分两个阶段进行分析:在本小节,假定未来货币工资率和产品价格是"静态"的。这意味着,大致上可以说,企业和工人预期,在不久的将来通行的平均货币工资和它当前或刚过去的水平相比,不会存在差异,价格水平也同样如此。当然,这并不是说,通过对实际工资率的观察和推断,他们不会随着时间的流逝而修改其对过去和现当前工资水平的估计。在第四小节中,预期工资水平的变动率将被允许偏离零,并根据过去变动率估计值作出相应调整。

我们从这样一个例子入手,即企业将定期(比方说每年一次)检查其工资率。有相同数量的同等规模的企业在一年中每天都在调整工资率。尽管每个企业最优工资决定因素发生了断断续续的变化,但是这种令人吃惊的对工资的不断修正,使得平均工资总是发生较为平稳的变动。在这种情况下,由于此后一年的预期平均货币工资(接下来 12 月的平均水平)和前一年人们对平均货币工资的估计(过去 12 个月的平均水平)之间存在比例性差异,"预期工资变动率"为零的假设更容易得到解释。因此预期的变动率将集中在"当前时刻"。在该模型中,没有必要假设人们会在当前错估过去的平均货币工资水平;甚至当下的平均货币工资在当前也能得到正确的估计。但在该模型中,平均工资稳步上升或稳步下降的可能性,加上静态预期假设,暗示着预期工资变化率可能会偏离实际工资变化率。㊳ 之后 6 个月的平均工资可能会被错误估计。(我将在后面简短地讨论企业连续检查工资率的例子。在这一限制性条件下,根据定期(阶段性)工资设定模型,对当前平均工资水平的错估导致了对此后一年平均工资的错估。)

考虑第 i 个企业处于工资设定时点的情况。为简化讨论,我们以企业希望的比例差额 Δ_i^* 的形式表示最优工资,它表示该企业工资及其预期其他地方的平均货币工资之间的差额,即

$$\Delta_i^* \equiv \frac{w_i^* - w^e}{w^e}, \tag{6}$$

其中 w_i^* 表示企业的最优工资,w^e 表示企业预期在此后一年内的通行平均工资。假定平均而言,工人和其他企业对未来工资水平会有相同的预期,该预期等于他们对一年前平均工资的估计值。

理想工资差额的一个决定因素是企业的空位 V_i,以预期产品工资 w^e/p 计算,其中 p 表示产品价格。由预期产品工资下降或企业现有雇员数量下降引起的空位上升,导致企业提高理想工资差额来阻止辞职,促进招聘,同时鼓励工人

㊳ 这种情况已在本文前一版本中得到了研究。尤其参见第 688 页和 698 页。

在得知更高工资差额的情况下进入企业工作。㊴绝大部分了解企业工资的工人,更愿意在工资差额高的企业就职或继续留任;多数工人都会比较容易了解到企业的工资水平,并选择在高工资差额的企业就职。与空位相对应的理想工资差额的规模,取决于失业率水平 u 和劳动力供给总量的规模 L。

失业率在理想工资差额决定中的作用是有争议的。失业率的上升会促进企业在可能设定的每个工资差额上的招聘。这是因为,大量失业工人会涌向企业寻找适合的工作;而就业工人不可能会具有如此强烈的愿望,来搜寻工资信息和获取就业机会。在不考虑辞职率时我们推断,在更高失业率的情况下,企业通过一个较小的工资差额就可以取得相同的就业增长率㊵;从另一个极端来看,在相同工资差额的情况下,企业能够获得更快的就业增长。一般认为,企业通过一个更低的工资差额可以部分获益,只要工资差额不足以低到使企业当前的就业增长率为零。

当存在工作配给时,失业率将对企业的辞职率产生影响,后者反过来又可能会影响企业的理想工资差额。给定经济的总空位率,失业率的下降使雇员预期为寻找一份新工作将不得不缩短失业时间,从而鼓励了他们辞职。与任意工资水平相对应的辞职率的上升,将使企业预期为保持就业劳动力者以任何给定比率增加雇员时,所必需的工资差额上升。企业通过提高工资差额来应对这种情况,即使工资差额提高的幅度并不需要高到足以防止辞职率的某种上升。最终,辞职率与工资差额,以相同的方式受到经济中总空位率上升的影响,因为失业率和空位率共同影响正在考虑辞职的任何雇员预期的平均失业时间,以及他们在其他企业找到工作的可能性。

上述假说表明:

$$\Delta_i^* = j^i(u, v, V_i, L), \quad j_1^i < 0, j_2^i > 0, j_3^i > 0. \tag{7}$$

为了方便起见,我们认为每个企业以与其不断增长的劳动力成一定比例的速度扩充资本存量,那么相应的空位 v_i 表明了企业对一个更高(或更低)的就业劳动者增长率的期望。如果从一个人口稠密的经济角度考虑,忽略任何规模经济的信息效应,那么我们可以得到

$$\Delta_i^* = k^i(u, v, v_i), \quad k_1^i < 0, k_2^i > 0, k_3^i > 0, v_i = \frac{V_i}{L}. \tag{8}$$

㊴ 一般假定新员工和老员工接受相同的工资。空位上升的两个来源并不具有完全相同的影响,从而企业的当前就业 N_i,应当被允许对理想工资差额具有某种正向或负向的影响。这种影响在此被忽略了。

㊵ 只有在寿命足够短从而工资差异能持续的程度上,这个结论对无限期的未来而言才正确。

假定所有的企业都很相似,那么我们可以把平均理想工资差额 Δ^* 写成一个关于失业率和总空位率的函数,$v = \sum v_i$[由等式(5)给出]:

$$\Delta^* = m(u,v), \quad u,v > 0, \tag{9}$$

其中,

$$m_1 < 0, \quad m_2 > 0. \tag{9a}$$

同时,可以推导出,

$$m_{11} \gtreqless 0, \quad m_{22} \gtreqless 0, \quad m_{12} \lesseqgtr 0. \tag{9b}$$

第二个衍生等式(9b)中的约束条件不是必需的;它们只影响扩展菲利普斯曲线的弯曲率。不等式 $m_{11} \geqslant 0$ 意味着空位率不变时,Δ^* 以非递增速度随失业率下降。如果辞职率关于失业率同样地呈现凸性,那么该不等式不再成立。[41] 不等式 $m_{22} \geqslant 0$ 以企业通过扩大工资差额以外的手段来填补空位所带来的边际成本提高的假说为支撑。最后,不等式 $m_{12} \leqslant 0$ 成立的条件是,企业只有大幅提高工资差额才能达成对确定的空位增加量的部分填补,从而因就业变得更加容易而使失业池中的人数变少。图 1 中等式 $m(u,v) = 0$ 表示的曲线,给出了使 $\Delta^* = 0$ 时 u 和 v 的解的组合。曲线的斜率 $-m_2/m_1$ 必定是正的,但斜率和曲率的大小不确定,也得不出定性的结论。在这条轨迹的右边 $\Delta^* > 0$,左边 $\Delta^* < 0$。

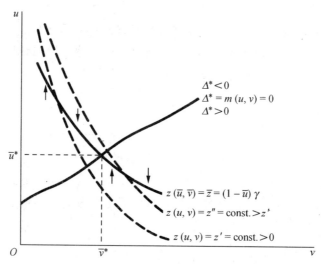

图 1 空位和失业率之间的关系

---

[41] R. V. Eagly, "Market Power as an Intervening Mechanism in Phillips Curve Analysis," *Economica*, 32 (February 1965), pp. 48—64.

最后应当表明的是，平均工资率的变化率 $\dot{w}$ 近似地与 Δ^* 成比例地变化：

$$\frac{\dot{w}}{w} = \lambda \Delta^*, \quad \lambda = \text{const.} > 0, \quad \dot{w} \equiv \frac{dw}{dt}. \tag{10}$$

显而易见，在当前的错列工资设定模型中，假设某段时间内 Δ^* 恒为 0，而 w 为一条水平直线，那么如果 Δ^* 始终为 0，则 w 也将始终保持水平状态。如果 Δ^* 上升，w^e 在企业最后调整工资率时也上升，那么在今天设置工资率的企业将提高它们的工资率；因此，平均工资将随着更多企业临近各自工资率的再调整日期而逐渐上涨。起初，平均工资（以年度工资率表示）的瞬时变化率将等于 Δ^*（在统一的波动状态下）。但是不久之后，当企业发现有效年度合约中间时点的平均工资（即 6 个月之前的平均工资），高于它们先前调整的相对应的平均工资，从而高于它们当时预期的合约中期的平均工资时，它们将会重新调整工资水平。因此，这些企业必须在足以实现提高理想工资差额所必需的工资上涨幅度的基础上"追加"一个工资上涨。为了满足这点，平均货币工资将趋于更快地上涨。但是也存在一个抵补和稳定的趋势：所有企业都将在"一年"内完成基本工资的上涨，只有追加的上涨部分尚未实现。因为追加部分是以集中在过去时点对较低的平均工资的观察为基础的，加之静态预期假设不存在对通行工资增长的推断，所以随着当前平均工资上涨越来越快，追加部分所带来的现行工资上涨在当前平均工资上涨中的贡献份额将会减小。因此对应于每个正的 Δ^*，总存在一个有限的渐进工资增长率。此外，渐进增长率 $\dot{w}/w$ 在相关范围内极其近似于等式 (10)。这些命题将在附录一中得到表述。无论是否处于稳定状态（此时 u、v 和 w/w^e 都是常数），我们运用等式 (10) 都不会出现大的错误。

如果我们考虑一个持续工资调整模型，那么探讨工资变动率的波动将更为便利。我们保留关于平均工资未来趋势的静态预期假设。假定它有点类似于错列工资调整模型，那么每个企业对当前平均工资水平的预期 w^e 取决于过去平均工资的实际值，但是这一次却是从"调整性"的方式上而言。其次，为了保持工资变动的平稳，假设第 i 个企业对工资的调整采取以下方式，即它的预期工资差额 Δ_i^e 朝着理想差额 Δ_i^* 逐步移动。[42] 据此，假定：

$$\dot{\Delta}_i^e = \mu(\Delta_i^* - \Delta_i^e), \quad \mu > 0, \quad \dot{\Delta}_i^e \equiv \frac{d\Delta_i^e}{dt}, \tag{10'a}$$

其中，

---

[42] 对该模型的一个辩护是，企业可能根据对"永久"、"正常"或"近期平均"的估计值 u^e、v^e 和 v_i^e 选择 Δ_i^e，并且估计值将考虑对当前的 u、v、v_i 值做出适应性的修正。

$$\Delta_i^e \equiv \frac{w_i - w_e}{w^e}, \quad \Delta_i^* \equiv \frac{w_i^* - w^e}{w^e}.$$

并且假定:[43]

$$(\dot{w}^e) = \lambda(w - w^e), \quad \lambda > 0. \tag{10'b}$$

那么,根据 $\dot{w}_i$ 和 $(\dot{w}_i)$ 求解 Δ_i^e 和 $\dot{w}_i$,可得:

$$\frac{\dot{w}_i}{w_i} = \mu\left(\frac{\Delta_i^* - \Delta_i^e}{1 + \Delta_i^e}\right) + \frac{(\dot{w}^e)}{w^e},$$

上式最后一部分表示时间连续的"追加"工资增长。将所有企业看做一个整体,运用适应性预期关系模型,我们可以得到:

$$\frac{\dot{w}}{w} = \mu\left(\frac{\Delta^* - \Delta^e}{1 + \Delta^e}\right) + \lambda\Delta^e.$$

其中,状态变量是 $w/w^e = 1 + \Delta^e$, Δ^e 和 $\dot{w}/w$ 的变动可以由图2给定的 Δ^* 得到分析。根据关系式

$$\frac{(w/w^e)\dot{}}{w/w^e} = \frac{\dot{w}}{w} - \frac{(\dot{w}^e)}{w^e} = \mu\left(\frac{1 + \Delta^*}{w/w^e} - 1\right),$$

我们得到 w/w^e 单调趋近于 $1 + \Delta^*$。因此,在任意稳定状态(Δ^e 为常数),表达式 $\Delta^e = \Delta^*$ 表明,所有的工资增长在稳定状态都纯粹是"追加"的部分。用一个式子表示稳态值,则有:

$$\frac{\overline{\dot{w}}}{w} = \lambda\,\overline{\Delta^e} = \lambda\Delta^*,$$

对应于任意的稳态 $m(\bar{u}, \bar{v})$。在非稳定状态, $\lambda\Delta^*$ 也是一个很好的近似值。如果 $\mu = \lambda$,且 Δ^e 的值很小,那么 $\dot{w}/w$ 几乎不随它变化。给定 Δ^e 时, Δ^* 的上升对工资增长率的直接影响将逐渐减弱,但由此引起 Δ^e 的上升会产生追加的增长,它将取代这一直接影响。最后,注意到 λ 的有限性对 $(\dot{w}/w)$ 的有界性是必不可少的。第四部分将引进一个对预期更全面的解释。

等式(9)和等式(10)的组合构建了预期工资变化率为零时,工资变化率的广义超额需求理论。用 $v - u$ 表示 $m(\cdot)$,我们得到简单超额需求理论: $\dot{w}/w = \lambda x$。但是这一理论并不是封闭的,因为 u 和 v 不能向各自的单独方向变动。加入一个 v 对 u 变化影响的理论被认为是合理的。第三部分把基于利普西劳动力转换思路(上述引文中)的就业变动理论与上述工资变动模型进行了组合。研究结论对失业和工资率变化率之间的"货币"关系具有一定的意义。

---

[43] $(\dot{w}^e)$ 项指预期(当前)工资水平 w^e 随时间的变化率(即 w^e 关于时间的导数——译注)。它必然有别于当前对预期工资水平在未来的预期变化率。根据静态预期假设后者为零。

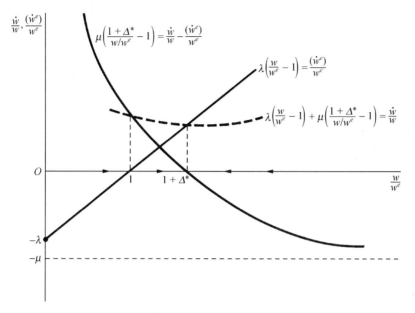

图 2　给定 Δ^* 时预期工资差额和工资变化率的波动

3　对瞬时扩展菲利普斯曲线的推导

就业总人数的绝对时间增长率 $\dot{N} \equiv dN/dt$，包括单位时间从失业池中雇用的人数 R，减去单位时间（由于死亡和退休）从劳动者中离开的就业人数 D，以及为寻找新工作而暂时处于失业的辞职人数 Q。这样计算忽略了非自愿失业和临时解雇，对它们我不做处理，同时我们假定进入劳动力的新人在第一次被雇用之前处于失业池中。当然，那些直接从一个企业转换到另一个企业的就业人员的进入和离开抵消而非增加了 $\dot{N}$。即

$$\dot{N} = R - D - Q. \tag{11}$$

我应当使等式(11)右端的加总变量只取决于失业（或就业）、空位和劳动力供给三个因素。

令 D 与就业成比例，δ 表示比例系数。为消除规模效应，我把新雇用和辞职看做在失业、空位和劳动力供给中具有相同性质的变量。由此可得：

$$\dot{N} = R(U,V,L) - \delta N - Q(U,V,L),$$
$$R(U,V,L) = LR(u,v,1), \quad Q(U,V,L) = LQ(u,v,1). \tag{12}$$

同样地，定义 $z \equiv \dot{N}/L$，

$$z = R(u,v,1) - \delta(1-u) - Q(u,v,1) = z(u,v), \quad u,v > 0. \quad (13)$$

其中

$$z_1 > 0, \quad z_2 > 0, \quad (13a)$$

并且,进一步推出

$$-z_2^{-2}\left\{\left[z_{11} + z_{12}\left(\frac{-z_1}{z_2}\right)\right]z_2 - \left[z_{21} + z_{22}\left(\frac{-z_1}{z_2}\right)\right]z_1\right\} > 0. \quad (13b)$$

因此,单位劳动力供给的绝对就业变化率是一个具有与决定 Δ^* 的两个变量相同的函数,它同样影响了工资变化率。

函数 z 的逻辑关系是怎样的?尤其地,在该函数中空位率的作用如何?我们一般认为,劳动力的投入水平由产出决定,而产出反过来又取决于总需求和生产力。产出(给定生产率时)和人工小时数之间很可能存在密切的关联;而 N 由就业人数衡量。在一个至少适度紧缺的劳动力市场上,总需求的增长将会增加空位。企业对空位增加的最初应对方法包括延长劳动者的劳动时间(包括加班),加强对"储备"或"缓冲"雇员("库存"劳动力)的使用,或者要求部分雇员更卖力地工作。但这些方法并没有消除工作空位。填补额外的空位需要寻找额外的雇员,而寻找新雇员来填补新工作又需要时间。[44] 企业将会基于两个理由选择花费时间:首先,因为边际雇用成本为正,企业选择等待合适就业人选的自动出现将会有利可图;其次,因为存在一个"不断上升的边际雇用成本"[45],企业选择在一段时间上平摊招聘成本同样可能有利可图。

现在转向函数 z 的性质。在讨论 u 和 v 对 z 的影响机制时,我将主要遵循以下思路,即企业通过增强非工资招聘努力和提供一个更多的工作"配给",缩短搜寻失业的持续时间,从而增加就业。

假定失业率不变,那么空位率越高,企业对失业工人的需求比例也就越大;即 $R_2 > 0$。一个更高的空位率将引发更频繁的招聘,从而增加任何接触企业的失业人员获得工作机会的可能性。这一进入的增加本身会带来更多的辞职,正如等式(6)前面一段已经表明的那样,因而 $Q_2 > 0$ 是可能的。但是奇怪的是,更高的空位率使就业增长回到了平衡状态;辞职的任何增长都将部分抵消额外招聘。因此,我假定对所有的 u 和 v,有 $R_2 > Q_2 \geq 0$,从而可得 $z_2 = R_2 - Q_2 > 0$。

显然 $R_1 > 0$,因为当空位率不变时,失业率越高,涌向企业填补工作空缺的

---

[44] 企业所需的部分新雇员几乎可以立即获得,从而 N 对总需求的回应并不完全像我假设的那样是渐进或持续的。

[45] 也就是说,如果企业把一周内的招聘目标定为 500 而非 10,即它在每单位时间内预期的招聘数量更大时,那么额外的招聘成本或搜寻成本必然会上升。这是一个短期成本曲线,其中我们将企业规模和它的人员规模设定为常数。大企业在招聘中并不存在这样的劣势。

失业工人就越多,招聘也就越容易。因为失业的增长减少了辞职,即 $Q_1 < 0$,所以,$z_1 = R_1 + \delta - Q_1 > 0$。

考虑图 1 中以 $z = \text{const}$ 标注的虚线组合。每条虚线描绘了在特定 z 值下组合 (u,v) 的轨迹。这些曲线在任意点的斜率 $-z_2/z_1 < 0$;随着失业率的下降,空位率必然上升以保持 z 值不变。图中曲线 z 的轮廓显示了明显的凸性,或者"不断递减的边际替代率"。这意味着随着失业率的减小,空位率将沿着任一曲线以增长的速度上升。这个凸性正是等式(13b)所隐含的内容。

假定 $z_{21} = R_{21} - Q_{21} > 0$ 是对这个凸性最好的理论解释。这一假定表明,失业率越大,空位率的上升对就业增长的影响就越大。它的首要基础是失业率越小,招聘将变得更加困难(事实上失业率为零时这一假定在总体上是无效的),从而 $R_{21} > 0$。认为在不那么紧缺的劳动力市场上,空位率的上升对辞职率的影响(如果存在的话)也将变小,从而 $Q_{21} \leq 0$ 的观点是不正确的。(因为 $z_{12} = z_{21}$,一个等价的看法是,空位率越大,失业率的增加对 z 的影响就越大。)其次,我们预期 $z_{11} = R_{11} - Q_{11} \leq 0$ 是基于下述两点之上的,即当空位率不变时,就业率的上升以递增的速度减少了新雇用,同时也以递增(或者至少非递减)的速度增加了辞职。⑯ 第三,也是争论最大的,认为 $z_{22} = R_{22} - Q_{22} \leq 0$。$R_{22} < 0$ 可以从一个上升的边际招聘成本中推导得出;在既定失业率下,新雇用率 R 会随空位率的上升不受限制地趋于上界。我的判断是 $Q_{22} \geq 0$,但是在任意情形下,等式(13b)表明此处的标记足以解释这个凸性。

在某种程度上,我们可以根据阿尔钦⑰和莫特森⑱提供的思路,对 u 和 v 控制 z 的影响机制进行一些补充。考虑错列工资调整模型。假定工人和企业对此后一年的平均通行工资具有相同的预期 $w^e(t)$。那么,在任意 $\Delta^* > 0$ 的稳定状态下,我们得到 $w(t) > w^e(t)$;当前时点的平均工资报价一般而言比数月前的水平要高;样本工资率也被认为是反常且暂时性高的。从而搜寻失业会更短,辞职率和失业率将更低。在持续工资调整下,$\Delta^* > 0$ 同样意味着 $w(t) > w^e(t)$,后者表示预期的当前工资。在这种情况下,工人对当前平均工资的低估降低了失业率,但是却以相同的方式发挥了作用。因此,在稳定状态下,我们可以得到:

$$Z(u,v) = R(u,v,1,u \cdot \lambda m(u,v)) - \delta(1-u) - Q(u,v,1,(1-u) \cdot \lambda m(u,v)). \tag{13'}$$

---

⑯ 如果每个雇员的辞职关于就业率是线性的,那么给定空位率时,单位劳动力供给的辞职量 $Q(u,v,1)$ 关于就业率将严格为凸。

⑰ "Information Costs, Pricing, and Resource Unemployment," 本书。

⑱ "A Theory of Wages and Employment Dynamics," 本书。

上式并没有和等式(13a)、(13b)产生抵触。尤其是,$R_4>0$ 和 $Q_4<0$ 使关键性的 z_2 为正。这里我先讨论等式(13),随后再研究一个更全面的动态模型的要点,后者在等式(10)和等式(13)对非稳定状态的讨论中都没有涉及。

联立等式(9)、(10)和(13),我们得到一个以明显观察到的变量 u 和 z 为形式的扩展的菲利普斯曲线。由于 z_2 具有单一特征,等式(13)清楚地将 v 定义为 u 和 z 的单值函数,不妨令

$$v = \psi(u,z), \tag{14}$$

因此有

$$\frac{\dot{w}}{w} = \lambda m[u,\psi(u,z)] = f(u,z), \tag{15}$$

等式(15)即为扩展的菲利普斯曲线方程。因为每一对 (u,z) 总对应于唯一的 v 值,所以 $\dot{w}/w$ 和 (u,z) 之间总存在一个可以推导出的类菲利普斯关系(a Phillips-like relation)。

确定了 v 怎样随着 u 和 z 变化之后,我们可以归纳出 f 的特性。

$$\begin{aligned}
\psi_1 &= \frac{-z_1[u,\psi(u,z)]}{z_2[u,\psi(u,z)]} < 0, \\
\psi_2 &= \frac{1}{z_2[u,\psi(u,z)]} > 0, \\
\psi_{11} &= -z_2^{-2}\left\{\left[z_{11}+z_{12}\left(\frac{-z_1}{z_2}\right)\right]z_2 - \left[z_{21}+z_{22}\left(\frac{-z_1}{z_2}\right)\right]z_1\right\} > 0, \\
\psi_{22} &= -z_2^{-3}z_{22} \geqq 0 \quad (?), \\
\psi_{21} &= -z_2^{-2}\left[z_{21}+z_{22}\left(\frac{-z_1}{z_2}\right)\right] < 0 \quad (?).
\end{aligned} \tag{16}$$

最后两个不等式以与等式(13b)有关的讨论为基础,而前三个不等式则根据等式(13a)和(13b)直接推导得出。

现在我们可以推导出下列有关扩展菲利普斯曲线的约束条件:

$$\begin{aligned}
f_1(u,z) &= \lambda(m_1+m_2\psi_1) < 0, \\
f_{11}(u,z) &= \lambda(m_{11}+m_{12}\psi_1+m_{22}\psi_1^2+m_{22}\psi_{11}) > 0, \\
f_2(u,z) &= \lambda m_2\psi_2 > 0, \\
f_{22}(u,z) &= \lambda(m_{22}\psi_2^2+m_2\psi_{22}) \geqq 0 \quad (?), \\
f_{21}(u,z) &= \lambda[(m_{21}+m_{22}\psi_1)\psi_2+m_2\psi_{21}] < 0 \quad (?).
\end{aligned} \tag{17}$$

上述第一个等式表明,每一个不变 z 值的菲利普斯曲线都是负向倾斜的:失业的减少直接增加了工资差额的压力。并且这一效应在面临失业的减少时,得到了 z

值恒定性推导出的空位的相应增加的强化。第二个等式表明,工资变化率和失业率之间的不变 z 值关系是严格凸性的,正如菲利普斯曲线通常的形状那样;根据等式(13b),它意味着 $\psi_{11} > 0$ 随失业率以相同的速度下降,而空位率必须以一个递增的速度上升,从而即使在简单超额需求的情况下[等式(9b)的第二项为零],使得工资增长率本身也以递增的速度上升。第三个结论 $f_2 > 0$ 表明,失业率不变时,就业增长越快,则空位率越大,从而对货币工资产生更大的向上推力。高就业增长和高工资收益的组合被称为菲利普斯—利普西"循环",它与菲利普斯曲线的超额需求理论或广义超额需求理论相一致。[49] 工资变化和 z 值之间的凸性关系并不确定,因为它涉及具有争议性的 ψ_{22}。最后,如果我对 z_{21} 恒为正值的推断正确的话,那么 u 和 z 之间存在负向关系,即 $f_{21} < 0$;这种交互作用表明,失业率越小,一个给定 z 值的增长意味着空位率将更快地上升。

变量 u 和 z 不能长期地各自独立变化,因为更高(低)的 z 值对应着下降(上升)的 u 值。所以,讨论"稳态"菲利普斯曲线是具有意义的,它将工资增长率与替代形式不变的失业率水平联系在一起。我们假定劳动力供给增加的比率为非负常数 γ,那么,对应于任意稳态失业率 $\bar{u}$,总有一个稳定的 $\bar{z}$ 和稳定的 $\bar{v}$ 满足以下关系

$$\bar{z} = z(\bar{u}, \bar{v}) = \frac{N}{L}\frac{\dot{N}}{N} = \frac{N}{L}\frac{\dot{L}}{L} = (1-\bar{u})\gamma, \quad \gamma \geqq 0. \quad (18)$$

如果常数 $\gamma > 0$,那么显然 $\bar{u}$ 更小,则 $\bar{z}$ 更大。这种关系反映在图1中为一条固定的向下倾斜的曲线,它(从下面)和与函数 z 相同形状的虚线相交,表示点 $(\bar{u}, \bar{v})$ 的稳态组合轨迹。这条轨迹负向倾斜,且比曲线 z 更为平坦,因为随着 $\bar{u}$ 下降,$\bar{v}$ 必定上升。这不仅保证 z 值恒定,也将其维持在等式(18)所要求的水平。它关于纵轴的斜率为:

$$\frac{d\bar{v}}{d\bar{u}} = \frac{-(z_1+\gamma)}{z_2} < 0. \quad (19)$$

至少对于足够小的常数 γ 而言,这条轨迹像曲线 z 一样呈现凸性:

$$\frac{d^2\bar{v}}{d\bar{u}^2} = -z_2^{-2}\left\{\left[z_{11}+z_{12}\left(\frac{-z_1-\gamma}{z_2}\right)\right]z_2\right.$$
$$\left.-\left[z_{21}+z_{22}\left(\frac{-z_1-\gamma}{z_2}\right)\right](z_1+\gamma)\right\} > 0 \quad (?). \quad (20)$$

因此并不奇怪,稳态菲利普斯曲线 $f[\bar{u},(1-\bar{u})\gamma]$ 负向倾斜,而且比 z 值不

---

[49] u 对 v 增加的滞后反应产生了逆时针循环。但第四部分对工资预期的分析又隐含着存在顺时针循环的可能性。

变的菲利普斯曲线更为陡峭,即:

$$\frac{\partial f[\bar{u},(1-\bar{u})\gamma]}{\partial \bar{u}} = f_1 - f_2\gamma < 0. \tag{21}$$

同时,我们发现:

$$\frac{\partial^2 f[\bar{u},(1-\bar{u})\gamma]}{\partial \bar{u}^2} = f_{11} - f_{12}\gamma - (f_{21} - f_{22}\gamma)\gamma > 0 \quad (?), \tag{22}$$

因此,存在某个不变的 z 曲线,以及稳态曲线必为凸性的假设(当然只有对足够小 γ 而言)。图3描绘了这些结论,即两条不变 z 的菲利普斯曲线和更陡峭的稳态菲利普斯曲线。

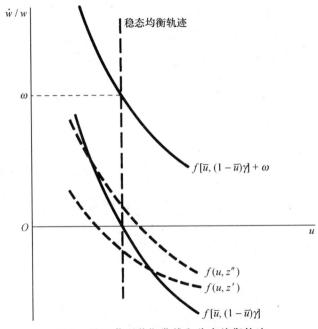

图3 扩展菲利普斯曲线和稳态均衡轨迹

注意到当劳动力增长率更大时,稳态菲利普斯曲线更高,即对 $\bar{u}<1$,有 $\partial f/\partial \gamma >0$。原因在于,劳动力供给的更快增长需要一个更大的 z 值,以维持任意给定的失业率稳定,从而使得一个更大的空位率出现。这正是该理论一个有趣的可检验的隐示。

是否存在对上述扩展菲利普斯曲线理论的直接检验呢?[50] 道(Dow)和迪克

---

[50] 所有被引用的经验证据在我从本文的第一个版本(未发表)中得出一个几乎相同的模型之后得到了印证,从而这些证据使得对模型的真实验证成为可能。

斯-米瑞克斯(Dicks-Mireaux)提供了英国空位的季度数据。[51] 他们的研究表明了一个关于 U 和 V 的散点图。其中,大约在1950年以后的时间里,U 点和 V 点聚集在一条类似于图1中 z 曲线的凸形且负向倾斜的曲线或稳态轨迹附近。这有力地支持了等式(13)和(18)的长期含义。但是我的研究却否定了失业率水平和空位率水平之间存在一个简单确定的短期关系。(否则,失业率足以作为广义超额需求理论的指标。)

这里的就业波动模型以其最为本质的形式表明,失业和空位水平共同决定就业变化率,从而对于给定的 γ,它也决定了失业率的变动率。微分方程形式为:

$$-\dot{u} = z(u,v) - (1-u)\gamma. \tag{23}$$

该等式表明,在通行的 u 上,v 超过稳态轨迹上对应的 $\bar{v}$,从而使得 $z > \bar{z} = (1-u)\gamma$,之后 u 将下降(v 小于对应的 $\bar{v}$ 时该结论同样成立)。如图1的箭头所示。

尽管只是季度数据,但英国的数据提供了一个明显的例子表明,当 v 处于高水平时,即使它在降低,u 值也将下降,它强调了 v 的大小而非它的变化率是 $\dot{u}$ 的决定因素。1955年下半年,空位率在经历一个陡然上升的过程后,趋于平缓且开始下降,但它所引发的失业率却处于不断下降的趋势。[52] 事实上,战后早期总体上呈现出与不断下降的空位率相一致,失业也不断下降的长期趋势。另一方面,周期上的转折点总是出现在相同的季度,因此人们或许不应当完全忽视空位变化率作为失业变化的一个决定因素。

在美国,我们必须利用《商业周期发展杂志》上的求职—招聘广告指数进行研究。[53] 对该指数的最近一次研究中,科恩(Cohen)和索洛(Solow)[54]使用它对失业率和新雇用率的数值进行了有效的回归。等式(23)表明,由于稳态轨迹以上的点都与下降的 u 相连,所以 v 是关于 u 和 $\dot{u}$ 的递减函数。因此,同样有趣的是,作为 $\dot{u}$ 替代物的新雇用率在回归方程中呈现正值,而失业率则为负值;此外,对残值的研究表明,在递减失业率的周期阶段,他们的回归低估了空位率。[55]

---

[51] J. C. Dow and L. A. Dicks-Mireaux, "The Excess Demand for Labor: A Study of Conditions in Great Britain, 1946—1956," *Oxford Economic Papers*, 10 (February 1958), pp. 1—33.

[52] 前引,第3页,图1b。

[53] U. S. Department of Commerce. *Business Cycle Developments* (monthly).

[54] M. S. Cohen and R. M. Solow, "The Behavior of Help-Wanted Advertising," *Review of Economics and Statistics*, 49 (February 1967), pp. 108—110.

[55] Cohen 和 Solow(前引,第109页)写道:"[来自这一回归的]残值在经济上升的过程中逐渐地被低估(求职—招聘指数),在经济衰退的过程中逐渐地被高估(求职—招聘指数),并且同一方向的运动过程中误差越来越严重。"除渐进性质之外,该观点额外地支持了这一理论。关于渐进性,两位作者表明"正式的广告被作为招聘的最后方法使用"。我认为这意味着,求职—招聘广告指数并非工作空位的完全令人满意的度量指标。

对澳大利亚总失业率和空位量月度数据的一项简略研究,似乎也在一定程度上支持了当前的模型。⑤ 以接近劳动力供给增长的几何上升级数将 U 和 V 分离后,我运用一个标准系统去除了最终失业率和空位率的季节性因素。最好的回归结果之一如下:

$$\log v_t = 9.76 - 0.95 \log u_t - 0.35 \log\left(\frac{u_{t+1}}{u_t}\right),$$
$$(44.10) \qquad (2.40)$$
$$\bar{R}^2 = 0.925, \quad DW = 0.15, \tag{24}$$

括号中的数字表示 t 统计量,v_t 和 u_t 分别表示经季节性因素调整后的百分比空位率和失业率各自在第 t 个月和第 $t+1$ 月的平均值(以 100 为倍数)。两个系数都符合了我们的预测,且具有高度的显著性。出现序列相关是出乎意料的,这部分归因于月度平均的处理方式。当只对偶数序列回归时,D-W 统计量上升到 0.35,$\log(u_{t+1}/u_t)$ 的 t 统计量上升到 3.17,但相关系数并没有发生大的变化。总之,研究为从计量经济学角度得出更令人满意的结果提供了希望。⑤

在结束对菲利普斯曲线的分析之前,我们给出一个更一般性的分析。(a) 它不需要(10)式中的广义超额需求方程,以排除稳定状态;(b) 允许 w/w^e 对 z 产生独立的影响。这个更一般性的分析过于复杂,以至于无法得出和不等式(17)一样简单的结论,但它确实更为全面!

第二部分将 w/w^e 看做逐渐回应于 Δ^*,从而也回应于 u 和 v 的"状态变量"。第三部分将 u 当作回应于 v 的状态变量。图 4 是有关这些状态变量的阶段图,其中 $\bar{v}$ 表示受政府财政和货币政策控制的参数。

考虑图 4 右边更平稳的实线,每一条都对应于一个不同的 $\bar{v}$ 值。每条曲线表明,对于每一个 u 值,满足 $w/w^e = 1 + \Delta^*$ 的值 w/w^e 是稳定的。这条曲线的纵坐标是 $1 + \Delta^* = 1 + m(u,v)$,因此在 $m_1 < 0$ 的条件下,它是负向倾斜的。任意一条更陡峭的曲线表明,对于每个 w/w^e 的值,u 的值是稳定的。如果如等式(11)所描述的,z 只取决于 v 而与 w/w^e 无关,那么后面那条垂线在中途相交于下降的 $\bar{v}$ 的轨迹。虚线描绘了这个情况。$\bar{v}$ 的增加使得相关虚线 $\dot{u} = 0$ 向左移动,$1 + \Delta^*$ 向上移动,从而当稳态 $\bar{u}$ 下降时,稳态 w/w^e 上升。箭头显示了 u 和 w/w^e 单调趋向于它们各自的稳态值。因此,一条稳态菲利普斯曲线出现了。

如前文所述,如果 z 取决于 v、u 和 w/w^e,那么

$$0 = -\dot{u} = z(u,v,w/w^e) - (1-u)\gamma, \tag{23'}$$

---

⑤ 感谢 Peter Burley 为我提供了这些数据,同时也感谢 Arthur Donner 和 Steven Salop 为我处理了这些数据。

⑤ 当使用 $\log(u_{t+1}/u_t)$ 作为被解释变量回归时,虽然 R_2 变小,但是 t 统计量仍然显著。

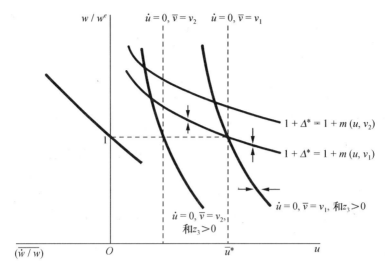

图 4　给定空位率时预期工资差额和失业率的波动

给定 v 且当 $\dot{u}=0$ 时,由上式得到点 $(\bar{u}, w/w^e)$ 的轨迹。每条这样的轨迹都有一个负的斜率 $-(z_1+\gamma)/z_3$。如果这些轨迹比常数轨迹 (w/w^e) 更陡峭,$\bar{v}$ 的上升将再次引起 u 和 w/w^e 分别朝着它们新的稳态值下降和上升。所以,在这种情况下,一条稳态菲利普斯再次出现。我们可以观察到,如果 v 对轨迹 $\dot{u}=0$ 没有影响,那么除非纯粹从阿尔钦—莫特森的观点出发,认为它最终对 w/w^e 产生影响,否则 $\bar{v}$ 的上升将推动 Δ^* 减小 u,w/w^e 增加,即使并没有相应地出现轨迹 $\dot{u}=0$ 向左移动的情况。

现在,让我们试着非正式且简单地在该模型中引入一些其他因素。"瓶颈"理论也有助于解释为什么工资上涨会和就业的迅速上升联系在一起。对于根据总需求水平调整的具有特殊结构的经济,不能利用它的新结构立即对一个更高的总需求做出调整;特定类型的劳动力将出现超额需求,那么这会抬高一般工资指数。汉森(Hansen)的模型强调,如果工资更倾向于下降而不是上升,那么其他类型劳动力的过度供给也不会使工资指数下降,即使这些供给总和超过了剩余需求的总和。然而,在通常的瓶颈理论中,工资结构的变化将消除瓶颈,从而一个较低的失业水平最终并不会持续地具有通货膨胀的倾向。如果主要的瓶颈再次发生的话,它将引起新的延滞,并将持续一段时间。因此,它似乎与布朗芬

㊽　B. Hansen, "Full Employment and Wage Stability," in J. T. Dunlpo, ed., *The Theory of Wage Determination* (St. Martin's Press, New York, 1957).

布伦纳(Bronfenbrenner)提出的"棘轮通货膨胀"相吻合。[59]

利普西(Lipsey)将其回归方程中 $\dot{u}$ 的影响归结为一种集合现象。[60] 经济中的每个部门在某种程度上都有一条自己的简单的严格凸性的菲利普斯曲线,简单宏观菲利普斯曲线将随着部门间失业率差距的拉大而向上移动。利普西指出,这种差距在经济好转时期比低迷时期更为严重,所以在同一 u 下一个负的 $\dot{u}$ 比一个正的 $\dot{u}$ 更具有通货膨胀的倾向。在任何情况下,空位和失业率结构的变化都是很重要的。

工会怎样呢?在一个初始点上,人们可能会假定工会最大化其成员的福利。如果是这样的话,工会的工资目标将由工会以外的实际收入机会来决定。它将研究并预测工会工作和成员在其他地方工作之间的工资差额,同时权衡成员在其他地方找到工作所需要的预期时间,以及相关领域和职业中的失业率和空位率。工会理想的平均工资差额,取决于我们普遍认为的 u 和 v 的水平。在充分小的失业率或充分大的空位率上,工会将像个人和企业一样,期望得到一个大到不可弥合的工资差额,从而使一般工资率的指数上升。[61]

4 预期和宏观均衡

第二部分和第三部分假定了每个企业预期,平均而言,其他企业在将来会支付它所知晓的(或认为的)与最近相同的工资水平。在这种情况下,企业会很自然地假定它的工资率的一个上升能吸引更多的雇员、减少辞职,因为它预期到工资的任何提高都将扩大工资差额。但在一般情况下,企业会预测其他地方的工资变化。这个推断怎样影响之前的结论呢?

考虑下面这个具有启发意义的论点。令每个企业确切地预期到在工资合约的有效期限内,其他地方所支付的平均工资将以一个固定比率发生变化。现在存在这样一个企业,其空位率(v_i)与劳动力市场条件(u 和 v)相关,当其他地方的工资不变时,它将愿意维持现在的工资率以保持它的预期工资差额处于现在的实际水平上;在企业的实际工资差额等于它的理想工资差额时,我们就说它处

---

[59] M. BronfenBrenner, "Some Neglected Implications of Secular Inflation," in K. K. Kurihara, ed., *Post-Keynesian Economics* (Rutgers University Press, New Brunswick, N. J., 1954).

[60] Lipsey, 前文,第21—23页。

[61] 这和凯恩斯对相对工资的强调有某些关联(前引,第14—15页):"每个贸易工会将对货币工资的削减施加某些抵制(因为这些削减'很少或从来不是'一件好事情)。但是……没有一个工会会梦想着为每一次生活成本的提高举行罢工。"也可参见 J. R. Hicks, "Economic Foundations of Wage Policy," *Economic Journal*, 65 (September 1955), pp. 389—404。然而,我认为合理的相对工资取决于劳动力市场的条件。

于一种均衡状态。但是,如果这个企业预期其他地方的平均工资将以每年2%的速度上涨,并且它预测企业因成本的增加而将以每年2%的速度提高其产品价格,那么该企业也会以每年2%的速度提高它的工资率;因为它估计可以在不失去客户的情况下,通过将价格提高2%以保持它的实际状况,即企业的实际销售量、产品工资和空位率,以及它在劳动力市场上的竞争力。关于非均衡情形,如果企业的空位率和劳动力市场条件满足没有考虑到其他地方工资变化的条件,那么它将试图提高工资,比如说提高1%。但是在上述预期下,它将在来年提高3%。考虑到企业的平均水平,我们得到以下命题,即必须在静态工资预期下工资变化率的基础上,添加一个预期的工资变化率$(\dot{w}/w)^e$,来决定每年的实际工资变化率:

$$\frac{\dot{w}}{w} = \lambda \Delta^* + \left(\frac{\dot{w}}{w}\right)^e = f(u,z) + \left(\frac{\dot{w}}{w}\right)^e. \tag{25}$$

上述结论是显而易见的。在提到哈耶克(Hayek)、林达尔(Lindahl)、哈罗德(Harrod)和其他学者的"均衡"(以各种术语来表示)概念时,我们一般是指相关变量按照人们所认定的方式发生变化的一条路径。所以,要达成所谓的宏观均衡状态,劳动力市场必须满足预期平均工资率的变化率和实际平均工资率的变化率相等的条件,即

$$\frac{\dot{w}}{w} = \left(\frac{\dot{w}}{w}\right)^e. \tag{26}$$

因此,宏观均衡满足:

$$f(u,z) = \Delta^* = m(u,v) = 0, \tag{27}$$

等式(27)表明,由$m(u,v)$衡量的劳动力的广义超额需求为零。任何其他条件都是多余的! 注意这个均衡允许平均货币工资的上升或下降。认为不断上升的工资或其他变量就意味着存在超额需求的话将会是极其严重的错误。

等式(25)的基本结论需要进一步的解释和辩护。首先,存在确定变量变化时间的问题。再次考虑这一模型,工资谈判每年进行一次,在全年中(在各企业间)均匀分布。现在考虑某个企业在年初时进行了谈判。假定它预期未来的平均工资率将以每年2%的速度稳步上升,并且年初时工资指数为100,同时整年当中都保持在100的水平。那么,该企业会预期年中时的指数近似于101。通过将工资提高1%,企业认为,一般而言,它能够就新合约保持与过去在旧合约上与其他企业相比的平均竞争力。从2%的预期指数上升中,我们似乎只能得到1%的工资上涨。对这个谜题的解答在第二部分已经有所暗示,包括将$(\dot{w}/w)^e$定义为从企业进行工资谈判前的6个月到工资谈判之后的6个月的预期的指数变动率,因此,它取决于企业的工资决策时间。在我们所举的例子中,

所定义的"预期工资变动率"实际上只有1%。如果在来年中预期工资变动率(2%)保持不变,且今年的预期得到证实——从而对来年指数的预期将从近似于101(上年中期)提高到103(次年中期)——企业为了保留以前的竞争力,将不得不把工资提高2%。这个结论具有一定的计量经济学意义;上述例子表明,预期未来工资变动率的一个完美替代将作为单一系数进入类似(25)的回归方程;且能够作为单一系数进入回归方程的只是这里所定义的预期工资变动率。㉒

这里还存在一个问题,即为什么预期工资变化率要在排除预期价格变化之后被引进等式(25)。我应当简短地表明,价格上涨的预期仅仅通过它对预期空位率和预期失业率的效应影响货币工资。给定预期空位率和预期失业率,当企业预期其他企业将保持已有的货币工资率时,预期通货膨胀率的上升几乎或从不对工资上涨产生影响;尤其是,如果人们没有预期到其他企业的工资会随生活成本上涨,那么因预期到生活成本的一个上升而为搜寻另一份工作的雇员选择辞职的威胁将会是零。凯恩斯关于工会只对相对工资感兴趣的观点正确与否暂且不论,但是生活成本条款在这个国家并未广泛流行,并且在工会的目标中显然也不可能被排得很高。

然而,如果上述结论确实令人满意的话,那么它在预期价格趋势较平坦且生产者能够在不失去客户的情况下,以更高的价格水平转嫁工资上涨时应当同样成立。等式(25)可能过于简单;更全面的分析需要一个企业最优价格的动态理论。然而,我仍然认为以上结论给予下列思路能够作为可接受的近似。我们继续抽象出生产率增长,考虑一个处于以水平价格预期作出工资决策时期的企业。企业的空位率 v_i,等同于它对其他地方合同中期(即之后6个月)的平均货币工资的预期。设想如果预期的工资变化率为零,那么企业会发现它的以这种方式计算的 v_i 并不会促进其工资水平的提高。这意味着,它的理想工资差额 $\Delta_i^* = k^i(u,v,v^i)$ 等于它过去合同中期的工资差额 Δ_i。第二种情况是,其他条件不变,假设企业预期工资上涨1%(像之前定义的一样,从一个合同中期到下一个合同中期)。因为它的价格预期是平坦的,所以它预期不可能在不失去客户的情况下将价格额外提高1%,它并不会如此大幅度地提高工资。因此,当企业以更高的预期产品工资来评估空位率时,它将发现预期空位率在第二种情形下更小,从而 $\Delta_i^* = k^i(u^e, v^e, v_i^e)$ 小于它先前的平均工资差额 Δ_i。这意味着当企业提高工资

㉒ 左边的变量同样是以年度比率表示的实际工资变化率指数。如果工资谈判均匀地分布在一年之中,那么通过把工资率提高1%,在1月份设定工资的企业将以12月份1%水平的1/12使这一指数提高,从而年度比率为1%。如果年度工资谈判并不是均匀分布的(而是具有某种季节性),那么企业将采用实际的一年(例如,从1月份到1月份)指数变化率,此时"预期工资变化率"是一年间隔中集中在(各自月份的)12个月度数据的平均数。

率时,它提高的幅度将小于1%以缩小预期差额。从某种程度而言,第二种情况在企业中更为普遍,我们得到一个更小的 $m(u,v)$ 值。企业减少招聘人数从而使 z 和 $f(u,z)$ 变小。当其他条件相同时,考虑到企业一定程度上不会将预期工资成本转嫁给客户,所以等式(25)中 $(\dot{w}/w)^e$ 的上升将因 z 和 $f(u,z)$ 的下降得到部分抵消,从而使得 $\dot{w}/w$ 不可能以相同的水平上升。

当然,其他的条件并不必定相同。类似于前面的例子,如果企业期望它能够在不影响销售的情况下,以与工资率成比例的水平提高工资——比方说因为假定其他企业也以相同的比例提高价格,并且每个客户的需求不会减少——那么预期产品价格、除去企业计划价格水平的预期工资,以及企业的空位率都不会发生改变;因此,在这种情况下,企业将会匹配它的预期工资变化率,在原有水平上加上或减去一个它在静态预期下将选择的工资变化率。另一个有趣的例子是,将企业对劳动力边际生产率和平均生产率增长的预期,和与工资变化率预期相等的产品需求增长的预期(在现在的价格水平上)联系在一起。如果用空位率保持在先前合同中期水平所要求的工资水平来估价企业的这种情况变化,那么它将使先前合同中期水平的预期空位率保持不变。从而企业将根据预期工资变化率的变化幅度来提高工资水平,如果企业想维持之前的工资差额的话;当之前的工资差额太低(高)时,它会进行一些调整。

在任何情况下,企业都被认为愿意以它为保持过去平均竞争力水平所必需的期望幅度来提高工资,并且做出一个最优工资调整,然后以隐含的产品工资和对产品的预期需求来评估它的预期空位率;如果按照假定空位率计算的理想工资差额与过去的平均工资差额相等,那么企业仍将拥有"竞争性的"工资增长。用数学形式来表述,我们可以将企业当前重新调整工资率引起的工资率的变化写成以下的形式:

$$w_t(t) - w_{t-1}(t) = (1 + \Delta_t^*) w_t^e - w_{t-1}(t)$$
$$= (1 + \Delta_t^*)(1 + \pi) w\left(t - \frac{1}{2}\right) - w_{t-1}(t), \quad (28)$$

其中,π 表示预期工资变化的百分比率。用 Δ_t 表示 $w_{t-1}(t)/w\left(t - \frac{1}{2}\right)$,可以得到:

$$\frac{w_t(t) - w_{t-1}(t)}{w_{t-1}(t)} = (1 + \pi)\left(\frac{1 + \Delta_t^*}{1 + \Delta_t} - 1\right). \quad (29)$$

$\pi + \Delta^* - \Delta$ 将从很小的数量上趋近上式。在均衡状态下,等式左边必定等于 π,从而得到 $\Delta_t^* = \Delta_t$。因为如果将所有企业看做一个整体的话,Δ_t 必须近似为零,所以它在均衡状态下满足 $\Delta^* = 0$ 的条件。

如果我们回到持续工资调整模型,以及对现期工资水平的适应性预期上,如等式(10′)所表述的那样,那么将会得到一个更彻底的结论。对于第 i 个企业,我们重写前面的方程(10′a)

$$\dot{\Delta}_i^e = \mu(\Delta_i^* - \Delta_i^e), \tag{10′a}$$

其中,

$$\Delta_i^e = \frac{w_i - w^e}{w^e}, \quad \Delta_i^* = \frac{w_i^* - w^e}{w^e},$$

以下面的推论来代替(10′b),即

$$\dot{w}^e = \lambda(w - w^e) + \pi w^e, \tag{10′b′}$$

π 表示预期其他地方的工资变化率,即当缺乏关于其他地方实际工资水平和当前估计的平均工资水平之间差异的信息时,预期的当前工资变化率。那么,

$$\frac{\dot{w}_i}{w_i} = \mu \frac{\Delta_i^* - \Delta_i^e}{1 + \Delta_i^e} + \frac{\dot{w}^e}{w^e},$$

等式右边的第二项包括"追加的"工资上涨和 π。将所有企业看做一个整体,可以得出,

$$\frac{\dot{w}}{w} = \mu \frac{\Delta^* - \Delta^e}{1 + \Delta^e} + \lambda \Delta^e + \pi.$$

此时,对图 2 的分析应用起来发生了一些微小的变化。在稳定状态下,我们得出 $\Delta^e = \Delta^*$,从而,

$$\frac{\dot{w}}{w} = \lambda \Delta^* + \pi,$$

即为等式(25)。

在这个连续时间模型中,"均衡"被定义为"事后 $\dot{w}^e = \pi w^e$",意味着当前 w 的估计值(或预期值)的时间变化等于对估计值的预期。从而,根据(10′b′),在 $\Delta^e = 0$ 且 $w = w^e$ 时,$w = w^e$ 已经隐含在其中。因此 $\Delta^* = 0$ 符合任何均衡路径。相反地,如果均衡被定义为事后 $\dot{w}/w = \pi$,从而对当前工资水平的预期可能是不正确的,那么均衡仅仅意味着在稳定状态下 $\Delta^* = 0$。我倾向于前面的定义,虽然对稳态分析而言并不需要做出选择。

这个模型,尤其是等式(25)和(23),表明存在一个失业率的唯一稳态均衡值 $\bar{u}^*$,它由以下方程给出:

$$f(\bar{u}^*, (1 - \bar{u}^*)\gamma) = 0. \tag{30}$$

这是因为在 $f(0, \gamma) > 0$ 和 $f(1, 0) < 0$ 时,稳定的 $f(\bar{u}, (1 - \bar{u})\gamma)$ 是随 $\bar{u}$ 严格递减的。对于任意 $\bar{u}$,必定存在持续的不会消失的非均衡。给定关系式 $m(\bar{u}^*, \bar{v}^*) = 0$,必定存在对应于 $\bar{u}^*$ 的某个稳态均衡空位率 $\bar{v}^*$。

等式(30)的要点在于 $\bar{u}^*$ 独立于 π。在稳态均衡下,工资增长率即为预期工

资增长率 π。从而在均衡时,一个大的 $\dot{w}/w$ 意味着一个大的 π,而不是一个小的 $\bar{u}$。这表明,一个处于稳态的经济,如果它经历且预期了 10% 的货币工资增长,那么它不会具有一个有别于它在稳态时经历且预期的更小的货币增长率的失业率。图 3 给出了解释:预期工资变化率从 0 到 w 的移动,使得稳态菲利普斯曲线以相同的幅度发生一致向上的位移。从而,稳态均衡点的轨迹(虚线)是一条垂直的直线,上面每一点都有相同的横坐标 $\bar{u}^*$。

在质疑 $\bar{u}^*$ 是否必定独立于货币变量之前,我们考虑它的"真实"决定因素。

在稳定状态下,如果更高的货币工资增长与更高的生产率增长相匹配,那么会出现什么情况呢?有时人们认为一个经济能够保持稳态均衡——从而保持一个静态价格趋势(以及其他趋势)的稳定状态——它的生产率增长越快,稳态失业率将越小。显然这是在不引入预期变量的情况下对菲利普斯曲线的一般分析;如果在我的模型中以预期价格变化率代替预期工资变化率,那么这也是合理的算法。但是,如果假定稳态工资增长将最终产生对增长本身的预期,那么我们的理论将会否定这个等式。与较快和较慢的生产率增长之间的价格稳定性相一致的工资增长率之间的差异,并不能预测稳态失业率之间存在一个令人满意的差别,因为 $\dot{w}/w$ 的差异将与 $\dot{w}^e/w$ 的相同的差异相匹配。事实上,问题中的命题在一个更一般的模型下将会被颠倒:如果迅速的生产率增长和由此带来的大规模企业厂房的不均衡折旧,使得对劳动力流动性和灵活技能存在更大的需求,那么稳态均衡失业率在生产率增长更快时可能会更高(但是给定生产率增长时,$\bar{u}^*$ 仍将独立于预期名义工资趋势)。

劳动力增长率的提高将会增加 z 值,从而使空位率必须维持在任何给定的失业率上。因此均衡 $\bar{u}^*$ 必须提高,以便和较高的 $\bar{v}^*$ 值相适应。从等式(30)中我们计算得到:

$$\frac{d\bar{u}^*}{d\gamma} = \frac{-(1-\bar{u}^*)f_2}{f_1 - f_2\gamma} > 0. \tag{31}$$

所以,由任何原因导致的迅速的经济增长似乎都提高了稳态均衡失业率。

关于 $u(t)$ 和 $\dot{w}(t)/w(t)$ 在政策制定方面的意义,这个理论又有什么含义呢?在我们提出一个 π 的理论之前这点尚不清楚。考虑两个例子。首先,假定宏观政策通过 v 使变量 $\dot{w}/w$ 恒定,那么很自然地假定 π 最终会趋向 $\dot{w}/w$。因此,$u(t)$ 最终也会独立于选定的 $\dot{w}/w$ 而趋向 $\bar{u}^*$。$\dot{w}/w$ 在现有水平上的提高会"购买"一个暂时而非永久性的 u 的减少。在第二个例子中,假定宏观政策通过 v 使 $u = \bar{u} < \bar{u}^*$。那么 $f[\bar{u}, (1-\bar{u})\gamma] > 0$,从而对所有的 t 有 $\dot{w}/w > \pi$,所以很自然地假定 π 最终将会趋近 $\dot{w}/w$。但是给定 $u = \bar{u}$ 时,π 值每一点的增加将会使 $\dot{w}/w$ 同时增大一个点。因此,π 和 $\dot{w}/w$ 将会不受限制地增加,最终导致通货膨胀。第二个例子表明,通过上述方式,那个具有诱惑性的萨伊定律并没有起作用。只要货币体系发挥作用,财政和货币当局就会从稳态失业率中分离出来。当非均衡持续时,我们也不知道恶性通货膨胀(紧缩)会以怎样的速度形成。

假定我们确信在失业率维持在4%的国家里,稳定且非加速的通货膨胀率在某个适度的比率下是有可能存在的。那么在当前的模型中,这意味着 $\bar{u}^*$ 等于4%。[63] 如果总需求一直维持失业率在3.5%的水平上,正如上述模型所预测的,那么工资和价格是否会以加速的比率螺旋式上升呢?到了必须检验 $\bar{u}^*$ 独立于参数 π 的时候了。在函数 m 和 z 中隐含着大量的信息。[63]

人们可能会认为,失业率维持在4%的高水平与一个适度且稳定的通货膨胀是一致的。因为那些喜欢大量降低它们工资差额的企业偏好于接受低于最优的利润,或者甚至解雇一些雇员而非实施一个货币工资削减。这是因为一些雇员会选择辞职,而非接受货币工资削减的"羞辱"。这意味着即使当"真实的"平均理想工资差额 Δ^* 为负时,平均货币工资也会以预期工资变化率得到提高。但是货币工资削减对于一个想要降低工资差额的企业来说,只有在偶然的情况下才是恰当的。因此在这点上,3.5%的失业率也许同样与均衡相一致,只要企业的预期工资变化率足够高,使得企业可以在无须削减货币工资的情况下,将预期相对工资降低一个所希望的幅度。

模型中货币幻觉的变异允许一个3.5%失业率存在的可能性,它作为可持续均衡水平(如4%),虽然只存在于一个更高的工资增长率上。稳态均衡轨迹将至少会在一定区间内负向倾斜。这是因为图3中的每一条稳态曲线在 π 值增加每一点时将会向上移动一个点。然而,这种变化并不能否认存在某个失业率,为了维持该失业率,在低于这个水平时,需要一个非均衡的加速螺旋上涨的工资和价格。模型的这一修正似乎强化了早期的假设,即如果更快的劳动力增加遏制了真实工资水平增加的话,失业—通胀的权衡也会随之恶化。它将颠覆早期的假说,即如果生产力的增长倾向于提高实际工资水平的话,提高价格稳定性所必要的稳态失业率(或任何稳态均衡)也会随之提高。

但是,"非理性"不仅仅指对任何一个变量 $\bar{u}^*$ 到 π 的精确确定。标准的教条是承认一个"预期通货膨胀"确实具有真实效应,尤其通过它们对财政和货币政策效率的影响。如果通过一个补偿性的数额,实际利率水平并未下降,那么预期通货膨胀将会破坏货币作为交换媒介的作用:在预期通货膨胀下的名义利率将会上升,"流动性"会因此而减少。这可能会影响 $\bar{u}^*$,虽然很难说以哪种方式

---

[63] 注意到保持平均货币工资与当前美国经济生产力相一致所要求的失业率,将会超过当前美国的 $\bar{u}^*$,因为货币工资预期的变化率毫无疑问地超过了生产力的增长率。

影响。另一个影响是对作为计量单位的货币的破坏力上。当一般工资上涨时,我们很难对工资进行跨期比较,即使这种上涨只在一个给定的比率上发生。对于较小的 π 值,工人在决定接受一份工作时可能会忽略 π。从而达到某点时,与均衡稳定状态相比,π 值的增加会缩短搜寻失业的持续时间;劳动力的供给可以利用 $\pi=0$ 作为一个方便的近似值,因为相对于一段时期劳动力的供给量而言,他们很明智地知道工资率会趋于上升。如果 π 值增加一个点会导致稳态菲利普斯曲线减少一个少于 1 的点,那么均衡轨迹将负向倾斜。从产出方面我们可以发现一个互补性的趋势:如果实际利率与 π 值无关,那么名义利率会更高。如果预期通货膨胀像预期货币增长一样,出于计算简便的目的而被工人忽略,那么它的作用将使得 π 值越高,实际利率越高。这种趋势导致空位值 $\bar{u}^*$ 的减少。不管这种货币衡量的标准是所谓的破坏还是帕累托改进,从许多可能是外部性的角度而言,它显然超出了本文的研究范围。

同样地,必须指出预期通货膨胀通过任意减少合理的私人消费需求所必需的平均税收而提高了财政政策的效率,因为通货膨胀预期降低了政府负债的实际值。如果实际利率是常数,那么税后实际工资率和实际利率都会更高,因此 $\bar{u}^*$ 可能也会发生变化。

$\bar{u}^*$ 对通货膨胀率的偏离可能并不准确,对此我们已经说了很多。但是,一个更为一般的理论对它们之间关系的性质的研究似乎仍是含糊不清的。

5 结 论

平均货币工资率的变化率的一般超额需求理论,已经为摩擦性劳动力市场发展起来了,这个劳动力市场要在不完全信息下,配置各种各样异质性的工作和工人。本文包含两个解释性变量:空位率和失业率。我们联合使用失业率和就业变化率(单位劳动力供给)来代替空位率。因此,一般超额需求可以看做是失业率和就业变化率的导出函数。这种关系即为扩展的菲利普斯曲线,它的某些特性已经得到了推导。联系稳态失业率和工资率增长的稳态菲利普斯曲线也被推导得出。

然后,本文将预期工资变化率引入菲利普斯函数(以超额需求的形式),以获得不存在货币幻觉的世界中非静态预期下的工资增加率。均衡意味着实际工资变化率和预期工资变化率之间的均等性。稳态均衡轨迹对应于唯一稳态均衡失业率下的一条垂线。这与通常的预期通货膨胀理论相一致。但是,如果存在向下倾斜的货币工资刚性,或者货币和财政政策效率的谨慎权衡,那么将不存在均衡稳态失业率对均衡通货膨胀率的精确偏离。

附录1 错列工资设定下对工资变化的数学推导

令 $w(t)$ 表示时间 t 时支付的平均工资。$w_s(t)$ 表示最近的工资设定时间是 s 时的企业的(一般)工资水平。工资的再设定"每年"发生在每个企业中,因此我们只需要考虑 $t-1 \leqslant s \leqslant t$。如果工人在企业之间均匀分布,并且企业的工资设定时间也是均匀地分布在这一年之中,那么有

$$w(t) = \int_{t-1}^{t} w_s(t) \mathrm{d}s, \tag{A1}$$

对于不变的 s,有 $\partial W_s(t)/\partial t = 0$。

本文的模型假定

$$w_t(t) = h w_t^e, \quad h > 0, \tag{A2}$$

$$w_t^e = w\left(t - \frac{1}{2}\right), \tag{A3}$$

其中,h 表示 $(1+\Delta^*)$,它在这里被认为在时间上是常量;因此我们可得:

$$w(t) = h \int_{t-\frac{3}{2}}^{t-\frac{1}{2}} w(s) \mathrm{d}s \tag{A4}$$

或者

$$w(t) = h \int_{\frac{1}{2}}^{\frac{3}{2}} w(t-\theta) \mathrm{d}\theta. \tag{A4'}$$

若 $h=1$,显然只存在一个稳态增长率 0。若 $h \neq 1$,那么从

$$w'(t) = h\left[w\left(t-\frac{1}{2}\right) - w\left(t-\frac{3}{2}\right)\right] \tag{A5}$$

中我们发现一个稳态增长率 g。用 e^{zt} 代替 $w(t)$,每个稳态增长率必须满足 $z \equiv w'/w$。因此得出一个差分方程,它的特征方程是

$$z = h(\mathrm{e}^{-\frac{1}{2}z} - \mathrm{e}^{-\frac{3}{2}z}) \tag{A6}$$

根据上式,容易表明,除了 $z=0$ 之外,只存在一个稳态增长率 g,且 $\mathrm{sgn}\, g = \mathrm{sgn}(h-1)$,$g < \infty$,$h < \infty$。等式(A5)中有许多近似值,可以很好地描述 g 与 h 之间的关系。其中之一是

$$g w(t) = h[g w(t-1)], \tag{A7}$$

其中

$$\mathrm{e}^g = h, \quad \text{或者当 } g \text{ 很小时,有 } g \doteq h-1. \tag{A8}$$

问题在于我们所给出的等式是否呈现出相对的稳定性。此时,当 t 趋向无穷大时,$w(t)/\mathrm{e}^{gt}$ 为常量;也就是说,一个受限制的增长率是否存在且等于 g?

(注意到即使 $w(t)$ 被如此地标准化了,我们仍不能找到一个独立于过去 w 值的"均衡水平"。)

根据萨缪尔森的思路,方法之一是构建一个新的变量

$$u(t) = w(t)\mathrm{e}^{-gt}, \tag{A9}$$

利用上式,我们希望可以给出一个不变的渐近趋势。接着使用等式(A4′)

$$u(t) = \int_{\frac{1}{2}}^{\frac{3}{2}} h\mathrm{e}^{-g\theta} u(t-\theta)\mathrm{d}\theta = \int_0^\infty f(\theta) h\mathrm{e}^{-g\theta} u(t-\theta)\mathrm{d}\theta, \tag{A10}$$

代入等式(A6),得

$$\int_0^\infty f(\theta) h\mathrm{e}^{-g\theta}\mathrm{d}\theta = \int_{\frac{1}{2}}^{\frac{3}{2}} h\mathrm{e}^{-g\theta}\mathrm{d}\theta = \frac{h}{g}(\mathrm{e}^{-\frac{1}{2}g} - \mathrm{e}^{-\frac{3}{2}g}) = 1, \tag{A11}$$

因此,等式(A10)表明在任意 t 时,u 是它过去值的一个加权平均。从而,很显然,当 t 趋向于无穷大时,$u(t)$ 趋近于一个常数。常数的值只取决于初始的区间选择,$-\frac{3}{2} \leq t \leq 0$。对于这种稳定性,我们可以解释为:$u$ 的极值被平均化后,使它过去的任何增长不能得到保持。

当工资增长倾向于由当前的水平推断时,给定一个有限的 g,对任意 $h>0$,将不存在稳态关系。此时,我们有

$$w_t^e = w\left(t - \frac{1}{2}\right)\mathrm{e}^\pi, \quad \pi = g, \tag{A12}$$

所以,一个稳定的状态需要满足:

$$gw(t) = h\mathrm{e}^g\left[w\left(t-\frac{1}{2}\right) - w\left(t-\frac{3}{2}\right)\right],$$

$$g = h(\mathrm{e}^{\frac{1}{2}g} - \mathrm{e}^{-\frac{1}{2}g}) \doteq hg, \tag{A13}$$

只有当 $h=1$ 时,上式才成立,其中 g 是待定参数。

附录2 一段时间内的非工资性招聘

这里的分析只局限在某个具有固定工资的企业,它致力于用某种方式投资于自己的资本存量 k_t^i,使之以 $g \geq 0$ 的速率呈指数型增长。在任何时间 t,它的现金流写成实际形式为:

$$\frac{p_0^i}{p_0} F(N_t^i, K_0^i \mathrm{e}^{gt}; \mu) - \frac{w_0}{p_0} N_t^i - C(R_t^i, K_0^i \mathrm{e}^{gt}; u) - hbK_0^i \mathrm{e}^{gt}, \tag{A1}$$

其中,企业的货币产品价格为 p_t^i,货币工资率为 w_t^i,它们相对于消费者价格指数 p_t 和其他工资率而言是个不变的常数。$F(\cdot)$ 表示企业的产出(已生产的和售

出的),它与边际生产率递减的企业在资本和劳动力上属于同一类别。从而,$p_0^i F(\cdot)/p_0$ 是企业的实际价值。第二项表示企业的实际工资账单。$C(\cdot)$ 是企业的实际招聘成本,它也与在招聘上用 $R、K$,且 $C_R > 0, C_{RR} > 0$ 表示的(边际递增的招聘成本)企业属于同一类别。常数 $h > 0$ 表示人均资本的"志愿者"数量,它的单位招聘过程成本 $b \geq 0$。通过类推,我们得到以下等式(A1)(舍去不必要的下标):

$$e^{gt} K_0 \left\{ \frac{p_0^i}{p_0} F(n_t, 1; \mu) - \frac{w_0}{p_0} n_t - C(r_t, 1; u) - hb \right\}, \quad (A1')$$

其中,

$$r_t = \frac{R_t}{K_0 e^{gt}}, \quad n_t = \frac{N_t}{K_0 e^{gt}}.$$

令 $R_t、H_t、D_t、Q_t$ 分别表示企业的招聘者、志愿者、死亡人员和解雇人员。可得

$$\begin{aligned}\dot{N}_t &= R_t + H_t - D_t - Q_t \\ &= R_t + h K_0 e^{gt} - \delta N_t - q(u) N_t, \end{aligned} \quad (A2)$$

其中,解雇比率 $q(u)$ 是失业率 u 的一个递减函数。从等式(A2)和 n_t 的求导中我们得到

$$r_t = \dot{n}_t + \lambda(u) n_t - h, \quad \lambda(u) \equiv g + \delta + q(u) > 0. \quad (A2')$$

现在,假定企业关于 $r(t) \geq 0$ 对满足等式(A2′)的等式(A1′)中的现金流,近似地求最大化总量贴现值。$e^{-\rho t}$ 表示贴现因子,ρ 表示期望实际利率。我将只在 $\rho = g$ 的界限内讨论"超负荷原则",此时,企业最大化超过以指数形式增长的所谓的"天价水平"(bliss level)的现金流的整数部分。这个超出部分为

$$\int_0^\infty K_0 \left\{ \frac{p_0^i}{p_0} F(n, 1; \mu) - \frac{w_0}{p_0} n - C(r, 1; u) - hb \right.$$

$$\left. - \frac{p_0^i}{p_0} F(n^*, 1; \mu) + \frac{w}{p} n^* + C(\lambda n^* - h, 1; u) + hb \right\} dt, \quad (A3)$$

其中,常数项(天价水平)n^* 定义为

$$\frac{p_0^i}{p_0} F_n(n^*, 1; \mu) = \frac{w_0}{p_0} + \lambda C_R(\lambda n^* - h, 1; u) \quad (A4)$$

且假定 $\lambda n^* - h > 0$。

根据 $\dot{n}(t) \lesseqgtr n^*$,得到最优路径 $\dot{n}(t)$,满足 $\dot{n} \lesseqgtr 0$,同时满足

$$\dot{n} C_R(\dot{n} + \lambda n - h, 1; u)$$

$$= \frac{p_0^i}{p_0} F(n^*, 1; \mu) - \frac{w_0}{p_0} n^* - C(\lambda n^* - h, 1; u)$$
$$- \left[\frac{p_0^i}{p_0} F(n, 1; \mu) - \frac{w_0}{p_0} n - C(\dot{n} + \lambda n - h, 1; u) \right]. \quad (A5)$$

此时，n^* 不同于最小的"非空缺"水平，比方说 n^{**}，它的生产率的边际（实际）值等于实际工资加上利率和单位招聘过程的费用 b 的"贴现"：

$$\frac{p_0^i}{p_0} F_n(n^{**}, 1; \mu) = \frac{w_0}{p} + (\rho + \delta + q) b. \quad (A6)$$

因为对所有 $r \geq 0$ 和 $n^{**} > n^*$，有 $\rho = g$ 且 $b < C_R(r, 1; u)$。因此在所谓的天价水平路径下存在正的空位。在某些处于 n^* 与 n^{**} 之间的 $\bar{n}$，最优的 $r = 0$，且对所有的 $n \geq \bar{n}$ 成立。如果只有 $n^* < n^{**}$，那么自愿失业者将被接受。根据 $n < \bar{n}$，这种假设是成立的。

给定初始值 n，技术变化参数 μ 的上升会增加 n^{**}，并且当且仅当 $F_{n\mu}(n^{**}, 1; \mu) > 0$ 时，它会增加空位。假定对于任意 n，技术进步并非"显著的劳动力节约型"，即对所有 n，有 $F_{n\mu}(n, 1; \mu) > 0$。则由等式（A5）可得

$$\frac{d\dot{n}}{d\mu} = \frac{\frac{p_0^i}{p_0} [F_\mu(n^*, 1; \mu) - F_\mu(n, 1; \mu)]}{\dot{n} C_{RR}(\dot{n} + \lambda n - h, 1; u)}, \quad (A7)$$

因为 $F_{n\mu} > 0$ 且 $(n^* - n)$ 和 $\dot{n}$ 有相同的符号，所以上式为正。根据等式（A2'），$dr/d\mu = d\dot{n}/d\mu$，因此当劳动力需求增加时，招聘数量也会随空位增加。

用 n 表示空位的减少，其他条件保持不变。从等式（A5）和（A2'）中，我们发现

$$\frac{dr}{dn} = \frac{-\frac{p_0^i}{p_0} \left[F_n(n, 1; \mu) - \frac{w_0}{p_0} - \lambda C_R(r, 1; u) \right]}{\dot{n} C_{RR}(r, 1; u)}. \quad (A8)$$

括号中的表达式必须带有符号 $\dot{n}$，从而 $dr/dn < 0$ 对所有的 $n < \bar{n}$ 成立。所以，r 随 n 单调递减，且随空位单调递增。如果对任意 n，括号中的表达式为负，那么当 n 取值较大时，有 $dr/dn > 0$；并且无论结论是在 $n = n^*$ 时 $r = r^* \equiv \lambda n^* - h$，还是在 $n = \bar{n}$ 时 $r = 0$ 都是矛盾的。

现在我们考虑失业率 u 增加的问题。假定在 $C_{Ru}(r, 1; u) < 0$ 时，就业会变得容易些。由等式（A5）我们计算可得

$$\frac{d\dot{n}}{du} = \frac{[\partial C(\dot{n} + \lambda n - h, 1; u)/\partial u - \partial C(\lambda n^* - h, 1; u)/\partial u] - \dot{n} \partial C_R(\dot{n} + \lambda n - h, 1; u)/\partial u}{\dot{n} C_{RR}(r, 1; u)}, \quad (A9)$$

必须记住 λ 和 h 随 u 变化。如果令 $\lambda'(u)$ 和 $h'(u)$ 在此刻等于 0，那么（对于较小的 $r-r^*$）分子近似于

$$C_{Ru}(r,1;u) \cdot (r-r^*) - \dot{n} C_{Ru}(r,1;u) = \lambda(n-n^*) \cdot C_{Ru}(r,1;u), \tag{A10}$$

上式含有标记 $\dot{n}$，从而 $d\dot{n}/du > 0$。由于变量 λ 和 h 随 u 发生变化，所以分子的其他部分近似于

$$[\lambda'(u)n - h'(u)]\{(r-r^*)C_{RR}(r,1;u) - \dot{n}C_{RR}(r,1;u)\}$$
$$+ \lambda'(u)(n-n^*)C_R(r,1;u)$$
$$= [\lambda'(u)n - h'(u)]\lambda(n-n^*)C_{RR}(r,1;u)$$
$$+ \lambda'(u)(n-n^*)C_R(r,1;u), \tag{A11}$$

其中，$\lambda'(u) < 0, h'(u) \geq 0$。它同样含有符号 $\dot{n}$，因此我们发现 $d\dot{n}/du > 0$ 是明显的。

但是招聘并不必然随 u 增加，因为当解雇减少而自愿失业者增加时，对于给定的 $\dot{n}$，只需要较少的招聘即可。运用等式（A2′）、（A10）和（A11），联立关系式 $\lambda(n-n^*) = -\dot{n} + r - \lambda n^* + h$，我们有

$$\frac{dr}{du} = \frac{\lambda(n-n^*)C_{Ru}}{\dot{n}C_{RR}} + \frac{[\lambda'(u)n - h'(u)](-\dot{n} + r - \lambda n^* + h)}{\dot{n}}$$
$$+ \frac{\lambda'(u)(n-n^*)C_R}{\dot{n}C_{RR}} + [\lambda'(u)n - h'(u)]. \tag{A12}$$

虽然有点棘手的最后一项（辞职的减少）与第二项的部分相抵消，但是第二项的剩余部分仍带有"错误的"符号，从而 dr/du 可能也带有错误的符号。但在本文中，是不等式 $z_1 > 0$ 而非不等式 $R_1 > 0$ 更具有意义，因此，重要的是 $d\dot{n}/du > 0$ 而非 $dn/du > 0$。本文的就业动态理论可以得到显著的修正，而不会影响最终的结论。

第4章 工资和就业动态的理论*

戴尔·T. 莫藤森(Dale T. Mortensen)

　　本文旨在提供一个简单但是严密且可量化的工资和就业动态的理论。在诸多因素中,这一理论试图解释所谓菲利普斯曲线①的经验关系。此外,理论表明通货膨胀率和失业率之间可能存在一种权衡。最后,"摩擦性失业"水平的一些决定因素在分析中得到了验证。

　　该理论的关键部分是工资和工作选择的模型,这些模型共同反映了非试错的(non-tatonnement)工资调整过程和动态就业过程,它们不同于工资和就业的静态理论。在对本质上是竞争性的,但以需求方具有某种程度的垄断和供给方具有不完全信息为特征的劳动力市场的描述中,很多模型是非常含糊不清的。尽管存在这些瑕疵,该模型中的工资和就业还是回应于经典的"供给和需求"因素。

　　供给和需求的经典组成因素,可能为菲利普斯(Phillips)的观测样本(而非归因于工人运动的成本推动现象)提供推理的思路,得到了利普西(Lipsey)的明确阐述。② 在最近一篇文章里,菲尔普斯(Phelps)提出两个事实为这一观点进行

---

　　* 本文是1968年春天在西北大学(Northwestern University)举行的有关劳动力市场问题研讨会的延伸。文中的许多新见解归功于当时参与研讨会的学者们。在这里我特别要感谢 A. Treadway、F. Brechling 和 G. C. Archibald 三位教授的帮助和鼓励。当然,文中若有不妥之处则是作者的疏忽。美国国家科学基金会(National Science Foundation)授予作者和 F. Brechling 的研究基金为本课题提供了部分资金支持。

　　① A. W. Phillips, "The Relationship between Unemployment and the Rate of Change of Money Wage Rates in the United Kingdom, 1862—1957" *Economica* (November 1958), pp. 283—299.

　　② R. G. Lipsey, "The Relationship between Unemployment and the Rate of Change in the Money Wage Rates in the United Kingdom, 1862—1957: A Further Analysis," *Economica* (February 1960), pp. 1—41.

辩护③：第一，贸易工会仅仅代表了相对较小部分的劳动力，尤其是在当前的美国。第二，菲利普斯和利普西发现货币工资变化率和失业率之间的权衡存在于 19 世纪，当时贸易工会主义的势力更为薄弱，对当代数据亦然。

霍尔特(Holt)和菲尔普斯最近的两篇论文，或多或少地致力于研究一些与本文所考虑的相同的问题。④ 这些文章极大地激发了本文的研究，并深刻地影响了本文的研究方法。但是作者认为，出于各自非常不同的原因，这两篇文章在某些方面还存在欠缺。

一方面，霍尔特为我们提供了一个在不完全信息和搜寻成本高昂的劳动力市场中，失业者的选择和搜寻过程的独创性描述。他还基于这一理论对菲利普斯曲线进行了解释。然而，他并没有推导出理论在逻辑上的结论，即存在一些关于供给方的条件，它们意味着每个企业都面临着劳动力的流量供给，且供给的数量由企业控制。事实上，霍尔特的大部分分析都忽略了对需求方的考虑。

另一方面，菲尔普斯的确在文章中明确考虑了上述劳动力市场中，典型企业所面临的选择问题。他假设由于不完全信息和搜寻成本的存在，企业在动态意义上具有垄断能力。但是，菲尔普斯没有完整并彻底地分析这些关于企业面临的供给条件的假设的含义。因此，他遗漏了这些条件重要的动态性质。因为他的模型缺少由这种性质决定的结构，所以模型只给他的假说带来了困境。用他自己的话说，这一假说即"均衡失业率——当实际价格上升（或工资上升）和预期价格上升相等时的失业率——独立于通货膨胀率"⑤。

关于供给方的重要假说是，有关工资报价的特定信息和总体信息是不完全的，并且搜寻工作机会和工资信息的成本是昂贵和/或费时的。人们普遍认为，由于不完全信息现象的存在，工作搜寻可以被有效地看做是一种随机过程。在全部的劳动者存量中，仅有一部分人因为花费了搜寻成本而在间隔很短的时间里和企业联络。最后，因为特定的雇员拥有关于备选机会的不同信息，所以并不是所有和给定企业联络的人都会接受或拒绝企业的报价。换句话说，企业的净就业流量，定义为和该企业联络的总流量减去辞职和裁员中愿意接受该企业报价的工人流量，关于企业的报价并非具有完全弹性。各种企业的流量供给函数的集合，得到了在失业率的变化率、失业率本身，以及实际工资膨胀率(actual rate of wage inflation)和预期工资膨胀率之间的差别这三者中的一个关系。这一

---

③ 参见本书 E. S. Phelps, "Money Wage Dynamics and Labor-Market Equilibrium"。
④ 参见本书 C. C. Holt, "Job Search, Phillips' Wage Relation, and Union Influence: Theory and Evidence," 以及 Phelps, 前引。
⑤ Phelps, 前引, p.130。

关系对菲利普斯曲线给出了一个解释。

因为在企业必须提高它自身相对于本行业的平均工资水平的工资,以增加它的工人净流量的意义上,每个企业都是垄断者,所以典型的企业面临一个跨期权衡问题。在对这一问题的解决过程中得到了一种决策规则,它规定了最优当前工资报价。如果每个企业试图最大化它的现值,那么工资膨胀率、预期产品价格膨胀率和劳动生产率价值与平均工资的比率,这三者之间的一个关系可以通过决策规则的集合得到。这种关系和总流量供给一起,共同提供了一个解释劳动力市场工资和就业动态的模型。

本文的工资和就业动态模型在现有数据下可以很容易地量化处理。此外,还得出了一些显而易见的经验假说,这些假说可以用来检验模型的正确性。

该模型也提供了一个对菲利普斯和利普西所观察到的现象的解释。[6] 尤其地,通常被认为是外生的产品价格膨胀率波动,产生了表明平均货币工资变化率和失业率之间存在负向倾斜的关系的点。如果在平面直角坐标上以纵轴表示工资膨胀率,以横轴表示失业率,那么产品价格膨胀率的一个循环,它可能由一般商业活动的一个循环所导致,会使曲线上的点产生逆时针环。

给定上述模型,通货膨胀率和失业率之间的权衡仅在短期内存在。如果通货膨胀率因货币政策和财政政策的一个适当组合而上升,那么它将会转化为工资膨胀率的上升。由于后者的上升在一定程度上是不可预见的,它的影响是所有企业接受率的一个上升,因为失业工人会认为任何一个企业的报价高于市场平均水平的情况属实。从而失业率倾向于下降。但是,这种影响是短期的,因为新的更高的工资膨胀率最终会被预期到。换句话说,市场上仅存在一个与均衡相一致的失业率,以及一个被充分预期到的通货膨胀率。配合弗里德曼所说的失业的"自然率",这个失业率在长期是唯一和系统摩擦性因素相一致的失业率。[7] 该模型给出了许多决定"自然"失业率大小的因素。其中包括新进入市场参与者的相对流量、搜寻成本,以及当前雇员考虑辞职的频率。该理论的一个有趣的含义是,如果就业工人的搜寻成本不变,那么失业工人搜寻成本的降低并不必然导致自然失业率的下降。

本文其他内容分为六个部分。第 1 部分给出了对理想劳动力市场条件的一般性描述。此外,本文分析用到的特定简化假设得到了陈述。第 2 部分阐述给

---

[6] 参见 Phillips,前引;Lipsey,前引。
[7] Milton Friedman, "The Role of Monetary Policy," *American Economic Review*(March 1968),pp.1—17。

定不完全信息下的劳动力供给理论。基于这一理论,推出典型企业的就业净流量方程。每个企业面临的决策问题在第 3 部分作了阐述和解决。总工资调整方程和总就业调整方程在第 4 部分得到推导。第 5 部分包含一个对完整模型的分析。这一分析的结论和本文其他部分建立的结论在最后的第 6 部分做了概括。

1　劳动力市场的性质

171　　美国的劳动力市场处在持续变动之中。正如霍尔特(Holt)所指出的那样,由于其他某些原因而退休或离职的年度流量,相对于失业劳动者存量而言是显著的。[8] 辞职以搜寻更好的工作、转换工作或者被解雇的就业工人数量增多。因此,典型的雇主必须不断地吸引新雇员以使其劳动力维持在一个给定的规模。这个因素在本文介绍的模型中发挥着重要作用。

本文模型中包含的劳动力市场的另一个重要特征是关于工作的知识是不完全的。信息不完全是因为它必须通过一个花费时间的搜寻过程才能获得,因为在一个动态的环境下旧有的信息很快就会过时,而且密集搜寻的成本又十分高昂。所以,我们参考霍尔特最近提出的观点,将劳动者和特定雇主联络的过程看做是随机的。[9] 更重要的是,在这种情况下,劳动者必须在没有关于其他备选机会的完全信息下对给定的报价作出抉择。因此,每个企业都发现它的工资报价政策是一种重要的招聘工具,至少在短期内是如此。

本文所考虑的劳动力市场被认为是以空间定位的。也就是说,假定所有企业在一个给定的地理区域内,面临着在本质上相同的劳动力市场。这样的概念化并不意味着市场上的所有劳动者同等适合于所有的可得工作。然而,我们做出这个假设以简化分析。这一简化可能被认为反映出了在某个区域里,在一个广义的产业类别(如制造业)中企业之间的流动性,大于在一个狭义的产业子类别中区际之间流动性的事实。

从工人的角度看,不同工作和企业被假设只在它们提供的工资上存在差异。尽管这一假设违背了工人具有不同偏好,并且这些不同偏好是工资率结构的一个决定性因素的事实,但是,它允许我们将研究更明确地集中在工资决定的动态上。

---

⑧　参见 Holt,前引。
⑨　Holt,前引。

图 1 反映了一个典型劳动力市场上的存量—流量关系。在任意时刻 t,市场上存在给定的劳动者(参与者)数量 $L(t)$。劳动者数量随时间流逝与来自庞大人口中的净流量规模保持一致地发生变化。为简化起见,我们假设该净流量与当前劳动者存量成固定比率。具体可表示为,

$$\dot{L} = (\eta - \delta)L, \quad \eta > 0, \quad \delta > 0, \tag{1}$$

其中 ηL 是新进入市场的劳动者流量,δ 是当前劳动者从市场退休的比率。⑩ 这一假设是不现实的,因为当一个市场上企业提供的工资相对于其他市场上的工资率发生改变时,劳动力流量可能也会发生变化。但是,我们此处的兴趣在于市场内部的行为,在对其进行分析时可以不用考虑这一事实。

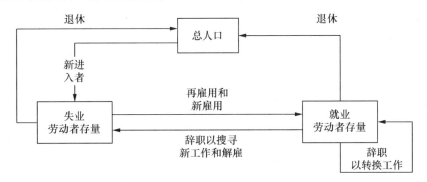

图 1　劳动力市场

市场上的劳动者被大体上分为就业的和失业的两类。这样分类没有描述某一个特定的参与者,而是描述参与者在某一给定时刻所处的状态。每个参与者都可能时不时地经历失业状态,尽管不同的人经历的失业多寡和时间长短不同。

正如图 1 所示,我们假设所有的新劳动者都以失业者(的身份)进入(劳动力市场),或者等价地,进入就业状态的流量仅仅由来自失业存量的再雇用和新雇用构成。这一假设建立在大多数新进入者都只是刚刚成为工作人群的基础上,并由之抽象化得出。他们当中很少有人能够不花时间搜寻就能得到促成他们就业的关系或信息。

本文给出的模型旨在解释新雇用、辞职以搜寻新工作和就业劳动者市场内部调职的流量,以及工资决定的动态。再雇用和解雇被忽略。虽然这些流量的规模并不算小,并且它们的社会重要性也很大,但在作者看来,要充分解释这些现象,除了本文所给出的假说之外还需要一个额外的假说。这一假说超出了本

---

⑩ 在变量上加一黑点表示该变量关于时间的导数;例如 $\dot{L} = dL/dt$。

文的研究范畴。但是作者表明,这方面的研究尝试可能会被证明是富有成效的。

2 企业的劳动力流量供给

A. 来自失业存量的新雇用

由于找到特定的工作机会需要耗费时间,而时间是宝贵的,所以并不是所有的失业工人都会在给定较小的时间间隔$(t, t+\mathrm{d}t)$内和企业联络。每段时期某个失业工人和企业联络的概率s_0,取决于搜寻成本的大小。也就是说,搜寻成本越低,和某个企业联络所需要的预期时间就越短。该预期时间是s_0的倒数。出于本文的分析目的,我们设s_0是给定的。

大体上说,存在大量因素影响第i个企业对确实和该企业联络的失业劳动者的分担份额。但是,如果信息是不完全的,那么假定i个企业报价的性质不会影响这一份额是合理的。即,劳动者在和企业联络之前并不知道报价的性质。

虽然报价的性质可能不会影响企业的份额,但是其他与企业有关的更明确的因素可能会有影响。例如,人们认为企业的相对规模即为其中之一。劳动者大体上知道较大的企业以比一个较小的企业更高的报价雇用工人。因此,相应地有更多数量的劳动者应聘更大的企业。出于这个原因,我们假设第i个企业得到联络的份额等同于它的就业工人份额。换句话说,若U表示失业劳动者的总存量,N表示总就业存量,N_i表示第i个企业的劳动力数量,那么$s_0(N_i/N)U$即为在时间间隔$(t, t+\mathrm{d}t)$内和第i个企业联络的预期失业工人流量。

任何时刻关于备选工作报价的信息都是不完全的,原因有两个:首先,在动态环境中,旧有的信息很快就会过时。其次,得到最新信息的成本并非无关紧要。特别是,找到这些信息需要花费时间。搜寻需要时间意味着劳动者必须从一些其他有价值的活动中重新配置时间,例如工作或者休闲。除了这个机会成本之外,搜寻还涉及"预算外"(out-of-pocket)的成本。

在一个动态环境中,报价通常被连续获得,并且必须在相对短的时间内做出回应。这些事实和搜寻更多信息的成本十分高昂的事实一起,意味着是否接受一个报价的决定建立在劳动者对备选报价而不只是一般化概念的比较之上。劳动者确切拥有的关于备选报价的认知程度,仅仅得自以前的报价和他们先前从事的工作。

由于就业工人花费时间搜寻的机会成本高于失业工人,我们假定前者在每段时期和企业联络的概率小于后者。换句话说,如果 s_1 是假定工人就业时和企业联络的概率,那么

$$s_0 > s_1. \tag{2}$$

同理,当工人就业时,他和企业联络所预期需要的时间更长。

假设第 k 个失业劳动者在某个特定时刻具有来自第 i 个企业的报价。工资报价用 w_i 表示。虽然第 k 个劳动者,由于不完全信息,无法得知市场上确切的平均工资 $\bar{w}$,但他确实会对这一水平有一个期望值,这里我们用 $\bar{w}_k^e$ 表示。

让我们假设这个劳动者表现得似乎他确定无疑地预期到自己的下一份工作报价将是 $\bar{w}_k^e$。显然,如果 w_i 大于 $\bar{w}_k^e$,他将接受这份工作,因为这个工资报价比他预期将来能得到的任何报价都高。但是,如果 $w_i < \bar{w}_k^e$,那么他将继续搜寻,而不管他是否接受这一报价。当然,在下一时期收到报价的概率取决于他的决定。

为了确定在 $w_i < \bar{w}_k^e$ 的情况下该劳动者是否会接受这一报价,我们必须考虑每个备选报价隐含着的不同预期收入流。经过长度为 w_i/s_1 的时期之后,无论他是否接受该工作,预期收入流都会相等,因为过了那段时期他确定地预期到自己将挣到等同于 $\bar{w}_k^e$ 的工资。如果他接受了该工作,那么他预期自己在这段时间将挣到数额为 w_i/s_1 的工资。但是,如果他拒绝了该工作,那么他预期自己在长度为 $1/s_0$ 的时期内将处于失业,并且在剩下的时期内以 $\bar{w}_k^e$ 的工资就业。由于劳动者拒绝该报价的预期失业时间 $1/s_0$ 被假定小于 $1/s_1$,所以他正在考虑时期内的预期收入为正,且等于

$$\left(\frac{1}{s_1} - \frac{1}{s_0}\right)\bar{w}_k^e.$$

这个数量表示接受该工作的机会成本。假定当且仅当这样做时,劳动者接受该工作的预期收入流更大,那么该接受条件即为[11]

$$cw_i \geq \bar{w}_k^e, \tag{3}$$

---

[11] $\bar{w}_k^e/c$ 项类似于 Holt,前引,称为接受工资。但是,霍尔特假定典型的劳动者愿意用一个较低的工资替换花在失业上的时间。也就是说,劳动者失业时间越长,他的可接受工资越低。这一假说在霍尔特对菲利普斯曲线的解释中具有重要作用。因此本文给出的解释与霍尔特的解释有很大不同。

其中⑫

$$c = \frac{1/s_1}{(1/s_1) - (1/s_0)} = \frac{s_0}{s_0 - s_1} > 1. \quad (4)$$

显然,上述论点表明部分劳动者可能会接受某个报价,即使它小于预期的市场平均水平。事实上,随着给定失业时的搜寻成本和给定就业时的搜寻成本之间差距的缩小,可接受工资和预期市场平均工资之间的差距将会扩大。在搜寻成本相同的限制性情况下,所有和企业联络的人都会接受任何正的工资;即,当 $s_1 \rightarrow s_0$ 时 $\bar{w}_k^e/c \rightarrow 0$。在这种情况下,搜寻一个更好工作时挣得的收入仅仅是一种意外所得。

劳动者通过综合考虑先前搜寻工作时期的工资报价信息,形成他关于市场平均工资的预期。如果过去和现在相同,我们可以把所有的 $\bar{w}_k^e$ 看做是从全体工资报价中得到的总体样本的均值。如果这样做正确的话,那么所有 $\bar{w}_k^e$ 的频率分布将集中在总体均值,即真实的市场平均工资报价 $\bar{w}$ 的周围。

但是,在动态环境中,工资报价频率分布的参数并不一定随时间保持不变。根据定义,工资报价的总体均值在工资膨胀时期会不断上升。因此在这个时期内,在收到报价之前的时间间隔中得到的工资报价的平均值,将会低估真实的市场平均水平。劳动者可能会通过试图作出一个恰当的调整,从而考虑到这一事实。

假定劳动者将其在当前时刻 t 之前长度为 $2h$ 的时期内得到的关于工资的

---

⑫ 这一讨论并未考虑预期工资膨胀和时间偏好。通过假定劳动者会接受能获得更高财富的备选机会,这些事实可以得到解释。如果第 k 个劳动者拒绝报价,那么他未来预期工资流的现值表示为

$$\bar{w}_k^e \int_0^\infty (1 - e^{-s_0 t}) e^{-(r-g^e)t} dt = \bar{w}_k^e \left(\frac{1}{r - g^e} - \frac{1}{s_0 + r - g^e} \right),$$

其中 r 表示名义利率,g^e 表示预期工资膨胀率。当然,$1 - e^{-s_0 t}$ 是在未来 t 时拥有工作的概率,因为 s_0 是每段时期收到一个报价的概率。如果第 k 个劳动者接受第 i 个企业的报价,那么他未来预期工资流的现值为

$$\bar{w}_k^e \int_0^\infty (1 - e^{-s_1 t}) e^{-(r-g^e)t} dt + w_i \int_0^\infty e^{-(s_1 + r - g^e)t} dt$$
$$= \bar{w}_k^e \left(\frac{1}{r - g^e} - \frac{1}{s_1 + r - g^e} \right) + \frac{w_i}{s_1 + r - g^e}.$$

如果上式的值大于或等于前一个式子的值,那么他将会接受第 i 个企业的工作报价。换句话说,当下列条件成立,他接受这一工作:

$$cw_i \geq \bar{w}_k^e, \quad 其中 \quad c = \frac{s_0 + r - g^e}{s_0 - s_1}.$$

这里推出的利率对接受决定的影响,类似于 Lucas 和 Rapping 在本书的"Real Wages, Employment, and Inflation"一文中推出的利率对劳动者决定的影响。

全部信息纳入到他的样本中。[13] 假定信息收集的过程是随机的,那么样本均值 $\tilde{w}_k(t)$ 即为该时间间隔所有报价的平均值的一个无偏估计量。如果该时间间隔很短,以至于工资膨胀率在其中近似于不变,那么 $\tilde{w}_k(t)$ 在中间点位的期望值近似于工资报价水平总体的真实均值。即

$$E(\tilde{w}_k(t)) = \bar{w}(t-h), \tag{5}$$

其中 E 是表示期望的符号。

如果劳动者预期工资膨胀,那么他们的理性做法是相应地调整 $\tilde{w}_k(t)$。假设所有劳动者对工资膨胀率有相同的期望 g^e,那么,因为 h 很小,我们有

$$\tilde{w}_k^e(t) = \tilde{w}_k(t) e^{hg^e}. \tag{6}$$

显然,根据这一等式,所有失业劳动者将既不拒绝也不接受第 i 个企业的报价。因为在有限信息下,试图估计平均工资报价时出现了偏差,所以不同劳动者的 $\tilde{w}_k$ 也不同。具有较高 $\tilde{w}_k$ 的人一般会拒绝报价,而具有相对较低 $\tilde{w}_k$ 的人则倾向于接受报价。w_i 相对于所有 $\tilde{w}_k$ 的均值而言更高,接受率也就更高。

为了使这一思路更为精确,我们假定所有 $\tilde{w}_k(t)$ 分布在它们的望值 $\bar{w}(t-h)$ 周围。如果变异系数随时间保持不变,以 f 表示累积密度函数,则那些 $\tilde{w}_k(t)$ 小于某个值 z 的所有劳动者的比例由 $f(z/\bar{w}(t-h))$ 给出。此外,如果分布是对称且单峰的,有

$$P(\tilde{w}_k \leq z) = f\left(\frac{z}{\bar{w}(t-h)}\right),$$
$$1 > f > 0, \quad f' > 0,$$
当 $z > \bar{w}(t-h)$ (或 $z < \bar{w}(t-h)$) 时 $f'' < 0$ (或 $f'' > 0$). $\tag{7}$

当且仅当条件(3)成立时,第 k 个失业劳动者会接受来自第 i 个企业的报价,所有接受该报价的失业劳动者的比例可表示为

$$P(\tilde{w}_k(t) \leq cw_i(t) \bar{e}^{g^e h}) = f\left(\frac{cw_i(t) \bar{e}^{g^e h}}{\bar{w}(t-h)}\right). \tag{8}$$

另外,上式的值可以理解为某个随机选取的劳动者接受该报价的概率,或者来自某个随机选取的失业劳动者样本的预期接受比例。

我们可以将 f 自变量的第一项写成略微不同的形式,这是很方便的。由于假设 h 是一个很短的时间间隔,所以我们得到

$$\frac{\bar{w}(t)}{\bar{w}(t-h)} \approx e^{hg},$$

其中 g 是该时间间隔内的工资膨胀率。于是有

---

[13] 时间间隔 $(t, t-2h)$,是为了在 $(t+dt, t)$ 内做出决定所需的信息收集时期。前者的长度被假定大于决定间隔的长度。并且假定两者的交集只包含报价的时间 t。

$$\frac{cw_i(t)\bar{e}^{g^e h}}{\bar{w}(t-h)} \approx c\frac{w_i(t)}{\bar{w}(t)}e^{h(g-g^e)}. \tag{9}$$

上式中,第 i 个企业的工资报价相对于平均报价之比 $w_i/\bar{w}$,被称为第 i 个企业的相对工资报价。

当然,$P(\tilde{w}_k \leq cw_i\bar{e}^{hg^e})$ 并不是每段时期第 k 个失业劳动者被第 i 个企业雇用的概率。相反,它是那些收到报价并接受报价的劳动者流量的预期比例。为了进入前一个群体,第 k 个劳动者必须申请第 i 个企业的工作,并且必须满足可得工作的任职要求。由于我们假定所有劳动者符合任何工作,所以来自失业劳动者存量的新雇用流量 H_{i0} 可表示为

$$H_{i0} = s_0 f\left(c\frac{w_i}{\bar{w}}e^{h(g-g^e)} \right)\frac{N_i}{N}U. \tag{10}$$

B. 来自就业劳动者存量的自愿辞职

第 k 个就业劳动者面对的是否要为搜寻更好工作而辞职的问题,非常类似于失业劳动者面对的是否接受工作的问题。如果第 k 个劳动者被第 i 个企业雇用,那么他既可以继续以 w_i 的工资为这家企业工作,也可以辞职去搜寻一份更好的工作。尽管他可以在保持就业的同时搜寻更好的工作,但我们假定他此时找到新工作所花费的预期时间 $1/s_1$,将大于他失业时的搜寻时间 $1/s_0$。如果他表现得似乎自己已经得到市场平均工资的期望值 $\bar{w}_k^e$,那么当工作被发现时,当且仅当辞职的期望收入流更大时他才会辞职。换言之,从上述论点可以得出,他将辞职,当且仅当

$$cw_i < \bar{w}_k^e. \tag{11}$$

典型雇员考虑辞职决定的频率显然是有限的。不然的话,他会没有时间从事其他活动。让我们假设在一个较小的时间间隔 $(t, t+dt)$ 内,考虑辞职决定的概率为正,且不随时间改变。如果我们用 s_2 表示这一概率,那么在该时期考虑辞职决定的第 i 个企业的雇员的预期流量为 $s_2 N_i$。[14]

如前所述,我们假设

$$\bar{w}_k^e = \tilde{w}_k e^{hg^e}, \tag{12}$$

其中,$\tilde{w}_k(t)$ 是劳动者在当前时刻 t 之前的长度为 $2h$ 的时间间隔内获得的工资信息样本的均值,g^e 是预期工资膨胀率。如果就业工人 $\tilde{w}_k$ 的分布与失业工人相同,并且考虑辞职决定的就业劳动者流量被认为是一个随机样本,在此意义上相

---

[14] 这里的大多数讨论隐含地建立在劳动力市场上的典型劳动者,如何在工作、搜寻和决定之间分配时间的理论之上。时间分配经济学的一个出色阐述,参见 G. Becker, "A Theory of the Allocation of Time," *Economic Journal* (September 1965), pp. 493—517。

应的 $\tilde{w}_k$ 是所有 $\tilde{w}_k$ 集合的一个随机样本,那么流量中某个工人辞职的概率为 $P(\tilde{w}_k > cw_i\bar{e}^{hg^e})$。但是,因为 $P(\tilde{w}_k > cw_i\bar{e}^{hg^e})$ 等于 $1 - P(\tilde{w}_k \leq cw_i\bar{e}^{hg^e})$,所以从第 i 个企业劳动力中辞职以进入失业劳动者存量的预期流量 Q_{i0} 可表示为

$$Q_{i0} = s_2 \left[1 - f\left(c \frac{w_i}{\bar{w}} e^{h(g-g^e)} \right) \right] N_i. \tag{13}$$

换句话说,那些正在考虑辞职决定并且确实会辞职的工人比例,等于 1 减去接受第 i 个企业(假设给定这样一个企业)报价的工人比例。

C. 市场内部的调职

为了完成一个指向单个企业的劳动力的流量供给理论,我们现在转向对那些影响市场内部调职因素的考虑。因为搜寻一份新工作的成本是高昂的,所以除非第 i 个企业的雇员预期他将获得的工资高于当前工资,否则没人会从事这种麻烦的搜寻。因此,如果他关于市场平均工资的期望为 $\bar{w}_k^e$,那么第 i 个企业的第 k 个雇员会在任何给定时刻 t,搜寻一份新工作,当且仅当

$$w_i < \bar{w}_k^e, \tag{14}$$

同样地,其中

$$\bar{w}_k^e = \tilde{w}_k e^{hg^e}. \tag{15}$$

从而,当前正在搜寻的第 i 个企业的雇员人数 S_i 可表示为

$$S_i = P(\tilde{w}_k > w_i \bar{e}^{hg^e}) N_i. \tag{16}$$

在前文定义的情况下,第 i 个企业的劳动力被认为是全体劳动者的一个随机样本。

假定第 i 个企业的第 k 个雇员已经获得了来自第 j 个企业的一个报价,那么他的抉择问题不同于具有工作报价的失业工人和正在考虑辞职以加入失业池的就业工人,仅仅是因为他拒绝条件优厚的报价的机会成本不同。具体而言,这个工人处于拥有两份报价的有利地位——一份来自可能的新雇主,另一份来自他当前的雇主。

假定 $\bar{w}_k^e > w_j > w_i$。在这种情况下,上述两个报价和他当前的工资都小于他关于市场平均工资的期望。所以不管他的选择如何,他都会继续搜寻自己确信存在的更好的工作。此外,他表现得似乎自己确定无疑地能在长度为 $1/s_1$ 的时期之后找到一份更好的工作,$1/s_1$ 即为得到一份新报价所需的预期时间。因此,只要存在转换工作的成本,例如全家搬迁所需放弃的工资,为胜任新工作而不得不支付的成本等,那么当且仅当这些成本能够在过渡时期得到弥补时,他才会接受新的报价。

相反地,假定 $w_j \geq \bar{w}_k^e$。此时,他不再从事进一步搜寻,因为他认为不存在更

好的工作。除了节省搜寻成本之外,他还能在长期内弥补任何转换工作带来的成本,因为他从未预期到自己将不得不再次转换工作。最后,出于前文讨论的所有原因,他在 $w_j \leq w_i$ 时从不接受新报价。

让我们假设:(a)转化工作的成本如此之大,以至于它们在长度为 $1/s_1$ 的时间间隔内,靠合理的工资报价无法得到弥补;但是,(b)时间边界足够长,从而转换工作在 $w_j \geq \bar{w}_k^e$ 时有利可图。那么第 k 个正在搜寻的雇员从第 i 个企业辞职,并接受第 j 个企业的报价,当且仅当

$$w_j \geq \bar{w}_k^e > w_i. \tag{17}$$

当然,并非所有正在搜寻的第 i 个企业的雇员都会在每个时期和企业联络,也并非他们中的所有人都会和第 j 个企业联络。一个正在从事搜寻的雇员不去和企业联络的概率为 s_1。如果我们像前文一样,假定第 j 个企业得到联络的份额取决于它的相对规模,那么和第 j 个企业联络的第 i 个企业的搜寻雇员的预期比例等于 $s_1 N_j/N$。

为了确定接受该报价的工人的预期比例,我们必须考虑每个搜寻雇员具有一个高于 w_i 的预期平均工资的事实。此外,如果 $w_i \geq w_j$,那么接受率为零。因此,如果 $w_j > w_i$,那么预期接受率即为给定 $\bar{w}_k^e > w_i$ 时 $w_j \geq \bar{w}_k^e$ 的概率。根据 $\tilde{w}_k$ 的分布,这个条件概率等于

$$\frac{P(\tilde{w}_k < w_j \bar{e}^{hg^e}) - P(\tilde{w}_k < w_i \bar{e}^{hg^e})}{P(\tilde{w}_k > w_i \bar{e}^{hg^e})}.$$

这一事实和等式(16)一起,意味着从第 i 个企业辞职并在第 j 个企业接受一份工作的工人预期流量 Q_{ij},可表示为

$$Q_{ij} = \begin{cases} s_1 \dfrac{N_j}{N}[P(\tilde{w}_k < w_j \bar{e}^{hg^e}) - P(\tilde{w}_k < w_i \bar{e}^{hg^e})]N_i, & \text{若 } w_i \leq w_j, \\ 0, & \text{若 } w_i \geq w_j. \end{cases} \tag{18}$$

但是,第 i 个企业的(辞职)所失即为第 j 个企业的(雇用)所得,即 $Q_{ij} = H_{ji}$,其中 H_{ji} 表示第 j 个企业得自第 i 个企业的雇用。因此

$$H_{ij} = \begin{cases} 0, & \text{若 } w_i \leq w_j, \\ s_1 \dfrac{N_i}{N}[P(\tilde{w}_k < w_i \bar{e}^{hg^e}) - P(\tilde{w}_k < w_j \bar{e}^{hg^e})]N_j, & \text{若 } w_i \geq w_j. \end{cases} \tag{19}$$

最后,由于从第 j 个企业转到第 i 个企业的就业工人的净流量 T_{ij},等于雇用人数和辞职人数之差,由等式(18)和(19)可得

$$T_{ij} = H_{ij} - Q_{ij} = s_1 \dfrac{N_i}{N}[P(\tilde{w}_k < w_i \bar{e}^{hg^e}) - P(\tilde{w}_k < w_j \bar{e}^{hg^e})]N_j, \tag{20}$$

其中,w_i 和 w_j 相互独立。

根据等式(7),代入 $P(\tilde{w}_k < w_i \bar{e}^{hg^e})$ 和 $P(\tilde{w}_k < w_j \bar{e}^{hg^e})$,可知等式(20)等价于:

$$T_{ij} = s_1 \frac{N_i}{N}\left[f\left(\frac{w_i}{\bar{w}}e^{h(g-g^e)}\right) - f\left(\frac{w_j}{\bar{w}}e^{h(g-g^e)}\right)\right]N_j. \quad (21)$$

因为 $T_{ii} = 0$,所以从所有企业转到第 i 个企业的雇员的净预期流量可简写为 $\Sigma_j T_{ij}$,即

$$T_i = \sum_j T_{ij} = \left[s_1 f\left(\frac{w_i}{\bar{w}}e^{h(g-g^e)}\right) - \alpha s_1\right]N_i, \quad (22)$$

其中

$$\alpha = \sum_j \frac{N_j}{N} f\left(\frac{w_j}{\bar{w}}e^{h(g-g^e)}\right). \quad (23)$$

D. 流量供给

现在我们可以完成对第 i 个企业劳动力流量供给公式的推导。第 i 个企业劳动力的净变化率 $\dot{N}_i$,等于新雇用劳动力加上来自其他企业的净转移劳动力,再减去辞职以进入失业池和退休劳动力的总和,从而

$$\dot{N}_i = H_{i0} + T_i - Q_{i0} - \delta N_i. \quad (24)$$

代入等式(10)、(13)和(22),可得

$$\frac{\dot{N}_i}{N_i} = \beta\left(\frac{w_i}{\bar{w}}e^{h(g-g^e)}, u\right)$$
$$= \left(s_0 \frac{u}{1-u} + s_2\right)f\left(c\frac{w_i}{\bar{w}}e^{h(g-g^e)}\right) + s_1 f\left(\frac{w_i}{\bar{w}}e^{h(g-g^e)}\right) - \alpha s_1 - s_2 - \delta. \quad (25)$$

其中 $u = U/L$。

为了分析任何企业的最优行为,这里的突出特点是,企业劳动力变化的相应比率独立于它的劳动力规模。它确实依赖于企业自身的相对工资和市场上的失业率。特别地,

$$\beta_1 = c\left(s_0\frac{u}{1-u} + s_2\right)f'\left(c\frac{w_i}{\bar{w}}e^{h(g-g^e)}\right) + s_1 f'\left(\frac{w_i}{\bar{w}}e^{h(g-g^e)}\right) > 0,$$
$$\beta_2 = \frac{s_0}{(1-u)^2}f\left(c\frac{w_i}{\bar{w}}e^{h(g-g^e)}\right) > 0. \quad (26)$$

其他条件不变,不管是企业工资相对于市场平均水平的上升,还是失业率的上升,都会导致企业劳动力净流量增加。

二阶偏导数如下:

$$\beta_{12} = \frac{cs_0}{(1-u)^2}f'\left(c\frac{w_i}{\bar{w}}e^{h(g-g^e)}\right) > 0,$$

$$\beta_{11} = c^2\left(s_0\frac{u}{1-u} + s_2\right)f''\left(c\frac{w_i}{\overline{w}}e^{h(g-g^e)}\right) + s_1 f''\left(\frac{w_i}{\overline{w}}e^{h(g-g^e)}\right). \tag{27}$$

因为 $c > 1$，所以当它的参数大于（小于）1时，f'' 为负（正），

$$\beta_{11} = \begin{cases} < 0, & \text{若} \dfrac{w_i}{\overline{w}}e^{h(g-g^e)} \geq 1, \\ > 0, & \text{若} \dfrac{w_i}{\overline{w}}e^{h(g-g^e)} \leq \dfrac{1}{c}. \end{cases} \tag{28}$$

3　工资选择理论

供给—流量方程(25)，存在一个有趣的特点。虽然企业可以通过恰当地选择不同相对工资率来改变其就业水平的净变化率，但在长期中只存在一个与均衡相一致的净变化率。换句话说，企业面临的长期供给曲线具有完全弹性。只有在动态意义上企业才是一个垄断者。本节推导企业在面临这一劳动力供给条件下的最优工资政策。

作为一个动态垄断者的结果是，企业在任意时点支付的工资取决于其选择调整其劳动力规模的工资率。劳动力增长更为迅速的企业必须支付一个更高的工资。因此存在一个调整劳动力规模的隐性成本。企业的跨期权衡问题是这一事实的结果。

最近，一些作者已经构建了基于调整资本存量的显性成本概念之上的投资理论。其中包括埃斯纳（Eisner）和斯图洛茨（Strotz）、卢卡斯（Lucas）、古尔德（Gould）以及特莱德维（Trendway）。[15] 他们的模型与本文建立的模型在形式上具有相似性，这并非纯属巧合。

为简化起见，让我们假设第 i 个企业生产单一产品，并以价格 P_i 在完全竞争市场上出售。劳动是唯一的生产要素。企业在 t 时的净现金流可表示为

$$R_i(t) = P_i(t)F_i(N_i(t)) - w_i(t)N_i(t), \tag{29}$$

其中，$F_i(N_i)$ 是劳动的生产率。如果企业面临一个名义利率为 r（它被预期在未来会盛行）的竞争性资本市场，那么该企业的现值定义为

---

[15] 参见 R. Eisner and R. H. Strotz, "Determinants of Business Investment," in Commission on Money and Credit, *Impacts of Monetary Policy* (Prentice-Hall, Inc., Englewood Cliffs, N. J., 1963), pp.59—337; R. E. Lucas, "Optimal Investment Policy and the Flexible Accelerator," *International Economic Review* (February 1967), pp.78—85; J. P. Gould, "Adjustment Cost in the Theory of Investment of the Firm," *Review of Economic Studies* (1968), pp.47—55; 以及 A. Treadway, *Rational Entrepreneurial Behavior and the Dynamics of Investment*, Ph. D. thesis, University of Chicago, 1967。

$$V = \int_0^\infty R_i(t) e^{-rt} dt. \tag{30}$$

企业的最优工资—就业政策即为满足等式(25),并且满足初始就业水平的约束条件下,使 V 取最大化时 w_i 和 N_i 的时间路径。

要获得一个对企业决策问题的解,关于参数未来值和现值的一系列假设是必不可少的。它们包括:(a) 企业认为其自身工资政策对市场平均工资和总就业水平没有影响;(b) 企业预期其产品价格和市场平均工资在未来以相同的比率 p^e 上涨;(c) 当前的预期产品价格水平 $p_i^e(0)$ 和当前的预期平均工资率 $\bar{w}^e(0)$ 给定;以及(d) 企业预期失业率在未来将等于某个值 u^e。这些预期值和实际值是如何相联系的,我们在此不予阐释。

给定上述假设,等式(25)表明

$$\frac{\dot{N}_i(t)}{N_i(t)} = \beta\left(\frac{w_i(t)}{\bar{w}^e(t)}, u^e\right). \tag{31}$$

因为 β 是单调的,我们可以写成

$$\frac{w_i(t)}{\bar{w}^e(t)} = \chi\left(\frac{\dot{N}_i(t)}{N_i(t)}, u^e\right). \tag{32}$$

函数 χ 的偏导数与 β 的偏导数关系如下:

$$\chi_1 = \frac{1}{\beta_1} > 0, \tag{33a}$$

$$\chi_2 = -\frac{\beta_2}{\beta_1} < 0, \tag{33b}$$

$$\chi_{11} = -\frac{\beta_{11}}{\beta_1^3} \begin{cases} > 0, & \text{若 } \chi \geq 1, \\ < 0, & \text{若 } \chi \leq \frac{1}{c} < 1. \end{cases} \tag{33c}$$

上式中的符号在等式(26)、(27)和(28)中都有隐示。最后,企业的价值可以写成

$$V = \bar{w}^e(0) \int_0^\infty \left[v_i F_i(N_i(t)) - \frac{w_i(t)}{\bar{w}^e(t)} N_i(t) \right] e^{-\rho t} dt,$$

其中

$$v_i = \frac{P_i^e(0)}{\bar{w}^e(0)}, \tag{34}$$

$$\rho = r - p^e. \tag{35}$$

参数 ρ 是实际利率,v_i 是企业的预期产品价格和它在劳动力市场上面临的预期平均工资率的初始比率。

从形式上看,企业的问题即选择 $N(t), t > 0$,以

$$\max \int_0^\infty \left[v_i F_i(N_i(t)) - \chi\left(\frac{\dot{N}_i(t)}{N_i(t)}, u^e\right) N_i(t) \right] \bar{e}^{\rho t} dt. \tag{36}$$

这是一个积分计算的标准问题。用 $N^0(t)$ 表示它的解或极值,则它必须满足下述条件。

定义 $\lambda(t)$ 等于 t 时加入就业净流量的最后一个工人的隐性成本,即

$$\lambda(t) = \frac{\partial(\chi N_i)}{\partial \dot{N}_i} = \chi_1\left(\frac{\dot{N}_i(t)}{N_i(t)}, u^e\right). \tag{37}$$

上式的欧拉—拉格朗日条件(Euler-Lagrange condition)是

$$\dot{\lambda}(t) = \left(\rho - \frac{\dot{N}_i(t)}{N_i(t)}\right)\lambda(t) + \chi\left(\frac{\dot{N}_i(t)}{N_i(t)}, u^e\right) - v_i F_i'(N_i(t)). \tag{38}$$

勒让德条件(Legender condition)要求

$$\frac{\partial \lambda(t)}{\partial \dot{N}_i(t)} = \frac{\chi_{11}(\dot{N}_i/N_i(t), u^e)}{N_i(t)} \geq 0, \tag{39}$$

则横截性条件(transversality condition)可表示为

$$\lim_{t \to \infty} \lambda(t) \bar{e}^{\rho t} = 0. \tag{40}$$

关于这些条件的一个经济解释是显而易见的。给定式(40),方程(38)等价于

$$\lambda(t) = \int_t^\infty \left[v_i F_i' N_i(\tau) - \chi\left(\frac{\dot{N}_i(\tau)}{N_i(\tau)}, u^e\right) + \lambda(\tau)\left(\frac{\dot{N}_i(\tau)}{N_i(\tau)}\right) \right] \bar{e}^{\rho(\tau - t)} dt.$$

$v_i F_i' - \chi$ 表示 t 时多雇用一个工人给企业净现金流在 τ 时带来的边际增量。方程(31)表明 t 时劳动力中增加一个工人,相当于在 τ 时增加了 $\dot{N}_i(\tau)/N_i(\tau)$ 的数量。这一数量的大小由 $\lambda(\tau)$ 给出,即 τ 时企业通过其相对工资的一个恰当选择获得相同改变的机会成本。那么,这个积分即为 t 时在就业净流量中增加一个工人的现值。因此方程(38)要求企业改变就业水平的现值必须等于每一时刻计划内这样做的隐性边际成本。勒让德条件要求改变劳动力的边际成本是非递减的。最后,根据横向性条件,改变劳动力计划在开始时的现值在计划结束时必须为零。

方程(37)和(38)构成了一个包含 λ 和 N 的独立微分方程组。我们的任务是找出满足该方程组的解,这些解也必须满足(39)和(40)两式。如果极限存在,那么它必定是这些解集的一个元素。我们可以借助图2来分析该方程组。

图2(a)阐释了企业自身相对工资和就业增长率之间的关系。斜率,即改变

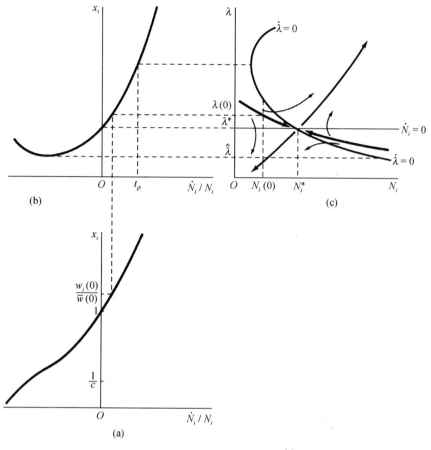

图 2

就业水平的边际成本,随增长率的增加先下降后上升。拐点如(33c)式所隐含的那样,位于区间 $1/c < \chi < 1$ 上。虽然曲线的确切位置取决于诸多因素,但我们还是通过令 χ 等于 1,从而画出了它,因为典型企业在其工资等于市场平均水平时,既不会获得也不会失去工人。图 2(b) 将图(a) 中曲线的斜率与成比例的就业变化互相关联。相位图(c) 描绘了微分方程组的轨迹。

注意到改变就业的边际成本曲线是 U 形的。勒让德条件要求边际成本不会随某一极值递减,从而给定任意 λ 时,增长率的最优选择对应于图(b) 中曲线向上倾斜的部分。所以,该极值也必须是方程(37) 和(38) 的解,使 $\lambda(t)$ 从不下降至最小边际成本之下;后者在图中以 $\hat{\lambda}$ 表示。

与就业水平不变时相一致的 λ 值,在图中以 λ^* 表示。显然,λ 大于 λ^* 时,就业增加,λ 小于 λ^* 时,就业下降。相位图中不同区间带有不同方向箭头的曲线反映了这点。

为了完成相位图,我们注意到式(38)中隐含着

$$\left.\frac{\partial \lambda}{\partial N_i}\right|_{\dot{\lambda}=0} = \frac{v_i F_i''(N_i)}{\rho - \dot{N}_i/N_i}. \tag{41}$$

如果劳动的边际产品下降,$F_i''<0$,且实际利率为正,$\rho>0$,那么当就业增长率大于(小于)实际利率时,$\dot{\lambda}=0$ 表示的奇异曲线的斜率为正(负)。方程(38)同时意味着

$$\frac{\partial \dot{\lambda}}{\partial N_i} = -v_i F''(N_i). \tag{42}$$

因此,如果边际产品下降,那么 N_i 足够大时 $\dot{\lambda}$ 为正。

显然,奇点(λ^*, N_i^*)是一个鞍点。因此只存在两条收敛于这一奇点的轨迹,这一点能够由负向倾斜的轨迹表明。根据这些解,当 $t\to\infty$ 时 $\lambda(t)\to\lambda^*$,横向性条件和其他必要条件都得到了满足。

假设式(36)的积分区间由上述条件给定,并且沿收敛于原点的任意一条轨迹的积分值为正,从而企业不存在停止营业的动机。如果式(36)积分的被积函数在区间 $\lambda > \hat{\lambda}$ 上是凹的,那么连接初始就业水平 $N_i(0)$ 和 N_i^* 的任意一条轨迹的线段都是企业所面临问题的唯一最优解。⑯ 给定一个递减的边际劳动产品,后一条件即容易验证。⑰ 在后面的分析中,我们假设其他条件均满足。

给定一个参数值的特定集合,额外雇用一个工人的现值即为对应于当前就业水平最优轨迹的 λ 值。例如,如果当前就业水平位于图中的 $N_i(0)$,那么向就业净流量中增加一个人的现值为 $\lambda(0)$。最优增长率为 $\dot{N}_i(0)/N_i(0)$,它等于边际成本与 $\lambda(0)$ 之比。图2(a)表明相对工资选择为 $w_i(0)/\bar{w}(0)$。

因为最优轨迹构成的曲线斜率为负,所以随着劳动力的增加,在就业净流量

---

⑯ 换句话说,如果这些条件都得到满足,那么任何满足必要条件的路径都是式(36)所述问题的唯一解。参见 M. R. Hestenes, *Calculus of Variations and Optimal Control Theory* (Wiley, New York, 1966), p.134。

⑰ 如果式(36)中被积函数的海森矩阵(Hessian,即函数的二阶偏导数构成的对称矩阵——译者注)在 $\dot{N}_i$ 和 N_i 约束下为负,那么该积分是凹的。以 H 表示海森矩阵,即

$$H = \begin{bmatrix} -\chi_{11}/N_i & \dot{N}\chi_{11}/N_i^2 \\ \dot{N}\chi_{11}/N_i^2 & v_i f'' - (\dot{N}_i/N_i)^2 \chi_{11}/N_i \end{bmatrix}.$$

当 $\lambda > \hat{\lambda}$ 时,$\chi_{11}>0$;当就业水平为正时,$-\chi_{11}/N_i<0$;又由于 $|H| = -v_i f''\chi_{11}/N_i > 0$,所以 $\lambda > \hat{\lambda}$,$N_i > 0$ 时,H 为负。

中增加一个工人的现值将会下降。这个结论得自于边际劳动产品递减,或边际生产成本稳定上升的假设。最优劳动力增长率随劳动力的累积而下降。这是因为边际生产成本和调整就业的边际成本都在上升。

最优轨迹上的点反映了给定就业的最优未来时间路径时,增加一个工人的现值。因为不同初始就业水平上的最优未来计划不同,所以轨迹上的 λ 值也各不相同。最优计划也会因参数 v_i、ρ 和 u^e 取不同值而改变。即

$$\lambda^0 = \lambda^0(N_i, v_i, \rho, u^e), \tag{43}$$

其中,λ^0 是给定就业的最优未来时间路径时,改变就业净流量的边际投入值(成本)。我们已经证明了

$$\frac{\partial \lambda^0}{\partial N_i} = \lambda_1^0 < 0. \tag{44}$$

下面我们试图确定其他符号的偏导数值。

因为函数 χ 分别独立于 v_i 和 ρ,所以它们的改变不会影响曲线 $\dot{N}_i = 0$ 的位置。但是,由式(38)可知

$$\left. \frac{\partial N_i}{\partial v_i} \right|_{\dot{\lambda}=0} = \frac{-F_i'}{v_i F_i''} > 0,$$

$$\left. \frac{\partial N_i}{\partial \rho} \right|_{\dot{\lambda}=0} = \frac{\lambda}{v_i F_i''} < 0.$$

换句话说,其他条件不变时,产品价格对平均工资比率的上升,会导致曲线 $\dot{\lambda} = 0$ 移至图 2 右侧的任何地方;而在其他条件不变时,实际利率的上升却会使之左移。前者导致均衡就业水平上升,后者导致均衡就业水平下降。

虽然 λ 的均衡值不受上述两种情况的影响,但是最优轨迹却发生了移动。特别地,价格对平均工资比率的上升导致轨迹上移;实际利率的上升导致轨迹下移。至少这是一种接近均衡的情况。下面我们证明这些结论在所有情况下都成立。

为了证明

$$\frac{\partial \lambda^0}{\partial v_i} = \lambda_2^0 > 0, \tag{45}$$

考虑图 3。令曲线 BB' 表示最优轨迹,它对应于一个大于决定曲线 AA' 轨迹位置的 v_i 值。ρ 值保持不变。

这两条曲线是根据在给定其他条件不变而 v_i 的上升时,均衡就业水平也上升这一事实而进行描绘的。但是,我们假定式(45)并非在任何情形下都成立。尤其地,两条轨迹相交于某一点 P。该交点被假定落在 $\dot{N}_i > 0$ 的区间上。

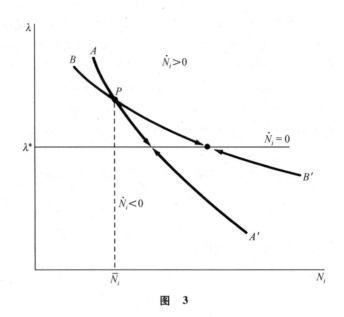

图 3

显然,如果这两条轨迹像假设的那样相交于 P 点,那么给定 P 点和 v_i 的一个上升时,最优轨迹的斜率 λ_1^0 必定不会下降。换言之,

$$\left.\frac{\partial \lambda_1^0}{\partial v_i}\right|_P \geq 0. \tag{46}$$

平面内任意一条轨迹上某一点的斜率表示为

$$\frac{\partial \lambda}{\partial N_i} = \frac{\dot{\lambda}}{\dot{N}_i} = \frac{(\rho - \dot{N}_i/N_i)\lambda + \chi(\dot{N}_i/N_i, u^e) - v_i F_i'(N_i)}{\dot{N}_i}. \tag{47}$$

因为 $\dot{N}_i$ 不直接依赖于 v_i,所以

当 $\dot{N}_i > 0 (<0)$ 时, $\quad \dfrac{\partial(\partial \lambda/\partial N_i)}{\partial v_i} = \dfrac{-F'(N_i)}{\dot{N}_i} < 0 (>0)$

由于在 P 点上 $\dot{N}_i > 0$,上式与式(46)产生矛盾。一个类似的推论可以用来证明交点不会落在 $\dot{N}_i$ 为负的区间上。

为了证明

$$\frac{\partial \lambda^0}{\partial \rho} = \lambda_3^0 < 0, \tag{48}$$

只需要令 AA' 表示的最优轨迹的 ρ 值,大于决定曲线 BB' 位置的 ρ 值。假定两者相交于 P 点,那么

$$\left.\frac{\partial \lambda_1}{\partial \rho}\right|_P \leq 0. \tag{49}$$

但是式(47)表明

当 $\dot{N}_i > 0 (<0)$ 时, $\quad \dfrac{\partial(\partial \lambda/\partial N_i)}{\partial \rho} = \dfrac{\lambda}{\dot{N}_i} > 0 (<0),$

这与式(49)矛盾。在 $\dot{N}_i$ 为负的区间上出现交点的概率可以通过类似的推论得到排除。[⑱]

预期失业率的变化对最优轨迹的影响是不确定的。要理解这一点,我们首先注意到

$$\lambda^* = \chi_1(0, u^e). \tag{50}$$

因此,

$$\frac{\partial \lambda^*}{\partial u^e} = \chi_{12} < 0. \tag{51}$$

方程(38)表明,给定 F'' 为负时,

$$\left.\frac{\partial N_i}{\partial u^e}\right|_{\dot{\lambda}=0} = \frac{\chi_2}{v_i F''} > 0, \tag{52}$$

换句话说,预期失业率的上升使图2中的曲线 $\dot{N}_i = 0$ 下移,并且使曲线 $\dot{\lambda} = 0$ 移至右边的任何位置。其结果是均衡就业水平的明显上升,以及增加劳动力的均衡投入成本的明显下降。但是,因为最优轨迹具有负的斜率,所以这些轨迹可以上移或下移,也可以保持不变。每一种可能的情况都与均衡的变化相一致。

既然我们已经把增加一个工人的投入成本和企业的参数联系起来,那么我们将能够推出企业最优工资选择和这些参数之间关系的定性特征。这一关系在式(37)中已经有所隐含。如果用 λ^0 替代 λ,并且令 χ^0 表示最优相对工资选择,那么

$$\lambda^0 \beta_1(\chi^0, u^e) = 1, \tag{53}$$

$\chi_1 = 1/\beta_1$。因为根据勒让德条件,χ_{11} 必为正,并且 $\chi_{11} = -\beta_{11}/\beta_1^3$ 时,$\beta_{11}(\chi^0, u^e)$ 必为负。从而,

$$\frac{\partial \chi^0}{\partial N_i} = \frac{-\lambda_1^0}{(\lambda^0)^2 \beta_{11}(\chi^0, u^e)} < 0, \tag{54a}$$

$$\frac{\partial \chi^0}{\partial v_i} = \frac{-\lambda_2^0}{(\lambda^0)^2 \beta_{11}(\chi^0, u^e)} > 0, \tag{54b}$$

---

⑱ 这一证明方法源于 Treadway,前引。

$$\frac{\partial \chi^0}{\partial \rho} = \frac{-\lambda_3^0}{(\lambda^0)^2 \beta_{11}(\chi^0, u^e)} < 0, \tag{54c}$$

且

$$\frac{\partial \chi^0}{\partial u^e} = \frac{-1}{\beta_{11}(\chi^0, u^e)} \left[\frac{\lambda_4^0}{(\lambda^0)^2} + \beta_{12}(\chi^0, u^e) \right]. \tag{54d}$$

除预期失业率外,上述所有偏导数的符号都与 λ^0 的符号相同。即,当其他条件不变时,企业劳动力的增加会导致最优工资选择的下降,而产品价格对平均工资比率的上升则会产生相反的效应。导致这些结果的原因在于,最优工资报价和增加一个工人的现值,与式(38)所隐含的边际条件成正相关。

上述讨论得出的结论并不令人感到特别意外。事实上,在对利率变化的效应已有预期的情况下,它们已经隐含在短期静态就业理论中。然而,在预期失业率变动的情况下,工资变动路径的不确定性仍然是有趣的。

参数 u^e 本质上是劳动力市场"紧密性"(tightness)的一个测度。即,u^e 值越大,以给定工资水平进入企业的特定工人的流量就越大。菲尔普斯表明,典型企业将回应于一个"更紧密"的劳动力市场,即企业基于它对市场平均工资水平的认识,通过增加它的相对工资使 u^e 值下降。[19] 这里给出的理论并不具有这样的暗示。事实上,由条件(27)可知 β_{12} 为正,这意味着预期失业率的下降提高了增加一个工人的隐性边际成本;并且,因为同一变化对增加一个工人的投入成本只具有较小的影响,即在给定企业相对工资情况下,λ_4^0 的绝对值较小,所以对 u^e 下降的结果可能是,企业已提供的自身相对工资报价下降非上升。

在概述中我们表明

$$\frac{w_i^0}{\bar{w}^e} = \chi^0 = \psi(N_i, v_i, \rho, u^e), \quad \psi_1 < 0, \psi_2 > 0, \psi_3 < 0, \psi_4 = ? \tag{55}$$

其中 w_i^0 表示最优工资选择。把 ψ 代入式(31)中的 $w_i/\bar{w}^e$,至少在原则上,我们现在能得出最优就业计划。

在本节开始时,我们注意到企业在长期面临一条具有完全弹性的劳动力供给曲线。然而,在均衡中边际劳动产品价值并不等于工资率。事实上,均衡就业水平 N_i^* 满足

$$v_i F_i'(N_i^*) - \chi(0, u^e) = \rho \chi_1(0, u^e). \tag{56}$$

因此,在均衡中,边际工人的产品价值高于工资率,高出部分等于企业吸引并留住工人所需隐性投资的利息费用。当且仅当隐性投资为零时,工资等于边际产

---

[19] Phelps,前引。

品价值。所以,通常的静态竞争均衡条件在企业是一个动态垄断者时并不成立,尽管企业支付的工资不受其动态垄断能力的影响。这些差异提供了从静态垄断者概念和投入服务的竞争性雇主概念中,区分动态垄断者概念的基本原理。

4 市场模型

所有企业的工资选择共同决定了市场平均工资的当前值。如果市场平均工资被定义为

$$\bar{w} = \sum_i \frac{N_i}{N} w_i, \tag{57}$$

那么

$$\bar{w} = \bar{w}^e \theta, \tag{58}$$

根据(55)式

$$\theta = \sum_i \frac{N_i}{N} \psi(N_i, v_i, \rho, u^e), \tag{59}$$

显然,θ 取决于总就业水平、就业在不同企业中的分布 v_i,以及实际利率和预期失业率。如果我们假设企业数量,或者至少已经建立的企业数量,与劳动者成比例地增加,那么在特定条件下

$$\theta = \theta(1-u, v, \rho, u^e); \quad \theta > 0, \theta_1 < 0, \theta_2 > 0, \theta_3 < 0, \theta_4 = ? \tag{60}$$

其中 $1-u$ 是就业率,

$$1 - u = \frac{N}{L}, \tag{61}$$

v 是预期平均产品价格和预期平均工资的比率

$$v = \sum_i \frac{N_i}{N} v_i = \frac{1}{\bar{w}^e} \sum_i \frac{N_i}{N} P_i^e = \frac{\bar{P}^e}{\bar{w}^e}. \tag{62}$$

θ 中偏导数的符号反映了第 3 部分推导出的 ψ 的符号。当然,θ 为正,因为它是实际平均工资和预期平均工资的比率。

我们假设预期平均工资和预期平均产品价格,分别等于各自在之前某个时刻 $t-h$ 经预期膨胀调整后的实际值;即,

$$\begin{aligned} \bar{w}^e(t) &= \bar{w}(t-h) e^{hp^e}, \\ \bar{P}^e(t) &= \bar{P}(t-h) e^{hp^e}. \end{aligned} \tag{63}$$

当然,h 是预期时滞的长度。

给定这些假定,如果 h 是一个很小的时间间隔,那么

$$\frac{\bar{w}(t)}{\bar{w}^e(t)} = \frac{\bar{w}(t)}{\bar{w}(t-h)e^{hg^e}} \approx e^{h(g-g^e)}, \tag{64}$$

当然,g 是平均工资率的实际膨胀率。由式(58)、(60)和(64)可直接得出

$$g = p^e + \frac{1}{h}\ln(\theta(1-u,v,\rho,u^e)). \tag{65}$$

关于预期的假设同时表明

$$v(t) = \frac{\bar{P}(t-h)}{\bar{w}(t-h)}. \tag{66}$$

因此,

$$\frac{v(t+h)-v(t)}{h} = \frac{1}{h}\left[\frac{\bar{P}(t)}{\bar{w}(t)} - \frac{\bar{P}(t-h)}{\bar{w}(t-h)}\right]$$

$$= \frac{\bar{P}(t-h)}{\bar{w}(t)}\frac{\bar{P}(t)-\bar{P}(t-h)}{h\bar{P}(t-h)} - \frac{\bar{P}(t-h)}{w(t)}\frac{w(t)-\bar{w}(t-h)}{h\bar{w}(t-h)}.$$

如果 h 很小,下式大致成立:

$$\frac{\dot{v}}{v} = p - g, \tag{67}$$

其中,p 是实际产品价格膨胀率。

方程(65)和方程(67)反映了第 3 部分建立的工资选择理论隐含的工资调整过程,并且反映了对预期所做的假设。如果在其他条件不变的情况下,产出价格相对于平均工资上升,那么每个企业向净就业中增加一人的投入成本将上升。这一变化使企业试图以更快的速度吸引劳动力。企业通过提高它的工资来实现这点。因为并非所有企业都能提高它们相对于平均水平的工资,其最终结果是平均工资相对于平均产品价格的一个上升,以及总就业净流量的一个增加。因为劳动力是所有企业雇员的累加,从而由于不断递减的收益,增加一个工人的投入成本趋于下降。结果导致产品价格对工资的比率下降。实际利率外生上升的效应,与产品价格上升的效应相反。由于每个企业希望保持它们工资和市场平均工资之间的差异,所以给定其他变量值时,预期通货膨胀率的上升会使工资膨胀率出现等量上升。最后,价格—工资比率 v 对变化的调整速度,随预期时滞的长度发生逆向变化。

当然,总就业水平也是内生的。它的时间变化率为

$$\dot{N} = \sum_i \dot{N}_i, \tag{68}$$

因为总就业水平是所有企业就业水平之和。联立方程(68)和方程(24)可得

$$\dot{N} = \sum_i H_{i0} - \sum_i Q_{i0} - \delta N, \tag{69}$$

其中 H_{i0} 是从失业池进入第 i 个企业的雇用流量，Q_{i0} 是从第 i 个企业回到失业池的辞职流量，δN 是就业工人离开劳动力市场的流量。相应地，根据方程(10)和方程(13)，我们发现

$$\sum_i H_{i0} = s_0 \phi U, \tag{70}$$

$$\sum_i Q_{i0} = s_2(1-\phi)N, \tag{71}$$

其中

$$\phi = \sum_i \frac{N_i}{N} f\left(c \frac{w_i}{\bar{w}} e^{h(g-g^e)}\right). \tag{72}$$

因为 $s_0 U$ 是失业池中每段时期和某个企业联络的劳动者人数，所以式(70)中的 ϕ 即总接受率。类似地，式(71)中的 $(1-\phi)$ 是考虑辞职以搜寻新工作的就业劳动者中确实会辞职的人数比例。

显然，总接受率是一个关于 $ce^{h(g-g^e)}$ 的函数，也是企业自身相对工资分布的矩(moments)。方程(57)隐含着一阶矩是 1，所以只有更高阶的矩才有意义。关于分布均值的二阶矩，即方差，被定义为

$$\sigma^2 = \sum_i \frac{N_i}{N}\left(\frac{w_i}{\bar{w}} - 1\right)^2. \tag{73}$$

注意，σ 同时也是企业工资率的变异系数。

为了得到总接受率和企业自身相对工资分布方差之间关系的定性特征，我们考虑图 4。对应于给定 $w_i/\bar{w}$ 时的 f 值由图中的曲线反映。曲线的特点反映了在式(7)中所做的假定。具体而言，当参数小于 1 时，$f'' > 0$；当参数大于 1 时，$f'' < 0$。因为式(4)中 $c > 1$，所以相对工资分布的均值为 1，且落在 $f'' < 0$ 的区间上，如图所示。

因为我们在第 3 部分已经证明了每个企业将在 $w_i/\bar{w} > 1/c$ 的区间上选择它的工资，又因为 $e^{h(g-g^e)} \approx 1$，所以整个分布都落在 $f'' < 0$ 的区间上。令 AB 间的距离表示企业自身相对工资报价的分布范围。显然不同企业的接受率即线段 CD 之间落在纵轴上的值。现在假定企业自身相对工资率的分布是对称的。在这种情况下，总接受率等于从横轴到由分布均值引出的垂线与弦 EF 交点之间的垂直距离，它等同于 OG 的距离。

现在可以推出方差的一个增加对总接受率的影响。令方差增加会使分布范围扩大，比方说等于线段 $A'B'$ 的长度。那么，此时总接受率等于线段 OG' 的长度。方差的增加导致了总接受率的减少。

关于 $ce^{h(g-g^e)}$ 变化的影响可以直接得出。注意到

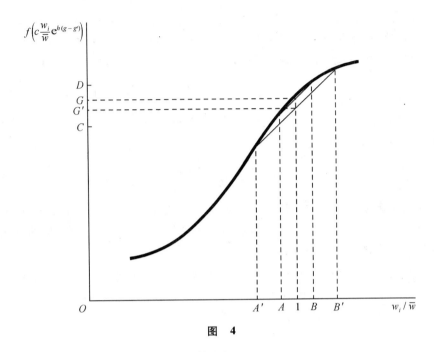

图 4

$$\frac{\partial \phi}{\partial c e^{h(g-g^e)}} = \sum_i \frac{N_i}{N} f'\left(c\frac{w_i}{\bar{w}} e^{h(g-g^e)}\right) \frac{w_i}{\bar{w}} > 0, \qquad (74a)$$

$$\frac{\partial^2 \phi}{(\partial c e^{h(g-g^e)})^2} = \sum_i \frac{N_i}{N} f''\left(c\frac{w_i}{\bar{w}} e^{h(g-g^e)}\right)\left(\frac{w_i}{\bar{w}}\right)^2 < 0. \qquad (74b)$$

二阶偏导数的符号,得自于每个企业选择自身工资以满足 $w_i/\bar{w} > 1/c$ 的事实。

总之,我们已经表明

$$\phi = \phi(c e^{h(g-g^e)}, \sigma^2), \quad 0 < \phi < 1, \phi_1 > 0, \phi_2 < 0, \phi_{11} < 0. \qquad (75)$$

因为 c 等于每个劳动者预期平均市场工资和劳动者接受工资的比率,所以接受工资的下降会使总接受率上升。[20] 如果就业工人的搜寻成本相对于失业工人的搜寻成本下降,那么接受工资也将下降。当其他条件不变时,预期工资膨胀率和实际值之间差额的增加会使总接受率上升,因为劳动者并不知道他们收到更高报价的原因仅仅在于一般工资出现了膨胀。斯蒂格勒(Stigler)已经表明,工资分布的离散度是劳动力市场信息不完全程度的一个恰当测量指标。[21] 根据我们的理论,信息不完全程度的上升会使总接受率下降。这是因为,每个企业的接受

---

[20] 参见第 174—175 页。

[21] G. J. Stigler, "Information in the Labor Market," *Journal of Political Economy* (October 1962), Part 2, Supplement.

率以递减的速度随其自身相对工资率上升。

为了推导就业的调整方程,把式(70)和式(71)恰当地代入式(69),得到

$$\dot{N} = (s_0 U + s_2 N)\phi - (s_2 + \delta)N.$$

因为全体劳动者 L 以相当于 $\eta - \delta$ 的比例随时间变化,并且失业率等于 $1 - N/L$,所以

$$\dot{u} = (\eta + s_2)(1 - u) - [s_0 u + s_2(1 - u)]\phi(ce^{h(g-g^e)}, \sigma^2). \quad (76)$$

方程(65)、(67)和(76)构成了一个完整的工资和就业动态的模型。这些方程描绘了劳动力市场是如何像本文想象中的那样,对产品价格膨胀率、实际利率,以及特定结构性参数这三者的外生变化做出调整的。

5 菲利普斯曲线、通胀—失业权衡与"自然"失业率

在本部分中,我们提出并回答与第4部分建立的动态工资—就业模型相关的一系列问题:(a)众所周知的菲利普斯曲线表示的经验关系能否得到解释?换句话说,模型能否表明观察到的数据是怎样产生的?(b)通货膨胀和失业之间是否存在一种有意义的权衡?(c)是否存在一个"自然"失业率?如果存在,它的决定因素是什么?

就业方程(76),包含了基本的供给条件。其方程形式为

$$\dot{u} = (\eta + s_2)(1 - u) - [s_0 u + s_2(1 - u)]\phi(ce^{h(g-g^e)}, \sigma^2),$$
$$0 < \phi < 1, \phi_1 > 0, \phi_2 < 0, \phi_{11} < 0, \quad (77)$$

其中 u 表示失业率。所有参数均为正,且由于 $s_0 > s_1$,

$$c = \frac{s_0}{s_0 - s_1} > 1. \quad (78)$$

参数 s_0、s_1 和 s_2 分别表示每段时期和某个特定雇主联络的失业劳动者的比例、每段时期和某个有希望的新雇主联络的就业劳动者的比例,以及每段时期正在考虑从当前雇主辞职以回到失业池的就业劳动者的比例。我们表明 $s_0 > s_1$,因为联络的频率反向依赖于搜寻成本,并且搜寻的机会成本在劳动者处于失业时大体上更高。最后,$g - g^e$ 是实际工资膨胀率和劳动者预期值之间的差额,h 是反映信息滞后的时间长度,σ 是工资分布的变异系数,ϕ 是总接受率。

作为不同企业工资决定的结果,工资膨胀率 g,与失业率 u、平均产品价格对平均市场工资的比率 v、企业对市场的预期产品价格膨胀率 p^e、企业对市场的预期失业率 u^e 以及实际利率 ρ 相关。特别地,

$$g = p^e + \frac{1}{h}\ln\theta(1 - u, v, \rho, u^e),$$

$$\theta > 0, \theta_1 < 0, \theta_2 > 0, \theta_3 < 0, \theta_4 = ?. \tag{79}$$

这一方程的推导如式(65)所示。因为 v 是平均产品价格对平均市场工资的比率,所以第 i 个企业在两种情况下的权重即为它的总就业份额。

$$\frac{\dot{v}}{v} = p - g, \tag{80}$$

其中 p 是相应的平均产品价格增长率。如果我们将 g 代入式(77)和式(78),那么得到两个关于 u 和 v 的微分方程。这两个方程描述了本文理论中隐含的工资—就业动态。

第一个问题是:上述模型能否给出一个对菲利普斯曲线的解释?或者更重要地,该理论能否解释菲利普斯和其他人观察到的数据是怎样产生的?数据可以被看做是一个散点图,在二维平面 g-u 上,每一个散点表示一个不同的数据。这些数据具有两个众所周知的特征。第一,给定一个较长的时期,这些散点在二维平面 g-u 上通常呈递减倾斜的带状分布。第二,子时间间隔(sub-time-intervals)的点在平面上描绘了逆时针环。换句话说,如果把时间接近的点连成一条曲线,那么这条曲线在一段较短的时间间隔内通常类似于一个环。随着间隔时间的流逝,观察到的点沿这个环逆时针移动。

利普西最早注意到菲利普斯使用的数据中存在这样的环。[22] 他也对这些环给出了著名的独创性解释。他的论点基于两个命题:(a)任何一个行业和/或地区中工资膨胀率和失业率之间的关系凸向原点;(b)不同行业和/或地区之间失业率的离散度在商业周期上升阶段扩大,在商业周期衰退阶段缩小。因此,总菲利普斯曲线作为诸多微型曲线的凸向组合,在繁荣时期上升,在衰退时期下降。因为总失业率在商业周期繁荣时下降,而在衰退时上升,所以产生了逆时针环。

本文模型提供的对这些现象的解释严重地依赖于式(77)隐含的关系。注意到

$$\frac{\partial \dot{u}}{\partial u} = -[\eta + s_0 + (1 - \phi)s_2] < 0, \tag{81a}$$

$$\frac{\partial \dot{u}}{\partial g} = -[s_0 u + s_2(1 - u)]\phi_1 che^{h(g-g^e)} < 0. \tag{81b}$$

因此,

$$\left.\frac{\partial g}{\partial u}\right|_{\dot{u}=\text{const.}} = \frac{-[\eta + s_0 + (1 - \phi)s_2]}{[s_0 u + s_2(1 - u)]\phi_1 che^{h(g-g^e)}} < 0. \tag{82}$$

换句话说,给定预期工资膨胀率和失业率的变化率时,工资膨胀率和失业率之间

---

[22] Lipsey,前引。

的隐性关系将向下倾斜,因为失业率和工资膨胀率中任何一个的上升都会使失业率的变化率下降。

为了得出菲利普斯所描绘的现象和利普西观察到的环,我们需要利用在式(79)和式(80)中嵌入的模型需求方。方程(79)隐含着如下结论:

$$\left.\frac{\partial g}{\partial u}\right|_{v=\text{const.}} = -\frac{1}{h}\frac{\theta_1}{\theta} > 0, \tag{83a}$$

$$\frac{\partial g}{\partial v} = \frac{1}{h}\frac{\theta_2}{\theta} > 0, \tag{83b}$$

$$\frac{\partial g}{\partial p^e} = 1. \tag{83c}$$

因此,式(79)意味着当价格/工资率保持不变时,工资膨胀率随失业率的上升而上升。

需要指出的是,方程(82)和方程(83)的结论并非相互矛盾。模型在工资膨胀率和失业率都是内生的意义上是完整的,因此这些变量的时间序列数据,产生于模型对其参数外生变化的回应。菲利普斯曲线和利普西环能由商业周期产生。尤其是,模型反映了当产品价格膨胀率发生波动时,总需求也发生波动,从而产生了关于 g 和 u 的时间序列样本,它们在二维平面 g-u 上呈递减倾斜的带状分布。此外,这些样本形成了逆时针环。

为了说明这一点,我们借助于图 5。图中曲线 $\dot{u}=0$ 是与失业率不发生变化时相一致的点的轨迹。因为 $\partial\dot{u}/\partial u<0$,所以曲线右上方的点对应于负的 $\dot{u}$ 值。换句话说,如果市场可以由这样的一个点描述,那么失业率将随时间下降。类似地,给定曲线 $\dot{u}=0$ 左边的某个点时,失业率将上升。

曲线 AA' 表示式(79)隐含的 g 和 u 之间的关系。出于方便下文分析的目的,我们假设期望变量 p^e 和 g^e,以及 ρ 和 σ^2 都保持不变。假定产品价格膨胀率在初始时为某一特定值 p_0,并且市场在 $\dot{u}=0$ 和 $\dot{v}=0$ 的意义上处于均衡状态。$\dot{v}=0$ 的假设和(79)、(80)两式的组合,意味着 v 在初始时的特定值为 v_0,这个值决定了曲线 AA' 的位置。现在,因为描述市场的点必须落在曲线 AA' 上,并且我们假设 $\dot{u}=0$,所以市场在初始时必定位于图中的 E_0 点。最后,因为 $\dot{v}=0$ 隐含着 $p=g$,所以工资膨胀率在初始时等于产品价格膨胀率 p_0。

如果产品价格膨胀率从 p_0 上升到一个更高的值 p_1,那么会出现什么情况呢? 起初不会发生任何变化,因为产品价格膨胀率既不是式(77)的参数,也不是式(79)的参数。然而,不久之后 $\dot{v}/v=p_1-p_0>0$ 将上升,因为初始时 g 等于 p_0。但此时 $\partial g/\partial v>0$,从而曲线 AA' 随 v 的上升而向上移动,以回应于产品价格膨胀率和工资膨胀率之间正的差额。换句话说,工资膨胀率开始上升。一旦 g

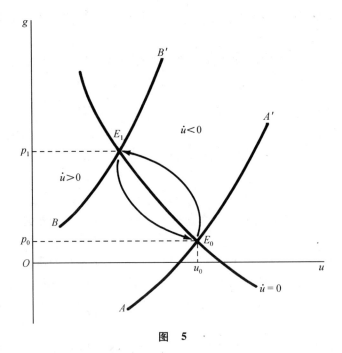

图 5

上升到曲线 $\dot{u}=0$ 上方,失业率即开始下降,因为此时市场位于 $\dot{u}<0$ 的区间上。由于曲线 $\dot{u}=0$ 不受 v 变化的影响,工资膨胀率将继续上升,失业率将继续下降,如图中带箭头的较高的路径所示。这个过程一直持续到产生一个新的均衡点 E_1。价格/工资率在新均衡点上的值决定了新的 AA' 曲线的位置(图中用曲线 BB' 表示)。同理我们可以表明,当 p 下降到 p_0 时,市场将沿(图中带箭头的)较低的路径回到 E_0。因此,基于产品价格膨胀率随商业周期发生波动,以及由 p 的波动产生的数据与菲利普斯曲线相一致的事实,上述理论确实给出了一个对逆时针环的解释。

上述分析同时隐含着,产品价格膨胀率会影响失业率。因为经济政策或多或少能被用来控制价格膨胀率,该理论表明那些将菲利普斯曲线作为一个社会权衡关系进行讨论而得到的解释,可能具有一定的正确性。然而,我们必须牢记,前面呈现的分析建立在劳动者的预期工资膨胀率保持不变的假设之上。尽管这一假设在短期可能是恰当的,但在长期显然并非如此。

为了理解放宽不变预期假设的结果,我们再次考虑图 5。假定初始时 $p=p_0=g=g^e$。现在假定政策制定者决定使产品价格膨胀率永远维持在一个更高的水平 p_1 上。市场的最初反应是沿从 E_0 指向 E_1 的路径的一个调整过程。但是,一旦达到该点,则 $g^e=p_0<g=p_1$,如果预期工资膨胀率不同时发生变化

的话。

如果预期像卡干(Cagan)所说的那样是具有"适应性"的话,那么预期工资膨胀率和实际值之间的不一致性并不会永远持续。[23] 相反地,预期工资膨胀率最终会得到调整,直到它等于实际值为止。随着 g^e 的上升,式(77)意味着曲线 $\dot{u}=0$ 将向右移动。同时,失业率倾向于上升,从而工资膨胀率倾向于沿曲线 BB' 上升。但是,一旦 g 上升到超过 p_1 的水平,价格/工资率即开始下降,它反过来又使曲线 BB' 向下移动。这一过程持续到 $g^e = g$ 为止。一旦调整过程完成,失业率将等于它的初始值 u_0,因为根据式(77),此时仅存在一个与 $\dot{u}=0$ 和 $g=g^e$ 相一致的值。此外,为了满足 $\dot{v}=0$ 的条件,$g=p_1$。从而,我们推断,在"长期",即预期工资膨胀率调整至实际值时所需要的时期,我们假想的政策制定者不能通过改变产品价格膨胀率来影响失业率。

我们得出的结论似乎补充了菲尔普斯和弗里德曼的近期论点,即通货膨胀率和失业率之间不存在权衡。[24] 然而,这里得出的结论必须以恰当的角度去理解才能成立。如果劳动者预期的工资膨胀率随实际值调整的时滞很长,如我们已经隐含假定的那样,那么上述理论意味着财政政策或货币政策对产品价格膨胀率的控制,可以被作为一种稳定化工具得到使用。这一结论显然不会使经济学界感到震惊。

此外,如果预期的调整时滞很长,那么将会存在一个跨期选择问题。即,社会可以以未来某段高失业时期为代价,"购买"一个当前的低失业时期。如果社会的贴现率为正,那么这一行为在适当的情形下可能是社会最优的。菲利普斯曲线提供了评估这一行为的成本和收益的一个工具。当然,相反地,通货膨胀率一个持久性下降的"价格"(price)是当前的一段高失业时期。

这个失业率的值,与失业率不发生变化以及预期工资膨胀率和实际值相等时相一致,似乎符合"自然"失业率的概念,这一概念由弗里德曼在他最近的美国经济协会会长就职演讲中提出。根据他的定义,

> "自然失业率",换言之,即为一般均衡方程的瓦尔拉斯体系(Walrasian system of general equilibrium equations)辛辛苦苦推导出的失业水平,提供了嵌入在这些方程中的劳动力市场和产品市场真实的结构性特征,包括市场的不完全性、需求和供给的随机波动性、收集工作空位和劳动力可得性信息

---

[23] P. H. Cagan, "The Monetary Dynamics of Hyperinflation," in *Studies in the Quantity Theory of Money*, M. Friedman, ed. (University of Chicago Press, Chicago, 1956).

[24] 参见 Phelps, 前引, 以及 Friedman, 前引。

的成本,以及迁移成本,等等。㉕

因为部分上述特征已经"嵌入"在我们的模型中,所以宣称本文建立的理论至少部分地推导出了自然失业率的某些决定因素,似乎是公正的。

令 u^* 表示与 $\dot{u}=0$ 和 $g=g^e$ 相一致的失业率。方程(77)和(78)表明

$$u^* = \frac{\eta + s_2(1-\phi^*)}{\eta + s_0\phi^* + s_2(1-\phi^*)}, \tag{84}$$

其中

$$\phi^* = \phi\left(\frac{s_0}{s_0 - s_1}, \sigma^2\right). \tag{85}$$

因为 s_0、s_1、s_2 和 η 均为正,又因为 $0 < \phi < 1$,$\phi_1 > 0$,$\phi_2 < 0$,且 $0 < u^* < 1$,我们发现

$$\frac{\partial u^*}{\partial s_0} = \frac{[s_1 s_0/(s_0-s_1)^2](\eta+s_2)\phi_1^* - [\eta+(1-\phi^*)s_2]\phi^*}{[\eta + s_0\phi^* + s_2(1-\phi^*)]^2}, \tag{86a}$$

$$\frac{\partial u^*}{\partial s_1} = \frac{-[s_0^2/(s_0-s_1)^2](\eta+s_2)\phi_1^*}{[\eta + s_0\phi^* + s_2(1-\phi^*)]^2} < 0, \tag{86b}$$

$$\frac{\partial u^*}{\partial s_2} = \frac{s_0\phi^*(1-\phi^*)}{[\eta + s_0\phi^* + s_2(1-\phi^*)]^2} > 0, \tag{86c}$$

$$\frac{\partial u^*}{\partial \eta} = \frac{s_0\phi^*}{[\eta + s_0\phi^* + s_2(1-\phi^*)]^2} > 0, \tag{86d}$$

以及

$$\frac{\partial u^*}{\partial \sigma^2} = \frac{-s_0(\eta+s_2)\phi_2^*}{[\eta + s_0\phi^* + s_2(1-\phi^*)]^2} > 0. \tag{86e}$$

为了解释这些结论,回想一下,ϕ 是总接受率。换句话说,ϕ 是特定时点考虑一个报价并接受这一报价的失业工人的比例,同时也是考虑辞职但并未辞职的就业工人的比例。参数 s_0、s_1 和 s_2 分别是失业工人收到报价的频率、就业工人收到来自其他企业报价的频率,以及就业工人考虑辞职以搜寻一份更好工作的频率。

进一步地,给定工人分别处于失业和就业时,s_0 和 s_1 被假定与搜寻成本呈相反的关系。η 是进入市场的新工人的比例,σ 是市场工资分布的变异系数。它测量了工资的离散度,并且可以看做是关于备选工资报价的信息不完全程度的代理变量。

㉕ Friedman,前引,p.8。

注意到比率 $s_0/(s_0-s_1)$ 是总接受率的一个决定因素，且 $\phi_1>0$。也就是说，若工人失业时搜寻成本相对于他就业时的搜寻成本上升，即 s_1/s_0 上升，会导致接受率上升。这一结论的理由应当是很清楚的。这样的一个变化意味着给定工人就业时，搜寻一份新工作或更好工作的成本已经变得相对较低。因此，它倾向于促使失业工人接受这些工作。不然的话，上文推出的部分结论似乎将违背人们的直觉。

例如，失业工人和企业联络频率的增加，并没有明显地使"自然"失业率下降。方程(86a)右边第二项的符号为负，因为联络频率的增加将提高给定失业工人在每段时期被雇用的机会。然而，s_0 的增加反映了失业工人的搜寻成本已经下降的事实。由于就业工人的搜寻成本被假定保持不变，所以失业工人的搜寻成本相对于就业工人而言已经下降，如我们已经注意到的那样，它将使总接受率下降。这一事实在方程(86a)右边第一项的符号为正中得到了反映。

这个结论值得深思。许多被认为可以作为降低工作可得性信息成本手段的方案，可能并不会降低摩擦性失业水平，除非它们能同时降低就业工人和失业工人的搜寻成本。这一点的重要性隐含在式(86b)中。结论表明，即使失业工人的信息获取成本保持不变，降低就业工人的搜寻成本也会使摩擦性失业水平下降。

因为 s_2 和 η 的一个增加使进入失业池的工人的相对流量上升，所以它同时也导致了摩擦性失业水平的上升。从某种程度上而言，市场上的工资离散度反映了备选工资报价的不完全信息，信息不完全程度的一个增加会使接受率下降，并使自然失业率上升。再一次地，增加劳动者关于备选工资报价知识的方式，可能会使摩擦性失业中的这种成分下降。

在本部分中，我们探索性地证明了，式(77)到式(80)所描述的调整过程是稳定的。为了保持本部分的主要基调，我们把更严密的证明放在附录中。

6 结　　论

关于一个典型的劳动力市场供给方的基本假设是，具体的工资信息和一般的工资信息是不完全的，并且工作机会和工资信息的搜寻成本是高昂的。给定这些假设，我们能够表明在这样一个劳动力市场上，每个企业都将面临关于企业工资报价具有不完全弹性的劳动力流量供给。换句话说，每个企业在动态意义上都是垄断者。如果我们假设每个企业都考虑到这一事实，并且希望最大化它的现值，则能够推导出支配企业最优工资的决策规则。

通过把不同企业面临的流量供给方程进行加总,我们可以得出一个微分方程,用来描述就业水平随时间发生的变化。类似地,决策规则的加总将得出一个工资调整方程。本文得出的工资和就业动态的显性模型总结如下:

$$\dot{u} = (\eta + s_2)(1-u) - [s_0 u + s_2(1-u)]\phi(ce^{h(g-g^e)}, \sigma^2),$$
$$0 < \phi < 1, \phi_1 > 0, \phi_2 < 0, \phi_{11} < 0, c = s_0/(s_0 - s_1) > 1, \quad (87)$$
$$g = p^e + \ln\theta(1-u, v, \rho, u^e); \quad \theta_1 < 0, \theta_2 > 0, \theta_3 < 0, \theta_4 = ?, \quad (88)$$
$$\frac{\dot{v}}{v} = p - g. \quad (89)$$

模型中的变量为: u = 失业率; g = 货币工资膨胀率; v = 平均产品价格对平均市场工资的比率.

参数的含义如下: p = 产品价格膨胀率; g^e = 劳动者的预期工资膨胀率; p^e = 企业的预期产品价格膨胀率; ρ = 企业面临的实际利率; η = 进入劳动力市场的新工人占市场工人总量的比例; s_0 = 失业工人收到工资报价的频率; s_1 = 就业工人收到其他企业工作报价的频率; s_2 = 就业工人考虑辞职以回到失业池的频率; h = "信息时滞"的长度; σ = 工资报价分布的变异系数.

函数 ϕ 的值等于具有优厚工资报价且接受这些报价的失业工人流量的比例。同时,它也是每段时期考虑辞职以回到失业池,但却仍然留在他们当前公司的就业工人的比例。我们称这一比例为总接受率。因为 s_0 是每段时期收到报价的失业工人存量的平均比例, s_2 是每段时期考虑辞职的就业工人存量的平均比例,所以(87)式可以直接得出。

劳动者在就业时得到工作报价的概率,相对于他在失业时得到报价概率的上升,会使就业相对而言更具有吸引力。这是因为接受一份工作的机会成本,即劳动者继续搜寻更好工作而非接受他面前工作机会的预期收入,相对于他接受当前工作报价在未来所能挣到的收入将会下降。因为 s_0 和 s_1 分别反映了在两种条件下获得工资报价的概率,所以这个论点为 ϕ_1 的符号提供了合理的解释。同时,该论点意味着当且仅当失业工人在失业和就业时的机会相等时,接受率才等于1。因为已经表明 $s_0 > s_1$,所以 ϕ 小于1。

给定不完全信息的条件下,每个劳动者必须在先前时期获得的工资信息之上估计平均市场工资。如果先前时期出现工资膨胀或紧缩,那么他大体上会对这一事实做出适当的调整。所以,实际工资膨胀率 g 相对于预期值 g^e 的一个上升,会使接受率上升,因为所有的报价相对于市场平均水平而言似乎都已上升了。当然,这种影响是暂时性的,因为 g^e 最终会对 g 的变化作出调整。然而,这种影响确实是重要的。

ϕ_2 和 ϕ_{11} 的符号解释起来稍有困难。要理解这些导数,我们必须更深入地探讨本文的理论结构。只需表明当且仅当每个企业选择问题的解的特定必要条件得到满足时,推导出的两个符号都将成立已经足够。因此,它们为本文提出的工资选择理论的适用性提供了潜在的经验检验。其他的额外检验由式(88)给出,因为这个方程得自于对决策问题的加总,而决策问题又由每个企业工资选择问题的解产生。

工资选择理论的基本结论是较为简单的。企业的长期目标就业水平相对于它当前就业水平越高,它就会试图以一个越快的速度吸引劳动力。当然,每个企业只有通过提高它相对于市场平均水平的工资报价,才能增加其劳动力净流量。在其他条件不变的情况下,就业的上升使企业目标就业水平和当前就业水平之间的代数差距下降。那些受到影响的企业,试图降低它们相对于市场平均水平的工资。结果使得市场平均工资相对于它之前的水平下降。这一论点解释了 θ_1 的符号。

只要认识到变量的改变对目标就业水平的影响,其他符号就能通过类似的论点得到解释。特别地,v 的增加反映了劳动生产率相对于成本的提高,从而使目标就业水平提高。实际利率也被考虑在内,因为存在调整就业水平的隐性成本。实际利率的上升降低了产生这些成本的诱因,从而降低了目标就业水平和调整率。最后,预期产品价格膨胀率的上升使工资膨胀率发生等量上升,因为每个企业预期到平均工资在长期内将和价格发生相同比率的膨胀。

显然,本文的模型并非简单地把工资膨胀率和失业率联系在一起。事实上,这两个变量都内生于本文的模型。那么,模型如何解释两者之间存在诸如菲利普斯曲线的关系呢?如果这个关系确实能够被推出,那么通过模型所有部分的模拟运算,我们就能得到这一关系。在本文中我们能够表明这种关系是在给定产品价格膨胀率,由不断变化的需求条件引发波动的情况下,从模型中推导产生的。从而导致了二维平面 g-u 上的点,呈现出向下倾斜的带状分布。此外,产品价格膨胀率的一个循环,在二维平面 g-u 产生了一条与利普西观察到的逆时针环相一致的点的路径。[26]

然而,通货膨胀和失业之间权衡的可能性仅在短期内存在。从式(87)能清楚地看出,权衡存在的原因仅仅在于,预期工资膨胀率对实际值变化的调整存在一个时滞。均衡失业率,定义为与 g 和 g^e 相等且失业不发生变化时相一致的失业率,独立于通货膨胀率。即

$$u^* = \frac{\eta + s_2(1 - \phi(c, \sigma^2))}{\eta + s_0 \phi(c, \sigma^2) + s_2(1 - \phi(c, \sigma^2))}, \tag{90}$$

---

[26] Lipsey,前引。

这个比率似乎符合弗里德曼提出的"自然"失业率的概念。㉗ 这是在长期内与系统摩擦和理性行为相一致的唯一失业率值。

由不同参数变化导致的均衡失业率的变化方向,除一个特例之外,都与人们的直觉相一致。其他条件不变,失业劳动者收到工作报价频率上升所产生影响的符号的方向是模棱两可的。因为这一频率相对于就业劳动者收到工作报价频率的上升,将使接受率下降,原因我们已经讨论过了。如果接受率的下降足以抵消接受报价的失业工人流量的上升,它同时也是 s_0 上升的结果,那么总的影响是来自失业池中新雇用流量相对于失业劳动者存量的下降。

这一结论的政策含义是明显的。假设一种政策得到设计,例如,通过降低失业工人搜寻工作的成本使 s_0 提高。人们并不能确定这一政策如果付诸实施的话,能否降低摩擦性失业水平,除非它同时使就业工人收到工作报价的频率成比例地提高。

附录 模型的稳定性

工资—就业调整过程的一个完整模型,在本文的正文部分已经得到推导和分析。在这里我们检验模型的稳定性。

就业调整模型方程为

$$\dot{u} = (\eta + s_2)(1-u) - [s_0 u + s_2(1-u)]$$
$$\times \phi(c[h(p^e - g^e) + \theta(1-u,v,\rho)], \sigma^2),$$
$$0 < \phi < 1, \phi_1 > 0, \phi_2 < 0, \theta > 0, \theta_1 < 0, \theta_2 > 0, \theta_3 < 0, \quad (A1)$$

其中 u 是就业率,v 是平均产品价格对平均市场工资的比率,ρ 是实际利率,g^e 是工人的预期工资膨胀率,p^e 是雇主的预期产品价格膨胀率。包括 c 在内的所有参数都为正。工资调整方程可以写成

$$\frac{\dot{v}}{v} = p - p^e + \frac{1}{h}[1 - \theta(1-u,v,\rho)]. \quad (A2)$$

新增加的项 p,表示实际产品价格膨胀率。ρ 和 p 都被当作外生变量处理。㉘

关于劳动力市场动态的一个完整说明,要求我们描述出 g^e 和 p^e 关于 g 和 p

㉗ Friedman,前引。
㉘ 为了从式(77)、(79)和(80)推出式(A1)和(A2),使用下列近似值:
$$e^{h(g-g^e)} \approx 1 + h(g - g^e),$$
$$e^{h(g-p^e)} \approx 1 + h(g - g^e).$$
在附录中作者忽略了预期失业率 u^e,这是因为 g 关于 u^e 的偏导数存在不确定性。

随时间调整的方式。然而,考虑隐含在式(A1)和(A2)中的"部分动态"(partial dynamics)是有用的。换句话说,系统在 g^e 和 p^e 保持不变时是否稳定?

为了回答这一问题,我们来考虑图6。图中描绘了表示 u 和 v 的单调曲线。(带箭头的)的向量表示它们在二维平面 u-v 上的移动方向。图中所示相位图的性质隐含在下列分析性结论中:

$$\frac{dv}{du}\Big|_{\dot{u}=0} = \frac{\theta_1}{\theta_2} - \frac{\eta + s_2(1-\phi) + s_0\phi}{[s_0 u + s_2(1-u)]\phi_1 c\theta_2} < \frac{\theta_1}{\theta_2} = \frac{dv}{du}\Big|_{\dot{v}=0} < 0, \quad (A3)$$

$$\frac{\partial \dot{u}}{\partial u} = -[\eta + s_2(1-\phi) + s_0\phi] + [s_0 u + s_2(1-u)]\phi_1 c\theta_1 < 0, \quad (A4a)$$

$$\frac{\partial \dot{v}}{\partial v} = -\frac{1}{h}\theta_2 < 0. \quad (A4b)$$

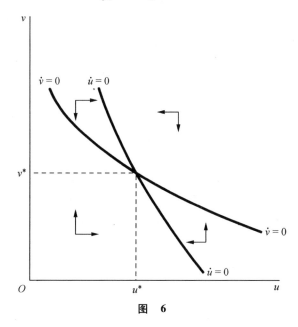

图 6

显然,系统在上述定义的"部分"情形下总体上是稳定的。也就是说,给定任意 g^e 和 p^e 的初始值的集合,保持它们不变时,u 和 v 将随时间趋近于各自在两条曲线交点上的值。当然,在现实中这两者都不会保持不变。然而,这一结论确实表明整个系统是稳定的,如果预期值对实际值的调整足够缓慢的话。

让我们考虑一个完整模型的特定版本。通常假设变量的预期值仅取决于它过去的实际值。因为产品价格膨胀率被假定外生于劳动力市场,所以当期望假说符合这一规则时,预期产品价格膨胀率也是外生的。换句话说,所得出模型的稳定性独立于 p^e 向 p 的调整过程。为了不失一般性,我们可以假设

$$p^e = p. \tag{A5}$$

假定 g^e 根据卡干提出的"适应性"预期假说,向实际工资膨胀率的变化做出调整:[29]

$$\dot{g}^e = \gamma(g - g^e), \quad \gamma > 0. \tag{A6}$$

γ 是衡量调整速度的正参数。

现在,完整的模型可用下列微分方程组写出:[30]

$$\dot{u} = (\eta + s_2)(1 - u) - [s_0 u + s_2(1 - u)]$$
$$\times \phi(c[h(p - g^e) + \theta(1 - u, v, \rho)], \sigma^2), \tag{A7a}$$

$$\dot{v} = \frac{v}{h}[1 - \theta(1 - u, v, \rho)], \tag{A7b}$$

$$\dot{g}^e = \gamma\left(p + \frac{1}{h}[\theta(1 - u, v, \rho) - 1] - g^e\right). \tag{A7c}$$

我们只考虑局部稳定性或均衡附近的稳定性条件。如果式(A7)的线性近似在均衡解的附近是稳定的,那么一个均衡解也被认为是稳定的。[31] 式(A7)关于均衡点 (u^*, v^*, g^{*e}) 的线性近似是

$$\begin{bmatrix} \dot{u} \\ \dot{v} \\ \dot{g}^e \end{bmatrix} = A \begin{bmatrix} u - u^* \\ v - v^* \\ g^e - g^{*e} \end{bmatrix}, \tag{A8}$$

其中

$$A = \begin{bmatrix} \delta_1 \phi_1^* c\theta_1^* - \delta_2 & -\delta_1 \phi_1^* c\theta_2^* & \delta_1 \phi_1^* ch \\ \dfrac{v^*}{h}\theta_1^* & -\dfrac{v^*}{h}\theta_2^* & 0 \\ -\dfrac{\gamma}{h}\theta_1^* & \dfrac{\gamma}{h}\theta_2^* & -\gamma \end{bmatrix}, \tag{A9}$$

其中

$$\delta_1 = s_0 u^* + s_2(1 - u^*) > 0, \tag{A10}$$

$$\delta_2 = \eta + s_2(1 - \phi^*) + s_0 \phi^* > 0. \tag{A11}$$

变量 u^*、v^* 和 g^{*e} 分别表示 u、v 和 g^e 的均衡值。换句话说,它们满足下列方程组:

---

[29] Cagan,前引。

[30] 方程(A7c)由(A6)得出,因为当 $p^e = p$ 时,$g = p + 1/h[\theta - 1]$。

[31] 对这一稳定性概念的讨论和一些有趣的定理参见 Richard Bellman, *Stability Theory of Differential Equations* (McGraw-Hill, New York, 1953), pp.78—82。

$$(\eta + s_2)(1 - u^*) - [s_0 u^* + s_2(1 - u^*)]\phi(c, \sigma^2) = 0, \quad \text{(A12a)}$$

$$1 - \theta(1 - u^*, v^*, \rho) = 0, \quad \text{(A12b)}$$

$$p - g^{*e} = 0. \quad \text{(A12c)}$$

方程(A9)、(A10)和(A11)中函数上的星号表示在均衡时的函数值。

接下来我们要表明均衡解存在且唯一。显然,式(A12c)意味着只有一个预期工资膨胀率的值与均衡相一致,即产品价格膨胀率。因为 $\theta_1 < 0$ 且 $\theta_2 > 0$,所以式(A12b)隐含的 u^* 和 v^* 之间的关系是单调的。因此,当且仅当单一 u^* 值满足式(A12a)时,唯一均衡解存在。显然,从式(A12a)可知,只有一个这样的 u^* 存在。

当且仅当矩阵 A 特征根的实值都为负时,式(A8)中线性微分方程组才是稳定的。其特征方程是

$$|A - \lambda I| = \lambda^3 + a_1 \lambda^2 + a_2 \lambda + a_3 = 0, \quad \text{(A13)}$$

其中

$$a_1 = \frac{v^*}{h}\theta_2^* + \delta_2 - \phi_1^* c \theta_1^* \delta_1 + \gamma, \quad \text{(A14a)}$$

$$a_2 = \frac{v^*}{h}\theta_2^* \delta_2 + \gamma\left(\frac{v^*}{h}\theta_2^* + \delta_2\right), \quad \text{(A14b)}$$

$$a_3 = \gamma \frac{v^*}{h}\theta_2^* \delta_2. \quad \text{(A14c)}$$

根据卢斯定理(Routh theorem),当且仅当下列条件成立时,如(A13)这样的三次方程的实根都为负:[32]

$$a_1 > 0, \quad a_2 > 0, \quad a_3 > 0, \quad \text{(A15a)}$$

$$a_1 a_2 > a_3. \quad \text{(A15b)}$$

给定任何在经济上有意义的解,即 $v^* > 0$,则式(A15a)成立,因为所有的参数和偏导数中除 θ_1 为负之外,其他都为正。又因为

$$a_1 a_2 = \gamma \frac{v^*}{h}\theta_2^* \delta_2 + \gamma^2\left(\frac{v^*}{h}\theta_2^* + \delta_2\right)$$

$$+ \left[\frac{v^*}{h}\theta_2^* + \delta_2 - \delta_1 \phi_1^* c \theta_1^*\right]\left[\frac{v^*}{h}\theta_2^* \delta_2 + \gamma\left(\frac{v^*}{h}\theta_2^* + \delta_2\right)\right]$$

$$> \gamma \frac{v^*}{h}\theta_2^* \delta_2 = a_3, \quad \text{(A16)}$$

所以式(A15b)同样成立。因此,局部稳定性得到证明。

---

[32] 参见 P. A. Samuelson, *Foundations of Economics Analysis* (Harvard University Press, Cambridge, Mass., 1961), p.432。

第5章 劳动力超额需求的结构*

G.C. 阿奇博尔德（G.C. Archibald）

关于菲利普斯曲线的菲利普斯-利普西理论（Phillips-Lipsey theory）假定，从超额需求到失业存在一个稳定①（假定非线性）的转变，从超额需求到货币工资也存在一个稳定（可能线性）的反作用函数映射。本文试图指出，当我们考虑菲利普斯曲线关系时，需要更好地论证超额需求的稳定结构。我们同时需要进一步论证，菲利普斯曲线的稳定性是随机的，一些相关证据最终也支持了这个结论。

本文所要提出的论点实际上是一个汇总观点，但是从有关单一（或完美汇总）市场一个非常简单的观点开始，可能有助于人们的理解。首先，我们假定以下线性反应函数②；

$$\frac{\dot{w}}{w} = \alpha X = \alpha\left(\frac{D-S}{S}\right), \quad \alpha > 0. \tag{1}$$

进一步假定 $D = D(w, \cdots), D_w < 0$。我们也可以随意地假定 D 和 S 都是关于时间

---

* 本文是我在西北大学使用福特基金会给予的院系奖学金所取得的研究成果。我对基金会和西北大学的邀请方表示感谢。本文仅代表作者个人的观点。

① 从历史上看是稳定的。有人认为，菲利普斯曲线会随预期发生变化，因而不能作为政策制定者的稳固防线。本文的论点与此不同。要更详细地了解此观点，可以参见 E. S. Phelps, "Phillips Curves, Expectations of Inflation and Optimal Unemployment over Time," *Economica* (August 1967)，以及 M. Freidman, "The Role of Monetary Policy," *American Economic Review* (March 1968)。

② 关于这个反应函数是特意建立起来，而非由理论推导出来的批评是可以接受的。试图做得更好，以及更好地发展关于非均衡和不确定情况下行为最大化的宏观理论是本文的目的所在。Holt、Phelps 和 Mortensen 的工作在其中起了十分重要的作用。然而，本文的论点仅要求这个反应函数在特定条件下存在：它和其出处无关。

的函数。在任何情况下,只存在两种可能性:公式(1)稳定,或者公式(1)不稳定。现在,我们假定 D 和 S 不随时间发生变化,并且假定存在唯一的均衡工资 $\bar{w}$,整个系统保持稳定。因此,初始干扰因素的作用会逐渐消失。如果我们从某个非均衡的初始条件 $X_0 \neq 0$(例如 $X_0 > 0$)开始,那么可以预期存在一个满足 $\dot{X} < 0$ 且 $(d/dt)(\dot{w}/w) < 0$ 的时间路径(因为公式(1)的简单形式预先排除了来回摆动的情况)。

这既明显,又基础。为转向对一般菲利普斯曲线的图形解释,我们假设从 X 到 U 存在一个稳定的映射。注意到对其他变量,例如空位或 U-dot 的使用,能使估算的结果更为精确,但这不是现在要讨论的问题。因此,我们考虑图1。如果系统稳定,那么在任何只作用一次的干扰下,它都会按图中带向下箭头的虚线部分所表示的那样,回到均衡点 A。这和我们观察到的结论相一致。当然,如果公式(1)中 α 的值使单一市场不稳定,那么我们需要诉诸"上限和下限"(floors and ceilings);但是,因为公式(1)保持不变,所以我们需要不断地干扰,以保证得出的任何结论和观察到的情况相一致。我们必须假设系统稳定;如果假设不只存在一个市场,那么我们就会碰到新的难题。

现在,我们假设存在两个指定的行业(劳动力市场)。并且从一个非常有趣的情形,即战后美国和英国的经历开始:在其中的一个市场上,存在对劳动力的正超额需求(失业低于 OA);而在另一个市场上,存在对劳动力的负超额需求。两个市场的分化,只需劳动力在两者间的不充分流动(公司内部市场的流动比市场外部的流动大)即可。关于不充分流动可能产生的影响,我们稍后会进行讨论。假设市场 I(其存在对劳动力的初始超额需求)的反应函数采取公式(1)的形式。只是出于简化说明的目的,我们假设工资黏性不断降低,从而市场 II(其存在对劳动力的初始超额供给)的 w_2 保持不变。令初始条件 X_1^0 和 X_2^0 为满足图1中 $OB > OA$ 的失业(对于宏观样本而言)的加权平均值。与 X_1^0 有关的是 $(\dot{w}/w)_1$ 的一个初始值,它导出一个宏观样本的加权平均值,如图中的 OC 所示。所以,我们的初始宏观样本在 D 上,它离一个单一同质市场受干扰后产生的点迹相去甚远。

第一个要注意的地方在于,我们的 D 是任意设定的。假设我们保持初始数值 X_2^0 不变,但是将 X_1^0 的值放大为原来的两倍。给定 X 和 U 之间的非线性关系(在 A 和 O 之间,X 的范围从零到无穷大,U 的取值从3%—4%到零),我们不应将 B 向左移动得太多。但我们必须将 OC 放大,以使它的增量等于市场 I 中工资率指数权数的两倍,从而得到图1中的 D'。很显然地,初始条件在真实世界或历史情境中并非任意设定。因为对任一样本而言,菲利普斯曲线已经得到描

就业与通货膨胀理论的微观经济基础

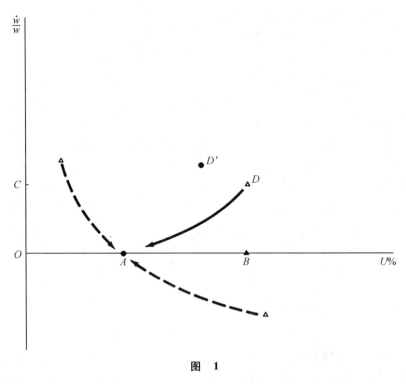

图 1

绘,所以 X_1 和 X_2 的取值并非无关,而是呈现出系统性的相关。稍后我们会回到这个话题。

第二个要注意的地方在于,从初始样本 D 开始的时间路径的斜率会有怎样的走势。如果市场Ⅰ稳定,那么 $\dot{w}/w$ 将减小。但是,市场Ⅱ会发生如何变化?当劳动力表现出更大的流动性时,又会怎样变化?我们假设两个市场对空位——失业的回应不同,或两者之间的工资存在差异,抑或上述两者都不相同,那么劳动力从市场Ⅱ向市场Ⅰ的流动仍然会很慢。这个作用将加速市场Ⅰ向均衡的回归,并降低市场Ⅱ的失业率。因而,从 D 开始的时间路径会像图1中箭头所示那样回到 A 点。这就是"逆菲利普斯曲线"(reverse Phillips curve)。

如果整个系统保持稳定,那么部分假设的变化不会影响其定性结论,尽管它会因时间作用而发生改变。因而,假设市场Ⅱ中的工人不发生流动。只要进入市场Ⅰ(其存在职位空缺)寻找工作的新工人比例比市场Ⅰ中的初始工人比例高,失业率就会随时间推移降低。(结构性失业在很多情况下都将成为暂时现象。)因此,"完全非流动"的情况将被排除;但是,流动程度仅仅改变从 D 到 A 的速度,而不改变其方向。现在,我们放松对市场Ⅱ中工资固定这一简化假设。

如果市场Ⅱ中的工资率可以降低,那么初始样本将低于 D,但其变化方向仍将趋向 A 点。从 D 到 A 的移动涉及 $\dot{w}/w$ 和 U 两者之间随时间变化发生的正向关联:它们都将下降。

尝试另一做法也是值得的:我们能否将 U 设定为常数? 如果这样设定, $\dot{w}/w$ 将会发生什么变化? 事实上我们很难保持 U 是个常数。我们已经说过,结构性失业是暂时现象。这意味着市场Ⅱ中的失业情况只能通过不断地解雇来维持。然而,它最终也意味着产业Ⅱ的消失。这虽然是可以接受的情况;但我们必须创造新的产业来代替它。当然,与此同时,不论产业Ⅱ消亡与否,市场Ⅰ都将恢复均衡;除非我们假设不论什么因素让产业Ⅱ消亡,它们都会系统性地维持产业Ⅰ对劳动力的超额需求。现在看来,我们需要大量产业和一种过渡地带,其中,有的细分产业消亡了,但是从中又产生了一些新的产业。

如果初始条件是两个市场都存在正或负的超额需求,那么从初始点到 A 的轨迹将包含 $\dot{w}/w$ 和 U 之间的负关联,而非正关联。因此,如果宏观菲利普斯曲线已被观察到,那么也只是由于经济中初始条件(冲突)的特定模式。对混合超额供求关系的考虑,意味着存在与某些相对速率和波动频率有关的其他因素。如果我们没有观测到移动路径,例如 DA,那么肯定是因为在远离回归均衡的移动路径之前,系统的初始条件已经发生了变化。

人们会很自然地问及,它们是如何发生变化的,这些变化又是否是外生性的? 我们在此并未给出完整的答案,而只是给出一些提示。如果一个经济体的变化表现出在 $\dot{w}/w$ 和 U 之间存在历史性的稳定关系,那么对 X 的所有干扰都将是系统性的,因此从某些层面来看,它们是内生性的。我们很容易建立一个稳定一致的两部门模型,其中需求是内生性的(除排除经济中的外生性因素以外,以非零计算,在45度的线上保持中性均衡),它仅在一些特定情形下,才产生上文所推出的一般性结论。

通常的结论表明,必须假定存在某种满足

$$F(X_1, X_2) = 0 \tag{2}$$

的稳定关系(向更多部门的扩展是显然的),以便解释我们的样本。

接下来的问题在于,关系(2)是否确定。简单的定性分析足以将这种情况排除在外。我们的观点表明,从本质上讲,必定存在一个劳动力超额需求的稳定分布,即使它会发生变化,也是以系统的方式循环变动。因此,劳动力超额需求的分布不能脱离平均失业水平。但是这并不能推出,在任意给定的 U 值,例如 $\bar{U}$ 上,对于给定的产业或市场 k 和 j,都存在关联值 $\bar{X}_k, \bar{X}_j$:这仅仅表明存在一些对所有 X_i 的相关描述。确定性情形事实上似乎是不可能的:只需假设产业 k 是面包产业,产业 j 是洗衣机产业,我们就能很明显地看到,X_k 和 X_j 之间不能保持同样不变的相关关系。产品创新和增长,以及并非所有的需求收入弹性均满足单位弹性的事实,已经符合了我们要求的所有条件。这里存在一个长期的变化,同时伴随着市场的循环关系。实际上,正如我们曾经说过的那样,不仅旧产业会消失,新产业会诞生;而且当考虑到这点时,保持理论和观察所得的一致性也变得更加容易。③

因此,我们随机地给出公式(2),并给出超额需求的频率函数:

$$f(X_1, \cdots, X_n) \tag{3}$$

我们的观点会导出公式(3)存在稳定分布的假设。同时,我们并没有要求指数一定与相同的产业有关。举个浅显的例子来说,同一班级中的男孩身高呈现出稳定分布(满足不同班级间参数的恰当改变)是一回事,要求所有叫约翰的男孩都是班里第三高的男孩是另一回事。第二个推断比第一个更强,而且没有什么必要。从经验上判断,第二个推论十分荒谬;第一个推论则不同,一般而言它较为符合统计事实。

现在,我们希望知道这些超额需求是否根据一些可辨别的规则分布,又是什么规则决定这样的分布;这些参数如何发生变化,从经济意义上又应当如何进行解释。最终,我们希望知道怎样才能改变它们,因为劳动力超额需求的分布与一些亟待解决的社会问题直接相关。然而在这一点上,我只能尝试性地提出一些看起来明显不一致的结论。利普西(Lipsey)④坚持认为,在一段时间之前,如果单个市场的菲利普斯曲线从底端向上凸起的话,市场内部失业人数差量的增加,将会导致与每一宏观失业水平 U 相关的宏观 $-\dot{w}/w$ 的增加。我在其他地方⑤已经发表了检验这一假设的文章。为此,我们有必要简单地回顾一下早期的研究。

目前,我们尚不清楚真实的微观劳动力市场是怎样的。但是,很明显的是,不管它们究竟会怎样,我们都没有与其相关的数据。我们可以获得的数据都是按照区域或产业划分的。如果我们假设区域或产业差量至少是真实市场差量一个可取的替代指标,那么我们就能通过计算时间序列 σ_t^2 来检验利普西的假设,其中 σ^2 是全部数据的截面方差,并且我们把 σ^2 当做一个附属解释变量使用。忽略滞后性和价格变化等因素,回归方程式可以写成

---

③ 但是,英国的区域分析似乎表明存在一个"指数化的稳定性",它对应于简单的随机稳定性。正是因为这个原因,所以存在一个"区域问题"。参见 F. P. R. Brechling, "Trends and Cycles in British Regional Unemployment," *OxFord Economic Papers* (Marth 1967)。

④ R. G. Lipsey, "The Relationship between Unemployment and the Rate of Change of Money Wages in the United Kingdom, 1862—1957: A Further Analysis," *Economica* (Febrary 1960)。

⑤ *American Economic Review* (May 1968, Proceedings number)。

$$\left(\frac{\dot{w}}{w}\right)_t = a_0 + a_1 \, (\bar{U})_t^b + c\sigma_t^2, \tag{4}$$

其中，$\dot{w}/w$ 是宏观的，$\bar{U}$ 也是宏观的（即失业率的截面均值）。b 的值可以取正 1 或负 1，以使拟合优度最好。σ^2 是截面数据的方差。

这一模型被用来拟合四组失业数据，两组英国数据和两组美国数据。在英国，战后每年都能获得区域和产业层面的数据；在美国，每一季度可以获得一次州和 150 个主要劳动区的数据。这些数据在很大程度上支持了以下假设：尽管存在多重共线性，σ^2 的系数仍然显著为正。很显然，这意味着方差和均值相互独立，前者可以独立于后者而发生变化，这一现象对 $\dot{w}/w$ 具有独立影响。它似乎同此处得出的假设互相矛盾。但是，使用该模型对 150 个主要劳动区进行分析所得出的结论却有点不同。前面三个时期数据分布之间（第三个时期的数据得到估算，以便对倾斜度的测算可以被添加到公式（4）中：其分布是倾斜的，倾斜度会发生变化，并且这种测算在某些情形下被证明是很显著的）的相关性是如此之高，以至于我们可以排除多重回归中的显著性问题：任何一个时期的显著性都可以通过排除其他时期得到凸现。这一结论支持了本文给出的假设。虽然上述事实显然不足以完全解决这一问题，但是或多或少可以解释其中的某些要点。

在此我们毋庸赘言，关于 σ^2 具有一个正面效应的理论预测，似乎已经得到了很好的证实。它也同对英国和美国不同州的研究结论相一致。但是，和美国的 150 个样本相比，英国的区域模型每次只提供 9 个研究样本，所以它不具有重要意义。我们可以推测，如果能更好地决定研究样本的时期，那么多重共线性就会越大，σ^2 的"独立"效应也就越少，而我们所讨论假设的证据也就越多。但是，我们不能假设仅有这些数据已经足够，或者已经得到足够好的分析，从而能够使我们得出任何确定的结论。然而，我们可以从纯粹确定性的结构出发，尝试性地持怀疑态度来解释菲利普斯曲线。进一步地，如果我们在分布上的假设得到承认，那么关于"结构性"和"需求不足"的整个争论将有必要被重新考虑，因为这二者可能会趋于一致。一旦我们得知这种分布是稳定的，那么我们将会对失业分布特定时期的局部解释失去兴趣。相反地，我们的兴趣将转向对参数的度量和解释，以及那些可能改变它们数值的测算方法。

附录 一个封闭两部门模型中的工资动态例子

这里所构建的模型的目的在于研究工资率调整的动态，该调整回应于收入对商品需求做出反馈时的初始干扰及其对要素需求做出的反应，此时消费领域的替换发生,市场之间的劳动力得到流动。我们把讨论限制在一个具体的干扰上面:初始时期超额需求在一个市场为正,在另一个市场为负。这一模型将被尽可能地简化,以满足尽可能来处理问题的需要。这要求除劳动力市场之外的所有市场即时出清,并且支出通过要素收入即时地转变为再支出。这些假设的组合效应即为劳动力市场上发生的唯一动态行为等式,其中稳定性仅仅依靠于这些等式。因此,我们可以直接从对这些等式的检验中得出结论。另一方面,检验完成后比检验开始前更容易发现这些结论;其他一些问题可以通过其他渠道得到解释。

我们现在列出部分假设,其他一些假设将在以后提及并得到解释。

a. 我们的初始条件是,市场 1 对劳动力的超额需求为正,市场 2 对劳动力的超额需求为负。因此,我们可以假设市场 1 的产出受到可得劳动力供给的限制,而市场 2 则不然。

b. 市场 2 的工资是呈刚性下降的:$w_2 = \bar{w}$。再一次地,我们可以把 $\bar{w}$ 看成一个计算单位;以货币形式加以讨论是较为方便的。

c. 商品市场上存在不变的自发性支出,但是不存在内生性投资。

d. 产出由不变技术和不变资本存量下可得劳动力的利用数量决定。

e. 不存在货币部门:货币供给必须与获得的价格—数量向量(price-quantity vectors)相一致。

f. 不存在中间产品:每个部门都是纵向集合在一起的。

事实上,放松这些假设中的某些假设不会影响我们的定性结论。假设(a)是对称的;假设(b)只是出于讨论方便的目的而作出的。如果讨论对象是居民储蓄,那么为得到一个确定性均衡,部分自发性支出是必要的:自发性支出的指数在不增加任何因素的情况下,使代数运算变得更为复杂。内生性投资将带来主要的复杂问题,而且它并没有得到讨论,据此推出(d),通过生产率的自发性指数提高并未增加任何意义。(e)被证明是无关紧要的;(f)似乎是很重要的。

获得那些将"增加"要素收入,或要素收入减去一个不变储蓄比例的居民需求函数的最简单途径是,最大化满足预算约束的效用函数。线性支出函数具有一些优良的特性,但不幸的是,它也带来了一些最为棘手的非线性问题。据此我们假设一个柯布—道格拉斯效用函数(Cobb-Douglas utility functions)。虽然它们会限制行为,但事实证明这并没有太大的影响。根据我们熟悉的最大化推导步骤,可以得出

$$q_1^d = \frac{\alpha c Y}{p_1} + \frac{Z_1}{p_1}, \tag{A1}$$

$$q_2^d = \frac{(1-\alpha)cY}{p_2} + \frac{Z_2}{p_1}, \tag{A2}$$

$$Y \equiv p_1 q_1 + p_2 q_2, \tag{A3}$$

其中，Z_1、Z_2 是不变的外生性支出，固定在货币形式上；$1-c$ 是不变的储蓄率；α 是 C-D 之间的相关系数，（A1）和（A2）以货币形式给出了我们熟悉的收入—支出等式，即 $Y = cY + Z_1 + Z_2$，因而我们可以看出，模型中的货币收入是一个常量，所以假设（e）事实上是无关紧要的。

在模型中，商品市场所占的份额通过增加公司的行为方程完成。存在许多相互依赖的可能性：不变收益或递减收益，完全竞争或不完全竞争，利润最大化或某种替代，等等。我们通过假设（a）排除了存货⑥。为简化讨论，我们假设在市场 1 中，价格使市场即时出清，其中，产品供给受到劳动力供给的限制；但在市场 2 中，价格通过一个等于边际成本的不变标价设定。两个部门的边际成本都通过不变的边际生产率和即时工资率给出。因此，我们有

$$q_1^s = a_1 L_1^s, \tag{A4}$$

$$p_2 = \bar{w} a_2 (1 + \mu_2), \tag{A5}$$

其中，a_1 是部门 1 的劳动生产率系数，a_2 是部门 2 的边际成本系数。

现在，我们希望得出劳动力的两种需求。在部门 1 中，我们首先需要合理的价格和产出行为。同样地，存在许多可能的行为假设。一个简单但并非容易证明的假设认为，合理的价格是通过在即时边际成本上增加一个不变的标价获得的，而合理的产出是一个使市场在管制价格下出清的数量。这些假设给出

$$p_1^* = a_1^{-1} w_1 (1 + \mu_1), \tag{A6}$$

$$q_1^* = q_1^d(p_1^*), \tag{A7}$$

（其中，p_1^* 和 q_1^* 分别表示合理的价格和产出），据此推出

$$L_1^d = a_1^{-1} q_1^*. \tag{A8}$$

在部门 2 中，我们显然有

$$L_2^d = a_2 q_2. \tag{A9}$$

在开始求解模型之前，让我们先完成它。首先，根据我们熟悉的滞后形式

$$-\dot{U} = \theta(U - U^*), \tag{A10}$$

其中，U^* 是合理的失业水平。我们假设只要市场 1 存在空缺，失业者将会从市场 2 流动到市场 1。虽然我们应假设失业水平 $U^* = 0$，但在一些情况下，它可能

---

⑥ 我们排除了部门 1 中的库存；对部门 2 却不必如此。库存引论以牺牲保证偏微分方程严格的复杂性为代价，增加了这种现实化因素，但对劳动力市场理解的增益却不大。

等同于某个正的常数值,例如当存在一些年长的失业者不愿流动而不影响结论时。我们假设从市场 2 消失的所有失业者在市场 1 都可以找到,因此得出

$$L_1^s = L_{10}^s + l_1^s, \tag{A11}$$

其中, $l_1^s = \dot{U}$。当给定参数值时,我们可以轻而易举地将阻止市场 1 出现超额需求的初始条件转换为超额供给。当然,我们也可以假设劳动力转移的发生是对工资差别的回应。这些假设的部分结论将会在下面被提到。我们的劳动力市场调整等式通过以下传统的菲利普斯—利普西关系得到完成。

$$\frac{\dot{w}_1}{w_1} = \frac{\delta(L_1^d - L_1^s)}{L_{10}^s}. \tag{A12}$$

模型被设置如上,以便更为容易地解决问题。(A1)的子集通过(A5)与均衡条件一起,得到两个以 p_1 和 q_2 为未知数的线性联立方程

$$p_1 = \frac{Z}{(1-\alpha c)a_1 L_1^s} + \frac{\alpha c \bar{w} a_2 (1+\mu_2)}{(1-\alpha c)a_1 L_1^s} q_2, \tag{A13}$$

$$q_2 = \frac{Z_2}{\{1-(1-\alpha)c\}\bar{w}a_2(1+\mu_2)} + \frac{(1-\alpha)cL_1^s}{\{1-(1-\alpha)c\}\bar{w}a_2(1+\mu_2)} p_1. \tag{A14}$$

它们的解是

$$p_1 = \frac{\{1-(1-\alpha)c\}Z_1 + \alpha c Z_2}{(1-c)a_1 L_1^s}, \tag{A15}$$

$$q_2 = \frac{(1-\alpha)cZ_1 + (1-\alpha c)Z_2}{(1-c)\bar{w}a_2(1+\mu_2)}. \tag{A16}$$

因此, p_1 是可得劳动力 L_1^s 的一个递减函数,而 q_2 是一个常量。我们的假设使 p_1 而非 p_1^* 或 L_2^d 与工资率无关。因此,我们通过(A9)将(A15)、(A16)代入子集(A6),得到

$$q_1^* = \frac{a_1}{w_1(1+\mu_2)}\left[\frac{(1+\alpha c)Z_1 + \alpha c Z_2}{1-c}\right], \tag{A17}$$

$$L_1^d = \frac{(1+\alpha c)Z_1 + \alpha c Z_2}{w_1(1+\mu_1)(1-c)} = \frac{k}{w_1}, \tag{A18}$$

$$L_2^d = \frac{(1-\alpha)cZ_1 + (1-\alpha c)Z_2}{\bar{w}(1+\mu_2)(1-c)}. \tag{A19}$$

L_2^d 是一个不具有更多意义的常量。L_1^d 与 w_1 负相关,正如我们所希望的那样,它只是间接地依赖于可得的劳动力供给 L_1^s(通过对 w_1 的影响)。

现在,根据(A10)我们可以得到

$$U = U_0 e^{-\theta t}. \tag{A20}$$

将其代入(A11)得到

$$L_1^s = L_{10}^s + U_0(1 - e^{-\theta t}). \tag{A21}$$

将(A18)和(A21)代入(A12)得出

$$\frac{\dot{w}}{w} = \frac{\delta}{L_{10}^s}\left\{\frac{k}{w_1} - [L_{10}^s + U_0(1 - e^{-\theta t})]\right\}, \tag{A22}$$

它的解为

$$w = \frac{k}{L_{10}^s(1 + N_0) - N_0 e^{-\theta t}} + Ce^{-[\delta t(1+N_0) + (\delta/\theta)N_0 e^{-\theta t}]}, \tag{A23}$$

其中,$N_0 = U_0/L_{10}^s$,且 C 为市场 1 的初始超额需求。

(A23)的某些特性是很容易确定的。我们的流动性假设导致 $e^{-\theta t}$ 的即时形式倾向于零,从而稳定性如单一市场情形一样,仅仅依赖于 δ。因此,它的近似解为

$$w = \frac{K}{L_{10}^s(1 + N_0)}.$$

如果初始条件给出 $N_0 = 0$,那么我们就将得到单一市场的确切情况。(A23)的导数表明

$$\dot{w} \geq 0, \quad \ddot{w} \leq 0.$$

根据(A22)得到 $\dot{U} < 0$。因此,模型回归均衡状态 $\dot{w}/w$ 的路径,U 的空间指向西南。哪种干扰模式会产生一个可观察到的由西北向东南的散点移动分布只能通过推测得出。

根据我们对前面模型的精确求解,我们可以很容易地看到不同选择的支付价格——以及更有意思的——假设。

很明显地,如果子集(A1)通过(A5)不能产生线性方程式,那么情况将变得非常复杂。类似地,(A6)通过(A9)被选定以保留线性。(A10)通过(A12)的变化也很有意义,并且可以在不断变化供给的单一市场得到讨论。首先,假设新劳动力的供给流量 l 与职位空缺(超额需求)是成比例的。从而我们得到

$$\frac{\dot{w}}{w} = \frac{\delta}{L_0}\left(\frac{K}{w} - L_0 - l\right), \tag{A24}$$

$$\dot{l} = \alpha\left(\frac{K}{w} - L_0 - l\right), \tag{A25}$$

通过整理,上式给出一个非线性的联立微分方程组。或者换个角度,我们假设劳动力流动是对工资变化的回应。不考虑滞后和其他市场的工资等因素,我们可以写出下式

$$L^s = L_0 + \lambda w, \tag{A26}$$

$$\frac{\dot{w}}{w} = \frac{\delta}{L_0}\left(\frac{K}{w} - L_0 - \lambda w\right), \tag{A27}$$

进一步得到

$$\dot{w} + \delta w + \frac{\delta\lambda}{L_0}w^2 = \frac{\delta}{L_0}K. \tag{A28}$$

显然,经济上的拙劣假设很容易产生一些最难求解的方程体系。

第6章 降低失业和通货膨胀的菲利普斯曲线是如何移动的?*

查尔斯·C.霍尔特(Charles C. Holt)

近几年来,国家稳定政策在实现充分就业和降低通货膨胀两大目标上面临越来越大的冲突。尽管这一冲突已经在理论层面上被讨论过,但是目前大量的证据[1]都显示出这一冲突的严重性,尤其是在美国和加拿大。而且通货膨胀与失业之间关系的稳定程度、量化参数以及经济基础方面的实证问题仍然存在。

应当注意到的是,不同国家菲利普斯曲线之间的差异可能是相当大的,由此引出的一个问题在于,如何使美国的菲利普斯曲线移向左下方。加拿大一项关

---

* 此处报告的这项研究是经《人力发展和培训法案》授权,由美国劳工部和人力管理城市研究所负责的。

我与同事由于劳动力市场动态的研究而获得了福特基金的资助,本文是我们在威斯康星大学社会研究所做的进一步研究。

在此,我要感谢提供了大量有益意见的弗兰克·布雷克林(Frank Brechling)、马丁·戴维(Martin David)、奥托·埃克斯坦(Otto Eckstein)、哈维·A.加恩(Harvey A. Garn)、乔治·P.休伯(George P. Huber)、理查德·A.莱斯特(Richard A. Lester)、约瑟夫·刘易斯(Joseph Lewis)、埃德蒙·S.菲尔普斯(Edmund S. Phelps)、保罗·陶布曼(Paul Taubman)、唐纳德·P.塔克(Donald P. Tucker),以及作者与本书的合著者。

本文所呈现的观点由作者个人负责,不包括劳工部城市研究所的任何官方声明。

"Improving the Labor Market Tradeoff between Inflation and Unemployment," *Papers and proceedings of the American Economic Association* (May 1969) 作为本文的补充,对本文的相关部分进行了总结与扩展。

[1] G. L. Perry, *Unemployment, Money Wage Rates, and Inflation* (M. I. T. Press, Cambridge, Mass., 1966); R. G. Bodkin, E. P. Bond, G. L. Reuber, and T. T. Robinson, *Price Stability and High Employment: The Options for Canadian Economic Policy, An Econometric Study* (Queen's Printer, Ottawa, Canada, 1966).

于不同国家菲利普斯关系的研究②发现,对应于货币工资每年 2.5% 的增长率,失业率的百分比有以下一些估计值:加拿大 5.2%—10%,美国 5.5%—8.2%,日本 5.5%,英国 2.6%—3.2%,法国 2.3%,西德 1.5%。这一系列的数据显示,不只有一种有效的计量研究方法。尽管这些数据所基于的研究方法不一定是完全可比的,但是所得到的结果却有力地支持了以下这一结论,即:为了在这些国家维持稳定的物价水平,各个国家的失业率将会有很大的差异。与其他国家相比,美国似乎有很大的改进空间。

在另外一项国际对比中,加巴里诺(Garbarino, 1965)③发现实际经济增长率与通货膨胀率正相关,与失业率负相关。考虑到需求很高给产出所带来的压力时,这一点并不令人惊讶。当然,在没有通货膨胀的情况下,获得低失业率和高经济增长率是非常令人向往的,如果这种状态可以实现的话。

然而,在开始考虑制订计划和政策来移动菲利普斯曲线之前,我们需要对以下两个方面有一个概念上的理解,即:菲利普斯曲线的经济基础,以及有待改变的关键参数的确定。不幸的是,现在仍然没有一个综合且被检验过的理论存在。但是,在劳动力市场运作方面,我们已经做了足够的研究,这种理论的轮廓正开始显现。本文旨在完成对劳动力市场搜寻④理论的讨论,但不是对其完全正式的陈述,然后将分析该理论的政策含义。尽管人们已经提出了对菲利普斯曲线的多种理论解释,而当前劳动力市场搜寻理论已经有足够的经验支持以形成对该理论政策含义的解释。

霍尔特和戴维(Holt and David, 1966)⑤提出了构成劳动力市场流量和存量的结构图,并且强调劳动力存量和职位空缺存量、安置概率以及工资期望下降所起的相似作用。之后霍尔特(Holt)⑥得出了自由市场上菲利普斯曲线的几个不同版本,紧接着考虑了工会的影响,并且利用资料中的经验数据对这一模型进行了检验。

---

② Bodkin et al., *op. cit.*, p.72.

③ J. W. Garbarino, "Income Policy and Income Behavior," in *Employment Policy and the Labor Market*, A. M. Ross, ed. (University of California Press, Berkeley, 1965), pp.56—88.

④ 其他经济学家也在研究搜寻行为和缺乏认识的意义,但是我们在这里不打算对相关的研究进行述评。关注工资的动态变化并不意味着排除了价格变化和其他方面的考虑,但是它确实反映了菲利普斯曲线主要是一个劳动力市场上的现象。

⑤ C. C. Holt and M. H. David, "The Concept of Vacancies in a Dynamic Theory of the Labor Market," in *Measurement and Interpretation of Job Vacancies* (National Bureau of Economic Research, 1966), pp.73—141.

⑥ C. C. Holt, "Job Search, Phillips' Wage Relation, and Union Influence: Theory and Evidence," 本书。

本文第 1 部分提出影响工资和安置职位空缺的作用,并对市场的整体运作进行讨论。第 2 部分分析市场上基础流量、存量以及安置概率之间的基本关系。第 3 部分和附录分析市场分割的集合含义。第 4 部分简要分析对于不变的通货膨胀,不存在唯一稳定的菲利普斯关系这一论点。第 5 部分利用所有以上分析来讨论同时降低通货膨胀和失业的有效政策措施。最后,第 6 部分对政策结论和研究结论进行了总结。

本文的讨论超出了目前完全以数学公式形式存在的对菲利普斯关系的描述,尽管这些公式已经经过了充分的实证检验。因此,我们必须明白当前的结论只是试验性的,要得到更大的确定性以及量化程度方面的知识,还有待于进一步的研究。

考虑到我们有限的理论和经验知识,移动菲利普斯曲线以实现政策意图的努力可能还不是完全成熟,但是这种努力是非常有用的,因为它明确指出了那些迫切需要进一步基础研究和系统研究的关键领域,尤其是在获得一些量化指标方面。然而,我们得到的结论通常与现存的降低劳动力市场摩擦的计划是相关且一致的,这一事实为这些结论的可信度提供了更多的支持。

1 搜寻、失业、空缺和工资变化

在这一分析中,劳动力市场被看做是一个动态的随机系统,图 1 对其结构进行了粗略的描绘,并指出了对劳动力市场具有重要影响的各种不同的流量和存量。这张图在其他地方⑦已经被充分地讨论过,所以我们将对两个关键的存量,即失业工人和未填补的职位(职位空缺)之间的关系进行简单介绍,并表明它们的相互关系对决定货币工资上升或者下降的趋势至关重要。这些存量又依次由不断补充进来的动态流量所决定。现在,我们考虑决定该图中流量的决策行为。

工人与职位相匹配导致了新的雇佣关系流的产生。愿意承担这种搜寻成本的失业工人和就业工人搜寻市场以发现职位空缺,这些职位空缺当然要比维持他们现在的失业或者是就业状态更具吸引力。为了使这种搜寻行为比较可行,他们最初设定相对较高的期望,然后在搜寻过程中逐渐降低这种期望,直到拿到令自己满意的工资报价。在某一时期存在的一系列就业机会中搜寻的最佳策略是设定一个可接受水平;低于这一水平的任何工资报价都会被拒绝,而高于此水平的工资报价则会被接受。事实上,搜寻要考虑多个方面,但是为了简化分析,我

---

⑦ C. C. Holt, "Improving the Labor Market Tradeoff between Inflation and Unemployment," *Papers and Proceeding of the American Economic Association* (May 1969).

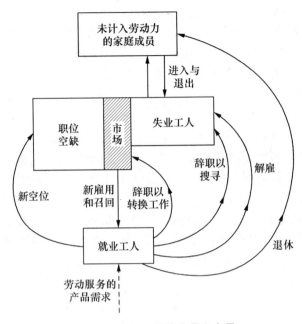

图 1　工人和职位的流量和存量

们只关注货币工资。

如果在一段时间内失业者的搜寻成本是不变的,而且工人已知工资报价的概率分布(这种概率分布并不均等),那么,一个不变的可接受工资将会是最优的,这一工资水平很可能位于工资分布的最高点处。然而,我们认为随着工人失业时间的增长,工人可接受的工资水平将会下降,因为:(a) 随着工人从他的搜寻过程中获得更多的信息,他对自己可能获得工作机会的概率分布的贝叶斯估计将会变得更加明确,并且他主观概率分布的最高值点将会趋于平均水平;(b) 工人的搜寻从前景较好的搜寻区域逐渐转向前景相对较差且平均工资水平相对较低的区域;(c) 随着工人经济资源和精神资源的消耗,他在每段时间里用于搜寻的经济成本和精神成本将会增加,同时,他的搜寻范围也在扩大。当然,我们发现有少数工人在最开始的时候拥有少得可怜的信息,以至于他们的工资期望低得不太现实,这些少数工人也许会提高他们的工资期望。

当一般工资改变的时候,考虑到工人通常将获得的工资变动,他们可能至少会部分地调整自己的工资期望。

搜寻职位信息的就业者的行为与失业者相似,但是他们的搜寻成本较低,而且他们向下调整工资期望的压力较小。

总之,工人的可接受工资水平取决于他对搜寻的实际成本和他面临的工作机会选择性筛选结果的比较。

雇主也采取相似的行动,起初对每一美元工资的产出设定较高的期望,然后逐渐降低期望直到合适的工人被雇用。当然,被解雇的工人可以被召回,这相对地不需要进行搜寻。

在雇用员工的过程中,当雇主遇到可以接受的工人时,他们就发出工资报价。工人对工资报价的接受代表了这样一种安置,即:终止其失业(或就业),或者在之前职位上就业的状态。

从雇主的角度来看市场搜寻,它包括对职位要求和工人能力的比较以及对工人产出的预测。雇主搜寻这样的候选人,他们可能的产出足够高,然后拟定工资报价。工人根据自己的喜好分析被提供工作的特征和激励情况,并且预测接受每一份工作时自己可能的满意度。就像在一场婚姻中,雇用双方都应该被合理地满足,否则就不会有安置发生。通常,对产出和满意度的预测取决于大量非常具体的信息[8],而这些信息在进行面试之前是不被特定的工人—空缺组合中的双方所知道的。因此,找出令人感兴趣的工作和工人前景的过程通常包括对市场双方的搜寻,除了在一定的概率条件下,他们的产出都是不可预测的。

工人们在以下方面存在很大的差异:他们的期望值相对于以前工作的比率、他们的期望值下降的速度,甚至单个工人可能在后面时间里接受同样工作报价的方式。相似类型的差异特征也在较小程度上描绘了雇主的行为。这些差异,伴随着由市场搜寻、筛选和面试生成的随机雇主—工人组合,产生了一个复杂的随机过程,我们可以在概率条件下对其进行有效分析。

只要相对于安置和召回形式的流出而言,失业工人向市场的流入和职位空缺仍然处于更高的比率上,那么失业工人和职位空缺的存量就会不断增加。失业工人数量的增加抑制了辞职流,却促进了解雇流流入到失业工人的存量中。职位空缺存量的增加阻碍了雇主创造新的空缺。然而,失业工人和职位空缺存量的增加提高了安置概率,因此带来了失业工人和职位空缺的减少。对于每一种存量来说,流入量减少,流出量增加,直到达成均衡状态为止,这时的存量水平将不再变化。这种流动均衡过程是决定失业和空缺存量规模的基本机制。当流入和流出相等时,存量就稳定在不变的水平上。

然而,影响流出量的安置概率也取决于市场双方对工资和其他方面的期望。当工人的工资期望较高,而工资报价较低时,工资报价被拟定及接受的概率都将会很低,相应地,安置是几乎不可能发生的。在这种情况下,失业工人和职位空

---

[8] C. C. Holt and G. P. Huber, "A Computer Aided Approach to Employment Service Placement, and Counseling," *Management Science*, Vol. 15, No. 11, July 1969, pp. 573—594.

缺的存量都会增加。结果是,失业和空缺的持续时间会增长,直到工人和雇主工资期望之间的差距减小,从而使安置概率上升。

因而,最终失业—空缺的流量—存量均衡也包括了市场上工人和职位空缺潜在的工资调整均衡。

有些工人处于就业状态,同时在市场上寻找更好的工作,当职位空缺被这类工人填补时,他们的辞职就创造出新的职位空缺(很可能是低的技能需求和工资比率),从而取代了那些被填补的职位空缺,所以,市场上失业总数和职位空缺总数并没有净变化。然而,通过辞职,工人通常可以获得更高的工资,同时降低了未被填补的空缺职位的平均工资报价。

为了抑制辞职并且改进在招聘新员工方面的机会,当劳动力市场供不应求时,雇主就会自动提高就业者的工资。

相对于非工会工人来说,在集体谈判中罢工威胁的使用,使得工会工人可以把他们的货币工资提高一定的级差。由于雇主在招聘时会提高工人素质要求,所以工资上涨的一部分被抵消掉了。工资上涨的其他部分来自于以下一种或全部因素:利润、更高的生产技术、产品市场上的卖方垄断,以及原材料市场上的买方垄断。

当失业下降时,单个工人的谈判力量会上升,甚至会超过工会的集体谈判力量,同时,工会争取到的级差会下降。最初,由于具有工会的公司具有相对较高的工资,使得它在招聘员工方面相对轻松,并且具有较低的辞职率。在供不应求的劳动力市场上,这种相对较高的工资保护了这类公司,所以它比无工会的公司能更好地抵抗工资上升的压力。为了招聘新员工和保持现有的劳动力,无工会的公司必须迅速地提高工资。因此,当市场的供不应求现象更加严重时,无工会的公司能做出更快的响应,并且它的工资上涨速度要快于有工会的公司。随着工会争取到级差的消失,工会领导开始意识到他们赚取了相对较低的工资,当工会试图恢复他们的级差时,罢工就会增加。

当劳动力市场供过于求时,相对于单个工人来讲,工会的谈判力量得到了恢复。此时,工会可以获得相对较高的工资增长,他们的级差也得到了恢复。

反映菲利普斯关系的市场搜寻理论的主要论点在于:工资上涨率取决于劳动力规模和总需求水平的相互作用,价格主要由成本上升所决定。比起竞争环境,产品市场和劳动力市场上的垄断力量能够分别在价格水平和工资水平方面占据一定的级差,但是影响不大。因为在任何长期的时间里,价格和工资都有相对稳定的增长率。

我们必须承认,当需求高涨时,公司和工会提高收入分配的努力会加速工资和价格的上涨。⑨然而,如果劳动力可以获得,通常有充足的过剩资本处于备用状态,使得生产可以大幅度提高。从而,需求的增加往往会迅速传递到劳动力市场上,上述讨论过的强有力的原子式过程就导致了工资的变化。

固然,工人和工会对价格的变化是敏感的,但是,相对于他们对影响个人和集体谈判能力的劳动力市场状况的反应,这只是次要的。

公司和工会双方的市场力量可能会影响工资和价格调整的速度,但是在美国,这种力量对不同群体间收入分配的影响似乎要大于对基本工资变化过程的影响,因为在美国,工会工资只占了不到整个国家工资的1/4。到目前为止,这些假设仍然需要更多的实证检验。⑩

由于工资和价格之间因果关系循环链条的存在,这两者之间因果关系的统计证明非常复杂。工资成本影响价格,进而影响货币需求向实际商品需求的转化,以及通过生产关系影响实际劳动力需求;同时,这一切又反过来影响了工资。

市场搜寻的持续时间以及失业工人和职位空缺的存量规模影响了市场中的工资变化。工人的辞职率也取决于这些存量和持续时间。工人辞职而转向其他工作对失业工人和职位空缺的存量几乎没有什么影响,但是它却建立了一种工资上涨的重要机制。

对于这个构成劳动力市场复杂程度的随机过程,我们现在可以得到一些一般结论。当然,主要的结论是:当失业水平较低时,工资水平将趋于上升;当失业水平很高时,工资水平将趋于下降。在作者的一篇文章⑪中有基于上述关系的一种非常简单的菲利普斯关系的数学推导;在作者的另一篇文章⑫中给出了更加复杂的菲利普斯关系的推导。

当失业率很低时,通过提高劳动力参与,新的工人流入劳动力市场,这种流动往往会使失业现象再度发生。比起没有这种机制的情形,这一点使得我们可以在较低的通货膨胀下实现总产出的大幅增加。

2 流量、存量、工资、安置概率的基本关系

为了阐明前述的概念框架,这一部分我们将更加深入地分析一些重要的

---

⑨ 如果公司和工会分别在价格和工资上运用它们的市场力量,来努力提高自己在实际产出中所占的份额,那么工资—价格螺旋确实会发生。我们需要发展有关这一现象的理论以及它的度量来确定其重要性。这一过程的发生可能完全不会涉及失业率。失业和通货膨胀的经验关系往往使我们对这一假设提出怀疑,除非对实际产出自身的过高要求取决于失业水平。

⑩ Holt, "Job Search, Phillips, Wage Relation and Union Influence: Theory and Evidence."
⑪ Holt, "Improving the Labor Market Tradeoff between Inflation and Unemployment."
⑫ Holt, "Job Search, Phillips' Wage Relation and Union Influence: Theory and Evidence."

关系。

A　单独面试的分析

为了简化阐述,我们只考虑市场搜寻的工资方面,并且认为工资是所有包括在内的诸多复杂工人和职位的一个一般化代理。例如,由于事实上在没有降低货币工资出价的情况下接受生产率较低工人的雇主,很可能会调整期望。接下来显然是,随着职位空缺持续时间的延长,他对每一单位产出的工资出价将会提高。在下面的简化分析中,我们保持劳动力的"质量"不变,改变的只是工资。

考虑以下典型的市场情形:在搜寻时刻 t,市场上同时存在着面试工人 i 和试图填补职位空缺 j 的雇主(见图2)。工人 i 以前的工作在时刻 t_i 付给他 w_i 的工资,他辞掉了这份工作,开始花费全部时间搜寻一份更好的工作。他最初的工资期望是 w_i^a,到现在为止,他的搜寻已经持续了 $t - t_i = T_i$ 的时间,现在他愿意考虑的最低工资是 $w_i^0(t)$。雇主以前付给工人 w_j 的工资,但是他搜寻一个货币工资水平相同,但质量更高的替代工作,与这个货币工资水平相适应的,对原来工人素质的最初工资报价水平定位在 w_j^0。既然职位空缺的持续时间是 $T_j = t - t_j$,那么雇主愿意给出的工资是 $w_j^0(t)$。⑬

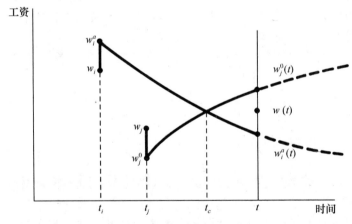

图2　工资报价和可接受水平

这次面试会在 t_c 之前发生吗?在此之前,工人愿意接受的最低工资和雇主愿意给出的最高报价之间有一段差距。因此,工资报价被拟定并接受的概率是零(见图3)。

---

⑬　因为我们"保持质量不变",改变的只是货币工资,所以工人 i 的生产率与之前职位空缺 j 的就业者的生产率相同。

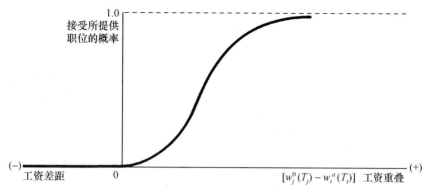

图 3　工资重叠对接受聘用函概率的影响

然而,在时刻 t 存在着一段工资重叠,也就是说,雇主的最高工资报价水平超过了工人的最低工资接受水平。因此,在某个中间的工资 $w(t)$,安置是有可能发生的。当然,在 t 时刻之后,i 和 j 的搜寻是否继续,将取决于这次面试是否以安置而告终。

失业和职位空缺持续的时间越长,工资重叠的可能就越大,拟定并接受工资报价的概率也就越大[14](见图 3)。$w(i)$ 和 $w(t)$ 之间的关系表明工人是否能成功地提高自己的收入。显然,当工人的安置在较短的失业时间后发生时,其工资获得增长的概率越大。相似地,雇主的工资变化取决于 w_j 和 $w(t)$ 的关系。

总之,ij 面试将导致雇主制定工资报价并被工人接受,从而终止双方的搜寻过程,设定新的工资协议,这种概率 $p_0^a(ijt)$ 的大小取决于最初的工资出价和工资接受水平及其调整幅度,以及在面试发生时刻 t,失业和职位空缺的持续时间。

B　劳动力市场分析

下面我们考虑在市场周期性波动的条件下,有多少这种可能的面试和安置将会发生。我们假定在任何时期,市场上工人和职位空缺的数量都非常大,以至于综合的措施平衡了安置方面的随机波动。

设 T_s 为"平均搜寻时间",也就是任何一个特定工人遇到某一特定职位空缺,并且确定面试时间来研究这一匹配所需要的平均时间。这里隐含的假设是:这个工人是该职位空缺一个符合条件的候选人,所以,一次"遭遇"后面将有一次面试来决定是否要制定工资报价及其是否会被接受。当存在其他的职业性划分时,许多遭遇后面并没有进行面试,这种情况将在后面讨论。这样,T_s 就成为

---

[14] 关于这一概率函数的理论分析,参见 Holt 和 Huber, *op. cit.*。

工人和雇主搜寻活动和信息的一种度量。设 P_{0a} 是符合上述工资分析条件下,一次面试导致工人接受聘用函的平均概率。为了简单起见,我们把 P_{0a} 看做接受工资报价的概率。这种概率取决于失业工人和职位空缺先前的工资平均值;雇主最初的工资报价和工人可接受的工资水平分别与他们先前工资水平的比率;随着持续时间的延长,工资报价上升的比率以及可接受工资水平下降的幅度;失业的平均持续时间 T_u 和职位空缺的平均持续时间 T_v。由于面试包括了一些模糊信息,所以准确地区分 T_s 和 P_{0a} 很可能是比较困难的。

$\mathscr{UV}$ 的乘积代表了潜在的面试数量,[15]这里,$\mathscr{U}$ 和 $\mathscr{V}$ 分别代表失业工人和职位空缺的存量。$\mathscr{UV}$ 除以 T_s 得到一段时期内的面试总量,乘以 P_{0a} 得到一段时期内从面试中产生的预期雇用和召回的流量。因此我们得到下面的式子:

$$\mathscr{F} = \frac{\mathscr{UV}P_{0a}}{T_s} \tag{1}$$

如果回报递减被引入方程(1),那么238页的方程(11)将变为:

$$U^x V^y = (F)(T_s)(1/P_{0a})(\mathscr{E}^{1-\gamma}/\mathscr{L}^x)\left(1 \Big/ \sum_{i=1}^{N} u_i^x v_i^y \right). \tag{11}$$

有趣的是,在 $x = y = 0.5$ 这一特殊的例子中,回报递减会完全抵消大市场划分的规模经济效益。从而,在这种情况下,市场划分的程度并不会影响在最优配置下的失业和职位空缺的总水平。

我们可以解出流量 $\mathscr{F}$ 和存量 $\mathscr{U}$、$\mathscr{V}$ 之间的这种基本关系,且强调后面两个变量:

$$\mathscr{UV} = \frac{\mathscr{F}T_s}{P_{0a}}. \tag{2}$$

正如波什长(Boschan)[16]和道(Dow)[17]已经证明的那样,如果去除趋势因素,$\mathscr{UV}$ 的乘积在整个经济周期内将会非常稳定。因此,降低失业的代价是增加职

---

[15] 因为失业工人数量的增加可能会在某种程度上影响原有失业工人的面试机会,所以按比例来说,面试增加的数量可能要比失业增加的数量少。同样的论点也适用于职位空缺。这种回报递减的影响可以通过将(1)式修正如下来反映出来:$F = u^x v^y P_{0a}/T_s$,x,y 为常数,并且 $0 < x, y < 1$。

尽管做细致的区分是重要的,尤其是对于实证研究来说,但是为了简单起见,在下面的理论分析中,我们将忽略这一点。回报递减取决于就业服务机构以及公司的人力资源部筛选候选人、安排面试的能力等等,这一点可能会导致调整的延迟,以及其他一些对于目前研究来说,非本质的复杂因素。

然而,我们应该认识到:忽略回报递减可能会导致对规模经济效益的夸大,这一点在大型的劳动力市场上有所反映。

[16] Charlotte Boschan, *Fluctuations in Job Vacancies—An Analysis of Available Measures* (National Bureau of Economic Research, forthcoming).

[17] J. C. R. Dow and L. A. Dicks-Mireaux, "The Excess Demand for Labor: A Study of Conditions in Great Britain, 1946—1956," *Oxford Economic Papers* (February 1958).

位空缺,反之则反是。

$\mathcal{UV}$有这种近似的稳定性是因为,如果去除$\mathcal{F}$的增长趋势,$\mathcal{F}$、T_s和P_{0a}往往具有稳定值。辞职和被解雇的劳动力部分在均衡时的总和决定了$\mathcal{F}$,它们分别遵循周期性和反周期性的波动,所以它们的波动在很大程度上相互抵消掉了。搜寻效率T_s在整个经济周期中几乎不会波动。接受工资报价的概率P_{0a},被看做是面试导致安置发生的概率,它往往由于以下三个原因而保持稳定:

a. 职位空缺的平均持续时间顺经济周期变动,失业的平均持续时间反经济周期变动。这两种持续时间由基本的流量—存量关系给出,

$$T_u = \frac{\mathcal{U}}{\mathcal{F}}, \quad T_v = \frac{\mathcal{V}}{\mathcal{F}}, \tag{3}$$

这样,对工资重叠的影响往往会抵消。例如:当失业的持续时间较长,工人愿意接受相对较低的工资出价,职位空缺的持续时间较短,雇主只愿意给出较低的工资报价,那么接受工作聘用函的概率就不会存在净改变。在供不应求的市场上,存在着与此相反的抵消作用。

b. 随着持续时间的延长,期望水平会发生变化。所以,安置工人和填补空缺的平均概率往往保持不变。如果工人不降低期望,那么,那些相对于自己的产出来说工资接受水平较低的工人,将具有相对较高的安置概率,并且往往是首先被雇用的,剩下那些安置概率较低的工人。这样,我们观测到的平均安置概率将会随着失业时间的延长而下降。然而,失业时间较长的工人确实会向下调整他们的工资期望,从而提高他们的安置概率。因此,接受工作聘用函的概率确实随着持续时间的延长而下降,但是不会下降很多。这一点已经在沃廷斯基(Woytinski, 1942)[18]的实证研究中给出。换一种说法,从经验中发现自己通过面试获得聘用函的概率比较低的工人,会降低他们的期望,从而提高了成功的可能性。

c. 当填补职位空缺比较慢时,雇主通过提高工资报价与降低职位要求,做出相类似的调整。因此,只有当持续时间延长时,填补职位空缺的概率才会下降。[19] 最先被填补的往往是最具吸引力的职位空缺,然后,其他的职位空缺得到调整以增强它们的吸引力。

以上几点都是紧密相关的,宏观条件中有对第一点的表述,微观条件中有对其余两点的表述。证据表明,频繁地暴露于劳动力市场中,使得工人可以在最初就设定比较现实的期望,从而能够得到对市场概率更加准确的预期,并且避免了

---

[18] W. S. Woytinsky, *Three Aspects of Labor Dynamics* (Social Science Research Council, New York, 1942).

[19] 参见 Holt 和 David, *op. cit.*, p.98。

长时期的失业。这些调整机制[20]往往会在平衡工人之间的安置概率方面起作用。

我们将在后面进一步讨论这些关系的含义,但是,首先我们需要认识到,劳动力市场并不是单一的,而是存在多个相互作用的劳动力市场。

3 劳动力市场分割

在第2部分,我们暗含着这样的假设,即:每个失业工人都是每个职位空缺的一个潜在候选人。显然,这是不现实的。劳动力市场被分割成了不同的子市场:区域、职业、性别、种族、团体、工人年龄、公司、工厂、就业服务、进入门户等。当然,由于劳动力个体所带来的区域和职位流动、产品分配转移、工作结构调整,甚至是工厂迁移等因素,导致这些划分之间会存在一些相互作用。

通过把劳动力市场严格划分为一系列无相互作用的子市场的分析,我们可以很容易地看到市场划分的一些含义。特别地,我们希望确定这种划分对失业工人和职位空缺数量以及持续时间的影响。

A 划分

考虑将市场分割成 N 个无相互作用的"划分"情形,第 i 个划分"包含" $\mathscr{U}_i$ 单位的失业工人和 $\mathscr{V}_i$ 单位的职位空缺。利用(a)我们可以预测第 i 个划分中产生的新雇用流的大小是

$$\mathscr{F}_i = \frac{\mathscr{U}_i \mathscr{V}_i P_{0a}}{T_s} \quad (i = 1, 2 \cdots, N). \tag{4}$$

下式给出了整个经济的新雇用总量 $\mathscr{F}$,职位空缺总量 $\mathscr{V}$ 以及失业工人总量 $\mathscr{U}$,

$$\mathscr{F} = \sum_{i=1}^{N} \mathscr{F}_i, \quad \mathscr{V} = \sum_{i=1}^{N} \mathscr{V}_i, \quad \mathscr{U} = \sum_{i=1}^{N} \mathscr{U}_i. \tag{5}$$

用小写字母表示每一个变量所占的百分比:

$$f_i = \frac{\mathscr{F}_i}{\mathscr{F}}, \quad v_i = \frac{\mathscr{V}_i}{\mathscr{V}}, \quad u_i = \frac{\mathscr{U}_i}{\mathscr{U}}. \tag{6}$$

将式(6)代入式(4),然后再代入式(5)得到

---

[20] Sheppard 在其关于心理变量和搜寻努力的著作[H. L. Sheppard and A. H. Belitsky, *Job Hunt* (Johns Hopkins University Press, Baltimore, 1966)]中提出了这一问题:职位搜寻的"失败"是否将导致搜寻努力的下降,从而降低安置机会。这种非适应性的反应可能会导致顽固性问题状况的发生,这种状况需要我们在制订计划以改进劳动力市场运作时进行特殊的考虑。

$$UV = \frac{FT_s}{P_{0a}\mathscr{L}} \frac{1}{\sum_{i=1}^{N} v_i u_i}, \tag{7}$$

这里我们定义 F 为周转率，V 为职位空缺率，U 为失业率：

$$F = \frac{\mathscr{F}}{\mathscr{E}}, \quad V = \frac{\mathscr{V}}{\mathscr{E}}, \quad U = \frac{\mathscr{U}}{\mathscr{L}}, \tag{8}$$

其中，$\mathscr{E}$ 是就业工人数量，$\mathscr{L}$ 是劳动力数量。

方程(7)生动地说明了如何通过限制对严格市场划分的搜寻范围来提高职位空缺率和失业率。

例如，考虑这样的情形，相似的工人和职位空缺存在于 N 个相同的划分中，并且这些划分是相互独立的。那么，对于任意的 $(i = 1, \cdots, N)$，都有 u_i、v_i 为 $1/N$。代入方程(7)得到

$$UV = \frac{FT_s}{P_{0a}}N. \tag{9}$$

因此，相对于统一的劳动力市场来说，在划分的劳动力市场上，U、V 都会增至 $\sqrt{N}$ 倍。被划分为 100 份无相互作用的经济将会有 10 倍于初始时的失业工人和职位空缺。如果这 10 个地理上相互隔离的区域中的每一个都包含 10 种非竞争性的职业的话，以上这一点将很容易发生。

对市场划分这种强大作用的解释是：在方程(4)中决定了安置流的基本概率关系形成了强大的规模经济效益。3 倍的失业工人和 3 倍的职位空缺将会使新的雇用流增至 9 倍！

B 失衡的作用

由于潜在规模经济效益的损失和劳动力市场划分，增加了失业和职位空缺，同时也导致了另一种不经济发生的可能。显然，如果大部分职位空缺在一些区域，而大多数失业工人在另一些与此隔离的区域，那么，工人和职位空缺匹配的概率就会降低。通过判定对职位空缺和失业工人如何分配，可以使总失业率和职位空缺率最小化，我们可以将这两种作用彼此分开。这个最小化的数量将反映市场划分的单独作用，任何额外的职位空缺和失业都可归因于失衡。

在附录中，我们在方程(A5)中给出：要得到最低失业率和职位空缺率，当且仅当每一区域的失业率与职位空缺率相等，即

$$u_i = v_i \quad (i = 1, 2, \cdots, N). \tag{10}$$

当然，需要较大新安置流的地区也需要较大的职位空缺存量和失业工人存量。这些存量与安置流的平方根成正比。

就业与通货膨胀理论的微观经济基础

设最优分配分别是 u_1^* 和 v_1^*。在这种分配下,所有分割的职位空缺对失业工人的比率都是相等的,职位空缺时间与就业时间的比率也都是相等的。这样,为了达到最低通货膨胀和最少失业,所有的子市场都是同等程度"供不应求"的。

将最优分析的结果(A5)代入方程(7),我们在方程(11)和(13)中给出了期望的分解。其中,各种各样影响总失业和职位空缺的乘数都在方程(12)中标注出:

$$UV = F \quad T_s \quad \frac{1}{P_{0a}} \quad \frac{1}{\mathscr{L}} \left[\frac{1}{\sum_{i=1}^{N} v_i^* u_i^*} \right] \left[\frac{\sum_{i=1}^{N} v_i^* u_i^*}{\sum_{i=1}^{N} v_i u_i} \right] \quad (11)$$

$$\begin{pmatrix}失业\\率与\\空缺\\率的\\乘积\end{pmatrix} = \begin{pmatrix}周\\转\\率\end{pmatrix}\begin{pmatrix}平均\\搜寻\\时间\end{pmatrix}\begin{pmatrix}聘用\\函接\\受概\\率\end{pmatrix}\begin{pmatrix}规模\\经济\\效益\end{pmatrix}\begin{pmatrix}市场\\划分\end{pmatrix}(失衡), \quad (12)$$

$$UV = F \quad T_s \quad \frac{1}{P_{0a}} \quad \frac{1}{\mathscr{L}} \left[\left(\sum_{i=1}^{N}\sqrt{f_i}\right)^2 \right]\left[\frac{1}{\left(\sum_{i=1}^{N}\sqrt{f_i}\right)^2 \sum_{i=1}^{N} v_i u_i} \right]. \quad (13)$$

这里,我们看到失业率和空缺率的乘积取决于6个乘数:(a) 周转率 F;(b) 在一个市场划分中,使某个失业工人与职位空缺在一次面谈中就相互匹配所需要的平均时间;(c) 面试导致安置发生的概率 P_{0a};(d) 劳动力数量 $\mathscr{L}$ 所反映的规模经济效益;(e) 取决于市场划分数量和它们安置流大小的等同性的纯粹市场划分效应;(f) 取决于各个划分之间职位空缺和失业分配的失衡效应。并且注意到失衡效应对产品需求和劳动力供给的周期性波动是非常敏感的。

当然,严格的市场划分是市场分割的极端形式,但它仍然是适用于严格的非竞争性职业和地理上相互隔离区域的恰当模型。一定程度的划分是不可避免和不可缩减的。然而,许多划分却表明,有些不是很严格的障碍在一定程度上是可以跨越的。在这个意义上,存在这样的机会:为了获取工资级差和更短的搜寻时间,在子市场之间迁移不需要付出很高的代价。于是,市场划分的作用减弱,总失业下降。在所有子市场无摩擦和劳动力瞬时流动的极端情况下,市场划分和失衡对总失业和职位空缺的影响消失了。

职业、区域以及其他分割中工人和雇主流动性的提高,将在多大程度上、以多快的速度影响总失业率和职位空缺水平,需要更加综合的分析。

C 存量和持续时间

因为失业和职位空缺在一个经济周期中存在波动,所以引进它们的变动比率 R 作为周期变量是十分必要的。

$$R = \frac{V}{U}. \tag{14}$$

为了计算简便,将方程(13)简化为:

$$UV = \frac{FT_m}{P_{0a}}, \tag{15}$$

定义 T_m 为总的"市场搜寻时间",除非在非均衡的条件下,T_m 在一个经济周期中几乎不会变化,这种非均衡的产生源于需求构成的周期性变化。将方程(14)代入方程(15)中,解出失业率和职位空缺率:

$$U = \sqrt{\frac{FT_m}{P_{0a}}} \frac{1}{\sqrt{R}}, \quad V = \sqrt{\frac{FT_m}{P_{0a}}} \sqrt{R}. \tag{16}$$

将这两个表达式代入方程(3),并利用方程(8),我们得到了失业和职位空缺的平均持续时间:

$$T_u = \sqrt{\frac{T_m}{FP_{0a}}} \frac{1}{\sqrt{R}(1-U)}, \tag{17}$$

$$T_v = \sqrt{\frac{T_m}{FP_{0a}}} \sqrt{R}. \tag{18}$$

因此,我们发现,在一个市场划分中,方程(16)中的失业率和职位空缺率以及方程(17)中的失业和职位空缺的平均持续时间都是由一些制度因素、行为因素和周期变量决定的。其中,制度因素和行为因素包括:周转率、搜寻效率、接受聘用函的概率、市场划分和失衡,这些因素往往变化非常慢。周期变量为 R,它对失业率和职位空缺率以及它们的持续时间具有反向作用。

在第 2 部分,我们发现工人们流经市场时所经历的货币工资增加或减少,取决于失业和职位空缺持续时间的关系,而在方程(17)和(18)中我们看到,货币工资的变动比率通常取决于职位空缺和失业工人的比率 R。

通过考虑一个例子,我们会看到,对于 R 的每一单位变化,工资往往会按固定的比率变化。假设每年有 50%的劳动力流经市场,每次的工资提高比率平均为 10%。如果工资的变化没有其他来源,那么,货币工资将会以每年 5%的固定比率增长。

当然,工资变化也涉及其他关系,如:不伴随失业的岗位调整、同一岗位上的工资调整。但是由第 1 部分给出的原因可以得出,这些变化也都将影响空缺—失业率。作者在其他地方[21]的一些分析显示,工人和雇主对市场状况的反应,如:工人辞职和雇主提高在职者工资,将会影响工资对空缺—失业率的敏感度。对于这一领域,我们并没有给予足够的关注,相应地,后面的政策分析将是有限的。

因此,货币工资的变化率 g,将作为一个主要依赖于周期变量 R 的函数;高的空缺—失业率伴随着高的通货膨胀率,

$$g = g(R). \tag{19}$$

考虑到这些相关的复杂关系,有些经济学家经常把单位 R 值与零通货膨胀联系起来的做法就是错误的。

由于方程(15)的右边部分变化缓慢,我们注意到失业的周期性波动与职位空缺率的周期性波动高度相关,所以 U 可以作为 R 的一个相当不错的代理变量,我们可以得到一个去除了职位空缺影响的相当稳定的菲利普斯关系。将方程(14)和(15)合并,消掉 V,代入方程(19)中,得到下面的菲利普斯关系:

$$g = g\left(\frac{FT_m}{P_{0a}}\frac{1}{U^2}\right). \tag{20}$$

因为周期性波动可能会影响劳动力市场分割的失衡,所以上面的分析也支持了利普西(Lipsey)和阿奇博尔德(Archibald)的包含有动态失衡条件的菲利普斯关系。

4 不变通货膨胀下存在的稳定菲利普斯曲线

在我们开始分析菲利普斯关系将如何改变之前,首先考虑一下由弗里德曼(Friedman, 1966)[22]、菲尔普斯(Phelps, 1968)[23]和其他一些经济学家提出的观点:在不同的稳态通货膨胀率与失业水平之间不存在稳定的关系。他们认为,两者之间存在一种动态关系。毋庸置疑,他们同意斯坦(Stein, 1968)[24]的观点,即:关注动态稳定政策将是十分重要的。

然而,他们的观点导致了这样的结论:在均衡状态下,即使以稳定的通货膨

---

[21] Holt, "Improving the Labor Market Tradeoff between Inflation and Unemployment."

[22] M. Friedman, "Comments," in Guidelines, *Information Controls, and the Market Place*, G. P. Shultz 和 R. Z. Aliber, eds. (University of Chicago Press, Chicago, 1966).

[23] E. S. Phelps, "Money-Wage Dynamics and Labor-Market Equilibrium," *Journal of Political Economy* (July-August 1968), Part II.

[24] Herbert Stein, "Economic Stabilization," in *Agenda for the Nation*, Kermit Gordon, ed. (The Brookings Institution, Washington, D.C., 1968).

胀为代价,失业水平也不可能降低,这一点对政策目标来说也是十分重要的。

新古典主义的基本观点是:稳定的通货膨胀是可预期的,人们的行为会抵消掉通货膨胀的影响,所以不会产生实际的效果。当我们考虑人们试图弥补通货膨胀所带来的损失时,他们的决定基于有限的信息和制度,也许他们并不能成功做到免受损失。

新古典主义的这一观点在其他地方[25]得到了较为详细的论述。同时,劳动力市场的简单模型得到了发展,微观水平上考虑了市场摩擦,可以得到一条稳定的菲利普斯曲线。我们认为,由于不可转移的技术、搜寻成本等因素,工人被部分地限制在他们的职位上。而雇主却在某种程度上可以并确实利用了这一点,他们利用这一谈判能力,限制了单个工人在通行的工资价格水平下对通货膨胀变化做出反应。因此,在搜寻到新工作且得到最高工资之前,一些工人的工资可能会有所下降。新职位的工资,通常不能完全赶上过去整个就业期间里的通货膨胀,这看起来是合理的。因为,工人们或者认为完全赶上是不现实的,或者不能准确区分工资变化是来自于产出还是通货膨胀。因此,对通货膨胀缺乏完全的弥补,就此产生了一条稳定而非移动的菲利普斯曲线。

因此,稳定菲利普斯曲线的存在基于不能被简单地预先排除的市场摩擦的存在。菲利普斯曲线的稳定性是一个实证问题,而不是通过假设其"显然是稳定"这样的演绎推导可以解决的。

5 移动菲利普斯曲线的政策

基于前面的分析,现在我们可以确定劳动力市场中的那些关键参数,可以通过适当的措施改变这些参数来降低失业和通货膨胀率。下面,我们来分别讨论这些参数。

A 劳动力市场运作中的合理变化

一些变化对市场中供给方和需求方的影响是十分对称的,所以我们有理由认为工资上涨率不会变化。

如果接受工作聘用函的概率 P_{0a} 增大,市场搜寻时间 T_m 和周转率 F 减小,那么失业率 U 和职位空缺率 V 都将下降。这些变化也会使失业时间 T_u 和职位空缺时间 T_v 缩短;参见方程(16)和(17)。

显然,市场搜寻时间的缩短会同时降低失业时间和职位空缺时间。接受聘

---

[25] Holt, "Improving the Labor Market Tradeoff between Inflation and Unemployment."

用函的概率提高也会缩短上述两种时间,但是两者的缩短往往会降低接受聘用函的概率,从而在一定程度上抵消最初的变化。

令人惊讶的是,劳动力周转率 F 的下降将会延长失业时间和职位空缺时间[见方程(17)],但是,这里也存在对接受聘用函概率 P_{0a} 的反向影响,从而往往会部分抵消最初的变化。

不同的变化之间还存在一些其他的相互作用。接受聘用函概率的提高以及市场搜寻时间的缩短会降低失业时间和职位空缺时间,它反过来往往又使得周转率提高,这一点与我们的期望正好相反。然而,周转率的降低延长了上述两种时间,从而使得周转率进一步降低。

这些存量的下降主要取决于存量—流量动态。可以通过以下三种方式使得这些存量下降:减少进入市场的流量;提高一段时间内工人和职位空缺的匹配概率;离开市场。

前面的理论分析表明,缩短市场搜寻时间 T_m 可以通过以下方式进行:缩短寻找到合适面试机会的平均时间 T_s,增大劳动力规模以获得随机搜寻下的规模经济效益,减少市场划分(分割数量及其规模的等同性),以及减少子市场中失业工人和职位空缺的失衡。

通过增大面试时工人和雇主双方平均工资的重叠区域,可以提高接受聘用函的概率 P_{0a}。做到这一点需要减小双方初始工资期望的差距,并且要求双方提高调整速度。

我们将会具体讨论如何实现上述的参数变化,但首先,我们来分析一下降低通货膨胀而不影响失业的政策措施。

辞职工人很可能具有相对较高的工资期望,因为他们从就业状态开始搜寻,没有经历容易使其期望降低的失业期。相反地,相对于他们之前的工资来说,被解雇的工人很有可能具有相对较低的工资期望。因此,降低辞职工人周转流所占的比率,同时提高被解雇工人周转流所占的比率将会降低通货膨胀率。

降低进入市场失业工人的最初工资接受水平和职位空缺的工资报价水平,将会降低通货膨胀率。

提高工人降低工资接受水平的速度,降低雇主提高工资报价的速度将会降低通货膨胀率。[26]

降低雇主和工人对通货膨胀率过高的预期,往往会使通货膨胀率下降。

提高生产率一方面将会降低劳动力需求、增加失业以及降低通货膨胀率;另一方面,扩大的产出可以较低的价格被出售,因此也会使价格上涨率降低。

上述降低通货膨胀和失业的措施普遍适用,但在一种情况下例外。雇主最初工资报价的表面变化与其调整速度成反比例变化。因此,我们需要大量的信息来确定雇主的报价水平对通货膨胀和失业的净影响。

雇主们对辞职率和职位空缺持续时间的上升的回应越积极,对就业工资提高得越多,通货膨胀率将会越高。

现在,我们转向分析政府和其他机构为了达到预期的变化而可能制定的一些措施,这些措施会同时减少失业和职位空缺,并降低货币工资上涨率。

B 提高经济稳定性

对于某一给定的平均失业水平,周期性波动往往会导致区域间失业率的离散程度提高,由于菲利普斯曲线是非线性的,所以通货膨胀恶化。因此,存在着采取积极政策和制度变革的直接动力,以推动总需求的稳定增长。

C 提高搜寻效率

通过工人和雇主之间更好的沟通,也就是,通过向每个特定的雇主和工人传递更多他们需要的相关信息,为面试而匹配工人和空缺的时间 T_s 将会缩短。双方都感兴趣的只是大量的潜在匹配组合和附带信息中的很小一部分。为了使信息真正有用,在搜寻可能发生的使双方都足够满意的匹配以弥补面试成本,并深入地探讨将某一特定的工人安置在某一职位的可能性的过程中,需要对信息进行分类、筛选、有选择地传播以及明智地使用。获得关于全部职位或全部职位空缺的所有信息,很可能会比向自己的邻居或雇员咨询相关信息的情况要糟糕得多。

这个过程不仅包括资格和期望的信息,职位需求的信息,工作动机的信息,

---

[26] 这种同时降低雇主和工人的工资期望的一个例子如下:双方都没有对一般价格水平的上升做出准确的调整,他们的预期低于工资水平的实际变化率。这在预期滞后的情况下很容易发生,并且往往使得通货膨胀率低于存在预期到的需求扩大的情况下的通胀水平。因此,未预期到的通货膨胀率的周期性变化将会产生围绕菲利普斯曲线的动态顺时针旋转。人们已经注意到这一点,并且在大多数情况下这种旋转运动是顺时针方向的。其发生是由于雇主认为有必要提高他们的出价以提高雇用率。雇主支付工人现有的高工资期望而不是等待工人降低其工资期望,是因为他们希望通过提高自己当前的雇用水平来提高生产率。

还包括确定最有希望的搜寻方向以及最终得到工作聘用函和被接受的分析。这种信息和咨询服务的重要性,着眼于就业服务机构的重要作用,以及他们对强大的计算机处理的需要。

D 规模经济

尽管劳动力市场存在规模经济效益,但是这一点却似乎并不能证明任何积极提高人口增长和劳动力市场参与的政策都是有效的。然而,某一地区小城镇的人口合并到数量较少的市中心,将会提高劳动力市场的效率。通过更好的沟通以及提高地区流动性来扩大职位搜寻范围,将会更加经济地达到相同的效果。

我们应该注意到,即使工人和职位空缺被最优化地分配到各个不同的子市场中,以至于失衡因素不会对失业起作用,各个划分之间的吸引力也是不一样的。较大的子市场具有较大的匹配概率、较短的失业时间和职位空缺时间[见附录中的(A7)]。

如果是按地理进行的划分,那么雇主和工人往往持有移向具有最大规模经济效益的大市场的动机。㉗ 大城市为工人提供了许多职位聘用的可能性,而小城市只能提供部分可能性。类似地,在大城市的雇主对工人具有更大的选择性。

然而,劳动力市场的效率只是社会福利的一个方面。所以,为了得到对流动过程和城市规模作用的更好理解,我们显然需要制定适当的人口和迁移政策。

E 减少劳动力市场分割

减少劳动力市场分割将会提高安置概率。我们应该对那些与产出和工作满意度无关的障碍提出怀疑。随着环境的不同,这些障碍可能包括年龄、性别和种族;过分专业化和无法适应的职位需求以及工会权力;工人对工厂、公司、职业、地区的过分依赖等等;以及国家或当地的公共就业服务机构。总之,任何基于生产率、满意度或者转换成本(占据了大部分的成本)而言不合理的市场分割都应该被取消。

F 减少分割市场之间的失衡

现实中某些资源的不可流动往往在一定程度上隔离了市场分割,政府或者个人在区域或职业的需求因素抵制波动的行为将有助于防止失衡的发生。

往返时间和成本的限制,专业的职业培训成本,以及职位调整以适应劳动力供给的成本都导致了不可避免的分割。尽管为了寻找自身的安置,工人和职位

㉗ 同样的机制使得大公司比小公司更具招聘优势。

在分割市场间来回跳跃通常是不经济的,但是通过职位招聘、跨职业培训以及区域劳动力和产业流动计划,来充分降低地区、职业之间的长期失衡是可能的。

考虑到增强流动性的政策,外部影响很可能是非常重要的,所以增强流动性的社会成本有可能高于或低于私人成本。这就需要在制定这些计划时进行详细的分析。

通过职位调整,雇主提高了职位需求和符合要求的工人技能之间的匹配。这一点将有助于减少市场失衡,尤其是在技能分组之间。

美国的分割的劳动力市场长期具有较高的失业和较少的职位空缺,许多美国工人身陷其中,如果机会均等对他们来说具有重要的意义,那么这些计划将是非常必要的。

为了实现劳动力职业分配对生产需求的调整,两种情况可能会发生。如果与低技能水平下相比,高技能水平下,职位空缺的数量比工人相对要更多,那么就需要通过培训计划来升级劳动力。然而,当劳动力的相对短缺出现在低技能水平上时,现存的劳动力不需要专门的培训就可以做低技能的工作,但是一些工人必须接受将他们的工作和工资期望向下调整的必要。后一种的期望调整通常要比前一种的培训调整花费较少的时间。因而,工人的相对短缺更易发生在高技能职业上,而相对的失业更易发生在低技能职业上。数据看起来支持了这一预测。

于是,当总需求较低时,失业的冲击往往会集中在低技能职业上。同样,因为先进的技术往往会开辟高技能职位而破坏低技能职位,在培训项目在各个技能水平上不断开展以保持劳动力技能与生产需求的平衡之前,低技能的工人就会始终面临失业压力。

G 提高面试带来安置的概率

接受聘用函的概率取决于工资重叠,也就是雇主的最高工资超过工人最低工资的金额。因此,任何减小他们最初的工资差距并加速差距下降的措施,都将有助于减少失业和职位空缺。工人降低他们工资和工作满意度的接受水平使得重叠下降。通过提高工资和其他待遇,或者降低单位劳动力的产出期望,雇主也可以使重叠下降。对于现存的劳动力来说,后者的调整不是非常显著的,通常也是被优先选取的。

为了使工人降低他们的可接受工资,使公司提高它们的工资—产出比率,通常可以采取下列措施:为"国家利益"的游说,市场上可获得机会分配的改良信息,利用信息在面试中做个人决策的咨询帮助,工资询价以及工资报价等等。

游说是分别针对工人和雇主的,其对收入政策和指导政策有一些显著的相似影响。如果人们认为游说行为是不符合他们私人利益的,那么游说行为很可能不会有效。

另外,在可以获得更多信息的条件下,对市场中各方机会概率分布的估计不应做得过于宽泛和冗长。工人最好设置足够高的工资期望,以防止自己在做了足够的搜寻工作,得到自己喜欢的选择之前,过早地接受一个相对较差的机会。通过获取较多的信息而带来的不确定性的降低,将使得工人能够安全地设定一个较低的工资期望。

基于同样的推理,如果雇主能获取更多的信息,他也能安全地提供一个较高的工资产出比。虽然对职位和职位空缺仍需就随机机会进行搜寻,但是应该更为明智地设定极限水平(靠拢规则),获得较低的最初工资差距,这将会得到我们所期望的安置概率提高的效果。

更多的信息和更好的咨询使得工人能够更快地获取信息,并且帮助他们在接受较低的工资期望时做出适当的心理调整,这些较低的工资期望在可获得的经济机会中是必然存在的。同理,信息和咨询服务能够帮助雇主更快地获取信息,并在当前的市场状况下快速做出调整。在这种情况下,现有的工资差距将会更快地缩小,从而导致工资重叠,同时,安置概率也会上升。

H 降低解雇率

在公司内部,雇主可以任命或再任命雇员,利用这种方式,雇主能够更加容易地提拔和发展他们自己的雇员,而不必使用在职位搜寻期间失业成本高昂的外部劳动力市场。尽管对外部劳动力市场的过度避免将会导致不希望出现的市场分割,但是公司和工人本来就拥有双方的大量信息,这些信息有助于在公司内部的劳动力市场有效地找到合适的工人—职位配对。这将降低公司和整个经济体中的辞职率和解雇率。

通过以下措施,商业公司可以熨平它们的劳动力波动:(a)更加准确地预测销售以避免不得不对没有预测到的销售波动做出快速反应;(b)利用存货和延期交货的缓冲来熨平产出波动;以及(c)利用加班和歇班来适应产出波动,而不是交替地雇用和解雇工人。动态地做出上述决策的系统性策略经常使得公司成本下降。㉘ 由于培训费用的"无形"特征,它经常不会引起管理层的注意,也频繁地避

㉘ 参见 C. C. Holt, F. Modigliani, J. F. Muth, and M. A. Simon, *Planning Production, Inventories and Work Force*, (Prentice-Hall, Inc., Englewood Cliffs, N. J., 1960)。

开了日常的会计报告,即使这种费用可能是相当巨大的。㉙ 由于销售的季节波动是可预测的,所以由此带来的就业波动通常可以通过更好的计划而得到降低。

众所周知,低技能水平的工人具有较高的解雇率,大概是因为公司对这类工人进行的培训投资较少。㉚ 促使公司增加培训投资的公共政策应该更多地激励公司通过降低解雇率来维持自身的劳动力。

I 降低辞职率

通过改进工作环境和工作结构可以提高工作满意度,从而降低由于期望获得的工资变化而激发的辞职频率。公司内部的岗位轮换同样可以满足工人期望获得变化的需要。养老金代扣、资历等因素也使得辞职减少,但是使得劳动力调整过程中的摩擦增加。

年轻工人中自愿辞职者非常普遍。通过合适的职业生涯规划以及对工作机会和责任的健康态度的培养,适当的培训计划将会降低工人的辞职。然而,很明显,对许多年轻工人来说,一系列的短期工作构成了一个长期的安置过程。通常,由于对职业机会或者所接受的特定工作缺乏真正足够的信息,工人在接受工作的同时接受了公司的培训,后来才发现工作并不适合自己。我们的教育系统通常没有教给学生任何关于工作领域方面的知识,而这些知识可以使得年轻人为他们将来重要的职业选择做好准备。

我们的劳动力市场在安置过程中传递的信息经常是相当不对称的。雇主可以收集到工人大量的书面信息,而工人不得不满足于对被提供工作的口头描述,而这种描述漏掉了大部分对他而言真正重要的信息。这种不对称无益于实现相互满意的工人—职位配对。在这种情况下,工人没有其他选择,只能默默地接受这份工作,如果不合适,则将其放弃。

J 劳动力周转加快的趋势

雇主和工人发起的减慢劳动力周转所需要的基本变化,会使工人和职位之

㉙ J. G. Myers, "Some Aspects of the Role of Job Vacancies in the Firm and the Labor Market," prepared for the Office of Manpower Policy, Evaluation, and Research (National Industrial Conference Board, 1968); J. G. Myers, "Conceptual and Measurement Problems in Job Vacancies, A Progress Report on the NICB Study," in *Measurement and Interpretation of Job Vacancies*, R. Ferber, ed., National Bureau of Economic Research (Columbia University Press, New York, 1966), pp.405—456; and T. F. Kelly and B. P. Klotz, "A Dynamic Inventory Model of Employment" (A Progress Report), U.S. Department of Labor, Bureau of Labor Statistics (U.S. Government Printing Office, Washington,195?).

㉚ W. Y. Oi, "Labor as a Quasi-fixed Factor of Production," *Journal of Political Economy* (December 1962), pp.538—555.

间得到更好的配对,这样就建立了一个牢固的互相受益的关系,并且这种关系不会轻易消失。如果我们成功地降低了失业时间和职位空缺时间,那么这一点将变得越来越重要。在一个关于预期工作和新雇员的信息既定的劳动力市场上,现有就业关系的双方将会不断地被其他地方"更加诱人的因素"所吸引。

如果上面的计划能够成功地提高一段时间内的安置概率,那么失业水平和职位空缺水平都将下降,失业时间和职位空缺时间也将缩短。我们可以预测,由此带来的一个直接结果是,周转率很可能会上升。平均失业时间的缩短反映了全职搜寻和在职搜寻而找到工作是比较容易的。这将降低搜寻成本,我们可以预测人们会更加频繁地进行搜寻,也就是说,在两次辞职之间的就业时间会缩短。职位空缺时间的缩短反映了找到新工人是更加容易的,解雇率也往往会上升,从而进一步降低了就业时间。这不仅会增加几乎没有任何经济回报的培训成本,而且进入劳动力市场增加的流量往往会提高失业工人和职位空缺的存量,并至少部分抵消失业和职位空缺的下降。这种消极的影响使得失业水平又有所上升,从而部分抵消了最初的变化。

上述措施主要是为了降低失业和职位空缺,现在我们来考虑旨在降低通货膨胀的措施。

K 降低辞职—解雇率

如果不是观察到自愿辞职对工资的影响相对来说似乎比解雇所造成的影响更加严重,我们对前述降低劳动力周转方法的论述将没有任何进一步讨论的必要。早期的分析[31]表明,流经市场不影响失业的辞职流直接导致了工资的上升,且间接地促使雇主提高所有雇员的工资以努力降低周转率,从而导致了通货膨胀机制的产生。在我们期望实现劳动力相对短缺的市场上,辞职问题将变得更加严重。

L 降低工资出价和接受水平

降低工人最初的可接受工资和加速其下降,是前面讨论过信息和咨询计划的一个目标。但是现在我们寻找能使雇主降低他们出价的方法,这正好与缩小工资差距的需要相反。要确定雇主工资出价变化所带来的净好处,需要进行更多的研究。

然而,由于信息和咨询能够对优化资源配置作出贡献,雇主们愿意支付其成本。同时,在紧缩情况下,职位空缺时间更大的同质性降低了长期安置职工较慢

---

[31] Holt, "Job Search, Phillips' Wage Relation and Union Influence: Theory and Evidence."

的风险,因此使得雇主在恐慌压力下不太可能借助高工资出价来维持劳动力。

M 降低通货膨胀预期

雇主和工人往往会夸大过去和预期的工资变化对纯粹工资上涨的影响程度。更好的信息和咨询服务将会防止这种无根据的预期出现。

N 增强科技功效

由于劳动力的超额供给,在一个经济周期中劳动生产率的大幅度提高是有可能的。[32] 然而长期看来,技术增益却是缓慢的,但是其方向却是正确的,从而降低了劳动力市场实际需求和价格上升的压力。

O 计算机辅助咨询和安置

利用计算机文档管理职位和空缺的提议将会在以下方面起到非常重要的作用:缩短平均搜寻时间、提高接受聘用函的概率、通过更高质量的安置降低辞职率和解雇率。然而,为了在培训、流动性以及安置的辅助咨询方面的作用达到最大化,计算机应该存储足够关于工人、空缺以及计划的信息。这样,计算机就可以帮助雇主和工人处理筛选和推荐,只有被筛选出来的信息子集才是最有用的,并且它是需要雇主、工人和顾问特别考虑的。[33]

然而,我们有必要提出警告。如果计算机系统没有同时使得工人—职位配对在满意度和生产率方面的联合质量得到显著提高,那么,职位和空缺的计算机文档将会加快劳动力周转,甚至可能加速通货膨胀过程。为了起到最有效的作用,计算机系统应该成为安置和咨询服务的一个整合的运转工具,当在各种各样的教育、培训、咨询、流动性以及健康系统中键入该服务时,可以最大化地满足几乎所有雇主和工人的需要。

---

[32] Kelly 和 Klotz, *op. cit*。
[33] 关于计算机配对系统的研究,参见 Holt and Huber, *op. cit*.; G. P. Huber and C. H. Falker, "Computer-Based Man-Job Matching: Current Practice and Applicable Research" Firm and Market Workshop Paper 6816, Social Systems Research Institute, University of Wisconsin, Madison, Wis., 1968; 以及 F. Kellogg, "Computer Aids to the Placement Process for Internal and External Labor Markets" Proceedings of the 20th Annual Winter meeting, Industrial Relations Research Association, Development and Use of Manpower, December 28—29, 1967; 关于这种系统的安装,参见 Nixon-Agnew Campaign Committee, *Nixon on the Issues* (New York, October 17, 1968); National Commission on Technology, Automation, and Economic Progress, *Technology and the American Economy*, 1 (February 1966); *Report to the Secretary of Labor from the Employment Service*, Department of Labor, December 23, 1965。

P 集体谈判指引

在雇主和工会具有强大垄断力量的地方,政府运用"指引"来帮助管理集体谈判协议。然而,我们在这里提出的理论却认为,通货膨胀是在搜寻职位和雇员过程中产生的无数个人决策的主要产物。政府游说不太可能对这类通货膨胀过程产生重大影响。直接利益和伴随利益往往会主导国家的长远利益。集体谈判与自由市场工资具有直接的竞争关系,如果政府不能控制这类通货膨胀过程,那么,它将不可能公正有效地对集体谈判施加控制。

这并不是说,政府对特定合同的规模和期限完全没有影响,而是说政府不太可能对通货膨胀率产生长期的影响。这一领域非常复杂,需要我们进行更多的研究。如果对实际国民收入要求过高的起因存在的话,它将成为工资价格螺旋的驱动力,我们需要找出决定这种起因的方法。我们需要进行更加综合的分析来确定,价格动力是否在菲利普斯关系的确定中起了重要的作用。

然而,在劳动力市场自身的运作过程中,当公司中有辞职现象发生时,公司往往对此反应强烈,会提高从业者的工资,并试图使其高于其他公司。对所有公司来说,利用相对工资变化来维持自身劳动力的企图都是不利的,因为相对工资对辞职的影响被抵消掉了,只是引起了货币工资水平的上升。除了那些具有相对较高失业率的雇主以外,抑制其他所有雇主的工资上涨对放慢这种出价过程也许是有用的。

Q 垄断力量

在这方面,我们考虑公平和效率基础上的工会工资级差、工会管辖市场,以及公司和工会对实际产出的过高要求,这种要求往往会导致自主性的工资价格螺旋,此时,下面的政策值得我们考虑:(a) 通过实行上述的人力政策以及劳动力充分就业的总收入政策来降低失业,同等程度地增加工会工人和非工会工人职业稳定性的条款;(b) 当工人们选择集体谈判时,他们应该由代表公司全部雇员的工会出面(基于全行业的工会的原则将会减弱谈判力量,加强职业划分,并减弱在产品市场上的垄断力量[34]);以及(c) 执行反托拉斯政策以降低产业集中和市场控制力量;(d) 在高工资、高利润行业降低关税保护。我们不应低估达到这些政策变化的难度,但是在综合人力政策和充分就业政策的前提下,这些政策将会更加可行。

---

[34] C. M. Shanks, "Should We Accept Inflation?" *Annals of the American Academy of Political and Social Science*, Philadelphia, 326 (November 1959), pp. 47—54.

6 结　　论

尽管在不变通货膨胀率下不存在唯一的菲利普斯关系,但新古典主义的这一观点,具有很强的直觉吸引力。但是,由于在职位搜寻过程中存在着"摩擦",所以这种稳定的菲利普斯关系是存在的。显然,这种关系的存在与否不能仅仅由前面给出的观点决定。但是,这一问题的结论却必须基于现有的经济知识。当前可获得的实证和理论知识都充分证明了这一观点,即:菲利普斯关系是包括我们在内的许多经济中的劳动力市场的一个重要特征。

我们可以这样描述劳动力市场的运作:失业工人存量和职位空缺存量;使双方满意的配对的搜寻过程,对于这一过程我们已经以概率的形式深入地讨论过。各种流入和流出这些存量的流动,伴随着许多快速有力的反作用,使得干扰迅速消失,市场往往处于接近均衡的状态。工资水平的变化是由以下行为所致:工人和空缺流经市场时,无数个人的出价和接受决策;雇主承诺提高就业者工资以抑制这种流动;工会推动价格上升以维持它们的相对地位。

我们发现失业和空缺水平取决于周转率,以及一段时间内实现安置的概率。这种概率又依次取决于市场上的就业机会被搜寻出来的速度,市场被不必要地划分成了多少个相互独立的职业、地区、种族、工会权限等等以及在各个划分之间,工人和空缺不平衡分配的程度。工资变动的幅度取决于雇主和工人的期望,这些期望会随着市场搜寻时间的延长而变化。

工人、工会、行业、政府可以通过采取多种措施实现菲利普斯曲线的移动,其中绝大部分措施显然是符合他们自身利益的。这其中的许多措施是与我们所熟悉的旨在降低市场"摩擦"和周转率,并开发劳动力的人力政策相类似的。但是,由于它们的制定是针对宏观经济问题的,因此略微有些不同。

一般来说,我们推荐以下措施:(a)在短时间内以及最小化货币工资上涨压力的前提下,从最大范围的机会中,帮助雇主和工人分别找到最优的雇员和职位;(b)最小化由生产和就业波动所导致的就业关系破坏;以及(c)通过雇主和工人的不断合作努力,维持互相满意的就业关系。这样,辞职和解雇都会下降,而不需要借助任何需要激励双方这样做的方法。

实现这些目标的政策有力地弥补了这种努力,即:通过人力资源投资刺激经济增长,改进收入分配,从而将每个个体的生产能力提高到他的充分潜能水平。但是,这些政策和努力是可以相互区分开的。

A　扩展人力政策的提出

在当前低收入和特殊问题不断给工人带来压力的情况下,上述两种类型政策带来的巨大贡献,使得制定一个更加广泛地涉及所有雇主和整个劳动力的新的人力政策成为当务之急。

如果不能通过新经济的总需求政策刺激新职位的产生,那么,培训计划等政策就很难降低失业,这一点显而易见。现在滞胀的难题严重地威胁着新经济的效率,除非有强有力的新的人力政策对其进行补充。

长期以来,许多政府和非政府人士都在竭力主张这两种政策之间的互补,但是却通常把重点放在仅仅为解决特定贫穷问题而制定的人力政策㉟上。本文的分析支持了这一观点,即:在一个广阔的领域里,我们通过合适的信息、咨询、培训、再培训、流动㊱、安置以及制度政策,来匹配雇主和工人之间的需求,而实现整个经济无通货膨胀繁荣的关键在于这种匹配的速度和效率的提高。对很多人来说,在许多这样的计划中,公司和个人自愿与政府合作的可能性,具有很大的吸引力。

近年来美国人力政策的扩展可以为今后扩展的人力政策提供操作经验基础。㊲

因为获得一个快速的、高质量的雇主和工人之间以及与各种人力计划之间的匹配是至关重要的,所以,在将雇主和工人各种各样的需求与可行人力计划匹配的过程中,一个广泛扩展的、改进的、计算机化的全国就业服务系统就变得十分必要。

这种合作努力的经济和社会回报很可能远远超过它的成本!通货膨胀将会下降,产出增长将会非常大,原因如下:失业下降,劳动力市场参与度提高,整个劳动力升级以达到它充分的生产潜能。另外,实际劳动力短缺的市场很可能会刺激劳动力节约型的技术创新,并降低对引进相关技术的限制。

㉟ 一系列的人力计划已经有了良好的开端,但是它们仍然只是涉及了美国劳动力中相当小的一部分。鉴于篇幅,我们在这里无法考虑这些人力计划,甚至无法列出以下机构所采取的一些计划的报道:联合经济委员会(the Joint Economic Committee);经济顾问委员会(the Council of Economic Advisors);劳工部(the Department of Labor);卫生、教育与福利部(the Department of Health, Education, and Welfare);商务部(the Department of Commerce);经济机会办公室(the Office of Economic Opportunity);国家人力政策专门工作组(the National Manpower Policy Task Force)等等。

㊱ 由于跨越经济障碍比较容易以及充足的职位空缺阶段的来临,制定区域性和全国性的人口政策的需要变得迫在眉睫了。

㊲ G. L. Mangum, *MDTA, Foundation of Federal Manpower Policy* (Johns Hopkins University Press, Baltimore, 1968).

基于这种相互协调的总需求和人力政策,劳动力市场将变得更加令人愉快和高效,它将人们与国家的经济需求相匹配,并伴随着较小的通货膨胀风险以及更大的稳定性来抵制失业。菲利普斯曲线以及其他国家的经济增长率,使得我们对经济潜在的可提高幅度持乐观态度。长期以来,美国的可接受失业水平是4%,而这一比率比其他许多国家高两倍多,我们将不再认为美国的这一接受水平是合理的。对于政府干预人力领域原因,我们在其他文献中作了进一步的讨论。[38]

然而,有一点必须强调。由于过去对人力的研究不够,我们在相关领域的知识是非常欠缺的[39]。尽管我们已经做了大量的实证研究,并可以在此基础上扩展,但是有更多事情需要我们去做,而且现在基础理论研究仍然是非常有限的。例如:对于非常重要的计算机配对领域,我们几乎还没有做任何基础研究。重要的是我们要知道,在所有这些领域我们都在做什么;结果不会仅仅因为我们的努力而显现。计算机可能会提高周转率,使得失业几乎不会下降!在能够确定上面提出的哪一种措施更为有效之前,我们需要做更多的工作。当然,执行这些政策的政府机构也应该承担大量协作研究、认可以及合同方面的工作,包括基础类和应用类。在周密计划的系统实验过程中,这一领域的潜在价值也是值得期待的。

在我们成功地将扩展的人力政策和菲利普斯关系结合之后,可以确定我们能够从实际产出的提高以及通货膨胀的下降中获得多大的收益——但是首先,我们要加强对这些美好前景所基于且仍然处于初始阶段的命题的研究。

附录　劳动力市场分割中失业和职位空缺的最优分配

在给定每一区域所需要一定安置流的情况下,我们期望确定使 U 和 V 乘积最小的 u_i 和 v_i。(给定 V 求取 U 的最小值可以得到同样的结果,反之亦然。)考虑方程(4)、(5)、(6)、(8)对 u_i 和 v_i 的约束,将(7)作为评判标准,我们得到了如下的拉格朗日表达式:

$$C = \frac{FT_s}{P_{0a}\mathscr{L}}\left(\frac{1}{\sum u_i v_i}\right) + \tau_1\left(1 - \sum_{i=1}^{N} u_i\right) + \tau_2\left(1 - \sum_{i=1}^{N} v_i\right)$$

---

[38] Holt, "Improving the Labor Market Tradeoff between Inflation and Unemployment," Section VI.
[39] 例如:十几岁的黑人具有很高的失业率,是因为被雇用的概率低,辞职率高,解雇率高,还是三者都有? 政策含义可能极为不同,这取决于问题的答案。

$$+ \sum_{i=1}^{N} \tau^i \left(Ff_i - \frac{P_{0a}\mathscr{L}}{T_s} UVv_i u_i \right), \tag{A1}$$

以求得到在 $u_i, v_i (i=1,2,\cdots,N)$ 条件下该式的最小值,其中 τ_1、τ_2 和 $\tau^i (i=1, 2,\cdots,N)$ 为拉格朗日乘数。

从 u_i 和 v_i 的对称关系很容易得到,最优分配在满足下式的情况下达到:

$$u_i = v_i \quad (i=1,2,\cdots,N). \tag{A2}$$

求解最后一个约束条件得出 u_i,并将(A2)代入得到:

$$u_i \sqrt{\frac{FT_s}{P_{0a}\mathscr{L}VU}} \sqrt{f_i} \quad (i=1,2,\cdots,N). \tag{A3}$$

然后将(A3)代入第一个约束条件,得到:

$$1 = \sum_{i=1}^{N} u_i = \sqrt{\frac{FT_s}{P_{0a}\mathscr{L}VU}} \sum_{i=1}^{N} \sqrt{f_i}. \tag{A4}$$

将(A3)、(A4)与(A2)联立得到失业和职位空缺的最优分配:

$$u_i^* = \frac{\sqrt{f_i}}{\sum_{i=1}^{N} \sqrt{f_i}} = v_i^* \quad (i=1,2,\cdots,N), \tag{A5}$$

其中,u_i^* 和 v_i^* 组成了最优的分配。

有趣的是,在最优的分配下,所有子市场职位空缺的平均持续时间是不一样的,一段时间内职位空缺被填补的概率也是不一样的:

$$T_{vi} = \frac{V_i}{F_i} = \frac{Vv_i}{Ff_i}. \tag{A6}$$

将(A5)代入上式,得到:

$$T_{vi} = \frac{V}{F} \frac{1}{\sqrt{f_i}} \frac{1}{\sum_{i}^{N} \sqrt{f_i}}. \tag{A7}$$

子市场之间同类型的差异,也适用于失业的平均持续时间和失业工人被雇用的概率。通常情况下,由于存在着规模经济效应,更大的子市场对于工人和雇主具有更大的吸引力。

第7章 实际工资、就业与通货膨胀*

小罗伯特·E.卢卡斯(Robert E. Lucas, JR.)
里奥纳德·A.拉宾(Leonard A. Rapping)

劳动总供给函数是新古典增长理论与凯恩斯短期就业理论的基础。然而与总消费函数、总投资函数或货币总需求函数的参数估计相比,劳动总供给函数至今仍然没有任何可用的参数经验估计量。①除此之外,经济学家还发现劳动总供

---

* 我们要特别感谢麦圭尔(T. McGuire)、梅尔泽(A. Meltzer)、奥伊(W. Oi)、菲尔普斯(E. S. Phelps)和里斯(A. Rees)教授对本论文的初稿提出了意见。他们愿意对我们的论文做出评论并不意味着他们赞同我们的观点。事实上,至少有一位读者是完全不赞同我们观点的,但也正是他的不赞同帮助我们阐明了我们的思想,我们也要感谢他的帮助。本文经芝加哥大学出版社的授权,除了附录2的内容以外,均来自《政治经济学杂志》(Journal of Political Economy)第77卷第5期(1969年9月/10月)。

① 若不考虑关于单个厂商相对劳动供给的研究,多数对劳动供给的实证研究可以划分为三种类型。对单位劳动力单位时间内的工作小时的研究发现了工资率与工作小时之间的反比例关系,尤其是对男性劳动力来说这一反比关系格外明显。这个结论是由芬尼根[T. A. Finegan, "Hours of Work in the United States," Journal of Political Economy, 70 (October 1962), pp.452—470]、考斯特[M. Kosters, Income and Substitution Effects in a Family Labor Supply Model (Rand Corp., Santa Monica, Calif., 1966), RAND p.3339]、刘易斯[H. G. Lewis, Hours of Work and Hours of Leisure (Industrial Relations Research Association, 1956), pp.196—207]和罗森[S. Rosen, "The Interindustry Wage and Hours Structure," Journal of Political Economy, 77, No. 2 (March/April 1696) pp.249—273]提出的。第二种研究解释了劳动参与率和工资率之间的关系。这类研究主要是横截面研究,得出了女性劳动参与存在一个正工资率效应而男性劳动参与存在一个微弱的负工资率效应的结论。读者可以从鲍恩和芬尼根[W. G. Bowen and T. A. Finegan, "Labor Force Participation and Unemployment," in Employment Policy and the Labor Market, A. M. Ross, ed. (University of California Press, Berkeley, 1965)]、凯恩[G. Cain, Married Women in the Labor Force: An Economic Analysis (University of Chicago Press, Chicago, 1966)]、道格拉斯[P. H. Douglas, The Theory of (转下页)

给函数要在普遍接受的一定假设基础之上才能成立。在发展理论的文献中,通常假设人口增长是外生的,因此由固定人口产生的劳动供给是一个关于实际工资率水平的缺乏弹性的函数。另一方面,在短期理论的文献中,一般假设劳动供给在刚性的实际工资率或名义工资率下具有完全弹性。本文的目的就是构造一个劳动力市场模型,使这些关于劳动供给的明显背离的观点一致起来,并用年度总量数据——美国1929—1965年的时间序列数据对这一模型进行检验。

我们将尽可能地参考微观经济学的劳动力市场相关理论文献提出假设。但是,与其他对单一经济部门的总量研究一样,忽略大量繁冗的细节是很有必要的,这些细节来自于许多对劳动力市场行为详细特征的研究。我们不会为了弥补这些损失而提供一个完整的计量经济模型,但是在第 I 部分我们会对所构造的劳动力市场模型的结构及其与经济中其他部门的关系做一个简单的说明。然而,在选择构成一个联立方程组进行估计的两个函数,即劳动供给函数和劳动的边际生产率函数时,仍然不可避免地存在任意性。

我们的首要目的是理解美国劳动力市场的运转状况及规律,此外,本文还有第二个目的,即根据劳动的供给和需求来验证所观测到的失业率与通货膨胀率的相关性或者说菲利普斯曲线的合理性。近来试图为菲利普斯曲线提供理论基础的研究,很大程度上是建立在劳动力市场为集体谈判所控制这一观点之上的。而这种劳资双方就工资等问题进行谈判的结果与供给和需求双方的力量对比是

(接上页)*Wages*(New York, 1934)]和明塞尔[J. Mincer, "Labor Force Participation of Married Women," in *Aspects of Labor Economics*, H. G. Lewis, ed. (Princeton University Press, Princeton, N. J., 1962), pp. 63—105]的论文中找到这一结论。就我们所知,还没有人通过推断一个由人口统计学特征所确定的人群的劳动总供给计划这样一种方式,将所有现有的人均工作小时和参与率研究结合起来。

以上提到的两种研究都试图单独分析劳动供给中实际工资的永久性变化带来的长期效应。另一方面,第三种关于劳动供给的研究则认为短期劳动供给的循环运动是由劳动参与率及其与失业率的关系来衡量的。他们认为在劳动供给中存在着一种顺周期的行为。可以参见明塞尔[J. Mincer, "Labor Force Participation and Unemployment: A Review of Recent Evidence," in *Prosperity and Unemployment*, R. A. Gordon and M. S. Gordon, eds. (New York: Wiley, 1966)]对这一研究的概括,以及布莱克和罗塞尔[S. W. Black and R. R. Russell, "The Estimation of Potential Labor Force and GNP," paper presented at the Winter 1966 Econometric Society Meerings]、凯恩和明塞尔[G. Cain and J. Mincer, "Urban Poverty and Labor Force Participation: Commernt," *American Economic Review*, 59 (March 1969) pp. 185—194]和泰拉[A. Tella, "Hidden Unemployment 1953—1962: Comment," *American Economic Review*, 56 (December 1966), pp. 1235—1241]近期的论文。

没有明确关系的。② 尽管我们对这两个观点并没有给出关键性的验证,但是我们会给出一个与美国经验一致的、有多个推论的竞争市场理论。

本文是按照以下结构来组织的:第Ⅰ部分概括地讨论了生产—就业部门的一个模型及其与经济中其他部门的关系。第Ⅱ部分构造了一个劳动总供给函数。第Ⅲ部分分析了劳动力市场的需求。而可度量的失业水平的重要性在第Ⅳ部分进行了讨论。第Ⅴ部分给出了完整的模型。第Ⅵ部分则对模型进行了检验。第Ⅶ部分对我们的结论进行了总结。

1 模型结构

第Ⅵ部分给出的结果是对一个美国劳动力市场的两方程模型进行估计得到的。模型中的两个方程是指劳动供给函数和劳动的边际生产率函数。实验所选用的时间序列同所有经济的时间序列一样,同时受到短期力量和长期力量的影响。因此,想在这些序列基础之上构造和检验劳动力市场一个单纯的短期模型或长期模型是不可能的,一个合适的模型必定同时包括了长期和短期的情况。我们认为一个劳动力市场(或者,说得更广泛一些,生产—就业部门)模型应该具备以下三个特征:第一,模型应该具备新古典主义的特征,即对于固定资本来说,在总需求长期不变的情况下,总供给计划(产品价格与实际产量的关系)应该是完全无弹性的。第二,模型应该包含一个有弹性的短期总供给函数,在总需求变动时,实际产量和就业人口也发生相应的变化。第三,模型应该能够充分说明劳动力市场从短期均衡过渡到长期均衡的整个过程。

本文选用的实验模型同时具备了以上三个特征。然而,为了使模型更具实

---

② 对菲利普斯曲线描述的关系进行的解释可以参见埃克斯坦和威尔逊[O. Eckstein and T. Wilson, "Determination of Wages in American Industry," *Quarterly Journal of Economics*, 76（August 1962）, pp.379—444]和佩里[G. Perry, "The Determinants of Wages Rate Changes," Review of Economic Studies, 31（October 1964）, pp.287—308]的文章。有人试图通过运用一个"失衡"调节函数来解释菲利普斯曲线。这首先是由菲利普斯[A. W. Phillips, "The Relation between Unemployment and the Rate of Change of Money Wage Rates in the United Kingdom, 1861—1957," *Economica*, 25（November 1958）, pp.283—299]和他之后的利普西[R. G. Lipsey, "The Relationship between Unemployment and the Rate of Change of Money Wage Rates in the United Kingdom, 1862—1957: A Further Analysis," *Economica*, 27（February 1960）, pp.1—31]提出来的,并且这一观点很快由菲尔普斯[E. Phelps, "Money Wage Dynamics and Labor Market Equilibrium," *Journal of Political Economy*, 76, Part 2（August 1968）, pp.687—771]在新的论文中扩展。对菲利普斯曲线描述的关系与劳资谈判和货币财政政策的联合影响的讨论可以参见布龙芬布伦纳和霍尔兹曼[M. Bronfenbrenner and F. D. Holzman, "Survey of Inflation Theory," *American Economic Review*, 53（September 1963）, pp.593—661]的文章。也可参见布龙芬布伦纳[M. Bronfenbrenner, "A Guidepost-Mortem," *Industrial Labor Relations Review*, 20（July 1967）, pp.637—650]对政府工资—价格指引的讨论。

证性,很有必要引入一系列使这些主要特征不那么明显的因素。为了更好地说明结果,接下来的部分我们先介绍一个简单的雏形,实际上我们实验的模型要更为复杂。这里,我们假定两个函数事实上已经被估计出来了,而总生产函数还没有被估计出来,它由一组方程所决定。

用 m_t 表示 t 时期每户家庭被雇用的人数,k_t 表示每户家庭的资产,y_t 表示每户家庭的实际产量。用 w_t 表示实际工资率,Δp_t 表示价格从 $t-1$ 时期到 t 时期变化的百分比。我们假设总生产函数是一个规模报酬不变的函数,可以记作:

$$\frac{y_t}{m_t} = f\left(\frac{k_t}{m_t}\right), \quad f' > 0, f'' < 0. \tag{1}$$

在竞争性的劳动力市场和厂商连续利润最大化的假设前提下,由方程(1)可以得出劳动的边际生产率函数为:

$$w_t = f\left(\frac{k_t}{m_t}\right) - \left(\frac{k_t}{m_t}\right)f'\left(\frac{k_t}{m_t}\right). \tag{2}$$

由方程(1)和(2)可以得到短期的(即资本是固定的)产量供给函数和劳动需求函数,两种形式的含义是一样的。除方程(1)和(2)以外,我们再补充一个劳动供给函数:

$$m_t = S(w_t, w_{t-1}, \Delta p_t, m_{t-1}), \tag{3}$$

其中,S 是关于 w_t、Δp_t 和 m_{t-1} 的增函数和关于 w_{t-1} 的减函数。我们将在第Ⅱ部分具体讨论推出这个劳动供给函数的费雪(Fisherian)模型。目前,我们的兴趣集中在由方程(1)到(3)所体现出来的生产—就业部门的特性上。

方程(3)并不是一个关于即期价格(p_t)和名义工资($w_t p_t$)的零次齐次方程。因此,在短期内,该模型存在着一种许多近代凯恩斯理论模型所假定的"货币幻觉"。如果工资和价格在长期保持不变的话,由方程(3)仍然可以解出一个只取决于实际工资率变化的长期劳动供给(与人口规模相关)函数。

从方程(1)到(3)中去掉 w_t、m_t 以及它们的滞后变量 w_{t-1} 和 m_{t-1},可以推出总供给函数:

$$y_t = F(y_{t-1}, k_t, k_{t-1}, \Delta p_t). \tag{4}$$

由于函数 F 的导数关于 p_t 成正比,因此短期总供给函数的图像是向上倾斜的,可是它关于价格水平并不具有完全弹性。如果价格在长期内保持不变,并且差分方程(4)是稳定不变的,那么供给函数将具有完全弹性。总的来说,模型中方程(1)到(3)并不具备一开始我们讨论的那些特征。

在对方程(1)到(3)进行讨论时,我们假设劳动力市场在每个时期 t 均处于短期均衡状态。这个假设与所观测到的就业人口波动不一致,也没有解释失业问题。③ 假设存在连续短期均衡的主要问题在于：失业人口或劳动力人口将无法作为重要参数被引入模型中。可是，我们希望能用模型来解释失业的变动，从而对"当就业调查问卷的回答者被问到是否正在找工作时，他们是否理解了所回答的问题？"这个问题给出解释。这将在第Ⅳ部分详细讨论。

此外，我们有必要对劳动总供给函数(4)中的通货膨胀率 Δp_t 做出解释。看起来，这似乎使政府可以通过实施系统性通货膨胀政策来毫无限制地增加实际产量。但我们并不这么认为。正如我们将在第Ⅱ部分所看到的，如果实施了这样的政策，模型中的方程(1)到(3)将不再成立。

在我们的研究从劳动力市场的整体结构向劳动供给和需求的个体经济行为过渡之前，或许应该先讨论一个更为普遍的问题，即是否存在一种上面谈到的或是其他竞争性的供求机制可以解释劳动力市场行为。在普遍的层面上对这个问题进行事前讨论是没有意义的，但是在工资与就业问题上有两个十分重要的特殊非竞争性力量，值得特别提出来，那就是劳资谈判和征兵制的存在。

显然，以上简单描述的模型无法准确地解释在单个有工会组织的行业中，工资与就业是如何决定的。在这样的一个行业中，工会强制实行一个高于竞争价格水平的工资率，这个工资率由其劳动需求弹性和罢工的效力决定。该行业的劳动供给与工资率是不相关的，因为一定存在的超额劳动供给并不能降低工资水平。因此，针对这样的行业所构建的劳动力市场模型要包含一个劳动需求函数和一个"工资确定方程"。有人试图将这种观点从一个有工会组织的行业推广到整个经济，确实有许多经济学家抵不住这个诱惑。在我们所研究的这段时期，被集体谈判制度下的企业所雇用的劳动力最多只有25%，因此这种推广是没有意义的。那些无法在工会部门找到工作的人将会流到非工会部门，从而降

---

③ 在历史上，对"自愿"失业和"非自愿"失业所做的区别已经很多了。然而，仔细整理时发现，这种区别完全是形式上的，只是为了掩盖两种模型之间的重要区别。一种模型中的劳动力市场均衡意味着特殊水平（充分就业）下的产量与总需求水平无关，而另一种模型并没有这种推断。我们的模型属于后者。

我们并不企图对后凯恩斯主义的理论做出权威的评论，而只是希望指出，许多作者在研究劳动力市场时都认为它在整个周期中均处于均衡状态。帕廷金［D. Patinkin, *Money, Interest, and Prices* (New York, 1965), pp.341］正是这样理解莫迪利阿尼［F. Modigliani, "Liquidity Preference and the Theory of Interest and Money," *Readings in Monetary Theory* (New York, 1951), pp.186—239］的文章，并把这种对凯恩斯的解释归因于兰格［O. Lange, *Price Flexibility and Full Employment* (The Principia Press, Bloomington, Ind., 1945)］。他试图把自己同那些坚持认为劳动供给者在每一时点都在他们的"供给曲线"上的人区别开，而他自己将"刚性"归因于"个体决策……对市场变化的'黏性'反应……"(p.343)。类似地，里斯［A. Rees, "Wage Determination and Involuntary Unemployment," *Journal of Political Economy*, 59 (April 1951), pp.143—153］将工资刚性归因于雇员不愿降低名义工资。当然，帕廷金坚持没有必要在连续出清的劳动力市场中构造模型这一观点是正确的，然而尽管他对凯恩斯主义理论的讨论很清楚，但是其连续均衡的观点既没有与早期理论家的观点发生根本的背离，也没有完全得出任何显而易见的规范结论。

低那里的工资水平。结果,相对工资结构被严重扭曲了,但是我们无法找到任何理论假定或者经验证据来说明工会对总工资率的影响是相当大的(或者至少是可预知方向的)。④

由于军人是包括在我们的工资和就业数据之中的,并且政府完全被当作一个私人雇主对待,所以考虑征兵制的影响同样重要。理想的情况是应该将被强制征召入伍的人数(不同于总征召入伍人数)从就业人口和总人口中扣除,将他们的收入从雇员报酬中扣除,并将他们生产的产量从 GNP 中扣除——简单来说就是应该重新进行国民收入和产出核算。我们并没有这样做,而是引入一个战时虚拟变量来控制二战时期征兵的影响。二战时期是我们选取的样本中唯一的征召入伍者构成就业总人口一部分的时期。这将在第 II 部分进行深入的讨论。

2 劳动总供给

我们所说的劳动供给是指每年为市场经济提供的工时数(man-hours)。⑤ 劳动供给可以以不同方式发生变动以回应实际工资率的变化。工资率的变化可能通过影响生育计划来影响人口数量,可能影响既定人口数量下的劳动力人口比

---

④ 虽然劳资谈判对工会/非工会相对工资率(在不同时点上)的影响已经由刘维斯[H. G. Lewis, *Unionism and Relative Wages in the United States*: *An Empirical Inquiry* (University of Chicago Press, Chincago, 1963)]确定,但是谈判对总工资率(工会与非工会工资率的加权平均)的影响还是不确定的,甚至很大程度上还是未被探究的。因为成功的工会活动会减少工会部门的就业,释放工人到经济其他部门,因此甚至无法得到工会对总工资率的影响是正的这一推论。例如,如果劳动需求弹性在两个部门(工会和非工会)是一致的,并且劳动供给是无弹性的,那么工会将不会对就业总量和平均工资率产生任何影响。即使假定工会部门的劳动需求是无弹性的,工会最大限度地发挥其作用(20 世纪 50 年代,当 25%的劳动力处于工会部门时,根据刘维斯所说,工会/非工会的相对工资仅为 1.15),其对工资的影响据估计也不足 4%。

由于处于劳资谈判协议下的劳动力所占比例从 1929 年的 9%上升到 1953 年的 25%左右,因此对劳资谈判对实际工资的影响进行时间序列分析成为可能。我们提到过的少数实证研究表明,劳资谈判或许对实际总工资有一个不大的向上的影响,但是该时间序列中大多数观测到的长期变量和周期性变量都可以被竞争性的市场力量所解释。这一结论是由里斯[A. Rees, "Patterns of Wages, Price and Productivity," in *Wages, Prices, Profits and Productivity*, C. Myers, ed. (Columbia University Press, New York, 1959)]在他对制造业 1889—1957 年实际工资的研究和卡甘[P. Cagan, "Theories of Mild, Continuing Inflation: A Critique an Extension," paper delivered at a symposium on inflation sponsored by New York University, Department of Economics, January 1968]对 1890—1961 年制造业工资数据的解释中提出的。

⑤ 我们的分析会受到有关劳动力市场工作和闲暇选择的家庭决策问题的限制。无可否认,这是一个复杂的有关劳动力市场工作、闲暇、在家工作和上学选择的决策问题的过度简化。我们采用的方法避免了讨论一个隐含的在家工作的工资率,也允许我们对显而易见的上学的工资率进行非正式的介绍。更全面的叙述可以参见凯恩(*op. cit.*)、考斯特(*op. cit.*)和明塞尔("Labor Force Participation of Married Women," *loc. cit.*)的论文。还需要强调的是,因为我们将闲暇定义为除了有偿劳动之外的所有时间的使用,因此这一概念包含了多种活动:例如,上学、找工作、退休和干家务活。

重(即劳动参与率),也可能改变每个劳动力人口每年工作的小时数。我们只对后两种指标——工时和劳动参与率——做出解释,并且试图解释某个既定年龄和性别组合的人群提供劳动总供给的变化。[6]

在我们熟悉的单个家庭在竞争市场中所面临的商品—闲暇选择的效用分析中,已经暗含了我们上面提到的劳动供给与实际工资的关系。对于一个面对波动的货币工资和商品价格的家庭来说,这种在当前价格基础上的权衡只是劳动供给决策的一个方面。将来商品和闲暇对当前商品和闲暇的替代选择也同样很重要。例如,考虑一个被解雇的工人(或者按照我们的说法,一个面临着他所能找到工作的工资水平下降的人)的决策。由于接受更低水平的工资可能伴随着找工作或者搬迁到另一个社区的投资,因此当前的劳动供给决策取决于他对未来工资水平的预期。如果他认为当前工资水平的降低只是暂时的,那么他可能会接受目前的闲暇(失业)。如果他认为工资水平的降低是永久的,那么他可能会接受别处的工作。

为了更加系统地解释劳动供给决策的这些特征,我们会利用一个代表性家庭效用分析的推广形式,它包括四个组成部分:当前的商品消费($\bar{C}$),当前的劳动供给($\bar{N}$)以及将来的消费和将来的劳动供给($\bar{C}^*$ 和 $\bar{N}^*$)。假设这个家庭是追求效用最大化的[7]:

$$U(\bar{C}, \bar{C}^*, \bar{N}, \bar{N}^*), \quad U_1, U_2 > 0, U_3, U_4 < 0, \tag{5}$$

其中,满足消费的现值不能超过收入的现值这一约束条件。现值用名义利率 r 计算,在此利率水平下这个家庭可能贷出等于其当前资产价值的钱或者是借入等于将来收入的钱。假设初始非人力财富以固定货币形式存在,记作 $\bar{A}$,即期商品价格、远期商品价格、即期名义工资率和远期名义工资率分别为 P、P^*、W 和 W^*。因此 U 最大化的条件是:

$$P\bar{C} + \frac{P^*}{1+r}\bar{C}^* \leq \bar{A} + W\bar{N} + \frac{W^*}{1+r}\bar{N}^*. \tag{6}$$

我们假设当 $\bar{C}, \bar{C}^*, \bar{N}, \bar{N}^* > 0$ 时,对于每个大于零的价格存在一个唯一的最

---

[6] 我们知道把人口看做外生变量使我们不能解释这个影响美国劳动力长期增长的最重要的因素。这个问题可以参见伊斯特林[R. A. Easterling, Comments on paper by J. Mincer, "Labor Force Participation and Unemployment: A Review of Recent Evidence," (*op. cit.*)]的论文。然而无论以何种方式,这一假定都不能降低我们的模型在理解劳动供给动态理论和区分面对永久性实际工资率变化时劳动供给的长期和短期变动方面的有用性。

[7] 利维亚坦[N. Livitan, "Multiperiod Future Consumption as an Aggregate," *American Economic Review*, 56 (September 1966), pp.828—840]指出,将一个 n 期决策问题按通常程序压缩成一个二维问题会出现常见的指数个数的问题。这些问题同价格水平仅由一个指数来衡量这个经济中十分常见的做法一样严重。

大值。于是,由这个最大值问题的解我们可以分别得到这几个决策变量关于(6)式中的四个"价格"和 $\bar{A}$ 的方程。特殊地,我们给出即期劳动供给函数:

$$\bar{N} = F\left(W, \frac{W^*}{1+r}, P, \frac{P^*}{1+r}, \bar{A}\right). \tag{7}$$

函数 F 关于它的五个自变量是零次齐次的,因此如果把即期商品价格水平 P 选作折价因子的话,方程(7)等价于

$$\bar{N} = F\left(\frac{W}{P}, \frac{W^*}{P(1+r)}, 1, \frac{P^*}{P(1+r)}, \frac{\bar{A}}{P}\right). \tag{8}$$

总体来看,函数 F 对各分量偏导数的符号并不如所期望的那么明确。但是,在将来商品和闲暇可以替代当前闲暇,闲暇并非劣等商品以及资产效应很小这三个假设条件下,我们可以推断:⑧

$$\partial F \big/ \partial\left(\frac{W}{P}\right) > 0, \quad \partial F \big/ \partial\left(\frac{W^*}{P(1+r)}\right) < 0,$$

$$\partial F \big/ \partial\left(\frac{P^*}{P(1+r)}\right) < 0, \quad \partial F \big/ \partial\left(\frac{\bar{A}}{P}\right) < 0. \tag{9}$$

根据这个简单的单个家庭的理论,我们可以推出一个劳动总供给函数,从而将被家庭户数 M_t 平减后的年总工时数 N_t 与函数 F 的自变量的观察值联系在一起。用 W_t 表示名义工资指数,P_t 表示 GNP 平减指数,r_t 表示名义利率,A_t 表示家庭部门持有资产的市场价值。用 W_t^* 和 P_t^* 分别表示(无法观测的)基于 t 时期所有可得信息的"将来劳动"和"将来消费"的预期价格指数。于是,我们可以在(8)式的基础之上得到以下对数线性关系:

---

⑧ 为了从家庭在(6)式的限制下使(5)式达到最大化这一假设中得到(7)式给出的劳动供给函数 F 的偏导数符号信息,我们按照标准的程序将每个偏导数表示为两项之和:一项为斯卢斯基(Slutsky)项或者叫替代项,另一项表示价格变化的资产(收入)效应。用 $K(N, W)$ 表示工资变化对当前劳动供给的替代效应,依次类推。于是有

$$\frac{\partial F}{\partial W} = K(N, W) + N\frac{\partial F}{\partial A},$$

$$\partial F \big/ \partial\left(\frac{W^*}{1+r}\right) = K\left(N, \frac{W^*}{1+r}\right) + N^* \frac{\partial F}{\partial A},$$

$$\frac{\partial F}{\partial P} = K(N, P) - C\frac{\partial F}{\partial A},$$

$$\partial F \big/ \partial\left(\frac{P^*}{1+r}\right) = K\left(N, \frac{P^*}{1+r}\right) - C^* \frac{\partial F}{\partial A}.$$

效用最大化假设只能得出 $K(N, W) > 0$ 的推论。再根据当前和未来消费以及未来闲暇可以替代当前闲暇的补充假设可以推断另外三个替代项都是负的。最后,我们假设 $\partial F/\partial A$ 是负的但是可以忽略的。结合这些假设我们可以得到(9)式。

$$\ln\left(\frac{N_t}{M_t}\right) = \beta_0 + \beta_1 \ln\left(\frac{W_t}{P_t}\right) - \beta_2 \ln\left[\frac{W_t^*}{P_t(1+r_t)}\right]$$

$$- \beta_3' \ln\left[\frac{P_t^*}{P_t(1+r_t)}\right] - \beta_4 \ln\left(\frac{A_t}{P_t M_t}\right), \tag{10}$$

其中[见(9)式],β_1,β_2,β_3' 和 β_4 为正, β_0 可正可负。⑨ 令 $w_t = W_t/P_t$, $w_t^* = W_t^*/P_t^*$, $a_t = A_t/P_t$,并且 $\beta_3 = \beta_2 + \beta_3' > 0$, 观察可知 $\ln(1+r_t) \sim r_t$, 于是(10)式可以变形为一个更简单的式子:

$$\ln\left(\frac{N_t}{M_t}\right) = \beta_0 + \beta_1 \ln(w_t) - \beta_2 \ln(w_t^*)$$

$$+ \beta_3\left[r_t - \ln\left(\frac{P_t^*}{P_t}\right)\right] - \beta_4 \ln\left(\frac{a_t}{M_t}\right). \tag{11}$$

因而,可以假设劳动供给取决于即期实际工资和预期实际工资,期望实际利率 $r_t - \ln(P_t^*/P_t)$ 以及持有资产。方程中同时出现的即期工资率和预期未来工资率是现代劳动经济学的中心。在现代劳动经济学中,劳动者被看做是资本家,他们将自己的劳动从一个市场转移到另一个市场的决策(具有代表性的行为例如接受工资的削减或者获得所在经济中平均工资以上的报酬)被看做是投资决策。实际利率的存在[之前帕廷金(见前文参考文献第 129 页)也提出了这一点]体现了人们跨期消费的能力。

方程(11)所描述的工资变化也可以从包括"长期"和"短期"成分的即期实际工资中看出。⑩ 因此,等式(11)的右边包含工资的项又可以写成 $\beta_1 \ln(w_t/w_t^*) + (\beta_1 - \beta_2)\ln(w_t^*)$。变量 w_t^* 可以解释为永久的或平均的实际工资率,劳动供给关于这个工资率的弹性是可正可负的,允许存在向后弯的劳动供给曲线。$\ln(w_t/w_t^*)$ 也就是即期对永久的相对工资变化率。如果 $w_t > w_t^*$,或者说即期工

---

⑨ 我们的理论暗含了工资率变化将会引起家庭劳动供给的特定变化。当然,实际问题中不可能存在唯一的一个工资率。相反,工资因职业、教育、性别、种族、地理环境和信仰的不同而不同。当劳动供给随着这些特征变化而变化时,相对和绝对实际工资将会影响劳动总供给水平。假设在我们的样本选择期内,相对工资结构的变化正是这样的,那么方程(10)仍然是其所包含变量真实相互关系的一个不错的近似估计。

⑩ 实际工资率长期和短期变化带来的劳动供给效应的不同是弗里德曼[M. Friedman, *Price Theory: A Provisional Text* (University of Chicago Press, Chicago, 1962)]解释第二次世界大战期间劳动供给出现不同寻常的剧增的基础。就我们所知,弗里德曼是第一个指明长期和短期工资率的区别在研究劳动供给上的实证有用性的人。在研究已婚妇女的劳动供给时,明塞尔("Labor Force Participation of Married Women", *op. cit.*)和凯恩(*op. cit.*)区别了已婚妇女劳动供给的长期和短期变化的影响。但是他们的模型和目标与我们的不同。我们没有把注意力集中在家庭内部闲暇和工作的分配问题上,因而将我们模型与那些旨在解释家庭女性成员劳动供给行为的模型直接进行比较是很困难的。然而,我们要强调的是,这些模型区别了女性劳动力供给的长期和短期变化的影响。

资反常地高,那么根据长期劳动供给函数,将会有更多的劳动供给。如果 $w_t < w_t^*$,那么工人将脱离长期劳动供给曲线而向左偏。⑪

正如上面所说,有理由相信劳动力供给的资产效应是很小的(即 β_4 接近于 0),并且,也正是由于这个原因,这个变量可以一开始就从我们的检验中被剔除。随后我们将介绍一些不那么令人满意的"替代变量"(Proxies),通常得到的结果都很差。⑫ 这些将在下面进行介绍,不过我们暂时先不讨论 a_t/M_t。同样的,虽然关于名义利率 r_t 的研究结果已经报告过了,但我们最满意的模型中却并没有包含这个变量,因此接下来我们也将不对它进行讨论。⑬ 最后,常有人断言,第二次世界大战期间人们爱国主义热情的高涨使得军事和非军事部门的劳动供给都得到了增加。为了说明这一点,我们的一些实验引入了一个 0-1 虚拟变量 D_t,在

---

⑪ 正如弗里德曼最初的永久收入理论[M. Friedman, *A Theory of the Consumption Function* (Princeton University Press, Princeton, N. J., 1957)]所说,劳动供给既有生命周期又有商业周期。例如,这个理论"预测"工人会把他们的劳动供给集中在收入最高的年份,而在年幼和年老时消费高于平均水平的闲暇。对类似推论的系统性研究和检验已经超出了本论文的研究范围。

⑫ 我们假设非人力资产效应很小,这与一些但并不是全部现有的理论一致。鲍恩和芬尼根(*loc. cit.*)采用一个包括自有资产收入、转移支付和其他收入等报告收入的非就业收入变量,在此基础上对参与率进行回归时得到了一个显著的负相关关系。他们是在 1940 年、1950 年和 1960 年不同年龄、性别构成组的基础之上得到这个结果的。但是,考斯特(*op. cit.*)进行的另一个代表性研究采用的是 1960 年 0.1% 的样本,在确定非就业收入对男性工作小时的效应时却远不如前者成功。考斯特讨论了使用非就业收入作为非人力资产收入的替代变量引起的测量问题。

⑬ 在第 VI 部分介绍的模型和附录 2 介绍的许多模型中,并没有将资产变量和名义利率之一或者两者同时从劳动供给的回归方程中排除。这种情况下,式(9)与剔除了 r_t 和 $\ln(a_t/M_t)$ 的方程(11)之间的联系需要进一步说明。

一个家庭的非人力财富包括未来收入的要求权,部分是货币形式,部分是实物形式。(对代表性家庭来说,A 必定是正的。)远期价格 P^* 的上升将会使资产的即期市场价值相应增加,但增加的幅度小于价格的上升。在包括代表市场价值的资产变量的回归过程中,这种由价格变动引起的资产损益效应是受约束的。因为资产收益与 P^* 正相关,与即期劳动供给负相关,所以在剔除了 $\ln(a_t/M_t)$ 的回归中要强调即期劳动供给关于 P^* 的负效应。因此,无论方程(11)中是否存在一个资产变量,β_3 都是正的。

如果剔除了利率 r_t,会产生一个类似的问题。名义利率会随 P_t^*/P_t 变化而变化,因此 β_3 在剔除 r_t 进行回归时是偏离 0 的。这个结论有一定的理论基础,但却没有什么证据表明名义利率按通货膨胀预期充分快速地进行调整以保持一个不变的实际利率。实际上,证据表明这一调整是十分缓慢的。费雪[I. Fisher, *Theory of Interest* (New York, 1930)]在对美国和英国的利率与价格变化之间的关系进行实验性研究时,总结道:"实验结果表明,P'(价格的实际变化率)和 i(利率)之间并不存在任何有实际意义的、直接的、一致的关系。"(括号中的定义是作者给出的)由萨金[T. Sargen, "Price Expectations and the Interest Rate," *Quarterly Journal of Economics*, 83 (February, 1969) pp.127—141]完成的一个更近的研究进一步证实了费雪的发现。

1941—1945 年期间取值为 1,其余取值为 0。⑭ 将 r_t、$\ln(a_t/M_t)$ 和 D_t 中的每个变量用同样的方式分别计入方程(11)中,读者应该可以很容易确定当把他们中的一个或几个引进模型时带来的影响。

为了完成一个可用的供给假说的构建,很有必要假设存在一个实际工资和价格水平预期 w_t^* 和 P_t^* 的形成机制。对这个问题的完整分析包括两个方面:根据 t 时期数据用公式预测 $t+1$、$t+2$ 等时期的值,并在此基础上构造出一个指数。因为我们已经知道这个问题并没有简洁明了的解决办法,因此没有进行这一分析的必要。作为替代,我们只是简单地假设存在以下关系:

$$\frac{w_t^*}{w_{t-1}^*} = \left(\frac{w_t}{w_{t-1}^*}\right)^\lambda e^{\lambda'}, \tag{12}$$

此处,$0 < \lambda < 1$,增加 $e^{\lambda'}$ 是为了表示实际工资的预期趋势。

两边取对数后方程(12)就变为

$$\ln(w_t^*) = \lambda \ln(w_t) + (1-\lambda)\ln(w_{t-1}^*) + \lambda'. \tag{13}$$

类似地,我们假设可以利用同一个反应系数 λ 得到价格预期,从而有:

$$\ln(P_t^*) = \lambda \ln(P_t) + (1-\lambda)\ln(P_{t-1}^*) + \lambda''. \tag{14}$$

因为在解释我们的理论模型和评价实证结果时,我们会有几个地方提到趋势项 λ'',所以这里我们简单地假定这个变量取决于主要的政治、军事事件,以及过去的价格发展趋势。我们的研究将不对其决定因素进行解释。

利用考伊克变换(Koyck transformation)从方程(11)、(13)和(14)中把 w_t^* 和 P_t^* 消去(如上所述,r_t 和 a_t/M_t 已经从方程(11)中删除了),我们可以得到

$$\ln(N_t/M_t) = (\beta_0\lambda - \lambda'\beta_2 - \lambda''\beta_3) + (\beta_1 - \lambda\beta_2)\ln(w_t)$$
$$- (1-\lambda)\beta_1\ln(w_{t-1}) + (1-\lambda)\beta_3\ln(P_t/P_{t-1})$$
$$+ (1-\lambda)\ln(N_{t-1}/M_{t-1}). \tag{15}$$

对方程(15)的参数估计及其变形将在第Ⅵ部分给出。⑮ 由于劳动供给方程(15)关于即期名义工资和即期商品价格并不是齐次的,因此我们可以说劳动供给中

---

⑭ 我们也将把 D_t 当作一个控制征兵制效应的公认的不完美的变量。在用 D_t 衡量爱国精神的范围之内,它表现为劳动供给曲线的向右移动,使得就业人数增加,平均工资下降(其他条件不变)。作为对征兵制效应的度量,它对就业人数有正效应,对工资率的影响则不确定。如果所有勉强入伍的新兵都是来自于非市场部门,则征兵只不过使市场需求向左移动,从而使工资下降。另一种极端,如果所有被迫入伍的新兵都是来自于非军事市场部门,则其对平均工资的效应将取决于非军事部门的劳动需求弹性和军人报酬率与市场工资率的差别。因而,D_t 的效应取决于爱国主义和征兵力量,其方向不确定。对工资的负效应和对就业的正效应只是我们的判断。

⑮ 不需要把(12)和(13)看做严格的方程形式。接下来我们会将一个误差项引入方程(15),并假设这些误差都是连续独立的。在这个假设之下,方程(12)和(13)中的误差项必然是连续不独立的,而这种不独立被考伊克变换打破。

存在着"货币幻觉"。然而,我们需要强调的是,这种行为并不是"非理性的",也并不是由于对过去价格变化路径的忽略。方程(15)中的"货币幻觉"不是来自于对货币价值的短视性关注,而是来自于我们有关劳动供给者适应价格水平变化的假设,他们不管即期价格,而只期望获得平均价格水平的回报,同时也来自于名义利率并不同实际通货膨胀率成比例变化的经验证据。因此,对一个劳动供给者来说,在价格水平上升时增加即期劳动供给和即期储蓄是有利的。[16]

由于方程(15)完全依赖于以效用理论为基础的方程(11)和(13)、(14)的期望假设,因此方程(15)只有在方程(13)和(14)所假设的工资和物价可以估计的经济中才可能得到。特别地,当通货膨胀率趋势发生一个显著的、持续不变的变化(从一个 λ'' 值变动到另一个)时,家庭运用方程(14)将总是高估或者低估价格水平,这种情况需要采用一些其他的预测机制。我们认为方程(13)和(14)基本符合1929—1965年间美国的情况,尽管平均通货膨胀率在后期稍微高于前期。但是,我们想要强调,方程(15)背后的理论表明随意地加入一个 P_t/P_{t-1} 的

---

[16] 预期价格是在(修正趋势的)价格水准而非价格变化率基础之上形成的这一假设对我们模型的预测至关重要。因为它解释了通货膨胀项的系数在从(11)变为(14)时符号发生的"转变"。当然,这个假设的合理性是一个实证问题,但是我们希望指出我们在做的事有很长的一段历史。为了说明这一点,我们首先引述希克斯[J. R. Hicks, *Value and Capital* (Clarendon Press, New York, 1946), pp.270—271]的一段话:"为了解释工资刚性,我们假设军队进行工资谈判时(或许)很难把某种意义上的名义工资同'合理的'工资区别开来。工资的刚性理论正是在那段时间发展起来的,这是相当长的一段时间,在此期间军队相信相关价格的变化(无论是劳动力生产产品的价格还是劳动力购买商品的价格)是暂时性的变化。一旦他们开始相信这些变化是永久的变化,就产生了工资变化的趋势。在极度不稳定的情况下,当他们失去对名义工资的判断力时,谈判者求助于自动变化标准,名义工资的刚性也就完全消失了。"

希克斯对待劳动供给者和需求者是非对称的,这与我们的做法不同。与我们模型更加接近的先例是由托宾[J. Tobin, "Money Wage Rates and Employment," in *The New Economics*, S. E. Harris, ed. (New York, 1952), p.581]给出的:"劳动力可能有缺乏弹性的价格预期。某个确定的'平均'价格或者价格范围可能在未来占上风,而无论即期价格水平如何。在这种预期之下,很明显,靠工资为生的人在相同的即期实际收入水平下有可能获得最高的名义收入。他们的名义工资越高,储蓄也就越多,因此也就能支配更多的将来商品。"

卡甘[P. Cagan, "The Monetary Dynamics of Hyperinflation," in *Studies in the Quantity Theory of Money*, M. Friedman, ed. (University of Chicago, Chicago, 1956)]在他著名的关于恶性通货膨胀的研究中假设预期价格变化率是过去通货膨胀率的指数加权平均值。因为他的研究涉及的是每月的通货膨胀率,而我们的样本选用的是每十年的价格变化率,因此两者并不一致。采用适应价格水平的预期的前期研究包括内洛夫对农产品供给的研究[M. Nerlove, *Dynamics of Supply: Estimation of Farmers Response to Price* (Baltimore, 1958)]和刘维斯对工会/非工会工资决定(*Unionism and Relative Wages in the United States*)的研究。更近的研究例如萨金(loc. cit.)假设预期通货膨胀率中同时包括"外推的"(同卡甘的研究类似)和"回归的"(同我们的研究类似)的部分。简而言之,在预期价格的形成上并没有达成实证的共识,事实上也没有必要达成这样的共识,因为各个国家、各个时期的政府的通货膨胀政策都不同,因此相应地各个家庭也被迫改变他们的预期。

固定值来估计通货膨胀对劳动供给的长期影响是完全不合理的。

3 劳动的总边际生产率函数

我们假设一个规模报酬不变的劳动增进型技术进步的C.E.S.总生产函数。令 y_t 为实际国民生产总值,N_t 为第Ⅱ部分使用的就业人口变量,K_t 是经济体中的实际资本存量,Q_t 是衡量劳动者素质的指标(在实践中使用的是受教育年数这一指标)。[17] 因此有

$$y_t = [a(Q_t N_t)^{-b} + c(K_t)^{-b}]^{-1/b}, \quad (16)$$

其中 a 和 c 是正的,$b > -1$。因此,$\sigma = 1/(1+b)$ 就是替代弹性。劳动的边际生产率函数可由方程(16)推出,并且竞争条件下的利润最大化可以用下面形式写出[18]

$$w_t = aQ_t \left(\frac{y_t}{Q_t N_t}\right)^{1+b}. \quad (17)$$

对方程(17)两边同时取对数并整理可得

$$\ln(N_t) + \ln(Q_t) - \ln(y_t) = \sigma \ln(a) - \sigma[\ln(w_t) - \ln(Q_t)]. \quad (18)$$

方程(17)并不是劳动的边际生产率函数(2)的特殊形式;更确切地说,它是通过将(1)给出的等式 $k_t/m_t = f^{-1}(y_t/m_t)$ 带入(2)得到的。当然,方程(16)、(17)的内容与方程(16)的内容和由方程(16)得到的函数(2)的形式是一样的。从我们的角度来看,方程(17)[或(18)]的主要优点是,它使得我们能在一定程度上控制在没有 K_t 的时间序列的情况下,估计供给函数带来的联立方程问题。

方程(18)是可利用的,并且其参数估计已经得到。然而,方程(18)的使用依赖于劳动是一个自由可变的投入这一假设。相反地,大量证据表明,可变劳动力就意味着需要调整成本,这就使得企业逐步调整成本以适应方程(18)给出的

---

[17] 虽然我们的基本模型只包括劳动增进型的技术进步,但是我们并没有排除其他技术进步的源泉。在附录2我们给出了基于一个C.E.S.生产函数得到的结果,这个C.E.S.生产函数既包括劳动增进型的技术进步,还包括一个通过在(16)上乘 $e^{\lambda t}$ 得到的中性技术进步。

[18] 参见阿罗等人[K. J. Arrow, H. B. Minhas, and R. M. Solow, "Capital-Labor Substitution and Economic Efficiency," *Review of Economics and Statistics*, 43 (August 1961), pp.225—250]的论述。

水平,而不是努力保持成本长期不变。[19] 我们并不对这一观点提出的最大化问题进行分析,而只是简单地考虑它提出的涉及当期和滞后一期的产出和就业以及即期实际工资的一个关系,这个关系可以归纳为固定产出和就业水平下的方程(18)。保留对数线性的假设,这个关系可以写成

$$\ln(Q_t N_t) = c_0 - c_1 \ln\left(\frac{w_t}{Q_t}\right) + c_2 \ln(y_t)$$
$$+ c_3 \ln(y_{t-1}) + c_4 \ln(Q_{t-1} N_{t-1}), \quad (19)$$

其中,$c_0, \cdots, c_4$ 满足

$$c_0 = (1 - c_4)\sigma \ln(a), \quad c_1 = (1 - c_4)\sigma, \quad c_2 + c_3 = 1 - c_4. \quad (20)$$

在固定工资率水平上的单调收敛性意味着

$$0 < c_4 < 1, \quad (21)$$

这也就意味着 c_1 是正的。把(20)的最后一个等式带入(19)式可变形为

$$\ln\left(\frac{Q_t N_t}{y_t}\right) = c_0 - c_1 \ln\left(\frac{w_t}{Q_t}\right) + c_4 \ln\left(\frac{Q_{t-1} N_{t-1}}{y_{t-1}}\right)$$
$$+ (c_2 - 1)\ln\left(\frac{y_t}{y_{t-1}}\right). \quad (22)$$

(22)式的参数估计见第VI部分。

把(22)式中的实际产出 y_t 解释为劳动力市场总需求效应的度量看起来是很自然的。然而,这个解释是错误的,需要同第I部分的讨论区分开来。例如,总需求的下降会使联系实际产出 y_t 和价格水平 P_t 的表格向左移动。这可能会使私人企业面临价格下降或需求减少的局面,相应地,企业会同时变动产出和劳

---

[19] 企业特有的在职培训投入可能是使得企业持续调整劳动力的成本增加的最重要的一个原因。贝克尔[G. S. Becker, *Human Capital: A Theoretical and Empirical Analysis with Special Reference to Education* (New York, 1964)]和奥伊[W. Oi, "Labor as a Quasi-fixed Factor of Production," *Journal of Political Economy*, 70 (December 1962), pp.538—555]发展了这一论断,用它来解释劳动力投入的准固定性。施拉姆[R. Schramm, *Optimal Adjustment of Factors of Production and the Study of Investment Behavior*, unpublished, Carnegie Mellon University Ph. D. dissertation, 1967]把劳动力和资本投入同等地当作部分固定要素,他发现在制造业部门劳动力和资本投入的滞后变量都会影响当期的投入决策。也有大量证据表明就业/产出比例在衰退时期上升,在繁荣时期下降,这也体现了劳动力调整的成本。然而,对产出的劳动力投入的短期弹性估计的研究却各不相同。威尔逊和埃克斯坦[T. A. Wilson and O. Eckstein, "Short-Run Productivity Behavior in U.S. Manufacturing," *Review of Economics and Statistics*, 46 (February 1964), pp.53—64]以及库[E. Kuh, "Measurement of Potential Output," *American Economic Review*, 56 (September 1966), p.762, "Cyclical and Secular Labor Productivity in United States Manufacturing," *Review of Economics and Statistics*, 47 (February 1965), pp.11—30]利用第二次世界大战后的季度数据得到了介于0.30和0.55之间的估计值,但所估计的弹性对回归中的常量却相当敏感。麦圭尔[T. W. McGuire, *An Empirical Investigation of the U. S. Manufacturing Production Function in the Post-War Period*, Stanford University Ph. D. dissertation, 1968]仔细地证明了这个问题并且用季度数据得到了介于0.8和0.9之间的估计值。

动投入。我们的假设是说当这一调整发生时，(22)式仍然正确，而不是说劳动需求会随着产出的外生变动而变动。

然而，在我们的实验中，产出被当作一个外生变量，这就引起了一个联立方程问题。这个问题不能通过把劳动需求当作资本存量、工资和价格水平的函数来解决。这样的方程确实可以被叫做劳动需求函数，正如(22)不是这样的方程，这只是因为价格水平和一个联立方程问题所表示的实际产出水平不是外生的一样。简单地说，我们认为不可能构建这样的一个劳动力市场模型——在这个模型中就业和工资受到其他经济变量的影响，但反过来就业和工资却并不影响这些变量。

4 测度到的失业

政府在对"你是否在积极地寻找工作？"[20]这个问题做出肯定回答的人数基础之上给出了一个失业人口序列。这需要假设这个问卷的回答者正确理解了这个问题的含义，即你是否在当前的工资率水平下寻找工作？但是需要认清的一个重要问题是，这只不过是一个假设，实际情况并非如此。在我们的模型中，隐含地认为这个解释并不正确，因为即期工资被假定为使各个时期需求和供给数量相等的工资。我们在这一部分补充了另一个假设，关于人们在把自己划分为失业者时所指的含义是什么。

关于劳动供给者市场行为的理论，我们已经在第Ⅱ部分讨论过了。现在我们回到这个理论上来，看看它是否也能提出一个关于就业问卷回答者的假设。但在这之前，我们先从总体上来看一下工资率和失业。首先，一个失业的工人通常并不知道他即期的工资率是多少。为了找到答案，他必须进行多种就业可能（总会有一些）的搜寻，并总是在权衡进行进一步搜寻的收益和接受当前能找到的最高工资职位的收益的大小。作为这次搜寻过程的主导者，他必须利用以其过去工资水平为基础的"正常"工资率、同等技术和年龄工人的工资水平等标准。正常工资率是工作搜寻的一个指标。一旦搜寻者确信他的正常工资率低于他的设想，他可能会通过换工作或者搬到一个新的地区来降低他的名义工资率。实际上，个人可以借以真正降低自己的名义工资的主要手段就是职业的或者地区的变化。搜寻过程可能涉及一个很广的地理区域，可能包括很多不同潜在职

---

[20] 最经常使用的失业人口序列是以人口普查为基础的。目前，失业是这样定义的："失业人口包括所有调查周内没有工作的人、在过去四周内为寻找工作做出具体努力的人和调查周内随时准备工作的人（暂时生病的人除外）。同时也包括那些可以工作但却根本没有工作的人，他们(a)或者是在等待被重新招回之前被临时解雇的工作，或者(b)是在三十天内等着到一个不同工资或薪金的工作岗位报到。"[U. S. Department of Labor, Bureau of Labor Statistics, *Employment and Earnings*, 14 (No. 7)(January 1968)]

位的搜寻。它不仅仅是关于当前空缺职位的信息搜寻,也是关于未来工作发展方向的信息搜寻。因为信息是有限的,获得信息是需要成本的,并且有时候基本信息的获得要求在工作转换和重新接受培训方面投入大量的资源,因此劳动供给者会慢慢地调整。[21]

在上面的讨论中,我们认为每个人都有一个关于其"正常"工资率的合理的、不变的观点。当然这是过度简单化了。可是,那些能够最清楚地说出自己的即期工资率的失业者主要是工业工人,他们只是暂时停止了原先的工作,而不同于解雇。临时解雇具有明显的暂时性的含义,不同于正常的或"持久的"情况。

这些观测结果都不是我们首创的观点,它们有力地表明,由就业问卷调查度量的劳动力,包括那些被雇用的人加上那些虽然失业但能接受其所认为的正常工资率水平(或是正常职位上)工作的人。我们在第Ⅱ部分指出,表示未来工资水平预期的指数 w_t^* 可以解释为一个(趋势修正的)正常或持久的工资度量。根据(13)式,劳动供给者在 $w_t = w_{t-1}^*$ 的条件下会把当前实际工资当作正常的工资(也就是,他们将不会修正他们对工资趋势线位置的估计)。类似的,利用(14)式,一个正常的价格水平在 $P_t = P_{t-1}$ 的条件下可能被定义为 P_t。运用正常的工资和价格的定义,我们可以在这些价格的基础之上求出(11)式右边的值,从而定义标准劳动供给 N_t^* 为

$$\ln\left(\frac{N_t^*}{M_t}\right) = \beta_0 + \beta_1 \ln(w_{t-1}^*) - \beta_2 \ln(w_t^*)$$

$$+ \beta_3 \left[r_t - \ln\left(\frac{P_t^*}{P_{t-1}^*}\right) \right] - \beta_4 \ln\left(\frac{a_t}{M_t}\right). \tag{23}$$

由(11)和(23)式可得,

$$\ln\left(\frac{N_t^*}{N_t}\right) = \beta_1 \ln\left(\frac{w_{t-1}^*}{w_t}\right) + \beta_3 \ln\left(\frac{P_{t-1}^*}{P_t}\right). \tag{24}$$

因为 $\ln(N_t^*/N_t) \sim (N_t^* - N_t)/N_t^*$,所以(23)式左边是失业率的一种表达。然而,它与测量到的失业率 U_t 还是不同的,有两个原因:第一,正常的劳动力 N_t^*

---

[21] 对于失业本质上是从事于工作搜寻的状态这一观点最清楚的陈述或许可以从艾尔奇安和艾伦 [A. Alchian and W. Allen, *University Economics* (Wadsworth Publishing Co., Belmont, Calif., 1967), pp. 494—524] 中找到。尽管艾尔奇安和艾伦强调信息空白和搜寻成本是滞后工资调整的原因,然而霍尔特和戴维 [C. Holt and M. David, "The Concept of Job Vacancies in a Dynamic Theory of the Labor Market," in *The Measurement and Interpretation of Job Vacancies* (National Bureau of Economic Research, New York, 1966)] 的论文以一个结合了搜寻过程的渴望程度模型的形式强调了一种对工资削减的心理抵抗来描述失业。Alchina-Allen 模型与施蒂格勒 [G. Stigler, "The Economics of Information," *Journal of Political Economy*, 69 (June 1961), pp. 213—225] 一篇早期的论文有紧密的联系,但 Holt-David 的观点却更接近于西蒙 [H. A. Simon, *Models of Man* (New York, 1957)] 著作的精髓。

中有许多人可能并不报告自己为积极寻找工作的人,特别是青少年和女人。第二,测量到的失业中的摩擦性失业不能由一个用代表性家庭定义的变量(如我们的 N_t^*)来表示。由于可以确信摩擦性失业与非摩擦性失业是成正比变化的,因此不能简单地把它当作一个常数加到(24)式中。② 为了总结这两个影响,我们假设 U_t 和 $\ln(N_t^*/N_t)$ 是线性相关的:

$$U_t = g_0 + g_1 \ln\left(\frac{N_t^*}{N_t}\right), \quad g_0, g_1 > 0, \tag{25}$$

将(24)式和(25)式合并,可得

$$U_t = g_0 + g_1\beta_1 \ln\left(\frac{w_{t-1}^*}{w_t}\right) + g_1\beta_3 \ln\left(\frac{P_{t-1}^*}{P_t}\right). \tag{26}$$

最后,用考伊克变换从(26)、(13)和(14)式中消去 w_{t-1}^* 和 P_{t-1}^*,我们可以得到

$$U_t = [\lambda g_0 + \lambda' g_1\beta_1 + \lambda'' g_1\beta_3] - g_1\beta_1 \ln\left(\frac{w_t}{w_{t-1}}\right)$$
$$- g_1\beta_3 \ln\left(\frac{P_t}{P_{t-1}}\right) + (1-\lambda)U_{t-1}. \tag{27}$$

(27)式与(15)、(22)式一起构成的方程组将在下面进一步讨论。在我们看来,它对(15)式和(22)式包含的劳动力市场行为理论并没有什么补充,但是它与现在著名的菲利普斯曲线类似,因而具有单独的意义。[事实上,如果定义菲利普斯曲线为任意表示通货膨胀率和失业之间负相关的关系,那么(27)式就是一条菲利普斯曲线]第Ⅱ部分劳动供给理论衍生而得的(27)式和这一部分介绍的行为假设一起,有力地提醒我们不应该期望从这个菲利普斯曲线得出任何实证结果或者从中得到政策含义。

首先,实际工资和价格的变化趋势率(λ' 和 λ'')出现在(27)式的常数项中。因此,对于通货膨胀率或生产率变化率不同的国家,或者说对于这些趋势变化很大的一个国家的时间序列来说,菲利普斯曲线不可能是不变的。类似地,通货膨胀趋势率的变化会使得菲利普斯曲线发生一个相反的移动,因此(27)并不会给予一个通货膨胀率很高的国家任意低的失业率作为"平衡"。[当然,需要强调的是,我们的研究并没有对家庭察觉并调整以适应通货膨胀趋势率的变化这一说法给予实证支持。我们对有关偏离变化趋势率反应的方程(13)和(14)进行了检验,并且假设只要有充分的理由预期趋势就会改变]

---

② 摩擦性失业和非摩擦性失业并不是可加地决定总失业人口的因素这一论断由盖尔和拉平[D. Gaver and L. A. Rapping, *A Stochastic Process Model of the United States Labor Market*, unpublished, Carnegie Mellon University, 1966]以一个工作同时被创造和终结的随机工作搜寻模型的形式得到了进一步发展。

如果我们假设期望的通货膨胀趋势率 λ'' 最终会调整到一个不变的实际通货膨胀率,那么今天的失业与明天的失业之间将存在一个相应的平衡,这一具有重大意义的观点是由弗里德曼提出的。[23] 图 1 阐明了这一观点。假设存在一个不变的通货膨胀率为 2%,于是期望的通货膨胀趋势率 λ'' 等于 0.02。令 U_t^* 为由(27)式得到的 U_t 的不变值。当 $\lambda' = \Delta \ln w_t$ 时该值为 g_0。现在令 $\Delta \ln P_t$ 上升到 0.03,并且使它保持在这个水平上。从图 1 可以看出,失业水平将会下降到 U_1^*。但是现在劳动供给者总是低估价格水平。

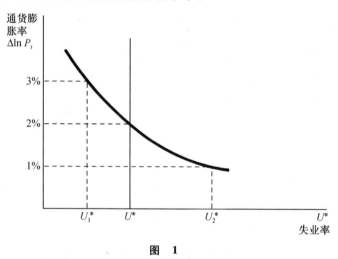

图 1

因此,λ'' 最终将会上升到 0.03,从而失业水平会重新回到 U^* [见(27)式]。另一方面,如果通货膨胀率从 2% 下降到 1%,失业水平将会上升到 U_2^*,但是最终它仍会回到 U^*。看起来好像可以设计一种政策,以维持一个可以临时降低失业水平的通货膨胀率。但是除非能持久地保持价格高比例的上升,否则回到原本通货膨胀率的趋势将会最终抵消就业的增加。[24]

5 模型的总结

在这个部分,我们以计量经济学的形式对第 II 部分到第 IV 部分逐步形成的

---

[23] M. Friedman, "The Role of Monetary Theory," *American Economic Review*, 58 (March 1968) pp.1—18.

[24] 我们关于不存在长期的失业—通货膨胀均衡的观点是基于理论考虑的。在另外的研究 [R. E. Lucas, Jr., and L. A. Rapping, "Price Expectations and the Phillips Curve," *American Economic Review*, 59 (June 1969) pp.109—120] 中,我们试图在一个与(14)式相比更普遍的价格期望模型框架内用实证分析来验证这一观点。

模型用统一的符号进行了重新阐明,对理论隐含的回归系数的限制条件进行了归纳总结并对参数估计进行了讨论。

劳动的边际生产率函数与(22)式类似,即

$$\ln\left(\frac{Q_t N_t}{y_t}\right) = \beta_{10} - \beta_{11}\ln\left(\frac{w_t}{Q_t}\right) + \beta_{12}\ln\left(\frac{Q_{t-1} N_{t-1}}{y_{t-1}}\right)$$
$$+ \beta_{13}\ln\left(\frac{y_t}{y_{t-1}}\right) + u_{1t}, \quad (28)$$

其中

$$\beta_{11} > 0, \quad 0 < \beta_{12} < 1, \quad (29)$$

并且 u_{1t} 是一个随机误差项。

劳动供给函数与(15)式类似,即

$$\ln\left(\frac{N_t}{M_t}\right) = \beta_{20} + \beta_{21}\ln(w_t) - \beta_{22}\ln(w_{t-1})$$
$$+ \beta_{23}\ln\left(\frac{P_t}{P_{t-1}}\right) + \beta_{24}\ln\left(\frac{N_{t-1}}{M_{t-1}}\right) + u_{2t}, \quad (30)$$

其中㉕

$$0 < \beta_{21} < \frac{\beta_{22}}{\beta_{24}}, \quad \beta_{22} > 0, \quad \beta_{23} > 0, \quad 0 < \beta_{24} < 1, \quad (31)$$

并且 u_{2t} 是一个随机误差项。

失业率函数与(27)式类似,即

$$U_t = \beta_{30} - \beta_{31}\ln\left(\frac{w_t}{w_{t-1}}\right) - \beta_{32}\ln\left(\frac{P_t}{P_{t-1}}\right) + \beta_{33} U_{t-1} + u_{3t}, \quad (32)$$

其中

$$\beta_{31} > 0, \quad \beta_{32} > 0, \quad 0 < \beta_{33} < 1, \quad (33)$$
$$\beta_{31}/\beta_{32} = \beta_{21}/\beta_{23}, \quad \beta_{33} = \beta_{24}, \quad (34)$$

并且 u_{3t} 是一个随机误差项。

假设误差向量 (u_{1t}, u_{2t}, u_{3t}),$t = 1, \cdots, T$ 是独立同分布的,具有一个非零的协方差矩阵,并且其均值向量为 $(0,0,0)$。变量 Q_t、y_t、M_t 和 P_t 被看做是外生的,内生变量包括 N_t、w_t 和 U_t。㉖ 三个方程都是过度识别的。

㉕ 预测 $\beta_{21} > 0$ 是根据第 I 部分而不是第 II 部分的论述提出的:由于 β_{21} 是短期劳动供给弹性,它必须是正数,因为第 I 部分假设商品总供给函数的图像是向上倾斜的。不等式 $\beta_{21} < \beta_{22}/\beta_{24}$ 是根据 $\beta_2 > 0$ 得到的,这是第 II 部分暗含的结论。同样要注意由于 $\beta_{22} > 0$ 是根据(31)式的其他预测得出的,所以(31)式包括五个(而不是六个)独立的限制条件。

㉖ 我们已经讨论过 y_t 和 P_t 是外生的这一假设,另一方面,我们把 M_t 和 Q_t 当作先决变量。当前人口数量和素质是过去决策的结果,当然这也部分地取决于过去的实际工资率水平。

由(28)式和(30)式可以推出 w_t 和 N_t/M_t 的简化方程,即

$$\ln(w_t), \tag{35}$$

$$\ln\left(\frac{N_t}{M}\right) = \begin{cases} \pi_{i0} + \pi_{i1}\ln(w_{t-1}) + \pi_{i2}\ln\left(\frac{P_t}{P_{t-1}}\right) \\ + \pi_{i3}\ln\left(\frac{y_t}{M_t}\right) + \pi_{i4}\ln(Q_t) + \pi_{i5}\ln\left(\frac{Q_{t-1}N_{t-1}}{y_{t-1}}\right) \\ + \pi_{i6}\ln\left(\frac{y_t}{y_{t-1}}\right) + \pi_{i7}\ln\left(\frac{N_{t-1}}{M_{t-1}}\right) + \varepsilon_{it}, \end{cases} \tag{36}$$

其中,(35)式中 $i=1$,(36)中 $i=2$。由(29)式和(31)式可以得到对 $\pi_{i0},\cdots,\pi_{i7}$, $\pi_{20},\cdots,\pi_{27}$ 的限制条件:

$$\pi_{11}>0,\quad \pi_{12}<0,\quad \pi_{13}>0,\quad \pi_{15}>0,\quad \pi_{17}<0, \tag{37}$$

$$\pi_{21}<0,\quad \pi_{22}>0,\quad \pi_{23}>0,\quad \pi_{25}>0,\quad \pi_{27}>0. \tag{38}$$

另外,第Ⅰ部分首次提到的差分方程(35)和(36)的稳定性假设要求方程

$$x^2 - (\pi_{11} + \pi_{27})x + (\pi_{11}\pi_{27} - \pi_{17}\pi_{21}) = 0 \tag{39}$$

的实数解小于其绝对值。(如果所有结构信息都能影响简化方程,那么这个二次方程会有一个零解和一个非零的实数解)

在我们的假设之下,这个简化方程的估计参数将是真实参数的无偏估计量,并且利用普通最小二乘法估计时是渐近服从正态分布的。我们用两阶段的最小二乘法对(28)、(30)和(32)式的参数进行估计,这只涉及(35)式这个简化形式。估计的结构系数将仍然是渐近服从正态的。除了参数和它们的标准差,我们也给出了多重相关系数和 D-W 统计量。虽然我们不知道后者在其他与我们类似的模型中的分布,但仍可以把它当作一个检验序列相关性的粗略方法。

6 结 论

在这个部分我们给出了方程(28)、(30)、(32)、(35)和(36)的参数估计,以及方程(29)、(31)、(33)、(34)、(37)和(38)的假设检验。[27] 这些估计是根据美国 1930—1965 年的总量时间序列得到的。

---

[27] 我们正式地把(28)、(30)、(32)式和对误差项的假定一起看做是一个不变的假设前提,并且希望检验参数 $\beta_{11},\beta_{12},\beta_{21},\beta_{22},\beta_{23},\beta_{31},\beta_{32}$ 和 β_{33} 包括在满足(29)、(31)、(33)和(34)式的九维空间中的子集中这一假设。(如果我们检验而不是假设误差的连续独立性,问题将会更加复杂)为了代替这类普遍接受的假设检验,我们会运用惯用的"t-检验"精确地从几个角度概括和评价我们的结果。因此我们的模型"与1929—1965 年的数据是一致的……并且与几个相关实证研究也是一致的"这一结论应该被看做是我们仔细的但是非正式的总结,而不是某个单独的正式的统计检验的结果。

就业水平用私人部门和政府部门每年产量所需投入的人工小时衡量。名义工资率是对每单位人工小时的补偿,包括工资、薪金、公共和非公共的附加福利。价格水平是国民生产总值内含价格减缩指数。实际产出是以不变美元表示的国民生产总值。劳动者素质是由受教育年数来衡量的一个指标。人口是修正了年龄—性别组成变化的家庭数量的指标。[23]

估计的简化形式的系数[方程(35)和(36)]见表1第四行和第五行。方程

㉓ 本研究使用的数据参见附录1。可测量失业的序列来自勒伯格特[S. Lebergott, *Manpower in Economic Growth: The American Record since 1800* (New York, 1964)]的论文和1967年人力报告[U. S. Department of Labor, *Manpower Report of the President* (U. S. Government Printing Office, Washington, 1967), p. 201]。穆迪的AAA比率(稍后使用)来自与1967年的政府经济报告[Council of Economic Advisers, *Economic Report of the President*, January 1967 (U. S. Government Printing Office, Washington, 1967), p. 272]。国民生产总值、国民生产总值内含减缩指数、每个同等全职雇员的报酬和相关人员的资料来源于当代商业研究[U. S. Department of Commerce, Office of Business Economics, *The National Income and Product Accounts of the United States, 1929—1965: Statistical Tables; A Supplement to the Survey of Current Business* (U. S. Government Printing Office, Washington, n. d.), pp. 2, 90, 102, 110, 158]。

人工小时序列来自商业部报告的参与生产的人数乘以丹尼森[E. F. Denison, *The Sources of Economic Growth in the United States and the Alternatives Before Us* (C. E. D., 1962), Supplementary Paper 13]报告的全职雇员每年为整个经济工作的小时数。丹尼森的序列通过对劳动统计局(Bureau of Labor Statistics, BLS)公布的1929—1958年每周制造小时序列[U. S. Bureau of Labor Statistics, *Employment and Earnings Statistics for the United States, 1909—1966* (U. S. Government Printing Office, Washington, 1966), Bulletin 1312—1314]进行回归得以延伸到1958年以后。然后,利用这个回归方程和已知的劳动统计局制造小时数据来预测整个经济1959—1965年的小时数。

每人工小时的报酬是用每个同等全职雇员每年获得的报酬除以每个全职雇员每年工作的工时数得到的。

劳动力素质指标来自Denison(*op cit.*, p.85)。他使用是1929年到1958年的数据,并用普通线性外推法进行了扩展。

劳动总供给N_t用一个解释由于家庭数目和人口年龄—性别构成变化导致的劳动总供给变化的变量进行了缩减。名义的非人力资产变量A_t(稍后使用)应该用家庭数目的指数进行缩减。然而,由于我们的年龄—性别修正人口序列基本上与14岁以上人口成比例,所以我们用同一个指数M_t对N_t和A_t进行了缩减。

构造M_t时,我们令L_{0i}=第i个年龄—性别组在0期的劳动力人口,令P_{0i}=第i组在0期的总人口。然后我们定义人口指数为

$$M_t = \sum_{i=1}^{n} \frac{L_{0i}}{L_0} \frac{P_{1i}}{P_{0i}},$$

这里,$L_0 = \sum_{i=1}^{n} L_{i0}$。这个指数有两种简单的意义相同的解释。第一种是,它是每个年龄—性别组人口增长率的加权平均值,权重是某个特定年龄—性别组在基年的劳动力比例。第二种是,把指数写作

$$M_t = \frac{1}{L_0} \sum_{i=1}^{n} \left(\frac{L_{0i}}{P_{0i}}\right) P_{1i},$$

我们把它看做是基期劳动参与率不变时由人口总数改变带来的劳动力的相对增长。

指数i包括六个年龄—性别组——男性和女性都分别分为14—20岁、20—65岁和65岁以上三个组。我们使用的是来自政府人力报告(*op. cit.*, p.202)的1947—1949年的报告劳动参与率的算术平均值。数据包括军队人口和编制人口在内。人口数据来自当代人口报告[U. S. Department of Commerce, Bureau of the Census, *Current Population Reports*, C. 3, Nos. 186, and P. 25, Nos. 98,114,310,311和321 (U. S. Government Printing Office, Washington)],这些数据包括驻外军队人员的估计值。假设1940年以前的驻外人口为150 000,于是上面的数据也都包括驻外人口在内。

(37)的五个关于方程(35)$\ln(w_t)$系数的假设都在单尾检验的0.005的显著性水平下得到了证实。而在方程(38)的五个关于方程(36)$\ln(N_t/M_t)$系数的假设中,只有一个在0.05的显著性水平下得到了证实:$\hat{\pi}_{17}>0$,与预测的一样。另外四个假设既没有得到证实,也没有得到矛盾的结论,其估计系数极其微小地偏离于零。两个方程拟合度都较高,几乎没有序列相关性。二次方程式(39)的两个解是实数部分为0.68的复共轭,验证了(但不具有统计显著性)这些不同方程的稳定性。归纳起来,在十个由理论确定的简化形式的系数符号中,有六个在0.05的显著性水平下得到了验证,有四个既没有得到验证,也没有得到相反的结论。方程(35)明显好于方程(36)。

估计的结构系数[方程(28)和(30)]见表1第一行和第二行。当然,对这些系数的检验与刚才讨论的简化形式方程的检验并不是无关的,因为对结构的预测包含有对简化形式的预测。但反过来并不正确,因此对方程(29)和(31)的估计进行比较为模型稳定性提供了补充信息。

方程(29)关于边际生产率函数(28)的三个预测在0.005的显著性水平下得到了证实。这个方程拟合得很好,并且好像没有序列相关性的证据。$\Delta\ln y_t$的系数同样是偏离于零的,因此若没有明显的解释能力降低的话,就不能对这个方程的系数增加除(20)以外的其他附加限制。

方程(31)关于劳动供给函数(30)的五个预测同样在0.005的显著性水平下得到了证实。方程拟合得也不错,有轻微的正序列相关性的迹象。

对失业率函数(32)的估计见表1第三行。(33)式的四个预测有三个独立于其他任何推论的预测在0.005的显著性水平下得到了证实,第四个预测在0.05的水平下得到了证实。(34)式中预测相等的两个比率$\hat{\beta}_{31}/\hat{\beta}_{32}$和$\hat{\beta}_{21}/\hat{\beta}_{23}$分别验证为0.70和1.89。为了对这一误差的显著性有一个大概的了解,可以使用一个近似值

$$\text{SE}\left(\frac{\hat{\beta}_{31}}{\hat{\beta}_{32}}\right) \sim \frac{\text{SE}(\hat{\beta}_{31})}{\hat{\beta}_{32}},$$

这里SE(·)表示大样本下有效的标准差,与$\hat{\beta}_{21}/\hat{\beta}_{23}$的标准差类似。由此可以得到标准差的估计值分别为0.41和0.69。因此,观察到的误差似乎不可能在0.05的水平下显著。最后,(34)式中预测相等的$\hat{\beta}_{33}$和$\hat{\beta}_{24}$分别为0.80和0.64,标准差分别为0.05和0.09。总之,(32)式是一个令人满意的菲利普斯曲线,此外,所预测的(32)式和模型其他部分之间的联系与数据基本上是一致的。

读者在评价这些结果时应该和我们一样意识到小样本检验的缺乏和选取显著性水平的随意性,会使对检验结果的解释比我们正式结论给出的结论要容易一些。此外,正如下面要讨论的,基本模型的许多变量同样要检验。最后,我们

表 1 劳动力市场模型(1):利用两阶段最小二乘法得到简化形式、供给、需求和失业率的估计值

时间序列 1930—1965

方程和被解释变量	常数	$\ln \hat{w}_t$	$\ln w_{t-1}$	$\Delta \ln P_t$	$\ln(N/M)_{t-1}$	$\ln(\hat{w}/Q)_t$	$\ln(NQ/y)_{t-1}$	$\ln(\hat{w}/w_{t-1})_t$	$\Delta \ln y_t$	U_{t-1}	$\ln Q_t$	$\ln(y/M)_t$	R^{2a} 和 d
供给: $\ln(N/M)_t$	3.81 (0.93)b		-1.39 (0.51)b	0.74 (0.17)b	0.64 (0.09)b								0.798 / 1.56
在劳动力上的一阶条件: $\ln(NQ/y)_t$	-2.21 (0.70)b					-0.46 (0.12)b	0.58 (0.11)b						0.993 / 1.84
失业率函数: U_t	0.042 (0.010)b			-0.59 (0.08)b				-0.41 (0.24)c	-0.21 (0.04)b	0.80 (0.05)b			0.925 / 1.50
简化形式的工资 $\ln w_t$	-15.65 (3.50)b	1.40 (0.51)b	0.44 (0.17)b	-0.22 (0.07)b	-1.15 (0.45)b		1.24 (0.44)b		-1.22 (0.45)b		0.27 (0.55)	1.25 (0.44)b	0.997 / 2.26
简化形式的就业 $\ln(N/M)_t$	11.60 (3.50)b		0.08 (0.17)	0.06 (0.07)	0.91 (0.45)b		-0.39 (0.44)		0.80 (0.45)		-1.02 (0.55)c	0.02 (0.44)	0.970 / 1.73

注:$N=$ 年工时数; $M=14$ 岁以上的不变年龄一性别分布的人口;$Q=$ 以受教育年数衡量的劳动者素质指标;$y=$ 实际国民生产总值;$P=$ 内含国民生产值减平减指数;$w=$ 每工时的实际报酬;$U=$ 劳动者中的失业人口比例。

a 所有经自由度调整后的拟合优度 R^2。

b 0.005 水平的单尾显著性检验(除了截距、$\Delta \ln y_t$ 和 $\ln Q_t$,是双尾检验之外)。

c 0.05 水平的单尾显著性检验(除了截距、$\Delta \ln y_t$ 和 $\ln Q_t$,是双尾检验之外)。

的理论的许多预测也是几乎所有其他有效理论的预测(比如失业率与其滞后变量是正相关的预测)。但是我们要强调的是方程(29)、(31)和(33)所预测的符号的组合只是$(2)^6(3)^3 = 1728$种可能结果中的一种。这一理论因而给出了一个十分清楚的结论,即检验变量是相关的并且这些预测的相互关系得到了1930—1965年数据的证实。

评价并有助于解释我们结果的第二种非正式的方法是将我们的结果与其他相关前期研究的结论进行比较,这是很有效的。首先,可以根据供给函数的估计参数计算出实际(或名义)工资率的长期和短期弹性。长期估计弹性是

$$(1 - \hat{\beta}_{24})^{-1}(\hat{\beta}_{21} - \hat{\beta}_{22}) = (1.40 - 1.39)/0.36 = 0.03,$$

或者可以说实质上为0。这个发现表明新古典增长模型的劳动供给弹性为零的假设基本上是正确的。另外,凯恩斯主义关于短期劳动供给的相对弹性同样得到了证实,估计得$\hat{\beta}_{21} = 1.40$。

根据劳动的边际生产率函数,统计量$(1 - \hat{\beta}_{12})^{-1}\hat{\beta}_{11} = 0.46/0.42 = 1.09$是总替代弹性的一个估计值。这个估计值与多数可用的代表性估计是基本一致的,并且通常比其他时间序列估计值大。[29] 汇总增加了不同要素密集度的商品消费相互替代的可能性,也增加了每种商品生产替代的可能性,因此对后面的这个结果可能就不觉得奇怪了。方程(28)限制了就业关于产出的长期弹性保持不变。而短期弹性则被允许自由波动,并且其估计值为$1 - \hat{\beta}_{13} = 0.79$。在劳动力投入关于短期产出变化是准固定的条件下,这个结论与库(Kuh)、麦圭尔(McGuire)以及威尔逊和埃克斯坦(Eckstein)的论述是一致的,尽管由于每个研究中受控制的变量不同而使得它提供不了多少信息。

估计的实际工资率的简化方程给出了与前期研究的第三点联系。[30] 通货膨胀对实际工资的影响成为经济学家们关注的一个课题已经有一段时间了。这种关注来自于对工资调整滞后学说的兴趣,根据这一学说,实际工资在通货膨胀期间下降。汉密尔顿(Hamilton)、汉森(Hansen)和米切尔(Mitchell)每人研究一个

---

[29] 内洛夫[M. Nerlove, "Notes on Recent Empirical Studies of the C. E. S. and Related Production Functions," Institute for Mathematical Studies in the Social Science, Stanford University, Stanford, Calif. (July 1965), Tech. Rept. 13]对时间序列和代表性 C. E. S. 生产函数的研究都进行了总结。C. E. S. 时间序列生产函数的补充估计可以在卢卡斯[E. Lucas, Jr., *Substitution between Labor and Capital in U. S. Manufacturing, 1929—1958*, unpublished, University of Chicago Ph. D. dissertation, 1964]的一篇论文中找到。

[30] 解释这个方程需要很小心。特别是,尽管$\ln Q_t$的系数明显地接近于零,但这并不意味着劳动力素质的改变不会影响实际工资水平,因为我们的实际收入变量已经包括了劳动力素质改善和其他种类的技术进步对工资的长期影响。由于这个原因,我们的模型没有"解释"实际工资的长期增长就具有很重要的意义。类似地,注意到人口变量同收入变量一样,也能影响实际工资的变化,但是也没有在我们的模型中得到解释。

不同的历史时期,都赞成这个工资调整滞后假说,并且提出工资调整滞后是由于某种形式的"货币幻觉"或者合同稳定性的存在。

米切尔和其后的勒纳(Lerner)[31]都认为美国内战期间实际工资水平的下降是货币通货膨胀的结果。之后的凯赛尔(Kessel)和阿尔钦(Alchian)[32]重新解释了北美内战的经验,主张实际因素而非货币因素是1860年至1865年间实际工资水平下降的原因(然而这是在没有同时控制实际和名义变量的情况下)。验证一个不同的历史时期,这些学者们[33]又不能揭示任何证据来支持工资调整滞后的假说。对于二战后的通货膨胀,他们分析认为高劳动成本产业的利润率是相对于低劳动成本产业的利润率而言的,他们无法找到两种产业的利润行为之间有什么系统的区别。我们的经验结论与这些发现并不一致。在1930—1965年期间,我们发现通货膨胀对实际工资的局部影响是负的,并且在数量上是显著的。价格水平上升10%会导致实际工资水平下降2.2%,这个结果是在控制实际因素的变量——人均产出(y_t/M_t)的模型基础之上得到的。[34]

在这点上,我们只关心一个单独的模型,它与我们使用的1929—1965年的数据是一致的,并且从更普遍的意义上说,它与几个前期相关实证研究是一致的。正如以上论述的几点,这个模型只是我们介绍的模型种类中的一种变形。其他的变形可以通过增加资产变量、名义利率和控制战时现象的虚拟变量的不同组合来获得。另外,我们对基于一个不同的价格和工资预期假设之上的模型进行了检验。这些结果在附录2中列出并进行了简要的讨论。

补充这些额外的结果有三个重要的原因。第一,因为我们在这一部分对检验的讨论表明,我们的预测可能"意外地"得到验证的概率是很小的,所以我们需要解释所预测的系数符号排列在所有估计的变形模型中都得到了验证这一事实。第二,我们在此公布的所选择的模型是所有估计模型中的"最佳"模型,但这一选择是在非正式且不稳固的基础上做出的。最后,许多系数的估计变动是

---

[31] E. M. Lerner, "Inflation in the Confederacy, 1961—1965," in *Studies in the Quantity Theory of Money*, M. Friedman, ed. (University of Chicago Press, Chicago, 1956); E. J. Hamilton, "Prices and Progress," *Journal of Economic History*, 12 (Fall 1952) pp.325—349; A. Hansen, "Factors Affecting the Trend in Real Wages," *American Economic Review*, 15 (March 1925) pp.27—42; W. C. Mitchell, *A History of the Greenbacks* (Chicago, University of Chicago Press, 1903).

[32] R. A. Kessel and A. A, Alchian, "Real Wages in the North During the Civil War: Mitchell's Data Reconsidered," *Journal of Law and Economics*, 2 (October 1959), pp.95—114.

[33] R. A. Kessel and A. A, Alchian, "The Meaning and Validity of the Inflation-Induced Lag of Wages Behind Prices," *American Economic Review*, 50 (March 1960), pp.43—66.

[34] 凯赛尔和阿尔钦[R. A. Kessel and A. A. Alchian, "Effects of Inflation," *Journal of Political Economy*, 70 (December 1962), pp.521—537]认为,即使通货膨胀被充分地预期,实际工资水平在其他条件不变时仍然可能下降,因为企业会转向资本更加集中的生产,以减少对劳动力的需求。

相当大的,这取决于哪些其他变量被包括进模型中,因此表1公布的标准差相当程度上夸大了这些估计的精确度。

7 总结与结论

本论文的目的是构造一个美国劳动力市场的总体模型并对其进行检验。对这个市场的需求一方,我们采用了一个广泛使用的基于 C.E.S. 型生产函数之上的边际生产率函数。总供给函数的检验是由一个费雪式的代表性家庭的两阶段模型提出的。这个理论认为劳动供给者主要对三个变量做出反应:预期的"正常"或"永久"实际工资率,它在普通的劳动—闲暇决策的单时期分析中与工资率是一致的,并且对劳动供给有一个负的影响;即期实际工资与正常工资的偏差,它对劳动供给有一个很强的正的影响;还有价格水平与其预期的"正常"趋势的偏差,它同样对劳动供给有一个很强的正的影响。

给出这个劳动供给理论是为了解决劳动力市场经济理论中两个明显的矛盾。第一,正如之前的介绍和第Ⅱ部分所强调的,它既与观察得到的劳动供给对于长期工资无弹性的说法一致,也与具有弹性的劳动供给条件下的就业的短期波动一致。第二,当把劳动供给决策看做一个多期决策问题,在即期货币工资和价格水平并非零次齐次的供给函数意义下,"货币幻觉"符合家庭的理性行为。

本文采用的劳动供给理论的一个推论是,由调查度量的劳动力人口(用来计算失业率)不能被看做一个有效的市场供给,因为有一部分人还没有工作而是即将在预期的正常工资和价格水平上成为劳动供给。于是,测量到的失业水平(更准确地说,非摩擦性失业)就被看做包括那些把当前能被雇用的低工资率看做是暂时水平的人,以及那些因此选择等待或者寻找更高的位置而不愿搬迁或换工作的人。当然,在这个意义上,非摩擦性失业是"自愿的"这一观点并不意味着计算出的高失业率是没有社会成本的。相反,这意味着经济波动是有成本的,并不是简单地由于它们使得劳动力闲散无事,而是因为它们使工人和资本家无法在实际获得的期望回报率基础上进行投资(搬迁、培训等)。

我们再次简短地回顾对理解劳动力市场很重要而我们的论文无法回答的两个问题。一个问题是试图用我们估计的结构方程来研究劳动力市场对价格和产出变动的反应的动态变化。然而,正如我们前面强调的几点,这个方程是不正规的:劳动力市场变量随着时间的变动,将由其他部门的变化同时决定。因此,尽管我们知道我们的模型与逐步达到充分就业均衡的方法是一致的,但我们仍然不能说这种方法的速度是否与观察的商业周期一致。第二,我们的模型强调了在只对最原始的期望模型进行检验时,预期的形成具有决定性的地位。我们采用了一个只有在相当稳定的价格上涨率基础之下才确实成立的适应性框架。确定什么程度算是相当稳定的，以及在这样的稳定性无法得到时如何修正预期，对我们来说似乎是一个至关重要的尚待解决的问题。

附录1　回归中使用的变量[a]

	w	P	N	M	Q	y	U	r
1929	100.0	100.0	100.0	100.0	100.0	100.0	3.2	4.73
1930	102.0	97.4	93.5	102.0	100.7	90.1	8.9	4.55
1931	106.7	88.5	85.5	103.0	101.5	83.2	16.3	4.58
1932	108.4	79.4	75.6	104.0	102.4	70.8	24.1	5.01
1933	104.7	77.5	76.1	105.0	103.3	69.5	25.2	4.49
1934	109.1	83.4	76.8	106.0	104.1	75.8	22.0	4.00
1935	110.5	84.2	81.1	108.0	105.0	83.3	20.3	3.60
1936	112.3	84.4	89.3	109.0	105.9	94.8	17.0	3.24
1937	114.2	87.9	93.3	111.0	106.8	99.8	14.3	3.26
1938	117.8	86.8	86.7	111.0	107.7	94.7	19.1	3.19
1939	121.1	85.4	90.7	113.0	108.6	102.8	17.2	3.01
1940	122.2	86.8	94.5	114.0	109.6	111.6	14.6	2.84
1941	124.6	93.3	104.6	115.0	110.7	129.5	9.9	2.77
1942	128.4	104.7	116.2	117.0	111.8	146.2	4.7	2.83
1943	132.7	112.3	131.2	118.0	112.1	165.6	1.9	2.73
1944	139.4	115.0	134.1	119.0	114.0	177.5	1.2	2.72
1945	148.2	118.0	125.7	120.0	115.1	174.5	1.9	2.62
1946	149.7	131.8	109.7	121.0	116.3	153.5	3.9	2.53
1947	148.5	147.4	108.6	122.0	117.4	152.2	3.9	2.61
1948	150.6	157.3	109.5	123.0	118.6	159.0	3.8	2.82
1949	157.2	156.3	105.8	125.0	119.8	159.2	5.8	2.66
1950	172.7	158.5	107.8	124.0	121.0	174.5	5.3	2.62
1951	168.5	169.2	114.1	125.0	122.2	188.3	3.3	2.86
1952	174.4	172.9	116.1	126.0	123.4	194.1	3.1	2.96
1953	183.3	174.5	116.6	127.0	124.6	202.8	2.9	3.20
1954	187.5	177.1	112.1	128.0	125.8	199.9	5.6	2.90

(续表)

	w	P	N	M	Q	y	U	r
1955	192.7	179.6	115.3	129.0	127.1	215.1	4.4	3.06
1956	197.7	185.8	117.0	131.0	128.3	219.1	4.2	3.36
1957	202.8	192.7	115.5	132.0	129.6	222.2	4.3	3.89
1958	205.2	197.6	112.3	133.0	130.8	219.7	6.8	3.79
1959	207.5	200.8	117.7	135.0	132.1	233.7	5.5	4.38
1960	212.5	204.2	118.8	138.0	133.4	239.5	5.6	4.41
1961	218.2	206.3	117.7	139.0	134.7	244.2	6.7	4.35
1962	221.9	209.1	121.6	142.0	135.9	260.2	5.6	4.33
1963	227.3	211.9	122.9	144.0	137.2	270.6	5.7	4.26
1964	234.4	215.2	125.5	146.0	138.4	284.9	5.2	4.40
1965	238.3	219.2	129.7	149.0	139.6	301.8	4.5	4.49

注：w = 实际小时报酬；每个同等全职雇员的年报酬除以内含国民生产总值（GNP）平减指数和全职雇员的年工时数；指数；P = 内含的 GNP 平减指数；指数；N = 就业水平；每个全职雇员的年工时数乘以雇员人数；M = 固定年龄—性别构成的人口；指数；Q = 劳动力素质；指数；y = 实际 GNP；指数；U = 失业人口百分比；r = 穆迪的 AAA 债券比率。

ª所有本文发布的回归结果都是在比表中的数字更加有效的时间序列基础上得到的。对数据进行四舍五入是为了使表格看起来更清晰。

附录2 补充结果

正如第Ⅵ部分提到的，基本模型的几个版本都被检验过。我们把第Ⅵ部分所介绍的模型称为模型（1），接下来介绍模型（2）到模型（9）。

我们的基本模型排除了利率、每个家庭的实际非人力资产和由供给方程得到的战时 0-1 虚拟变量。在我们给出的假设条件之下，每个变量都必须同时引入即期和滞后一期的值。在模型（2）到模型（4）中，每个变量将被分别引入。

我们在另一个期望假设基础上进行了实验。模型（5）到模型（8）与模型（1）到模型（4）是一样的，除了期望的实际工资和价格水平是按以下方式简单得到的：

$$\ln w_t^* = \lambda \ln w_t + (1 - \lambda)\ln w_{t-1} + \lambda', \quad (A1)$$
$$\ln P_t^* = \mu \ln P_t + (1 - \mu)\ln P_{t-1} + \mu', \quad (A2)$$

其中 $0 \leq \lambda \leq 1, 0 \leq \mu \leq 1$，并且 λ' 和 μ' 是预期的增长率趋势。将（A1）和（A2）带入劳动供给方程，我们可以得到一个与（15）不同的方程。特别的，除了 w_{t-1} 和 P_{t-1} 以外，没有其他的滞后独立变量或滞后非独立变量出现。采用这种方程形式仍然存在相当大的用 d 统计量测度的残差序列相关性的统计证据。

模型（9）与模型（1）相比，除了增加了一个时间变量到一阶条件方程和两个简化形式的方程之外都是相同的。我们把这一变量解释为技术进步指标。

由于篇幅有限,我们无法对每个估计模型进行像我们对模型(1)进行的那样完备细致的讨论。尽管如此,我们在这个附录之后附上了类似于表1的表格,每个读者都可以任意地对他觉得最相关的结果进行列表或概括。我们选择了强调估计的短期和长期劳动供给弹性和通货膨胀对劳动供给的影响来概括我们的统计结果。所有模型——(1)到(9)——相关的供给弹性都在表2中进行了总结。我们也会通过将在具有统计意义的简化形式的估计方程数目(和比例)进行列表同时单独列出结构性估计,来总结我们模型总体上的"拟合优度"。这些结果见表3。

表2 模型(1)至模型(9)中的一些重要估计值

模型	短期劳动供给弹性	长期劳动供给弹性	通胀对劳动供给的影响效应	保持恒定的常量
1	1.40^b	0.03	0.74^b	$(N/M)_{t-1}$
2	1.35^b	0.03	0.70^b	$(N/M)_{t-1}, r_t, r_{t-1}$
3	0.78^b	0.12	0.49^b	$(N/M)_{t-1}, D_t, D_{t-1}$
4	1.12^c	1.58	0.68^b	$(N/M)_{t-1}, a_t/M_t, a_{t-1}/M_{t-1}$
5	3.93^b	0.03	1.14^b	
6	3.59^b	0.04	1.03^b	r_t
7	2.11^b	0.10	0.55^c	D_t
8	2.93^b	-0.07	1.04^b	a_t/M_t
9	1.13^c	0.01	0.72^b	$(N/M)_{t-1}$

[b] 在0.005水平上的单尾显著性。
[c] 在0.05水平上的单尾显著性。

表3 模型(1)至模型(9)中的估计值概览

模型	相对于总体呈递减形式估计值的显著性数值	总体结构性估计值的显著性数值
1	6/10	9/9
2	5/14	9/11
3	5/14	10/11
4	1/14	8/11
5	5/8	7/7
6	7/10	7/8
7	6/10	8/8
8	3/10	7/8
9	6/10	9/9

当把穆迪(Moody)的Aaa利率及其滞后值增加到供给方程时[模型(2)],短期和长期的供给弹性与模型(1)得到的相比几乎没有变化。并且,由于估计的通货膨胀效应也没有变化,因此删除利率变量似乎并不会使估计系数与原有

的估计有过多的偏离。然而,我们并没有特别重视这个结果,因为我们对 Aaa 利率作为与家庭相关的指数的意义持很大的保留意见。

当即期和滞后的利率变量被即期和滞后的二战时虚拟变量代替时[模型(3)],所得的结果与我们的供给理论大部分是一致的。但是模型(3)和模型(1)在估计短期的实际工资弹性和通货膨胀弹性上有很大的不同,模型(3)的弹性要小于模型(1)。虽然点估计从经济学意义上来说是有很大不同的,但是在 5% 的 t 检验显著水平下两者没有太大差别。对虚拟变量系数的点估计显示了战时影响在数量上的重要性——由于战争,劳动供给增加了 12%。这反映了一种爱国主义效应。

我们并没有试图构造我们自己的非人力家庭财富序列。相反地,我们采用了三种不同的、容易获得的名义非人力财富序列,并用内含的 GNP 平减指数和我们的总人口指数对它们进行了平减,得到了方程(11)中的 (a_t/M_t)。模型(4)是以梅尔泽财富序列[35]为基础的,这一序列是直接引自梅尔泽(Meltzer)教授的研究。[36] 这个序列是用可再生财富减去政府可再生财富,再加上政府负债得到的。此序列涵盖了 1930—1958 年的数据,因此模型(4)和模型(8)只是以 29 个观测值为基础的。在模型(4)中,新增加的人均占有非人力资产变量使得估计的长期供给弹性变大了。然而,这一发现是在估计的资产系数在结构性方程和简化形式方程中都没有明显偏离零的模型基础之上得到的。

模型(5)到模型(8)的实际工资和通货膨胀水平的估计参数总结参见表2。大体上,只有当前和近期状态能影响预期形成的假设,使我们获得了比先前更多的短期供给弹性的估计。

模型(9)生成的供给弹性与模型(1)类似。对估计的一阶条件的检验表明,在增加了一个时间序列变量后,所有的生产函数结论都几乎没有改变。

表3列出了所有简化形式和结构性方程的估计参数中显著个数的比例。在这个概括中,我们忽略了所有我们的理论无法预测符号的参数。其中包括截距项、收入变量、劳动力素质变量和时间变量的估计参数。表3的总结告诉我们,对很多模型使用相同的普通时间序列数据,"显著性"结果总是能够获得的。并且,一般来说,无论我们使用的是哪个模型,短期和永久的工资变动和通货膨胀对劳动供给的影响是保持不变的。

---

[35] 安多—布朗序列[A. Ando and E. C. Brown, "Lags in Fiscal Policy," in *Stabilization Policies* (Englewood Cliffs, N.J.: Prentice-Hall, 1964), p.20]和周序列[G. C. Chow, "On the Long-Run Demand for Money," *Journal of Political Economy*, 74 (April 1966), pp.111—132]也得到了类似的结果。

[36] A. H. Meltzer, "The Demand for Money: The Evidence from the Time Series," *Journal of Political Economy*, 71 (June 1963), pp.219—247.

表4 劳动力市场模型(2):新增名义利率变量:使用两阶段最小二乘法时的简化形式、供给、需求和失业率的估计值 时间序列1920—1965

方程和被解释变量	常数	$\ln\hat{w}_t$	$\ln w_{t-1}$	$\Delta\ln P_t$	$\ln(N/M)_{t-1}$	$\ln(\hat{w}/Q)_{t-1}$	$\ln(NQ/y)_{t-1}$	$\ln(\hat{u}_t/w_{t-1})_{t-1}$	$\Delta\ln y_t$	U_{t-1}	$\ln Q_t$	r_t	$\ln(y/M)_t$	r_{t-1}	R^{2a} 和 d
供给:$\ln(N/M)_t$	4.06 (1.01)^b	1.35 (0.57)^c	-1.34 (0.58)^c	0.70 (0.25)^b	0.62 (0.09)^b							1.89 (4.06)		-2.55 (3.79)	0.79 / 1.52
在劳动力上的一阶条件:$\ln(NQ/y)_t$	-2.22 (0.70)^b					-0.46 (0.12)^b	0.58 (0.11)^b		-0.21 (0.04)^b						0.993 / 1.83
失业率函数:U_t	0.042 (0.01)^b		-0.59 (0.08)^b					-0.42 (0.24)^c		0.80 (0.05)^b					0.925 / 1.49
简化形式的工资:$\ln w_t$	-15.79 (3.96)^b		0.44 (0.18)^c	-0.22 (0.08)^b	-1.15 (0.50)^c				1.24 (0.50)^c		-1.21 (0.51)^c	0.29 (0.61)	1.25 (0.51)^c	-0.22 (1.41)	0.997 / 2.24
简化形式的就业:$\ln(N/M)_t$	9.29 (3.79)^c		0.06 (0.17)	0.11 (0.08)	0.65 (0.48)				-0.09 (0.48)		0.55 (0.48)	0.22 (1.48)	1.50 (1.42)	-0.69 (1.35)	0.976 / 2.05

注:N=年工时数;M=14岁以上的不变年龄一性别分布的人口;w=单位自由工时的实际调整报酬(包括工资和附加福利);Q=以受教育年数衡量的劳动者素质指标;U=劳动者中的失业人口比例;P=内含的GNP平减指数;y=实际GDP;r=用穆迪Aaa比率测度的名义利率。

a 所有经自由度调整的拟合优度R^2。

b 0.005 检验水平上的单尾显著性(除了截距,$\Delta\ln y_t$,时间和$\ln Q_t$,是双尾检验之外)。

c 0.05 检验水平上的单尾显著性(除了截距,$\Delta\ln y_t$,时间和$\ln Q_t$,是双尾检验之外)。

表5 劳动力市场模型(3):新增战时虚拟变量:使用两阶段最小二乘法时的简化形式、供给、需求和失业率的估计值

时间序列 1930—1965

方程和被解释变量	常数	$\ln\hat{w}_t$	$\ln w_{t-1}$	$\Delta\ln P_t$	$\ln(N/M)_{t-1}$	$\ln(\hat{w}_t/Q_t)_{t-1}$	$\ln(NQ/y)_{t-1}$	$\ln(\hat{w}_t/w_{t-1})_{t-1}$	$\Delta\ln y_t$	U_{t-1}	$\ln Q_t$	D_t	$\ln(y/M)_t$	D_{t-1}	R^{2a} 和 d
供给:$\ln(N/M)_t$	4.62 (1.02)^b	0.78 (0.42)^c	−0.73 (0.42)^c	0.49 (0.16)^b	0.58 (0.09)^c										0.869 1.82
在劳动力上的一阶条件:$\ln(NQ/y)_t$	−2.15 (0.68)^b					−0.47 (0.12)^b	0.57 (0.11)^b					0.12 (0.03)^b		−0.04 (0.04)	0.993 1.86
失业率函数:U_t	0.04 (0.01)^b							−0.59 (0.08)^b	−0.43 (0.23)^c	−0.21 (0.04)^b	0.80 (0.05)^b				0.926 1.49
简化形式的工资:$\ln w_t$	−15.97 (3.71)^b		0.41 (0.18)^c	−0.23 (0.07)^b	−1.14 (0.47)^b		1.23 (0.45)^c		−1.18 (0.46)^c		0.31 (0.57)	−0.02 (0.02)	1.26 (0.45)^b	0.01 (0.02)	0.997 2.29
简化形式的就业:$\ln(N/M)_t$	13.81 (3.47)^b		0.06 (0.17)	0.04 (0.07)	0.68 (0.44)		−0.36 (0.42)		0.61 (0.43)		−1.21 (0.53)^b	0.02 (0.01)^c	0.14 (0.42)	0.01 (0.02)	0.979 1.90

注:N=年工时数;M=14岁以上的不变年龄—性别分布的人口;Q=以受教育数衡量的劳动者素质指标;U=劳动者中的失业人口比例;w=单位工时的实际工资(包括工资和附加福利);P=内含的GNP平减指数;y=实际GDP;r=用穆迪的Aaa比率测度的名义利率。

^{a}所有经自由度调整的拟合优度R^2。
^{b} 0.005 检验水平上的单尾显著性(除了截距,$\Delta\ln y_t$时间和$\ln Q_t$是双尾检验之外)。
^{c} 0.05 检验水平上的单尾显著性(除了截距,$\Delta\ln y_t$时间和$\ln Q_t$是双尾检验之外)。

表 6 劳动力市场模型(4): 新增实际非人力财富变量: 使用两阶段最小二乘法时的简化形式、供给、需求和失业率的估计值

时间序列 1930—1958

方程和被解释变量	常数	$\ln \hat{\omega}_t$	$\ln w_{t-1}$	$\Delta\ln P_t$	$\ln(N/M)_{t-1}$	$\ln(\hat{\omega}_t/Q_t)$	$\ln(NQ/y)_{t-1}$	$\ln(\hat{\omega}_t/w_{t-1})$	$\Delta\ln y_t$	U_{t-1}	$\ln Q_t$	$\ln(a/M)_t$	$\ln(y/M)_t$	$\ln(a/M)_{t-1}$	R^{2a} 和 d
供给:$\ln(N/M)_t$	5.05 (1.28)	1.12 (0.56)^c	-0.71 (0.57)	0.68 (0.19)^b	0.74 (0.10)^b										0.815 / 1.51
在劳动力上的一阶条件:$\ln(NQ/y)_t$	-2.19 (0.73)^b					-0.50 (0.13)^b	0.56 (0.12)^b		-0.21 (0.04)^b			-0.12 (0.32)		-0.31 (0.24)	0.989 / 1.94
失业率函数:U_t	0.05 (0.01)^b							-0.55 (0.24)^c		0.76 (0.06)^b					0.935 / 1.57
简化形式的工资:$\ln w_t$	-17.58 (4.94)^b	0.31 (0.23)	-0.26 (0.09)^b	-0.98 (0.68)			1.12 (0.72)		-1.01 (0.69)		0.73 (0.88)	0.02 (0.14)	1.07 (0.69)	0.07 (0.11)	0.994 / 2.26
简化形式的就业:$\ln(N/M)_t$	13.53 (4.79)^b	0.21 (0.22)	0.12 (0.08)	0.59 (0.66)			-0.16 (0.70)		0.46 (0.66)		-1.65 (0.85)^b	-0.01 (0.13)	0.34 (0.67)	-0.09 (0.11)	0.977 / 1.77

注: N = 年工时数; M = 14 岁以上的不变年龄—性别分布的人口; Q = 以受教育年数衡量的劳动者素质指标; U = 劳动者中的失业人口比例; w = 单位工时的实际报酬(包括工资和附加福利); P = 内含的 GNP 平减指数; y = 实际 GDP; r = 用穆迪的 Aaa 比率测度的名义利率。

^{a} 所有经自由度调整的拟合优度 R^2。

^{b} 0.005 检验水平上的单尾显著性(除了截距、$\Delta\ln y_t$、时间和 $\ln Q_t$, 是双尾检验之外)。

^{c} 0.05 检验水平上的单尾显著性(除了截距、$\Delta\ln y_t$、时间和 $\ln Q_t$, 是双尾检验之外)。

表7 劳动力市场模型(5):另一个期望假设;使用两阶段最小二乘法时的简化形式、供给、需求和失业率的估计值

时间序列 1930—1965

方程和被解释变量	常数	$\ln\hat{w}_t$	$\ln w_{t-1}$	$\Delta\ln P_t$	$\ln(N/M)_{t-1}$	$\ln(\hat{w}_t/Q_t)$	$\ln(NQ/y)_{t-1}$	$\ln(\hat{w}_t/w_{t-1})$	$\Delta\ln y_t$	$\ln Q_t$	$\ln(y/M)_t$	R^{2a} 和 d
供给: $\ln(N/M)_t$	10.59 (0.14)[b]	3.93 (0.72)[b]	-3.90 (0.72)[b]	1.14 (0.25)[b]								0.550 / 0.85
在劳动力上的一阶条件: $\ln(NQ/y)_t$	-2.38 (0.76)[b]					-0.42 (0.13)[b]	0.61 (0.13)[b]		-0.21 (0.04)[b]			0.992 / 1.87
失业率函数: U_t	0.17 (0.02)[b]							-2.21 (0.67)[b]				0.399 / 0.273
简化形式的工资: $\ln w_t$	-10.84 (3.23)[b]		0.54 (0.19)[b]	-0.22 (0.08)[b]	0.18 (0.18)				-0.07 (0.06)	1.26 (0.43)[b]	0.12 (0.04)[b]	0.996 / 2.22
简化形式的就业: $\ln(N/M)_t$	7.83 (3.11)[c]		0.00 (0.18)	0.06 (0.07)			0.43 (0.17)[c]		-0.09 (0.05)[c]	-1.79 (0.42)[b]	0.91 (0.04)[b]	0.974 / 1.68

注:N = 年工时数;M = 14岁以上的不变年龄—性别分布的人口;Q = 以受教育年数衡量的劳动者素质指标;U = 劳动者中的失业人口比例;w = 单位工时上的实际报酬(包括工资和附加福利);P = 内含的GNP平减指数;y = 实际GDP;r = 用穆迪测度的Aaa比率的名义利率。

[a] 所有经自由度调整的拟合优度 R^2。
[b] 0.005 检验水平上的单尾显著性(除了截距、$\Delta\ln y$、时间和 $\ln Q$,是双尾检验之外)。
[c] 0.05 检验水平上的单尾显著性(除了截距、$\Delta\ln y$、时间和 $\ln Q$,是双尾检验之外)。

表 8 劳动力市场模型(6):新增名义利率:使用两阶段最小二乘法时的简化形式、供给、需求和失业率的估计值 时间序列 1930—1965

方程和被解释变量	常数	$\ln\hat{w}_t$	$\ln w_{t-1}$	$\Delta\ln P_t$	$\ln\left(\dfrac{N}{M}\right)_{t-1}$	$\ln\left(\dfrac{\hat{w}_t}{Q_t}\right)$	$\ln\left(\dfrac{NQ}{y}\right)$	$\ln\left(\dfrac{\hat{w}_t}{w_{t-1}}\right)_{t-1}$	$\Delta\ln y_t$	$\ln Q_t$	$\ln\left(\dfrac{y}{M_t}\right)$	r_t	R^{2a} 和 d
供给:$\ln(N/M)_t$	10.66 (0.22)ᵇ	3.59 (0.88)ᵇ	−3.55 (0.90)ᵇ	1.03 (0.38)ᵇ								−0.90 (2.47)	0.517 0.79
在劳动力上的一阶条件:$\ln(NQ/y)_t$	−2.25 (0.74)ᵇ					−0.45 (0.13)ᵇ	0.59 (0.12)ᵇ						0.992 1.96
失业率函数:U_t	0.17 (0.02)ᵇ			−0.98 (0.23)ᵇ				−2.21 (0.65)ᵇ	−0.21 (0.04)ᵇ				0.405 0.27
简化形式的工资:$\ln w_t$	−10.34 (3.28)ᵇ		0.54 (0.19)ᵇ	−0.25 (0.08)ᵇ	0.13 (0.08)		0.16 (0.18)			−0.07 (0.06)	1.27 (0.43)ᶜ	0.11 (0.05)ᶜ	−0.52 (0.58)	0.996 2.36
简化形式的就业:$\ln(N/M)_t$	6.76 (2.98)ᶜ		0.002 (0.17)ᶜ	0.13 (0.08)			0.50 (0.16)ᵇ			−0.09 (0.05)ᵇ	−1.82 (0.39)ᵇ	0.95 (0.04)ᵇ	1.12 (0.53)ᵇ	0.970 2.08

注:N = 年工时数;M = 14 岁以上的不变年龄一性别分布的人口;Q = 以受教育年数衡量的劳动者素质指标;U = 劳动者中的失业人口比例;w = 单位工时的实际报酬(包括工资和附加福利);P = 内含的 GNP 平减指数;y = 实际 GDP;r = 用穆迪比率测度的 Aaa 的名义利率。

ᵃ 所有经自由度调整的拟合优度 R^2。

ᵇ 0.005 检验水平上的单尾显著性(除了截距,$\Delta\ln y_t$,时间和 $\ln Q_t$,是双尾检验之外)。

ᶜ 0.05 检验水平上的单尾显著性(除了截距,$\Delta\ln y_t$,时间和 $\ln Q_t$,是双尾检验之外)。

表 9　劳动力市场模型(7):新增战时虚拟变量:使用两阶段最小二乘法时的简化形式、供给、需求和失业率的估计值

时间序列 1930—1965

方程和被解释变量	常数	$\ln \hat{w}_t$	$\ln w_{t-1}$	$\Delta \ln P_t$	$\ln\left(\dfrac{N}{M}\right)_t$	$\ln\left(\dfrac{NQ}{y}\right)_{t-1}$	$\ln\left(\dfrac{\hat{w}}{Q}\right)_t$	$\ln\left(\dfrac{\hat{w}}{w_{t-1}}\right)$	$\Delta \ln y_t$	$\ln Q_t$	$\ln\left(\dfrac{y}{M}\right)_t$	D_t	$R^{2\,a}$ 和 d
供给:$\ln(N/M)_t$	10.84 (0.12)ᵇ	2.11 (0.66)ᵇ	−2.01 (0.67)ᵇ	0.55 (0.24)ᶜ								0.16 (0.03)ᵇ	0.704 0.88
在劳动力上的一阶条件:$\ln(NQ/y)_t$	−2.20 (0.73)ᵇ						−0.46 (0.13)ᶜ		0.58 (0.12)ᵇ				0.993 1.92
失业率函数:U_t	0.17 (0.02)ᵇ							−2.23 (0.64)ᵇ					0.414 0.308
简化形式的工资:$\ln w_t$	−12.34 (3.38)ᵇ		0.52 (0.18)ᵇ	−0.22 (0.07)ᵇ		0.26 (0.18)			−0.07 (0.05)	1.27 (0.43)ᵇ	0.17 (0.06)ᵇ	−0.02 (0.01)ᵇ	0.996 2.28
简化形式的就业:$\ln(N/M)_t$	10.24 (3.07)ᵇ		0.03 (0.17)	0.07 (0.07)		0.31 (0.17)ᶜ			−0.10 (0.05)ᶜ	−1.81 (0.39)ᵇ	0.82 (0.05)ᵇ	0.03 (0.01)ᵇ	0.977 1.91

注:$N=$ 年工时数;$M=14$ 岁以上的不变年龄—性别分布的人口;$Q=$ 以受教育数量衡量的劳动者素质指标;$U=$ 劳动者中的失业人口比例;$w=$ 单位工时的实际报酬(包括工资和附加福利);$P=$ 内含的 GNP 平减指数;$y=$ 实际 GDP;$r=$ 用穆迪的 Aaa 比率测度的名义利率。

ᵃ 所有经自由度调整的拟合优度 R^2。

ᵇ 0.005 检验水平上的单尾显著性(除了截距,$\Delta \ln y_t$、时间和 $\ln Q$,是双尾检验之外)。

ᶜ 0.05 检验水平上的单尾显著性(除了截距,$\Delta \ln y_t$、时间和 $\ln Q$,是双尾检验之外)。

表 10 劳动力市场模型(8):新增实际非人力财富变量:使用两阶段最小二乘法时的简化形式、供给、需求和失业率的估计值

时间序列 1930—1958

方程和被解释变量	常数	$\ln \hat{w}_t$	$\ln w_{t-1}$	$\Delta \ln P_t$	$\ln\left(\frac{\hat{w}_t}{Q_t}\right)_t$	$\ln\left(\frac{NQ}{y}\right)_t$	$\ln\left(\frac{\hat{w}_t}{w_{t-1}}\right)_{t-1}$	$\Delta \ln y_t$	$\ln Q_t$	$\ln\left(\frac{a}{M}\right)_t$	$\ln\left(\frac{y}{M}\right)_t$	R^{2a} 和 d
供给: $\ln(N/M)_t$	9.98 (1.95)[b]	2.93 (0.90)[b]	−3.00 (0.87)[b]	1.04 (0.33)[b]						0.13 (0.35)		0.422 0.79
在劳动力上的一阶条件: $\ln(NQ/y)_t$	−2.22 (0.75)[b]				−0.49 (0.13)[b]	0.56 (0.12)[b]		−0.21 (0.04)[b]				0.989 2.08
失业率函数: U_t	0.18 (0.02)[b]			−1.02 (0.23)[b]			−2.24 (0.61)[b]					0.487 0.52
简化形式的工资: $\ln w_t$	−13.17 (3.55)[b]		0.28 (0.22)	−0.26 (0.08)[b]		0.13 (0.19)		−0.03 (0.06)	1.75 (0.51)[b]	0.12 (0.08)	0.08 (0.05)	0.994 2.37
简化形式的就业: $\ln(N/M)_t$	10.14 (3.36)[b]		0.25 (0.21)	0.10 (0.08)		0.49 (0.18)[c]		−0.13 (0.06)[c] (0.07)	−2.28 (0.49)[b]	−0.11	0.95 (0.05)[b]	0.978 2.01

注:N = 年工时数;M = 14 岁以上的不变年龄—性别分布的人口;Q = 以受教育年数衡量的劳动者素质指标;U = 劳动者中的失业人口比例;w = 单位工时的实际报酬(包括工资和附加福利);P = 内含的 GNP 平减指数;y = 实际 GDP;r = 用穆迪比率测度的 Aaa 比率的名义利率。

[a] 所有经自由度调整的拟合优度 R^2。
[b] 0.005 检验水平上的单尾显著性(除了截距、$\Delta \ln y_t$、时间和 $\ln Q_t$ 是双尾检验之外)。
[c] 0.05 检验水平上的单尾显著性(除了截距、$\Delta \ln y_t$、时间和 $\ln Q_t$ 是双尾检验之外)。

表 11 劳动力市场模型(9): 新增时间序列: 使用两阶段最小二乘法时的简化形式、供给、需求和失业率的估计值 时间序列 1930—1965

方程和被解释变量	常数	$\ln \hat{a}_t$	$\ln w_{t-1}$	$\Delta \ln P_t$	$\ln\left(\frac{N}{M}\right)_{t-1}$	$\ln\left(\frac{\hat{a}_t}{Q_t}\right)$	$\ln\left(\frac{NQ}{y}\right)_{t-1}$	$\ln\left(\frac{\hat{a}_t}{w_{t-1}}\right)$	$\Delta \ln y_t$	U_{t-1}	$\ln Q_t$	t	R^2 和 d
供给: $\ln(N/M)_t$	3.58 (0.95)^b	1.13 (0.49)^c	-1.12 (0.49)^c	0.72 (0.18)^b	0.66 (0.09)^b								0.785 1.50
在劳动力上的一阶条件: $\ln(NQ/y)_t$	-1.52 (1.56)					-0.43 (0.18)^c	0.55 (0.11)^b		-0.20 (0.05)^b			0.00 (0.00)	0.993 1.69
失业率函数: U_t	0.04 (0.01)^b							-0.38 (0.22)^c	-0.81 (0.05)^b	0.58 (0.08)^b			0.924 1.47
简化形式的工资: $\ln w_t$	-33.46 (8.54)^b		0.36 (0.17)^c	-0.16 (0.07)^c	-1.41 (0.44)^c		1.57 (0.44)^b		-1.46 (0.43)^b		3.29 (1.43)^c	-0.03 (0.01)^c	0.997 2.39
简化形式的就业: $\ln(N/M)_t$	27.27 (8.72)^b		0.15 (0.17)	0.01 (0.07)	1.13 (0.44)^c		-0.68 (0.44)		1.02 (0.44)^b		-3.67 (1.46)^c	0.03 (0.01)^c	0.978 1.64

注: N = 年工时数; M = 14 岁以上的不变年龄—性别分布的人口; Q = 以受教育年数衡量的劳动者素质指标; U = 劳动者中的失业人口比例; w = 单位工时的实际报酬(包括工资和附加福利); P = 内含的 GNP 平减指数; y = 实际 GDP; r = 用穆迪的 Aaa 比率测度的名义利率。

a 所有经自由度调整的拟合优度 R^2。

b 0.005 检验水平上的单尾显著性(除了截距、$\Delta \ln y_t$、时间和 $\ln Q$,时间和 $\ln Q$, 是双尾检验之外)。

c 0.05 检验水平上的单尾显著性(除了截距、$\Delta \ln y_t$、时间和 $\ln Q$, 是双尾检验之外)。

第Ⅱ部分　产出和价格动态

第8章 个人主义竞争下的最优价格策略*

埃德蒙·S.菲尔普斯(Edmund S. Phelps)
小西德尼·G.温特(Sidney G. Winter, JR.)

完全市场远离经济现实,如同无摩擦的平面、滑轮、针摆远离物理世界一样。但是在这两种理论体系中,"非现实"并不意味着"无关"。严格而简化的假设可以使我们对所有现实情况的一些重要方面,或者是一些现实情况的几乎所有重要方面有一个明晰的理论性理解。但是不包含"摩擦"的理论也不能解释日常经济情况的总体特征。剩余生产能力、"商誉"和"纯利润"、广告和涨价行为的存在,就是一些这样的例子。一个重要的有助于理解这些真实特征的"摩擦"是:在没有"摩擦"的世界里,即使消费者不能随即到达商店购买商品,一家厂商价格的微小下降也会导致需求的急剧上升。在现实世界里,商品的价格下降一便士,并不能立刻吸引很多的消费者,即使皮鞋的功能完好。

经济学家直到现在为止还没有对"摩擦"的产生和出现作过系统的理论研究。本文致力于扩展这种理论以填补这个领域的空白。[①] 我们分析的重点在于,对于一个任何瞬间时点,对即时消费者拥有垄断势力,在不失去消费者的前提下,无限期地保持高于现行市场价格的厂商的最优定价行为问题。消费者对

---

* 我们感谢 H. Uzawa 对本文提供的帮助,他不仅参与了第 2. E 部分对不变成本情况的分析,而且事实上和我们一起完成了部分必要的计算。

[①] 我们使用"经济摩擦"这一术语指代使瞬时调整要么不可能,要么极其昂贵的各种因素。例如,我们考虑到的文献包括 I. P. Gould, "Adjustment Cost in the Theory of Inventment of the Firm," *Review of Economic Studies*, 35(1968), pp.47—55; R. E. Lucas Jr., "Adjustment Costs and the Theory of Supply," *Journal of Political Economy*, 75 (1967), pp.321—334;以及本书中的大多数论文。

价格变化非即时反应的这种特征,是我们加入这个理论的唯一的经济摩擦因素。在这里没有得到处理(但应包含在一个充分的一般性分析中)的许多现象,是关于我们对投入品市场类型的非即时需求反应的假设。② 毫无疑问的是,通往总体分析的路径漫长而艰难,特别是当它处理那些大概是经济摩擦最终根源的不同信息条件成本、决策制定、交易的明确信息时。

对于在这里研究的非瞬时顾客反应的特定模式理论,我们可以提供更多的建议。从某种角度看,这是一个限制。人们会比较偏好于把厂商关于消费者如何决策的观点与一个详尽复杂的消费者行为理论相结合。但是存在争议的是,差别很大的因果机制会导致与厂商观点不能区别的消费者行为模式的产生。而且复杂且难以分析的是,诸如不完全信息、习惯、过去的投资决策等因素结合在一起,会导致结果与相对简单的模式充分接近。

虽然我们与熟悉的完全市场的瓦尔拉斯均衡有微小的偏离,但是我们所开拓的理论领地却是吸引人的。例如,我们可以解释一种定价行为的可能性,这个定价行为会导致厂商根据产品的情况付给工人一个较高的薪水,而且同时还会增加其产出,这个结果解决了凯恩斯理论的微观基础中长期存在的矛盾。另外一个例子是,我们发现,即使在静态均衡情况下,边际成本也不总是等于价格,而且在静态垄断情况下也是如此。

在第Ⅰ部分,我们将用一个模型描述消费者对不同公司价格差别反应缓慢这一事实,这个模型与归因于单个公司形势的观点有关。在第Ⅱ部分,我们将提出与局部比较静态分析相应的最优价格策略。第Ⅲ部分我们将尝试着分析整个产业的均衡过程。第Ⅳ部分是一些结论性评论。

1 "顾客流量"动态

考虑一个包含大量厂商(例如 m 个)的行业,这些厂商都为数量更多的无差异消费者提供商品。我们假定从厂商 j 购买商品的消费者占总消费者数量的比例为 x_j,并假设消费者的数量足够大以使我们把 x_j 看做一个连续变量。再假设该行业的每个厂商都定价为 p,那么该行业总体的数量需求为 $\eta(p,y)$,这里的 y 是一个变化的参数,当它不直接相关时,在符号上将会受抑制。假设消费者从某个特定厂商处购买的商品数量取决于该厂商的定价,所以当厂商 j 定价为 p_j 时,它的商品需求量为 $x_j\eta(p_j)$。

---

② Mortensen 在本书的论文中,分析了与我们讨论的价格决定问题相对应的工资决定问题。将上述两个问题结合在一起的分析还有待完成。

随着时间的推移,消费者逐渐地从定价较高的厂商转向那些定价较低的厂商,这里提出的动态过程的公式基于以下思路:关于价格的信息被传递的过程是消费者随机遭遇过程中的"比较记录"之一。③ 如果假设当一个消费者发现他支付的不是最低可能价格时,消费者的选择会(至少是有可能)发生转变,那么可以预期任何两个厂商之间的顾客流比率将与其产品市场份额成比例(决定了能用市场份额作特定比较的可能性),而且消费者会青睐低价厂商。那么,用 z_{ij} 表示从厂商 j 转向厂商 i 的瞬时净顾客流量的时间比率,z_{ij} 由下式给出:

$$z_{ij} = a_{ij}x_i x_j, \quad a_{ij} \text{ 独立于 } x_i \text{、} x_j,$$

其中,

$$\operatorname{sgn}(a_{ij}) = \operatorname{sgn}(p_j - p_i).$$

当然,$a_{ji} = -a_{ij}(i,j = 1,2,\cdots,m)$,使用术语"净流量"已暗含此意。那么我们把厂商 i 的顾客比例的变化率表示为:

$$\dot{x}_i = \sum_j z_{ij} = x_i \sum_j a_{ij} x_j.$$

假定对于给定的某个价格 $k, k \leq m$。假定在某时刻,厂商的数量遵循订购价格: $i \leq i'$ 分布,这意味着 $p_i \leq p'_i, i, i' = 1, 2, \cdots, m$。我们将定价最低的厂商标记为 1 至 n_1,定价次低的厂商标记为 $n_1 + 1$ 至 $n_1 + n_2$,等等。为了求证价格是否保持不变,且第一部分的 n_1 个厂商最终是否获得所有顾客,我们记:

$$\frac{\mathrm{d}}{\mathrm{d}t}(x_1 + x_2 + \cdots + x_{n_1}) = \sum_{i \leq n_1} \sum_{j > n_1} (a_{ij} x_i x_j).$$

令 $c = \operatorname*{Min}_{i \leq n_1, j > n_1}[a_{ij}]$,且为正值,那么,

$$\frac{\mathrm{d}}{\mathrm{d}t}(x_1 + x_2 + \cdots + x_{n_1}) \geq c \left(\sum_{i \leq n_1} x_i \right) \left(\sum_{j > n_1} x_j \right)$$

或者,

$$\frac{\mathrm{d}}{\mathrm{d}t}\left(\sum_{i \leq n_1} x_i \right) \geq c \left(\sum_{i \leq n_1} x_i \right) \left(1 - \left[\sum_{i \leq n_1} x_i \right] \right).$$

这说明在任何时点,由最低价格厂商所服务的顾客比例,至少在相应的逻辑过程中与参数 c 有关。

总的来说,系数 a_{ij} 不仅取决于价格 p_i, p_j,它也直接地与指数 i, j 相关。为了与"顾客随机相遇"这一定理的精神相一致,我们可以想出很多为什么一个行业的厂商会存在"动态差别"的原因来,例如:为什么由给定价格差异造成的顾客流比率会取决于长期不变的厂商特征。地域因素是最明显的。如果对价格信息

---

③ 但是正如本书导言部分所述,这并不是该模型唯一的可能推理。

传递以及购买方式转变的过程有一个更宽广的视野,那么我们会发现更多这种动态差异的原因,例如,广告策略。但是,动态供不应求的相互依存问题会紧跟着动态差异问题而进入我们的视野。

我们现在分析的对象是很有限的,把我们的注意力限定在任何时刻市场规则都是"非私人"的情况下,我们假定:

$$a_{ij} = \delta(p_i, p_j),$$

其中,$\delta(p, p') = -\delta(p', p)$,$\text{sgn}(\delta(p, p')) = \text{sgn}(p' - p)$,$\delta_1 < 0, \delta_2 > 0$,那么厂商 i 占总顾客份额的比例变化可以写为:

$$\dot{x}_i = x_i \sum_{j \neq i} \delta(p_i, p_j) x_j.$$

对于任何 $j \neq i$,我们把 δ 在 $\bar{p}_i$ 处按泰勒级数展开至二阶,略去三阶及更高阶,我们得到:

$$\dot{x}_i \cong x_i \sum \left[\delta(p_i, \bar{p}_i) + \delta_2(p_i, \bar{p}_i)(p_j - \bar{p}_i) \right.$$
$$\left. + \frac{1}{2} \delta_{22}(p_i, \bar{p}_i)(p_j - \bar{p}_i)^2 \right] x_j.$$

因为是对所有的 $j \neq i$ 进行相加,我们得到 $\sum x_j = 1 - x_i$,定义 $\bar{p}_i$ 为其他公司价格的消费者加权平均,σ_i^2 定义为相应的方差:

$$\bar{p}_i = (1 - x_i)^{-1} \sum_{j \neq i} p_j x_j,$$
$$\sigma_i^2 = (1 - x_i)^{-1} \sum_{j \neq i} (p_j - \bar{p}_i)^2 x_j.$$

那么 $\dot{x}_i$ 的约数可写作:

$$\dot{x}_i \cong x_i(1 - x_i) \left[\delta(p_i, \bar{p}_i) + \frac{1}{2} \delta_{22}(p_i, \bar{p}_i) \sigma_i^2 \right].$$

因此,将动态差异排除在外,我们得到一个模型,这个模型中任何的公司顾客比例变动都可以看做是相关的,在任何特定的时间点,在其他公司价格分布既定的情况下,将时间点无限细分,那么以上约数可以任意无限地趋近。④

将上述约等式看做一个消费者流量所遵守的假定"客观"的规律,那么我们现在假设单个厂商根据一个客观可观察的、更为简单的消费者流量关系选择它的价格策略。首先,厂商只会考虑他对其他厂商所估计的顾客权重的平均价格,而忽略方差。如果方差特别小或者如果函数 δ 大致是线性函数,那么这种对方差的忽略不会导致很严重的信息损失。其次,我们假设竞争是微观的,在此情况下,对于单个厂商而言,整个行业需求与其自身需求相比较是无限大的。这意味

---

④ 当然,这里假设 δ 在恰当高的阶数上满足连续可导的性质。

着产出 $x_i(1-x_i)$ 可以简单地被看做 x_i。⑤ 从厂商 i 的角度看,我们有:
$$\dot{x}_i = \delta(p_i, \bar{p}_i) x_i.$$
当厂商看到这种情况时,他就会将其价格保持在估计的行业平均价格以下,这会导致其顾客份额成指数增长。当然,给定一个有限市场、有限厂商时,这是不现实的。相似地,在静态竞争理论中,对单个厂商的需求曲线是水平的,这也是不现实的。在成本条件与竞争状况一致的情况下,这些主观评价的不可靠性是永远不会被揭示出来的。

2 最优动态价格策略

A 现值最大化问题

一个厂商要想在刚才描述的情形下进行运作,在决定其价格策略时,必须要考虑短期和长期因素。一种极端情况是:对其现时顾客来讲,厂商扮演垄断者的角色——但消费者会流失,而且要重新建立业务关系就必须使得定价持续地低于市场价格;另一种极端情况是,均衡会快速地向竞争均衡解靠拢,即到达使其边际成本等于估计现行行业价格 $\bar{p}$ 的产量。当然,这要求短时间的低价或高价以调整其占总消费者的比例以趋近理想水平。当然,这两种策略都不会是最优的。

所谓的"最优",意味着在一个不变的即时利率 $r > 0$ 处实现"现值最大化"。把厂商的总可变成本函数记作 $\phi(v; w)$,其中 v 为产出,w 代表投入价格(价格集)。⑥ 当厂商占总消费者数量的比例为 x 时,将价格定为 p,那么厂商将获得的收益为 $px\eta(p)$,相应的成本率为 $\phi(x\eta(p))$。这里所讨论的例子是厂商将价格定为静态期望价格 $\bar{p}$,也即,它估计的行业平均价格 $\bar{p}$ 在短期的将来是不会改变的。因此,公司在 0 时点面临的现值最大化问题可以描述为:

$$\text{Max} \quad V = \int_0^\infty e^{-rt} [px\eta(p) - \phi(x\eta(p))] dt, \tag{1a}$$

$$\text{s.t.} \quad \dot{x} = \delta(p; \bar{p}) x, \tag{1b}$$

$$x(0) = x_0, \tag{1c}$$

其中 x_0 为厂商占总消费者数量的初始比例。当然,选择的对象是在每个时间点所提供的价格。注意力会被限定于连续的价格策略 $p(t)$。

下面的几项说明是根据涉及的不同的函数所做出的。对于每个正价格 p,

---

⑤ 这同样表明,$\bar{p}_i$ 很难从整个产业的平均价格 $\bar{p}$ 中区别出来。
⑥ 参数 w 在这里不起作用,因此符号运算中把它忽略了。

需求函数 $\eta(p)$ 被定义为向下倾斜的曲线，且其边际收益也为向下倾斜的（对于数量而言），且凸向原点。当价格变得相当高时，需求数量会趋近于 0。用数学语言表达，以上假设可写作：

$$\eta'(p) < 0, \quad 0 \leq \eta''(p) \leq \frac{2\eta'^2}{\eta}, \quad \operatorname*{Inf}_{p}\eta(p) = 0. \tag{2a}$$

对于成本函数，边际成本为正（除去零产出情况）且递增（我们忽略固定成本，假定厂商没有任何办法避免它们），于是有：

$$\phi(0) = 0, \quad \phi'(v) > 0 \text{ 对于 } v > 0, \quad \phi''(v) > 0. \tag{2b}$$

函数 δ 的特征我们已经描述过，除了以下一点：边际收益对于价格减少非递增，这表现在，连续的价格等量下降产生一个消费者数量按指数增长率增加的非递增系列。与此假设相一致，零价格一般只会产生一个有限的正增长率，但是，价格足够而有限地高，足以立即赶走所有的消费者。即，对于一个价格 $p^* > \bar{p}$，满足：

$$\lim_{p \to p^{*-}} \delta(p;\bar{p}) = -\infty.$$

因为对于动态最优而言，$\bar{p}$ 是一个不变的参数，函数 δ 中它的出现在分段中要受到抑制。这些假设意味着函数 $\delta(p)$ 满足下列条件：

$$\delta(\bar{p}) = 0, \quad \delta'(p) < 0, \quad \delta''(p) \leq 0. \tag{2c}$$

常规性假设(2)的组合比下面章节需要的假设强，出于解释目的，作出更强的假设似乎比使争论复杂化以取得一般意义上某点小的进步更为合意。

B 必要的条件

问题(1)是经得起动态系统最优控制理论检验的。[⑦] 厂商的价格 p 是控制变量，它占总消费者的比例 x 是常量，式(1a)中最大化量 V 是一个基于 $p(t)$ 的函数，p 的时间路径从 0 至无穷大。每个函数 $p(t)$ 的选择通过微分方程(1b)在初始条件(1c)、时间路径 $x(t)$ 产生。对于成对的 $p(t), x(t)$，对式(1a)积分确定了一个现值。我们的问题是确定和找出使现值最大化的 $p(t)$。

在控制论中形成的最优必要条件，包括一个时间辅助函数，即 $q(t)$。在本文中，这个变量对于时间 t 的消费者来说，本质上是一个非负的影子价格。更简洁地，以 $x(t)$ 代表在时间 t 厂商的顾客占总消费者的比例，$q(t)x(t)$ 代表顾客光

[⑦] 标准的参考文献，见 L. S. Pontryagin et al., *The Mathmatical Theory of Optimal Proceses* (Wiley-Interscience, New York, 1962)。这里援引的理论形式，参见 K. J. Arrow, "Applications of Control Theory to Economic Growth," in *Mathmatics of the Decision Science*, Part II (American Mathmatical Society, Providence, R. I., 1969)。

顾的估算价值,这个价值的基本经济原理是,可以通过临时降低价格得到顾客的光顾,也能通过价格增加恢复为现金。

我们可以用符号很方便地定义以下函数:

$$F(x,p) = px\eta(p) - \phi(x\eta(p)),$$
$$G(x,p) = \delta p(x),$$
$$H(x,p,q) = F(x,p) + qG(x,p).$$

从而,提出的问题可以改写成:

$$\text{Max} \quad V = \int_0^\infty e^{-rt} F(x,p) \, dt, \tag{1a'}$$

$$\text{s.t.} \quad \dot{x} = G(x,p), \tag{1b'}$$

$$x(0) = x_0. \tag{1c'}$$

庞特里亚金型(Pontryagin-type)的必要条件是:⑧如果 $\hat{p}(t)$ 是厂商价格的最优时间路径,则存在一个时间函数 $\hat{q}(t)$。其定义为,对于所有的 $t \geq 0$,有下式成立:

$$\hat{p}(t) \text{ 关于 } p \text{ 使 } H(\hat{x}(t),p,\hat{q}(t)) \text{ 最大化}, \tag{3a}$$

$\hat{q}(t)$ 满足微分方程:

$$\dot{\hat{q}} = r\hat{q} - \frac{\partial}{\partial x}[H(\hat{x}(t),\hat{p}(t),\hat{q}(t))]. \tag{3b}$$

当然,这里的函数 $\hat{x}(t)$ 满足微分方程:

$$\dot{\hat{x}} = G(\hat{x}(t),\hat{p}(t)), \tag{3c}$$

初始条件为 $x(0) = x_0$。

如果式(3a)在 $p > 0$ 时实现最大化,对于同一点 t 我们必须有:

$$H_p(\hat{x}(t),\hat{p}(t),\hat{q}(t)) = 0,$$

将这个条件,(3b)和(1b')转化为最初的符号,我们有以下方程组,此方程组必须通过最优的三个函数 $x(t)$、$p(t)$、$q(t)$ 来满足。

$$\eta' x \left[p + \frac{\eta}{\eta'} - \phi' \right] + q\delta' x = 0, \tag{4a}$$

$$\dot{q} = rq - [\eta(p - \phi') + q\delta], \tag{4b}$$

$$\dot{x} = \delta x. \tag{4c}$$

方程(4a)可以看做一个隐含决定的关于 q 和 x 的函数 p。括号里的式子是边际收益减去边际成本,这是针对将 x 看做一个常数的垄断问题。如果 $q=0$,当把 P 理解为顾客光顾的影子价格时,这个方程正如我们所期望的那样,需要垄断解。如果 $q>0$,式(4a)的 p 解意味着边际收益小于边际成本,

---

⑧ 参见 Arrow,前引。

$$p + \frac{\eta}{\eta'} - \phi' = -q\frac{\delta'}{\eta'} < 0, \quad \text{当 } q > 0.$$

厂商提供一个低价格,牺牲一些当前的垄断收益,从而达到保持自己顾客的目的。

以下,我们假设行业边际收益在一个足够高的超过 $\phi'(0)$ 的价格上,以使垄断解总是存在。给定条件(2),假设 $q \geq 0$,垄断价格在最优策略的控制下可以处于价格的上限。对于满足 η 和 ϕ 的条件,有

$$\frac{d}{dp}\left[p + \frac{\eta}{\eta'} - \phi'\right] = 2 - \frac{\eta\eta''}{\eta'^2} - x\eta'\phi'',$$

在假设(2)下,上式为正。因此边际收益减去边际成本是随 p 单调递增的。因为 $\eta(p)$ 是对所有 $p > 0$ 定义的,所以肯定存在一个足够小的 p,满足边际收益小于边际成本;而且我们刚刚已经假设存在一个足够大的 p,满足边际收益大于边际成本。因此,必定存在唯一的 p,即垄断价格,满足边际收益等于边际成本。仅存在一个较小的 p 值,使边际收益小于边际成本。

现在考虑一个可以任意分段的连续策略 $p(t)$,忽略(4b),把(4a)当作定义 $q(t)$ 来处理。如果在任何时间 $q(t)$ 为负,则 $p(t)$ 大于垄断价格,通过连续分段的假设,在有限时间里存在有限个间断点的情况下是正确的。优于 $p(t)$ 的策略 $p^*(t)$ 可以这样得出:由 $p(t)$ 大于垄断价格的时间段里的 t^* 开始,使 $p^*(t)$ 等于垄断价格,解以下方程:

$$p^* + \frac{\eta(p^*)}{\eta'(p^*)} - \phi'(x^*\eta(p^*)) = 0,$$

其中 $x^*(t)$ 在策略 $p^*(t)$ 下满足(4c)。根据定义,对于每个给定的 x,垄断价格能实现利润最大化,而且 $x^*(t)$ 仅仅是逐渐地与 $x(t)$ 相分离。所以,显然地,至少在一个短时间间隔 t^* 至 $t^* + \Delta$ 上,修正的策略能够在(1a')的被积函数里产生更大的值。在时间 $t^* + \Delta, x^*(t) > x(t)$。从 $t^* + \Delta$ 开始,选择 $p^*(t)$ 以保持出售数量等于 $x(t)\eta(p(t))$:

$$x^*(t)\eta(p^*(t)) = x(t)\eta(p(t)),$$

[其中 $x^*(t)$ 仍然由微分方程(4c)决定]。由假设(2a),这总是可能的,而且显然地,只要 $x^*(t) > x(t)$,则 $p^*(t) > p(t)$。如果在某个后续时间 $t^* + \Delta + \Delta'$ 上, $x^*(t) = x(t)$,则从此以后选择 $p^*(t) = p(t)$。在时长 Δ' 期间,修正后的策略下出售的数量与原始策略是一样的,但是价格更高些。因此修正策略的被积函数与原始策略的被积函数在 t^* 以前和 $t^* + \Delta + \Delta'$ 以后都是一样的,在两个时点之间,修正策略的被积函数更大。这"建设性地"表明,具有负的 $q(t)$ 的价格策略 $p(t)$ 不是最优的。因此,援引上文中的结论,最优价格 $\hat{p}(t)$ 不高于由 $\hat{x}(t)$ 决定

的近期的最优垄断价格。

因为时间未能直接进入函数 $F(x,p)$ 和 $G(x,p)$,所以一个问题 $(1')$ 的最优策略 $\hat{p}(t)$ 实际上仅取决于通过 $\hat{x}(t)$ 的时间。这就是说,假设存在 $(1')$ 式的唯一解 $\hat{p}(t)$,则存在一些函数 $\varphi(x)$ 满足:

$$\hat{p}(t) = \varphi(\hat{x}(t)).$$

这些函数不仅描述了问题 $(1')$ 中解的特征,还描述了 (a) 式改变初始时间从 0 到 t_0,或者 (b) 式改变 x 的初始条件,而得到的 $(1')$ 式的所有变式的解的特征。

假定这对于 $p(t)$ 是正确的,从 (4a) 式中可以看到它对于 $\hat{q}(t)$ 也是正确的。存在一个函数 $\pi(x)$ 满足:

$$\hat{q}(t) = \pi(\hat{x}(t)).$$

所以, $\dot{q} = \pi'(x)\dot{x}$,且当 $\dot{x} \neq 0$ 时, $\pi'(x) = \dot{q}/\dot{x}$。用式 (4b) 除以式 (4c),对于任何 $\dot{x} \neq 0$,未知函数 $\pi(x)$ 满足一个微分方程:

$$\pi'(x) = \frac{\mathrm{d}q}{\mathrm{d}x} = \frac{rq - \eta(p - \phi') - q\delta}{\delta x}. \tag{5}$$

使用式 (4a) 确定与任何 (x,p) 相联系的 p 值,等式 (5) 右边的式子是一个除了 (x,p) 中所隐含的价格 $\bar{p}$ 以外的由 (x,q) 决定的函数。

现在可以得出最优策略 $\varphi(x)$ 存在的论点。微分方程 (5) 有一个特殊解,这个特殊解穿过了方程组 (4) 的静止点,即当 $\dot{x} = \dot{q} = 0$ 时的点 (x,p)。通过式 (4a) 决定 $\phi(x)$。因此,动态方程 (4) 的一个解得到确定,在该解中, $x(t), q(t)$ 趋近于静止点 $(\bar{x},\bar{p})$,而 $p(t)$ 趋近于 $\bar{p}$。阿罗定理在 $H(x,p,q)$ 上,有一个合适的凹面条件,它的引入表明在事实上这个解是最优的。

C 相位图分析

图 1 描述了方程组 (4) 的轨迹及相关的微分方程 (5)。曲线 $\dot{x} = 0$ 是点 (x,q) 的轨迹,式 (4a) 隐含的 p 值在曲线上是 $\bar{p}$。即,该轨迹被定义为:

$$H_p(x,\bar{p},q) = 0. \tag{6}$$

通过微分方程 (6) 确定轨迹的斜率,我们得到:

$$\left.\frac{\mathrm{d}q}{\mathrm{d}x}\right|_{p=\bar{p}} = -\frac{H_{px}}{H_{pq}}, \tag{7}$$

其中,

$$H_{px} = F_{px} + qG_{px} = \eta'\left[p + \frac{\eta}{\eta'} - \phi' - x\eta\phi''\right] + q\delta'$$

$$= \frac{H_p}{x} - \eta'x\eta\phi'' = -\eta'x\eta\phi'', \tag{8}$$

$$H_{pq} = \delta' x. \tag{8a}$$

因此,

$$\left.\frac{dq}{dx}\right|_{p=\bar{p}} = \frac{\eta'}{\delta'}\eta\phi'' > 0, \tag{7'}$$

当然,其中,右边在 $p=\bar{p}$ 处可以求值。$\dot{x}=0$ 曲线与 q 轴的截距由下式给出:

$$\left.q\right|_{\substack{p=\bar{p} \\ x=0}} = -\frac{\eta'}{\delta'}\left[\bar{p} + \frac{\eta}{\eta'} - \phi'(0)\right]. \tag{9}$$

这个截距是正还是负,取决于在价格 $\bar{p}$ 处行业的边际收益是小于还是大于 $\phi'(0)$,即,取决于与 $\phi'(0)$ 相联系的垄断价格是高于还是低于 $\bar{p}$。$\dot{x}=0$ 曲线与 q 轴截距为负仅仅意味着当 $x=0$ 时,$\bar{p}$ 显然是一个很高的价格;如果垄断价格低些,那么就会显示出优于价格 $\bar{p}$ 的短期与长期优势。

$\dot{x}$ 为曲线上方正的区域。这如同另一个微分方程 $H_p = 0$ 所表明的:

$$\left.\frac{\partial p}{\partial q}\right|_{x=\text{const.}} = -\frac{H_{pq}}{H_{pp}}. \tag{10}$$

该式可以写为如下形式:

$$H_{pp} = F_{pp} + qG_{pp} = \eta'x\left[2 - \frac{\eta\eta''}{\eta'^2} - \eta'x\phi''\right]$$
$$+ \eta''x\left[p + \frac{\eta}{\eta'} - \phi'\right] + q\delta''x. \tag{11}$$

这意味着 $H_{pp} < 0$;对于 $\eta' < 0$,在第一个括号里的因式为正,在式(2a)里已经假设 η'' 为正,当 $H_p = 0$ 且 $q > 0$ 且 $\delta'' < 0$,第二个因式为负。因此,一个更高的 q,在给定的 x 下,意味着一个更低的价格 p 和更高的 $\delta(p)$。图 1 中 $\dot{q}=0$ 曲线可以从式(3b)或(4b)中设 $\dot{q}=0$ 得来,p 仍然可以通过 $H_p=0$ 确定。这个方程的微分为:

$$rq - H_x = 0,$$

得到

$$r\frac{dq}{dx} - \left[H_{xx} + H_{xp}\left(\frac{\partial p}{\partial x} + \frac{\partial p}{\partial q}\frac{dq}{dx}\right) + H_{xq}\frac{dq}{dx}\right] = 0. \tag{12}$$

代入式(10)中的 $\partial p/\partial q$,以及和 $\partial p/\partial x$ 类似的表达式 $-H_{pq}/H_{pp}$,求解 dq/dx,得到

$$\frac{dq}{dx} = \frac{H_{xx} - \left[(H_{xp})^2/H_{pp}\right]}{r + (H_{xp}H_{pq}/H_{pp}) - H_{xq}}. \tag{13}$$

部分地替换这些标准的数学符号,并根据式(8),该式变为:

$$r - \delta - \frac{\delta'\eta'x^2\eta\phi''}{H_{pp}}. \tag{14}$$

上式为正,除了 q 的值足够大以使 p 值满足 $\delta(p) > r$ 时。[9] 式(13)中的分子是 $1/H_{pp}$ 乘以行列式

$$\begin{vmatrix} H_{xx} & H_{xp} \\ H_{px} & H_{pp} \end{vmatrix}$$

的值。注意到

$$H_{xx} = -\eta^2 \phi'',$$

利用式(8),行列式的值可以表示为:

$$\begin{vmatrix} H_{xx} & H_{xp} \\ H_{px} & H_{pp} \end{vmatrix} = -\eta^2 \phi'' [H_{pp} + \eta'^2 x^2 \phi'']. \tag{15}$$

参照式(11),现在可以确定该式括号中的表达式为负。因此行列式的值为正,而且 $\dot{q} = 0$ 曲线为向下倾斜的曲线——除非 q 值足够高以表明价格比 $\bar{p}$ 低得多时。为了确定哪些区域为 $\dot{q} > 0$,注明如果 $q = 0$,式(4a)产生垄断价格,然后式(4b)给出 $\dot{q} < 0$ 就足够了。这也表明 $\dot{q} = 0$ 曲线与 x 轴不相交。

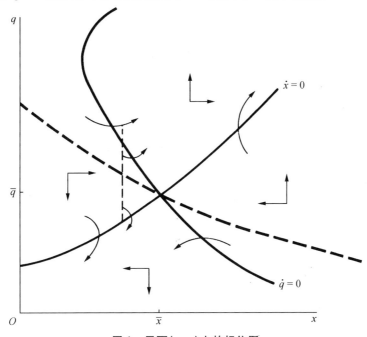

图 1 平面 (x, q) 上的相位图

---

⑨ 一个更进一步的分析可能表明它必然为正。对于后面推导所需要的论点,表明它正向趋近于 $\dot{x} = 0$ 曲线已经足够。

图 1 中还未确定的一个十分显著的特征是曲线 $\dot{q}=0$ 与曲线 $\dot{x}=0$ 交于点 $(\bar{x},\bar{p})$，且 $\bar{q}>0, 0<\bar{x}<1$。如果该厂商不想破产，首先需要假设 $\phi'(0)<\bar{p}$。为了确信它没有占领整个市场的欲望，则需假设 $\bar{p}<\phi'(\eta(\bar{p}))$。后者保证当 $x=1$ 时，$\bar{p}$ 小于垄断价格，而且点 $(1,0)$ 低于 $\dot{x}=0$ 曲线。更确切地说，两个假设都保证了在 0 与 1 之间存在满足 $\bar{p}=\phi'(\eta(\bar{p})\bar{x})$ 的 $\bar{x}$，考虑 $\dot{x}=0$ 曲线上在 $\bar{x}$ 处的点 $(\bar{x},\bar{q})$，由 (4a) 得

$$\bar{q} = -\frac{\eta(\bar{p})}{\delta'(\bar{p})} > 0,$$

由式 (4b)，在此点上，$\dot{q} = r\bar{q}>0$。

因为式 (4a) 与 (4b) 给定了 $\dot{q}$ 是关于 x 与 q 的连续函数，如果曲线 $\dot{x}=0$ 进入非负象限时 $\dot{q}$ 为负，则满足必要特征的静止点 (rest point) 的存在就是确定的。如同图 1 表示的那样，如果 $\dot{q}=0$ 曲线不与 q 轴相交，则总是处于这种情况。更进一步地，如果曲线 $\dot{x}>0$ 与 q 轴有一个负的交点，则它将保持稳定。并且，穿过 x 轴，在 x 轴上都有 $\dot{q}<0$。一个额外的明确假设排除了以下这种仍然存在的可能性，即，当 $\dot{q}=0$ 曲线与 q 轴相交于 $\dot{x}=0$ 曲线下方的情况。在式 (4b) 中，式 (9) 给出了 q，使 $p=\bar{p}$。我们希望，隐含的 $\dot{q}$ 在此点 (与 $\dot{x}=0$ 曲线相交的点) 为负。这种情况会发生，如果：

$$-\frac{r\eta'}{\delta'}\left[\bar{p}+\frac{\eta}{\eta'}-\phi'(0)\right]-\eta[\bar{p}-\phi'(p)] < 0. \tag{16}$$

将上式变形，得

$$\bar{p}-\phi'(0) > \frac{-r\eta'/\delta'}{\eta+(r\eta'/\delta')}, \tag{16'}$$

当然，其中，所有右边的函数都用 $\bar{p}$ 来表示。两边同除以 $\bar{p}$，进行进一步整理，然后将两边同时颠倒，最后得到

$$\frac{\bar{p}}{\phi'(0)} > \frac{(-\eta'\bar{p}/\eta)-(\delta'\bar{p}/r)}{(-\eta'\bar{p}/\eta)-(\delta'\bar{p}/r)-1}, \tag{16''}$$

假设分母为正。如果分母为负，则 $\dot{q}$ 在该问题中必须为正。

在解释这个条件之前，我们可能会注意到一个很相似的条件，它描述了静止点 $(\bar{x},\bar{q})$ 的特征，在式 (4a) 中设定 $p=\bar{p}$，式 (4b) 中设定 $\dot{q}=0$，将式 (4a) 中的 q 代入式 (4b)，得到式 (16)，除了以 $\phi'(\eta(\bar{p})\bar{x})$ 替代 $\phi'(0)$，不等式变为等式。接着，对式 (16'') 作相应的变换。令在 $\bar{p}$ 处的行业需求弹性为 $-\eta'\bar{p}/\eta=\bar{\varepsilon}$，$\bar{x}$ 值满足

$$\frac{\bar{p}}{\phi'(\eta(\bar{p})\bar{x})} = \frac{\bar{\varepsilon}-(\delta'\bar{p}/r)}{\bar{\varepsilon}-(\delta'\bar{p}/r)-1}. \tag{17}$$

正数项 $-\delta'\bar{p}/r$ 可以理解为长期需求弹性在 $\bar{p}$ 处的非即时部分。因为该值很小

（这是因为消费者对价格变化或高折扣率反应迟缓），所以在静止点，价格与边际成本的比率接近静态垄断理论所产生的值 $\bar{\varepsilon}/(\bar{\varepsilon}-1)$。另一方面，如果在 $\bar{p}$ 附近的一个微小变化造成很大比例的顾客流动，或者如果折扣率接近于 0，静止点处价格与边际成本的比率将大致等于 1，从而达到竞争结果。因此，$\bar{p}$ 处的非瞬时需求弹性分布在从静态垄断解到静态竞争解的连续动态问题的静止点上。

利用静态垄断理论与其进行类比，我们首先得到一个必要条件：

$$\bar{\varepsilon} - \frac{\delta' \bar{p}}{r} > 1. \tag{18}$$

如果该条件未得到满足，在 $\bar{p}$ 上价格一个小的临时增加一般会使收益的现值增加。因为它也降低了成本的现值，所以很明显，一个追求利润最大化的厂商不会永恒不变地把价格定在 $\bar{p}$ 上。它会定一个更高的价格而且接受损失顾客光顾的后果——这是一种"不可靠的"（fly-by-night）解决方法，但是，如果瞬时与非瞬时弹性之和大于 1，价格增长到 $\bar{p}$ 以上，这就意味着收益的现值将发生损失。如果价格上升到合适的位置，该损失肯定能被边际成本现值的下降来更多地弥补，在边际成本高时是这样的，但在边际成本低时则不是这样。等式（17）描述了边际成本的如下特点：在边际上，收益与成本的现值恰好相等。

条件（16″）仅说明，在产出水平趋于 0 时，边际成本如此低以至于价格增长到 $\bar{p}$ 以上会导致收益现值的损失大于成本的节约。如果该条件未得到满足，比 $\bar{p}$ 更高的价格对于一个有足够小 x 的厂商来说是最优的。因为假设边际成本是递增的，所以不论 x 为何值，最优价格总是高于 $\bar{p}$。不论该厂商的初始市场占有比例怎样，它最终都会消失。[10]

因此，将式（16″）与式（18）加入我们的假设列表，正的 $\bar{x}$ 肯定会存在。条件 $\phi'(\eta(\bar{p})) > \bar{p}$ 意味着 $\bar{x} < 1$，但是，该假设行为的可信性建立在 $\bar{x}$ 值很小的前提之上。

随着图 1 中在逻辑上确立的相关特征，我们转向讨论满足微分方程（5），且过点 $(\bar{x}, \bar{p})$ 的函数 $\pi(x)$ 是否存在问题。大体存在的微分方程理论可以表明如下结论：式（5）在点 $(\bar{x}, \bar{p})$ 间断，为了避免这个难题，我们离开对 $\bar{x}$ 的讨论重新回到图 1 中与垂直虚线部分相联系的 x 值上。无论如何定义方程组（4），它的解对这个部分的所有点都存在，并且满足式（5）。这些趋于上顶点的初始 q 值与 $\dot{q} = 0$ 曲线在 $\bar{q}$ 上方相交，但那些趋于下顶点的初始 q 值与 $\dot{x} = 0$ 曲线在 $\bar{q}$ 下方相交。在作为初始条件的函数的解连续的情况下，产生两类解的初始 q 值集合是

---

[10] 如果存在一个边际成本递减的初始范围，或者如果公司能在任何时间选择停业以摆脱部分固定成本，那么对于一个充分小（而不是较大）的 x，毫无疑问地存在"不可靠性"作为最优解的情况。

开集。接下来,在第一个集合中初始 q 值有一个最大的下界,这个值并不存在于第二个集合中。式(4)的一个解满足这个初始条件,并且总是处于 $\dot{x}=0$ 曲线的上方,$\dot{q}=0$ 曲线的下方,而且只要 (x,q) 未趋近 $(\bar{x},\bar{q})$,它就以一个有限的比率向右下方延伸。这仅仅表明当时间趋于无穷时,有一个趋近于 $(\bar{x},\bar{p})$ 的解存在。当然 (x,p) 路径找出了式(5)的一个解。从其在垂直部分的初始点的左上方找出这个解也是没有困难的。

同样的结构保证了在 $(\bar{x},\bar{p})$ 右边的解 $\pi(x)$ 存在,而作为整体的解则由图 1 的急剧下降的虚线所描述。[11]

给定函数 $\pi(x)$,则价格规则 $\psi(x)$ 可定义为:

$$H_p(x,\psi(x),\pi(x)) \equiv 0 \tag{19}$$

从而,我们得到,

$$\psi'(x) = -\frac{H_{px}+H_{pq}\pi'(x)}{H_{pp}} > 0 \tag{20}$$

并且,当然,$\psi(\bar{x}) = \bar{p}$。

由这些函数决定的最优解可能通过阿罗定理予以确定。根据该定理,如果 $x(t)$、$p(t)$、$q(t)$ 是满足条件(3)的函数,且 (x,q) 收敛于极限 $(\bar{x},\bar{q})$。同时,如果函数

$$H^0(x,q) = \max_p H(x,p,q)$$

在 x 上对于每个 q 都是凹的,则这些函数就确定了一个最优路径。[12] 得到证实的第一点是,使 $H_p=0$ 的 p 值,对于给定的非负数 x 与 q,实际上就是式(3a)所要求的使 H 最大化的值。这是正确的,因为,如式(11)所表明的,对于所有价格直至垄断价格,$H_{pp}<0$;对于更高的价格,式(4a)表明 H_p 仍为负数。如果

$$H^0_{xx} = H_{xx} + H_{xp}\frac{dp}{dx} \le 0 \tag{21}$$

对于任何非负的 x 和 q 成立,且 p 满足 $H_p=0$,就会使 H^0 具有凹性。实际上,$H_{xx}<0$;现在的问题是表达式成为式(13)右边式子的分子。我们推断,路径取决于:

$$p(t) = \psi(x(t)),$$

---

[11] 直到目前为止的推导没有得出 $\pi(x)$ 的唯一性。但是大致上讲,由函数 H_0 [参见式(21)及其后面的讨论]的严格凹性将保证它的唯一性。

[12] Arrow 在他论文的推论 9 中并没有给出证明。这里给出的凹性证明是限定于非负的 q 值,这大致上是充分的——回顾早期一项具有建设性的论证:某种政策表明,负的 q 值劣于一个非负 q 值。函数 $G(x,p)$ 非凹的事实使得 Mangasarian [*SIAM Journal on Control*, 4 (1966), pp. 139—152] 理论的充分条件在这里不再成立。

$$\dot{x} = \delta(p(t))x(t), \tag{22}$$
$$x(0) = x_0,$$

其辅助变量

$$q(t) = \pi(x(t)) \tag{23}$$

是最优的。

D $\bar{x}$ 邻域内的比较静态分析

上一部分确定了最优定价策略存在的条件,这个策略有望给厂商带来由一定量消费者 $\bar{x}$ 产生的"安慰"。在平面 (x,p) 上,这些条件意味着图 2 中 $p = \psi(x; w, y, \bar{p})$ 所表示的最优价格的策略函数是一个关于消费者 x 的函数。静止点 $(\bar{x}, \bar{p})$ 现在被看做由 $\dot{p} = 0$ 曲线与 $\dot{x} = 0$ 曲线的交点决定的。前者源自方程组(4)与关系式 $\dot{p} = (\partial p/\partial q)\dot{q} + (\partial p/\partial x)\dot{x}$,现在利用 $H_p = 0$,约去 q:

$$\begin{aligned} 0 &= K(x,p;w,y,\bar{p}) \\ &= \left[(r - G_x)F_p + F_x G_p - G\left(F_{px} - \frac{F_p}{G_p}G_{px}\right)\right]\left[F_{pp} - \frac{F_p}{G_p}G_{pp}\right]^{-1} \\ &= \left[rF_p + F_x G_p - G F_{px}\right]\left[F_{pp} - \frac{F_p}{G_p}G_{pp}\right]^{-1}, \end{aligned} \tag{24}$$

当然,后面的曲线是满足下列点的轨迹:

$$0 = G(x,p;\bar{p}). \tag{25}$$

策略函数 $\psi(x;w,y,\bar{p})$ 经过静止点,斜率为正,如式(20)所示。

我们感兴趣的是策略函数 ψ 里的三个参数的作用。第一个参数 w 被定义为竞争性现金工资,我们假设劳动是唯一的可变的投入,因此,ϕ 和 ϕ' 与 w 是成比例的:$\phi(v;w) = w\phi(v;1)$,我们经常略去"1"。第二个参数为 y,是一个在消费者需求函数 $\eta(p;y)$ 里转换的参数;y 可以理解为消费者的现金收入,或者可以更笼统地看做是消费者的需求价格指数。第三个参数为 $\bar{p}$,即厂商期望其他厂商的要价(且为持续的要价)。分析将限定在 $\bar{x}$ 邻域内价格变动的影响。

因为 G 独立于 w,w 的一个微小增长会使函数 $\psi(x)$ 向上移动,当且仅当它使 $K(x,p) = 0$ 曲线上升时。式(26)左边的符号代表该曲线在初始 $\bar{x}$ 处对于纵坐标上 w 的导数:

$$\left.\frac{\mathrm{d}p}{\mathrm{d}x}\right|_{\substack{K=0 \\ RP}} = \frac{rF_{pw} + G_p F_{xw}}{-(rF_{pp} + F_x G_{pp})} = \frac{-(r\eta' + \delta'\eta)\phi'x}{-(rF_{pp} + F_x G_{pp})} > 0, \tag{26}$$

其中,该式中的分母为正,这是因为:

$$H_{pp} = F_{pp} - \frac{F_p}{G_p}G_{pp} < 0,$$

且静止点等式 $rF_p = -G_pF_x$。因此,静止点 $\bar{x}$ 随 w 增长而下降。这是由微分方程式(17)确定的。对于 $\eta(\bar{p})\bar{x}$,我们的隐含公式为:

$$\frac{w\phi'(\eta(\bar{p})\bar{x};1)}{\bar{p}} = 1 - \left[\frac{1}{\bar{\varepsilon} - (\delta'\bar{p}/r)}\right], \tag{27}$$

其中 $\bar{\varepsilon}$ 为 $\bar{p}$ 时消费者需求的非即时价格弹性,因为 $\bar{\varepsilon}$ 是不变的,我们得到:

$$\frac{d\bar{x}}{dw} = \frac{-\phi'}{w\phi''\eta} < 0. \tag{28}$$

这里的分析并不能说明价格函数对于任意 x 都会向上移动,它仅在 $\bar{x}$ 的邻域有效,一个成功的全面分析是很困难的。

y 的增长也会影响 $\dot{p}=0$ 曲线,但不会影响 $\dot{x}=0$ 直线,我们有

$$\left.\frac{dp}{dy}\right|_{\substack{K=0\\RP}} = \frac{rF_{py} + G_pF_{xy}}{-(rF_{pp} + F_xG_{pp})}$$

$$= \frac{r[\eta_y x\eta w\phi''x(p-w\phi')^{-1} - \varepsilon_y p^{-1}\eta x(p-w\phi')]}{-(rF_{pp} + F_xG_{pp})}, \tag{29}$$

$$\frac{d\bar{x}}{dy} = \left(\frac{w}{\bar{p}}\phi''\eta\right)^{-1}\left[-\frac{w}{\bar{p}}\phi''x\eta_y + \varepsilon_y \Big/ \left(\bar{\varepsilon} - \frac{\delta'\bar{p}}{r}\right)^2\right], \tag{30}$$

其中,ε_y 表示偏导数 $\partial\bar{\varepsilon}/\partial y$,$\eta_y$ 代表 $(\partial/\partial y)\eta(p;y)$。如果在 $\bar{p}$ 处,$\varepsilon_y = 0$,从而需求的变化使得弹性在 $\bar{p}$ 时保持不变,则式(29)中的 (dp/dy) 确定为正,与之相应的是,式(30)中的 $(d\bar{x}/dy)$ 对于真正向外移动的消费者需求曲线($\eta_y > 0$)来说确定为负。厂商会计划请走一部分消费者,因为式(27)表明静止点的产出对于每个消费者的需求是独立的;如果每个消费者在价格 $\bar{p}$ 处要求更多的产出,相应地,仅更少的消费者可以得到供应。情形 $\varepsilon_y = 0$ 为中性,我们可称之为瓦尔拉斯中性,它关系到 $\bar{p}$ 处边际收益与价格之间的比率。[13] 如果 $\varepsilon_y > 0$,需求曲线比它移动时更平坦,如果降低比率,价格上涨将小于 $\varepsilon_y = 0$ 时的情形;价格会下降。在 $\bar{p}$ 处 $\bar{\varepsilon}$ 的增大也会增加静止点的产出,因此,在此情况下 $\bar{x}$ 的下降比 $\varepsilon_y = 0$ 时下降得更少;价格会上涨。当然,(dx/dy) 与 (dp/dy) 的符号是相反的,前者是后者的 $K_x/K_p < 0$ 倍。

图2中,$\bar{p}$ 的变化会使 $K=0$ 与 $G=0$ 的轨迹移动。因为后者由 $p=\bar{p}$ 所定义,显然有

$$\left.\frac{dp}{d\bar{p}}\right|_{G=0} \equiv 1. \tag{31}$$

---

[13] 当移动处于瓦尔拉斯中性的所有地方时,函数中的参数似乎变成 $n(p/y,\cdots)$,即成了一个"价格递减"的移动。

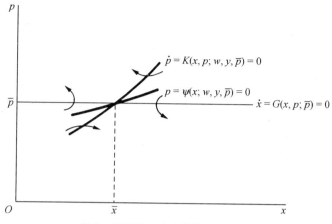

图 2　平面 $(x;p)$ 上的最优定价解

在 $\bar{x}$ 的初始处，如果 $K=0$ 曲线向下或向上产生微小移动，则 $\bar{x}$ 的新值会变得更大。相反地，另一方面，如果 $dp/d\bar{p}|_{K=0}$ 超过 1，$\bar{x}$ 会减小。我们会看到，在对 G 的合理假设中，$K=0$ 曲线会向下移，如果它向上移动，将会移动比 G 更小的一个数量。

关于 $\bar{p}$ 求 K 的微分，使 x 在 $\bar{x}$ 处保持不变，我们得到

$$\left.\frac{dp}{d\bar{p}}\right|_{\substack{K=0\\RP}} = \frac{-G_p F_{px} + G_{pp} F_x}{-[rF_{pp} + F_x G_{pp}]}. \tag{32}$$

因为 $G(x,\bar{p};\bar{p})=0$，当 $p=\bar{p}$ 时进行计算，我们有 $-G_{\bar{p}} = G_p$。这样，第一项为负（除去分母）。但是根据后面的讨论，第二项为正。

我们现在假设在 p 和 $\bar{p}$ 上 G 是零次齐次的，即，顾客流的比率取决于厂商价格与产业平均价格的比率，[14] 那么 G_p 是负一齐次的。根据欧拉定理，有：

$$G_p p + G_{\bar{p}} \bar{p} \equiv 0, \quad G_{p\bar{p}} \bar{p} + G_{pp} p = -G_p. \tag{33}$$

代入式(32)，我们得到

$$\left.\frac{dp}{d\bar{p}}\right|_{\substack{K=0\\RP}} = \frac{-G_{pp} F_x + G_p [F_{px} - (F_x/\bar{p})]}{-[rF_{pp} + F_x G_{pp}]}. \tag{34}$$

第一项现在为非负数，但不必为正。为确定整个式子为非负，需要证明 $F_{px} - (F_x/\bar{p})$ 为负。这看起来不可能，给定 F_{px} 包括项 $-x\eta'\eta\phi''$，可以相信此式在特定点是大的。我们可以推断：$K=0$ 曲线可以向各个方向移动。

---

[14] 一个一般化的假设是使消费者流量的比率依赖于价格的实际值，这时 G 可以作为关于 $p-\bar{p}$（以及所有或部分其他价格）的一个零次齐次函数。用这种方式关于 $\bar{p}$ 求 G 的偏分，可以得到 $\bar{p}$ 和所有其他价格发生相同变动时的影响效应。

方程(27)提供了一个最简单的路径以表明 $d\bar{x}/d\bar{p}>0$ 和 $dp/d\bar{p}|_{RP}^{\kappa=0}<1$,关于 $\bar{p}$ 求微分,我们得到,

$$\frac{d\bar{x}}{d\bar{p}} = \frac{-\frac{w}{\bar{p}}\phi''\eta'x + \frac{w\phi'}{\bar{p}^2} + \left(\bar{\varepsilon} - \frac{\delta'\bar{p}}{r}\right)^{-2}\cdot\left[\frac{\partial\bar{\varepsilon}}{\partial\bar{p}} - \frac{\partial}{\partial p}\left(\frac{\delta'\bar{p}}{r}\right)\right]}{(w/\bar{p})\phi''\eta}. \quad (35)$$

对 G 所作的齐次假设表明 $G_p p$,从而 $\delta_p(p;\bar{p})p$,在 p 和 $\bar{p}$ 处是零次齐次的。在 $p = \bar{p}$ 处进行计算,$\delta_p(\bar{p};\bar{p})\bar{p}$ 是一个常数,式(35)括号中的第二项为 0。这使得弹性变化 $\partial\varepsilon/\partial p$ 作为式(35)模糊记号唯一的潜在根源;这个导数的一个足够大的负值会使 $d\bar{x}/d\bar{p}<0$。但式(2a)中所包含的边际收益下降的条件可以很容易地用来表明以下的沿着 η 的弹性变化条件:

$$\frac{\partial\varepsilon}{\partial p} \geq \frac{\varepsilon(1-\varepsilon)}{p}. \quad (36)$$

如果该弹性值随 p 增大而增大,那么式(35)可以保证 $d\bar{x}/d\bar{p}$ 为正。假设 $\varepsilon > 1$,且该弹性减少,那么,

$$\left(\bar{\varepsilon} - \frac{\delta'\bar{p}}{r}\right)^{-2}\frac{\partial\bar{\varepsilon}}{\partial\bar{p}} \geq \bar{\varepsilon}^{-2}\frac{\partial\bar{\varepsilon}}{\partial\bar{p}} \geq \frac{\bar{\varepsilon}^{-1} - 1}{\bar{p}}. \quad (37)$$

这个关系式现在可以与式(35)中的因式 $(1/\bar{p})(w\phi'/\bar{p})$ 结合起来,利用式(27)替代 $w\phi'/\bar{p}$,最终结果为:

$$\frac{d\bar{x}}{d\bar{p}} \geq \frac{-\eta'\bar{x}}{\eta} - \frac{\delta'\bar{p}}{rw\phi''\bar{\varepsilon}[\bar{\varepsilon} - (\delta'\bar{p}/r)]} > 0. \quad (38)$$

而且,作为一个推理,我们有 $dp/d\bar{p}|_{RP}^{\kappa=0} - 1 < 0$。这个最终表达式的另一种不是明显为负的形式,可以由式(34)整理得到:

$$\frac{dp}{d\bar{p}}\bigg|_{RP}^{K=0} - 1 = \frac{rF_{pp} + G_p[F_{px} - (F_x/p)]}{-(rF_{pp} + F_xG_{pp})}. \quad (39)$$

当 $\bar{p}$ 变化时,在初始值 $\bar{x}$ 处发生的实际价格变化,即,策略函数的移动,可能是由恒等式 $\psi(\bar{x};w,y,\bar{p}) \equiv \bar{p}$ 微分得来,即

$$\psi_p = 1 - \psi_x\frac{d\bar{x}}{d\bar{p}}. \quad (40)$$

$\psi(x)$ 的一个明确的解(即策略函数静止点的斜率),可以从以下推理中得到:我们知道设 $p = \psi(x)$ 可以求得动态方程组的一个解:

$$\begin{aligned}\dot{p} &= K, \\ \dot{x} &= G, \\ x(0) &= x_0.\end{aligned} \quad (41)$$

此方程组趋近于静止点。围绕静止点将式(41)线性化,我们得到:

$$\dot{p} = K_p(p - \bar{p}) + K_x(x - \bar{x}),$$
$$\dot{x} = G_p(p - \bar{p}) + 0(x - \bar{x}). \tag{42}$$

由于 $-K_x G_p < 0$，矩阵

$$\begin{bmatrix} K_p & K_x \\ G_p & 0 \end{bmatrix}$$

的特征根为实根，且符号相反。

$\psi(x)$ 静止点的斜率肯定为 Z_p/Z_x，其中 (Z_p, Z_x) 为相应负根的特征向量。任何其他的斜率会产生一个不能接近式(41)的稳定点的部分解。因为 $G_x = 0$，很容易看出：

$$\psi_x(\bar{x}) = \frac{z_p}{z_x} = \frac{\lambda_-}{G_p}, \tag{43}$$

此处 λ_- 为负根。注意到 $K_p = r$，我们发现：

$$\lambda_- = \frac{r - \sqrt{r^2 + 4K_x G_p}}{2}, \tag{44}$$

$$\psi_x(\bar{x}) = \frac{r}{2G_p} + \sqrt{\left(\frac{r}{2G_p}\right)^2 + \frac{K_x}{G_p}}. \tag{45}$$

当 $K = 0$ 时微分，得到

$$\frac{\mathrm{d}\bar{x}}{\mathrm{d}\bar{p}} = -\frac{K_p + K_{\bar{p}}}{K_x} = -\frac{r + K_{\bar{p}}}{K_x}. \tag{46}$$

最后，将其代入(40)式，得到

$$\psi_p(\bar{x}; w, y, \bar{p}) = 1 + \frac{r + K_{\bar{p}}}{G_p K_x}\left[\frac{r}{2} - \sqrt{\frac{r^2}{4} + G_p K_x}\right], \tag{40'}$$

其中，

$$K_x = \frac{r\bar{x}^2 \eta^2 \phi''[\bar{\varepsilon} - (\delta'\bar{p}/r)]}{F_{pp} - (F_p/G_p)G_{pp}}. \tag{47}$$

检验式(45)，可以看到，如果 G_p 绝对大或者 r 很小，则策略函数在 $\bar{x}$ 附近趋向于十分平缓。在同样条件下，式(40)表明对于观察到的其他厂商定价的上涨，该厂商也会将价格大致升至同等价位。这里像 $\bar{x}$ 的公式一样，消费者的快速反应，以及较低的折扣率表明结果会趋向于完全竞争。很显然，此结论依赖于厂商对其他公司 $\bar{p}$ 的预测不能有太大的失误这一假设。厂商会"制定"一个它所认为的不会偏离行业平均价格太远的价格，而不是"接受"目前一些完全非个人化市场的定价。

从式(40)中我们不能清楚地断定 ψ_p 是否总为非负，但是在趋近于完全竞争情况下显然是如此的。ψ_p 为正值是特别有趣的：可以看出在此条件下参数

($w, y, \bar{p}$)变化的方式如下,即,厂商增加产出时,同时也会相应地提高产品价格。而产品价格的提高比例比工资和需求价格的增加比例要小。因此,此模型随着产出的增加,可以导致产出工资w/p的顺循环上升。

为简单起见,假设y的变化在任何地方为瓦尔拉斯中性,以便在p和y处,η可写成零次齐次:

$$\eta_p p + \eta_y y = 0. \tag{48}$$

那么w、y和$\bar{p}$的等比例增长,使得$\bar{x}$保持不变,因此使$\psi(x)$同比例增加。将式(48)增加到我们的假设列表中,我们得到问题(1)中关于所有货币价格($p, w, y, \bar{p}$)的所有三个给定的零次齐次函数。然后,对于每个x,以与w、y和$\bar{p}$相同的比例提高p,会导致x的时间路径保持不变,而且V的最大值也会和参数增长同样的比例。显然,不能得到更大的V值。因此,相关的弹性相加为1:

$$\frac{\partial p}{\partial \bar{p}}\frac{\bar{p}}{p} + \frac{\partial p}{\partial w}\frac{w}{p} + \frac{\partial p}{\partial y}\frac{y}{p} = 1. \tag{49}$$

因为上式的第一个弹性为正,所以其他两个弹性值的和肯定小于1。这表明,当厂商没有意识到$\bar{p}$的变时,w和y应增加同等比例——或者如果$\bar{p}$在更小的比例上增长任意的比例,那么厂商也会在更小的比例上提高其价格。现在,$dp/p < dy/y$与瓦尔拉斯中性表明,在初始时产出价格增长小于需求价格增长。因此厂商会向下移动其需求曲线以增加其产出。因为$dw/w > dp/p$,当产出工资实际上更高时,厂商会这么做。(该厂商会预期其产出在后来会下降,因为$p > \bar{p}$的结果会让它失去顾客)在条件不变的情况下,我们刚刚所做的推演与$\bar{p}$的下降是等价的。在我们的假设里,该公司降低其价格(至少是降低一点),保持它的一些竞争力,尽管这一过程中伴随着一个较小的涨价。在较低的价格水平下,其消费者需求得更多,从而产出会增长。

从宏观上来讲,如果产出随真实工资上涨而增加的比喻讲得通的话,假定需求的负价格弹性来自于庇古效应,或者,更可信的是,当厂商削减它的利润时,厂商减少他们的实际消费量,不会像工人们增加的消费量那么多,这看起来是必然的。接着,我们仍然记$\eta(p/y; \cdots)$,注意到y可被理解为税后现金工资收入。第二,在完全劳动力市场的现行模型中,产出在经济范围内的增长(与更高的真实工资相应)需要一个正斜率的劳动供给曲线(在劳动供给动态理论不存在的情况下)。

应注意的是,这一比喻取决于劳动力市场的完全程度。对该企业而言,在非瓦尔拉斯均衡的劳动市场上存在一个相互抵消的趋势,以回应于其顾客需求价格的一个上升,我们只要试想一下其他公司支付的工资,$\bar{w}$像$\bar{p}$一样保持不变即可。当公司在没有充分提高它的价格时,也会在下面增加它的w。因此,在更一般的模型中,不应该期望这些结果是标准的。

E 不变成本的最终情况:最优扩展比率

高尔德(Gould)[15]、卢卡斯(Lucas)[16]和其他人近来的研究已经强调当厂商面对一个竞争性需求曲线时,由于吸收更多的资本设备需要"调整成本",增长率越快,单位成本就越大。在一定条件下,会产生厂商生产能力的确定增长率。改变一些假设就会产生一些现行模型的变体。当厂商在成本不变的情况下,复制和扩张相似的资本设备,并且与扩张比率无关时,那么该厂商必须支付一个"调整成本"去吸引更多消费者;它吸引顾客的速度越快,每个顾客的单位利润就越小。因而产生了厂商顾客数的确定扩张率。这个分析提出了凯恩斯主义的一个附加基础,即所谓的"投资需求"函数。[考虑将 δ 当作 $\dot{K}/K = \rho(r, 纯利润率)$]

以 c 代表单位成本,工资加上每单位产出的竞争性资本租金。则每个消费者带来的(纯)利润为 $(p-c)\eta(p)$。接着,我们关于 $p(t)$ 对厂商求利润最大化解:

$$\int_0^\infty (p-c)\eta(p)x(t)e^{-rt}dt, \tag{50a}$$

$$\text{s.t.} \quad \frac{\dot{x}(t)}{x(t)} = \delta(p;\bar{p}), \quad x(0) = x_0. \tag{50b}$$

显然,最优值 p 独立于 x_0,以便最优的 $\dot{x}(t)/x(t)$ 是一个常数,$\delta(p,\bar{p})$ 和 p 是同样的一个常数。因此最优值 p 使下式最大化,

$$\int_0^\infty (p-c)\eta(p)x_0 e^{[\delta(p,\bar{p})-r]t}dt = \frac{(p-c)\eta(p)}{r-\delta(p,\bar{p})}x_0. \tag{50a'}$$

和关于 p 求最优化值相反,令 γ = 增长率,$p = \delta^{-1}(\gamma)$,使 $f(\gamma)/(r-\gamma)$ 最大化,此处 f 定义为:

$$f(\gamma) = (\delta^{-1}(\gamma) - c)\eta(\delta^{-1}(\gamma)). \tag{51}$$

一阶条件为:

$$-f'(\gamma)(r-\gamma) = f(\gamma), \tag{52}$$

这里为了得到正的产出最大化,要求 $f(\gamma) > 0$。如果 $\eta(c) > 0$,γ 足够小,这是可以保证的。

假设 $r > \gamma^*$,这里 γ^* 是当 $f(\gamma) = 0$ 时最大的 γ。在图 3 中存在一个最大的 $\hat{\gamma}$。由图 3 可知,如果 $-f'(0)r < f(0)$[对于 $f(0) > 0$],则 $\hat{\gamma} > 0$。

我们现在需要表明 $f(\gamma)$ 实际上是凹的,如图 3 所示,至少在 $f'(\gamma) \leq 0$ 的区域是如此。我们有:

---

[15] 参见 Gould,前引。
[16] 参见 Lucas,前引。

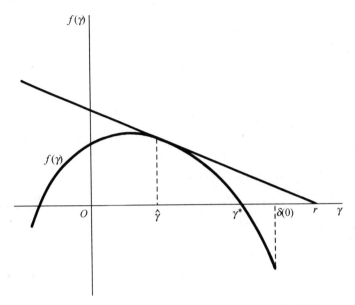

图3 从点$(\gamma,0)$开始,在最优γ处引一条$f(\gamma)$的切线

$$f'(\gamma) = \delta_\gamma^{-1}[\eta + \eta'(\delta^{-1} - c)], \tag{53}$$

$$f''(\gamma) = \delta_{\gamma\gamma}^{-1}[\eta + \eta'(\delta^{-1} - c)] + (\delta_\gamma^{-1})^2[2\eta' + \eta''\delta^{-1} - c\eta'']. \tag{54}$$

如同函数$\delta(p)$,反函数$\delta^{-1}(\gamma)$向下倾斜且为凹。这样,将式(54)第一个括号里的表达式与式(53)括号中的表达式相比较,我们看到当$f'(\gamma)$为负时,式(54)左边的第一项同如要求的那样为负。第二项同样为负,如同从式(2a)假设的向下倾斜的边际收益对η''通过替换所表明的那样:

$$\eta'' \leqslant \frac{2\eta'^2}{\eta}. \tag{55}$$

为了对解进行比较分析,我们可以容易地定义函数:

$$J(\gamma,c,\bar{p},r) = f'(\gamma) + \frac{f(\gamma)}{r-\gamma} \equiv 0. \tag{56}$$

然后,例如,

$$\frac{\mathrm{d}\gamma}{\mathrm{d}c} = -\frac{J_c}{J_\gamma} = \frac{\delta_\gamma^{-1}\eta' + [\eta/(r-\gamma)]}{f''(\gamma)} < 0. \tag{57}$$

成本上升减少了最优增长率,这意味着一个更高的最优价格。折扣率γ增加的影响是同方向的:

$$\frac{\mathrm{d}\gamma}{\mathrm{d}r} = -\frac{J_r}{J_\gamma} = \frac{f(\gamma)}{(r-\gamma)^2 f''(\gamma)} < 0. \tag{58}$$

3 "产业"均衡:存在性与稳定性

正如交易者预期的那样,均衡一般意味着一种事件的状态,或者至少是他们的认识。如同股票交易员所说的那样,正在发生的那些变化已经打了折扣。因此,不精确地说,产业均衡要求厂商设定的平均 p 等于平均预期的 $\bar{p}$。当平均的 p 不同于平均的 $\bar{p}$,$\bar{p}$ 以一种意料之外的方式⑰被修改,然后系统非均衡地运行。为了简化和准确起见,令所有的厂商类似,特别地,各厂商的顾客份额在初始状态相等。并且,令公司在预期上也类似。那么,$p = \bar{p}$ 是均衡的条件。

我们也能通过静止点 $\bar{x}$ 的总和,以及图 4 中分散在市场中的顾客数量的相等描述均衡的特征。对于顾客而言静止点时的需求根据式(38)的结论具有正的斜率。因此,至少存在一个均衡。人们也应该考虑上面所提到的曲线的同类,在给出静止点的产出是一个关于 $\bar{p}$ 的函数。当 ε 是常数时,根据式(27)的规则,静止点的供给曲线恰好是无摩擦的、涨价的竞争性供给曲线。根据式(38)的结

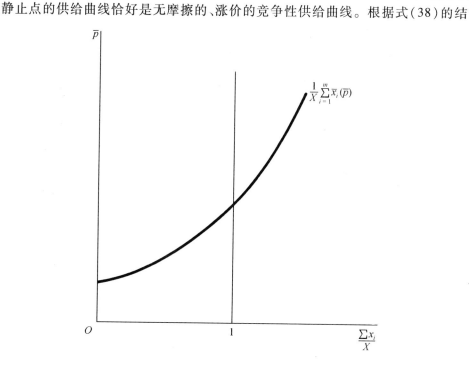

图 4 静止状态下,均衡点 p 等于消费者总"需求" $\sum \bar{x}_i$ 占消费者总供给 X 的比例

---

⑰ 出于简单化的考虑,我们假定 $\bar{p}(\tau,t)$ 独立于 τ,且 $\tau \geqslant 0$ 意味着未来时间上的静态预期。在处理常规和稳定的通胀预期中,一个明确的标准化是可以得到的。

果,以下结论一般是正确的:有摩擦的产业的静止点供给曲线是无摩擦的竞争情况下的涨价型供给曲线,当我们考虑更大的静止点产出时,涨价幅度可能会变化。因此,我们的曲线向上倾斜。如果在零产出处,需求价格超过相应的涨价的边际成本,一个产业均衡将存在。

现在考虑均衡的稳定性。当 $p<\bar{p}$ 时,通过对不同公司求平均值,那些处在平均值上的公司会感到吃惊:在其他公司付出代价的情况下,他们并没有得到其他公司的顾客。如果它们相信自己事先正确地估计了所有的其他参数,则它们将降低 $\bar{p}$ 的估计值——仅修改那个参数估计值。(预期的)$\bar{p}$ 值的下降有可能造成每一个公司向下修改 p 值。但是,这是无关紧要的。重要的是,如同 2.D 部分显示的,每一个公司最优的 p 关于 $\bar{p}$ 是无弹性的,$(\partial p/\partial \bar{p})(\bar{p}/p)<1$。因此,随着 x_i 在公司之间相同程度地传播,我们发现在稳定的情况下(in stable fashion),当 $\bar{p}>\bar{p}^*$,$\bar{p}$ 下降,且 $\bar{p}<\bar{p}^*$ 时,$\bar{p}$ 上升(参见图 5)。

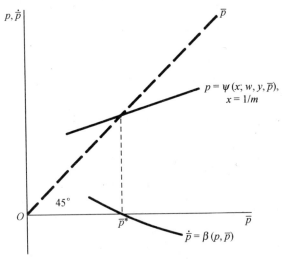

图 5　当 $p>\bar{p}^*$ 且 $p<\bar{p}$ 时,$\bar{p}$ 的估计值以 $\beta(p,\bar{p})$,$\beta_1>0$,$\beta_2<0$ 的速率朝着 $\bar{p}^*$ 下降

4　结论性评论

我们已经探索了一个基础的、非常简单的假设的一些含义:单个公司认为在公司的价格与产业的流行价格之间保持一个固定的差异,将导致顾客份额方面一个固定的几何增长或下降。这些结果,一旦被引申和理解,就是合理的。公司根据其他公司的要价和它正在服务的顾客来设置它的价格。当它的业务比想象的要少时,它将相对于产业内其他公司的价格微减它的价格。当公司的产出水

平代表了通过价格让步从更多业务中的获益与得到它的成本之间的一种适当平衡时,索要流行的价格是令人满意的。定价规则以合理的方式回应了参数的变化。

虽然这些结果是合理的和"现实的",但值得注意的是,在不同的市场结构下没有一个公司行为的标准分析能够产生这些结果。每一个具有一定经验的人都应该知道,完全竞争是没有价格策略的,它的策略比一些相当简单的涨价定价规则的定价策略少得多,或者是导致与更高的投入价格对产出价格的比值相联系的更大产出。垄断者不需要像交替对顾客开放那样关心其他垄断者(不同于静态需求曲线上反映的那些),而寡头垄断者则关心相互合作。实质上,一个大群体的垄断竞争与我们的分析最为接近。但是,我们公司的"dd"刚好是产业"DD"的一个部分,并且有相同的弹性。瞬时和更长远的需求形势之间的关键差异在于顾客的反应,而不是其他公司的行为。

没有完成的研究议题是很多的。首先是研究涉及的宽泛界限。伴随着非即时数量反应的市场运作的厂商理论,能在许多方向上得到建立:投入和产出市场的同时分析、存货和投资理论的综合、广告策略、"强制储蓄"、动态微分、进入等。严密的研究界限是同等重要的:将厂商行为分析加以运用和进一步发展,以作为"竞争性"产业短期和中期价格动态更强大理论的基石。非均衡和均衡的分析可能特别地丰富。毫无疑问,博弈论是其中的方法之一。但是仍需足够的进一步研究。通往非瓦尔拉斯领域的路径已经打开。无论进一步的探索会发现什么,它都是一个经济学思想不断创造的旅程:我们永远不需要回溯到 $\dot{p} = \alpha(D - S)$ 和 $q = \min(D, S)$。

第9章 扩散过程与最优广告策略*

约翰·P. 高尔德(John P. Gould)

广告支出的效应会在支出实际发生后持续一段时间的观念,让一些经济学家把广告当作投资中的耐用物品的相似物来对待。[①] 此类分析中一个最值得一提的是由罗纳(Nerlove)和阿罗(Arrow)作出的研究。[②] 在他们的模型里,罗纳和阿罗假设存在一个信誉存量(stock of goodwill),$A(t)$,概括现在和过去在需求上的广告费用。信誉以 1 美元为单位衡量,以便 1 美元的广告开支以类似的数量增加信誉存量。假设信誉如同资本存量,随着时间流逝而贬值,且特别地假设其以固定比例 δ 贬值,因此下式成立:

$$\dot{A}(t) + \delta A(t) = a(t), \tag{1}$$

其中,$a(t)$ 为在时间 t 处的广告支出。[③] 根据资本存量的类似分析,式(1)表明在商誉上的净投资是总投资 $a(t)$ 与贬值之间的差分。

给定下面的定义与假设,时间 t 的销售比例为 $q(t)$,写成信誉存量 $A(t)$ 和

---

* 我感谢对本文早期草稿提出评论的许多人,尤其是 David Cass、GeorgeHaines、David rubin、George Stigler、Lester Telser 等人的有益建议。同样,我要对那些指出问题的读者表示歉意,因为我没能以一种更令人满意的方式处理他们提出的问题。

① George Haines 已经表明,在私人的形式上,不存在实质性的证据表明,广告的效应能够持续到任何令人满意的期限(如,6 个月至 1 年)。但是这在本文中并不是一个问题,因为本文只分析连续时间模型,所需要的假设仅仅是广告的主要效应能够持续某段短期(但有限)的时间间隔。显然,上述告诫在分析离散时间模型中变得十分重要。

② 参见 Msrc Nerlove and K. J. Arrow, "Optimal Advertising Policy under Dynamic Conditions," *Economica* (May 1962), pp.124—142。

③ 在本文中,变量上面加一点表示关于时间的导数。

时间 t 的价格 $p(t)$ 的一个函数，④

$$q(t) = f(p(t), A(t)).$$

令 $g(t) = C(q(t))$ 是生产 $q(t)$ 的总制造成本，以使在时间 t 的现金流（全部是制造成本的净值）为，

$$R(p(t), A(t)) = p(t)q(t) - g(t). \tag{2}$$

因此，时间 t 的现金流减去广告支出 $R(p(t), A(t)) - a(t)$，广告与价格的最优时间路径为使所有将来净现金流的现值最大化的路径。正式地，问题可归结为：

$$\max_{a, P} \int_0^\infty e^{-rt} [R(p(t), A(t)) - a(t)] dt, \tag{3}$$

$$\text{s.t.} \quad a(t) \geq 0, \ p(t) \geq 0,$$

$$A(0) = A_0 \quad \text{（即给定的初始商誉水平）}$$

和

$$\dot{A} + \delta A = A(t),$$

其中 r 为固定利率。

导数 $\dot{p}(t)$ 是不受限制的，所以最优价格策略为选择 $p(t)$ 以使式(3)在每个时点对给定的 $A(t)$ 和 $a(t)$ 都实现最大化。⑤ 关于 p 对 $R(p, A)$ 微分，并且设结果等于 0，对最优价格 p^* 的一阶条件是，⑥

$$\left. \frac{\partial(p, A)}{\partial p} \right|_{p=p^*} = q + p \frac{\partial f}{\partial p} - \frac{dg}{dq} \frac{\partial f}{\partial p} = 0. \tag{4}$$

当信誉是 $A(t)$ 时，定义 $p^*(A(t))$ 是使式(4)成立的 p 值，令

$$\pi(A(t)) = R(p^*, A). \tag{5}$$

将式(5)代入式(3)，问题变为：

$$\max_{a \geq 0} \int_0^\infty e^{-rt} [\pi(A(t)) - a(t)] dt, \tag{3a}$$

---

④ 在 Nerlove-Arrow 模型中，其他不受企业控制的变量，如人口、消费者收入和其他商品的价格，也被包含在需求函数中。此处没有引入这些外生变量的原因将在下文予以说明。

⑤ 如果需求函数同时依赖于 p 和 $\dot{p}$，那么我们不能用这种方式来区别价格与广告策略，注意到这点是重要的。

⑥ 如同这个方程表明的一样，假定价格满足连续型调整在此处讨论的任何模型中并不是必要的。事实上，很容易找到关于替代性假设和条件的具有说服力的论点。如，广告包含有部分消费者不完全信息动机的概念，以及价格本身明显是相关信息分块的一种。因此，当价格变动时，假定企业不得不通知所有消费者（包括之前已经知道价格变动的消费者）这种变动是有道理的。符合这种可能性的一种方式是使 δ 作为一个关于价格的递增函数。一种早期的方法假定，价格（从而 δ）在分析的时间上是不变的。如果愿意的话，读者可以作出上述后一个假设，因为这不会明显地改变本文的主要分析结论，即使它显然会对这些结论的经济含义产生重要的影响。我们在此处使用式(4)是为了与横截面条件保持一致。

$$\text{s.t.} \quad A(0) = A_0,$$

$$\dot{A} + \delta A = a.$$

罗纳和阿罗表明,在一定规则的假设下,最优策略是瞬间从 A_0 跳到 A^*(假定 $A^* > A_0$)的,这里,

$$A^* = \frac{\beta pq}{\eta(r+\delta)}$$

其中 β 和 η 分别为信誉与价格的需求弹性。对于 $t>0$,最优策略为 $a^* = \delta A^*$。如果 $A^* < A_0$,最优策略是设 $a^* = 0$,直到信誉存量贬值到 A^* 水平;从那一点起设 $a^* = \delta A^*$。[7]

这显然是一个关于厂商广告策略的有趣且富有想象力的模型,但是作者指出该模型存在重大的缺点。他们描述了如下的一个难题:

> 无论在什么水平执行现行广告开支,增加信誉的成本总是 1 的假设实际上是非常不现实的。在现行广告开支非常高的情况下,手段必须是低级媒体,以便增加 1 美元价值的信誉的成本,随着支出的增加而增加。处理这个问题的一个可能方法是:对现行广告支出设定一个有限的上限,在上限之下假设增加信誉的一个比例成本……二者选一地或更一般地,有人可以引进一个增加信誉的非线性成本函数……这些假设的一个或其他方面的缺乏导致了 $(A(t))$ 在 $t = C$ 处有一个跳跃的策略。然而,因为我们主要对 $t = 0$ 以后的最优策略的特征感兴趣,因此,我们将分析限定在这一更简单,但是更不现实的情形。[8]

在某种程度上,情况比上述引用的文字所暗示的情况更为不利。特别地,该模型表明,当信誉的最佳水平在一般时间内保持不变时,该厂商应该立即跳到该水平并使水平保持不变直至最优水平发生变化。因此,时间 $t = 0$ 以后的"最优策略特征"趋于稳定而不是自发地变动。[9] 比较而言,对于信誉增加描述的非线性成本函数模型有一个最优路径,此路径与在时间 $t = 0$ 以后的静态模型甚至是最

---

[7] 当 A^* 变动时,因为外生变量发生了变动,一个有趣的问题出现了。此时最优策略可能是使 A 低于某个有限时间的最优水平,因为人们预期到未来 A^* 将会下降。

[8] 参见 Nerlove 和 Arrow,前引。注意到经验研究倾向于得出支持广告规模不经济的假设是有趣的,参见 Lester Telser, "Advertising and Cigarettes," *Journal of Political Economy*, 70 (1962), pp.471—499; 以及 J. L. Simon, "Are There Economies of Scale in Advertising?" *Journal of Advertising Reasearch*, 5, No. 2 (1965), pp.15—19。

[9] 为了得出这个策略是最优的,假定当最优水平变动时,它要么上升,要么它的百分比递减率低于折旧率。正如作者们所指出的,这是因为,当信誉的最优水平被预期以一个比 δ 更为迅速的比率(比方说 t^*)递减时,最优策略似乎将会使 A 维持在低于 t^* 之前某个时期的瞬时最优水平。

后均衡为静态的模型有不同的特征。因为增加信誉的成本为线性的假设是不现实的,所以时间 $t=0$ 以后,不同的替换模型特征在理论与经验层面上都是重要的。

罗纳—阿罗模型的另一个问题是,它实际上忽略了由广告商在市场上传播信息的扩散过程。已被施蒂格勒(Stigler)和奥兹卡(Ozga)发展的、扩散模型的广告经济学方法的基本概念是,不是构成市场的所有个体都知道发布的每一个即时信息,但是代替这种情况的是,通过与广告媒体联系或口头传播,在一段时间内个体知道信息。[10] 在广告策略的分析中,合并这些扩散过程的模型有许多吸引人的特征:第一,在经验层面,花时间在市场上传播信息的主意,比任何水平的信誉只要花足够大的广告开支都可以即时得到的假设更有吸引力。第二,信誉的概念有点模糊,它看起来是罗纳和阿罗对广告开支的积累效果缺乏更满意的名称所采用的一个概念。相反地,扩散过程的引进容许广告积累效果更自然和明显的定义:在每一个时点知道给定某个信息的个体的数量。[11] 第三,扩散过程的外在引进提供了一个检验替换的信息扩散过程对最优广告策略产生的影响的方法。在比较面对不同的信息扩散机制的公司的广告策略和考虑到一些有趣的比较动态分析时,这可能是相当有用的。

为了描述得更具体一些,我们现在转向信息传播两种特殊模型的讨论。

1 信息传播的施蒂格勒和奥兹卡模型

在此考虑的第一个模型是由施蒂格勒讨论的一个离散模型的连续变形。[12] 令 $K(t)$ 代表时间 t 知道该厂商的个体的数量,$K(0)=K_0$;N 代表市场上个体的总数量,$N \geqslant K(t)$;b 代表遗忘系数,即个体遗忘信息的即时比率;$u(t)$ 代表接触系数,即个体知道该厂商的即时比率。

如上面所提到的,我们把 $K(t)$ 看做是厂商的积极消费者。市场中个体总数 N,被看做在整个时间段里保持不变。b 的理解应变得清晰,但是这个系数的一些重要特征在此处应予关注。第一,假设 b 表示因为各种原因造成消费者流失

---

[10] 参见 G. Stigler, "The Economics of Information," *Journal of Political Economy* (1961), pp. 213—225;以及 S. Ozga, "Imperfect Markets through Lack of Knowledge," *Quarterly Journal of Economics* (1960), pp. 29—52。

[11] 依然存在精确定义知道信息分块的问题。出于本文的目的,我们认为这意味着个人作为企业的一个积极的消费者。本文通过引进一个非线性广告支出函数,考虑了可能存在获取积极消费者的广告收益递减的事实。

[12] 参见 Stigler, 前引。

的比率,这些原因有:遗忘,转到另一品牌,改变口味等等。第二,假设在整个分析时段 b 保持不变。这是一个有很多问题的假设,因为其他厂商广告策略的变化以及价格的改变都会改变 b。但从便利分析的角度来讲,这个假设是有用的,而且在后续分析里我们会考虑放松假设以寻求对分析结果有影响的因素。需要注意的是,此假设与罗纳—阿罗模型中 δ 保持不变是一样的。第三,虽然 b 大于零小于1,在离散时间模型中是正确的,但是在将要引入的连续模型中,b 的限制只是非负数,这是因为它是一个时点比率。系数 $u(t)$ 是时间的函数,因为这是一个扩散参数模型,这决定于厂商(动态)的广告策略。如同系数 b 的情况一样,$u(t)$ 的唯一限制是非负,因为它也是时点比率。

变量与参数之间的关系为:

$$K(t+\mathrm{d}t) = K(t)(1 - b\mathrm{d}t) + u(t)\mathrm{d}t(N - K(t)). \tag{6}$$

等式(6)可以描述如下:在时间 $t+\mathrm{d}t$(这里 $\mathrm{d}t$ 表示微小时间间隔)知道该广告信息的消费者数量,等于时间 t 知道该信息的数量减去时间段 $\mathrm{d}t$ 内"忘记"该信息的消费者数量,加上时间段 $\mathrm{d}t$ 内被新告知的消费者数量。定义为单位时间的比率系数 b 和 $u(t)$,必须乘以 $\mathrm{d}t$ 以在上式保持同样的度量;同样地,将 $u(t)\mathrm{d}t$ 乘以 $N-K(t)$,因为这是可以被新告知的消费者数量。假设任何已知该信息的消费者再也不受该信息的重复影响。[13] 式(6)两边都除以 $\mathrm{d}t$,重新写作:

$$\frac{K(t+\mathrm{d}t) - K(t)}{\mathrm{d}t} = u(t)N - (b+u(t))K(t). \tag{6a}$$

当 $\mathrm{d}t$ 趋于零时,式(6a)的极限产生微分方程:

$$\dot{K}(t) = u(t)N - (b+u(t))K(t). \tag{6b}$$

考虑一个特殊的时点,$u(t)$ 被看做一个常数。在这种情况下,式(6b)的一般解为:

$$K(t) = \frac{uN}{b+u} + \left(K_0 - \frac{uN}{b+u}\right)\mathrm{e}^{-(b+u)t}, \tag{6c}$$

其中 $K_0 = K(0)$,式(6c)式明确表示,对于固定的 u,K 的路径是一个指数增长路径[或者当 $\frac{uN}{b+u} < K_0$ 时衰退],并于 $\frac{uN}{b+u}$ 处达到均衡。图1中给出了一个这样路径的例子,我们从中可以看到,只要 $b>0$,均衡 K 就会小于 N。需要强调的是,总体上最优路径不应由不变的 u 所特征化,所以图1不是在引言中介绍的整体最大化的唯一路径。

---

[13] 构建一个关于某人在变得"知晓"前所需信息量的 n 次方的模型是可能的。虽然这种改进具有显著的意义,但是本文在此不予讨论。

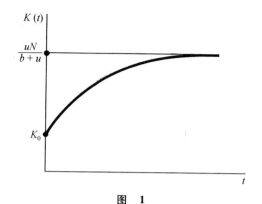

图　1

第二个信息扩散模型在几个重要方面与第一个不同，最主要的不同是信息靠口口相传而不是客观的广告媒体来传播，在没有遗忘的情况下，随着时间的推移，一个给定的消费者其接受该信息的可能性会增大。⑭ 这里考虑的模型已为奥兹卡的相关文献分析过。⑮ 令 $K(t)$、N 和 b 与上述相同，$c(t)$ 为不变系数。参数 $c(t)$ 表示在单位时间内每个消费者所接触的人数。假设当两人接触时，每个人将其所知的关于该广告商品的信息告知对方。同时假设通过增加广告支出，$c(t)$ 也会增长。⑯

如同前面的模型，遗忘发生比率为 b，所以如果在时间 t 有 $K(t)$ 的人知道该信息，通常只有 $K(t)(1-bdt)$ 的人在时段 dt 以后还记得该信息。但口口相传广告在时段 dt 内会补偿因遗忘造成的流失。特别地，

$$K(t)(1-bdt)$$

记得该信息的人会联系，在时间 dt 内通知个人的总数为：

$$K(t)(1-bdt)c(t)dt,$$

比例 $1-\dfrac{K(t)(1-bdt)}{N}$ 为在接触时间不知道该信息的比例。

把这些结果联系起来，我们有：

$$K(t+dt) = K(t)(1-bdt) + K(t)(1-bdt)c(t)dt\left[1-\frac{K(t)(1-bdt)}{N}\right]. \tag{7}$$

---

⑭ 这是因为随着时间的流逝，会出现一个递减的个人数量，他们知道信息且与其他人交流这种信息。相反地，一个给定掌握信息的个人的可能性，在满足 $b=0$ 且固定的 $u>0$ 的第一个模型中，随着时间的流逝是不变的，因为这种可能性不受掌握相关信息人数的影响。

⑮ 参见 Ozga，前引。对更为复杂且大致上也更为现实的扩散模型有兴趣的读者可参见 N. T. J. Bailey, *The Mathmatical Theory of Epidemics* (Hafner, New York, 1957)。

⑯ 关于这些假设更为详细的讨论，参见 Ozga，前引。

(7)式两边都除以 dt,重写得到:

$$\frac{K(t+dt)-K(t)}{dt}$$
$$=-bK(t)+K(t)(1-bdt)c(t)\left[1-\frac{K(t)(1-bdt)}{N}\right]. \quad (7a)$$

当 dt 趋于 0,(7a)的极限产生微分方程:

$$\dot{K}(t)=-bK(t)+c(t)K(t)\left[1-\frac{K(t)}{N}\right]. \quad (7b)$$

对于固定的 c,该微分方程有如下解:

$$K(t)=\frac{(c-b)N}{c+\{[(N/K_0)-1]c-(N/K_0)b\}e^{(b-c)t}}. \quad (7c)$$

图 2 中显示了在 $K_0<N, c>b$ 情况下,这样一个解的例子,从中可以看到对于给定的 c,均衡 K 为 $\frac{N}{1-(b/c)}$。图 1 与图 2 明显的差异是图 1 中的路径处处为凹,而图 2 初始时为凸,之后为凹。值得重复的是,图 2 中所示的路径假设 c 不随时间变化,总体上说,这不是最优策略,下文的分析将说明这一点。

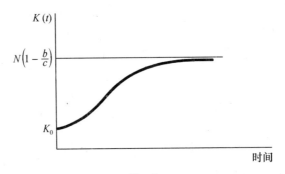

图 2

在做动态分析之前,有必要对这两个模型做一个简短的静态比较。我们观察到给定的有限值 b、c、u 和 N,N 个潜在消费者中仅有一部分知道该厂商,很自然地我们会问,一个厂商对于只知道该厂商而不知道其他厂商的消费者是否是垄断者。[17] 假设以只有两厂商的行业作为分析实体,对于这个问题的答案取决于以下几组购买者数量对两个厂商的认知情况:(a) 只知第一个厂商而不知第

---

[17] 在施蒂格勒的分析中,$[u/(b+u)]N$ 个购买者将知道处于均衡的企业;而在奥兹卡的分析中,知道这种信息的购买者人数为 $N(1-b/c)$。施蒂格勒的分析中的比例与本文(前引,第 221 页方程 4)给出的不同,因为我们在本文中使用了连续而非离散时间。

二个厂商;(b) 只知第二个厂商但不知第一个厂商;(c) 对两个厂商都知晓;(d) 对两个厂商都不知晓。对于组(a)与(b),厂商可能成为垄断者。如果组(a)不是空的,则第一个厂商可以持续地定一个比第二家厂商更高的价格而不损失其所有消费者。这是显然成立的。令人奇怪的是,施蒂格勒和奥兹卡对这四组中每组包含的消费者数量存在不同的意见。特别地,施蒂格勒认为在均衡状态下,这四组中都有一些购买者,但奥兹卡认为在静态情况下,组(a)与(b)都将是空的。可能更为奇怪的是,在他们各自特殊的模型中,他们每个人的结论都是对的。为了解决这个明显的冲突,将两个作者的观点勾勒出来是很方便的。

施蒂格勒观察到,对于每个厂商给定同样的 u 和 b 的情况下,人们知道任一厂商的均衡比例为 $\lambda = u/(b+u)$。[18] 因此,运用二项式分布,可以得到:

组 1 中的数量	$\lambda(1-\lambda)N$
组 2 中的数量	$\lambda(1-\lambda)N$
组 3 中的数量	$\lambda^2 N$
组 4 中的数量	$(1-\lambda)^2 N$
总数	N

从中可以清楚地看出,当 $1 > \lambda > 0, N > 0$ 时,在四组中每组都有一些人。

奥兹卡的结论基于以下理由:

假设两个厂商的产品(例如两个品牌的巧克力)都在市场上。这些产品的信息是通过社会契约传递的。则实际上三条信息传递出来了:(1) 市场上有巧克力;(2) 厂商 A 生产巧克力;(3) 厂商 B 生产巧克力。(当第二条与第三条信息中的任何一个被传递时,暗示着第一条信息被传递。第二条或第三条信息中的任何一个独立被传递的可能性可以忽略。)这三条信息的扩散过程发生在同一购买群体,拥有同样的接触系数,受制于同样的增长与取消率。因此,这肯定会使两厂商在极限意义上趋于拥有同样数量的消费者。总体上知道巧克力存在的消费者不会多于只知道 A 巧克力或只知道 B 巧克力的消费者。因此,知道 A 与 B 即总体上知道市场上有巧克力的购买者是一样的。如果情况并非如此,则我们可以通过把信息描述更详细,即,在市场上有巧克力这一一般信息的基础上,增加有 A 巧克力与 B 巧克力的信息,来提高未达到接触系数以及增长与损失率极限的消费者的数量。[19]

奥兹卡的理由可以清楚地描述如下。令 N_{i0} 表示只知道厂商 $i(i=A,B)$ 的

---

[18] c 和 d 对于每个厂商都是相同的假设在 Ozga 的论点中是很重要的,出于比较,此处也作了类似的假设。

[19] 参见 Ozga,前引。

人数，N_{AB} 表示知道 A 与 B 的人数，N_i 表示知道厂商 $i(i=A,B)$ 的总人数，最后，以 N_C 表示知道市场上存在巧克力的总人数。因此，有：

$$N_A = N_{A0} + N_{AB},$$
$$N_B = N_{B0} + N_{AB},$$
$$N_C = N_{A0} + N_{B0} + N_{AB}.$$

现在，正如奥兹卡所述，对于给定的 c、b、N（对于每个厂商都相同），知道每个信息的均衡人数都相同，所以 $N_A = N_B = N_C$。因而，从 $N_A = N_C$ 可以推出 $N_{B0} = 0$，从 $N_B = N_C$ 可以推出 $N_{A0} = 0$，如同声称的一样。

什么导致了不同？在我看来，答案在于，施蒂格勒含蓄地用二项式来决定每个组的人数。因为这种分配的使用，必须假设：知道一个厂商的消费者独立于其关于其他厂商的知识的概率，并随着时间的流逝保持不变。只要两个企业的广告不是以一种消费者必须同时得知它们广告的方式呈现给消费者，那么两个假设与施蒂格勒的说明一致。给定这个说明：一个人在任何时间 t 进入市场，那么在时间 $t+1$ 仅知道任何一个厂商的概率为 $\lambda(1-\lambda)$。[20] 与此相反，在奥兹卡的模型中，当越来越多的人知晓厂商信息时，知道任何一个厂商的概率随着时间的流逝而增加。这样，在奥兹卡的模型里，当 t 趋于无限时，一个人进入市场和遇见仅知道一个厂商的人的概率趋于 0。当时间流逝时，在没有知晓 B 就能知晓 A 的方法的意义上，奥兹卡模型里的"口口相传"机制最终导致完全依赖。在施蒂格勒的模型里，在另一方面，当前知道一个厂商的人的数量，对不知道那个公司的人的概率没有影响，以便消费者在所有时间保持完全独立。

很清楚，两个模型都没有完全地被接受。当然，有许多方法让人只知道产业中的一个卖者，不知道产业中的其他卖者，以致奥兹卡的模型有点不现实。

类似地，施蒂格勒暗含的知道一个卖者的可能性独立于顾客关于其他卖者的知识的假设，和概率独立于知道卖者的人的数量的额外假设，都是有问题的推理思路。因此，发展一个认可"口口相传"和无生命媒体作为信息传播机制的更一般模型，是合意的。然而，我们的主要兴趣是理解信息传播过程的最优广告策略的敏感性，所以我们选择独自分析这些模型中的每一个。然而，注意到我们将注意力集中到在许多非典型和不常见的情形上面，将是重要的。

---

[20] 出于讨论的目的，我们在此转向离散时间的表达式。

2 增加信誉的非线性成本的罗纳—阿罗模型中的最优策略

在这部分,我们通过放松增加信誉的成本为线性的假设以扩展罗纳—阿罗模型。取而代之的是,我们引入成本函数 $w(a)$ 的二次连续微分,其中 $a \geq 0$,有:

$$w(a) > 0, \tag{8a}$$

$$w'(a) > 0, \tag{8b}$$

$$w''(a) > 0. \tag{8c}$$

如式(8)所示,增加商誉的成本为正,其边际成本为正且增加。假设 $\pi(A)$ 是两次连续微分,并且对于 $A \geq 0$

$$\pi'(A) > 0,$$

$$\pi''(A) \leq 0.$$

问题可正式地陈述为:

$$\max_{0 \leq a(t)} \int_0^\infty e^{-rt} [\pi(A) - w(a)] dt, \tag{9}$$

$$\text{s.t.} \quad \dot{A} = a - \delta A,$$

$$A(0) = A_0.$$

首先观察凹函数 $\pi(A)$ 与凸函数 $w(a)$,意味着式(9)在所有可行路径中存在着一个有限的上限。而且,式(9)中的凹性与限制条件的线性意味着若最优路径存在,则它是唯一的。[21] 因此,既然该问题有一个最优控制问题的结构,则有必要找出一个在 $A(0) = A_0$ 处满足庞特里亚金最大化原则(Pantryagin's maximum principle)的条件,以及一个有限静止点 (a^*, A^*)。[22] 式(8)的汉密尔顿表达式为:

$$\mathcal{H}(A, a, \psi) = e^{-rt} [\pi(A) - w(a) + \psi(t)(a - \delta A)],$$

最大化推导出了最优路径,这一最优路径使得该表达式对所有 t 而言都能取最大值。因此,一个必要条件是:

$$\frac{\partial \mathcal{H}}{\partial a} = e^{-rt} [-w'(a) + \psi(t)] = 0.$$

---

[21] 遵循 Uzawa ["Optimal Growth in a Two-Sector Model of Capital Accumulation," *Review of Economic Studies*, 31 (1964)] 的分析,类似的证明思路可以在此得到表述。

[22] 参见 L. S. Pontryagin et al., *The Mathmatical Theory of Optimal Progress* (John Wiley & Sons, Inc., New York, 1962)。

而且,偏导 $-\partial \mathcal{H}/\partial A$ 等于 $\mathrm{d}e^{-rt}\psi(t)/\mathrm{d}t = -re^{-rt}\psi + \dot\psi e^{-rt}$。因此,依据最大化原则,最优路径满足:[23]

$$\dot\psi = (r+\delta)\psi - \pi'(A), \qquad (10a)$$

$$\psi = w'(a), \qquad (10b)$$

$$\dot A = a - \delta A. \qquad (10c)$$

利用式(10b)对时间求导,然后用其结果和式(10b)替代 ψ,我们得到以下的非线性微分方程系统:

$$\dot a = \frac{1}{w''(a)}[(r+\delta)w'(a) - \pi'(A)],$$

$$\dot A = a - \delta A. \qquad (11)$$

因为系统(11)是独立的,其行为可以方便地在 (a,A) 相位空间进行分析,[24]单调(singular)曲线 $\dot A = 0$ 由 $a = \delta A$ 给出,而且,因为

$$\left.\frac{\mathrm{d}a}{\mathrm{d}A}\right|_{\dot a=0} = -\frac{\pi''}{(r+\delta)w''} \leq 0,$$

所以,单调曲线 $\dot a = 0$ 的斜率为负。在 $\dot A = 0$ 曲线以上的点处,$\dot A > 0$;在这条曲线下方的点处,$\dot A < 0$。而且,因为

$$\frac{\partial \dot a}{\partial A} = -\frac{\pi''(A)}{w''(a)} \geq 0,$$

这表明,在 $\dot a = 0$ 曲线右边的点,$\dot a$ 为正,但在 $\dot a = 0$ 曲线左边的点,$\dot a$ 为负。从关于式(11)这样一个系统轨迹行为的重要理论中我们知道,如果均衡状态(即 $\dot a = 0$ 与 $\dot A = 0$ 的点)是一个鞍,那么确实存在当 $t \to \infty$ 时导致均衡的微分方程系

---

[23] 另外最优路径应当满足横向性条件

$$\lim_{t \to \infty}\psi e^{-rt} = \lim_{t \to \infty} w'(a)e^{-rt} = 0$$

以及 Weierstrauss-Erdmann 隅角条件。a 必须保持有限以阻止积分等式(9)变得无穷小的事实,保证了横向性条件得到满足。$w(a)$ 和 $\pi(A)$ 的导数满足连续性的假设排除了隅角,且我们忽视 Weierstrauss-Erdmann 条件。在对后者的考虑中,应当明确提出我们的主要关注点是 A_0 小于最优商誉水平的情况,如果 A_0 大于这个水平,那么最优路径可能要求 $a(t) = 0$ 在某个时间间隔成立,同时与隅角条件相关。此外,如果 A_0 在 A 的稳态水平之上,那么从边界内的解向边界上的解移动的过程中,可能存在一个不可逆转性的问题。

[24] 如果我们在需求函数中引进外生的依赖于时间的变量,那么将不可能以这种方式分析整个系统。类似地,同样因为这个原因,δ(在后面的模型中是 b)被假定为与时间无关。

统的两条轨迹。[25] 围绕着静止点(a^*, A^*)线性化系统(11),我们得到[26]

$$\begin{bmatrix} \dot{A} \\ \dot{a} \end{bmatrix} = \begin{bmatrix} \alpha_{11} & \alpha_{12} \\ \alpha_{21} & \alpha_{22} \end{bmatrix} \begin{bmatrix} A \\ a \end{bmatrix}. \tag{12}$$

如果式(12)中矩阵$\|\alpha_{ij}\|$的特征值为正实数,则点(a^*, A^*)为一鞍点。这些特征值由下式给出:

$$\lambda = \frac{r \pm \sqrt{r^2 + 4\left(\delta(r+\delta) - \dfrac{\pi''(A)}{w''(a)}\right)}}{2}$$

为实数,且其符号为正,因为:

$$\delta(r+\delta) - \frac{\pi''(A)}{w''(a)} > 0.$$

这个结果已由图3的相位图画出,其中最优路径已由指向(a^*, A^*)的粗箭头给出。

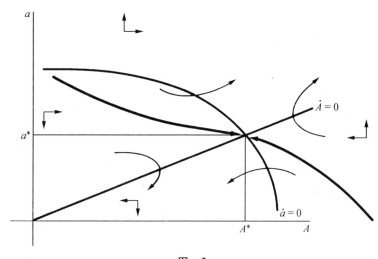

图 3

从上述分析与图3中可以清楚地看出唯一指向(a^*, A^*)的路径即为最优路径,因为所有其他路径最终要么通向无穷大的(A, a),要么通向商誉等于0的水

---

[25] 参见 L. S. Pontryagin, *Ordinary Differential Equations* (Addison-Wesley Publishing Company, Inc., Reading, Mass., 1962), p.246。

[26] α_{ij}表示方程(11)右侧在点(a^*, A^*)上相关的偏导数值,它使$\dot{a}$和$\dot{A}$在瞬时间达到0值。下文相关的方程组将遵循这种处理方法以作参照。

平,而且这些解已被指出不是最优的。㉗ 从该相位图中,我们可以看出,当 A 向着均衡水平 A^* 增加时,对于 $A_0 < A^*$ 的最优策略是在初始时点进行最大规模的广告宣传然后不断地降低广告支出。

当假设 $\pi(A) = \gamma A$,这里 γ 是正常数,一个有趣的特别情况出现了。当厂商是一个规模报酬不变竞争者时这种情况就会发生,㉘ 在这种情况下,$\dot{a} = 0$ 曲线变成了一条直线 $a^* = \delta A^*$。给出假设 $\pi(A) = \gamma A$,系统(12)的特征值是

$$\lambda = \frac{r \pm \sqrt{r^2 + 4(\delta + r)\delta}}{2},$$

因为 $r, \delta > 0$,所以上式为正实数。从图 4 的相位图可以明确看出,趋向鞍点 (a^*, A^*) 的唯一路径,与直线 $\dot{a} = 0$ 相交,因为所有其他路径都是发散的。因此,当运用利润为 A 的线性函数时,最优策略即为保持广告支出为 $a^* = \delta A^*$ 常数水平。㉙ a^*, A^* 的值可以由以下式求得:

$$w'(a^*) = \frac{\gamma}{r + \delta},$$

㉗ 为了排除解的最优性在稳定状态具有 0 水平的信誉,我们假定模型参数为满足 $\varepsilon > 0$ 的一个"ε 策略",$\varepsilon > 0$ 使厂商具有在所有 t 保持 $(A, a) = (0, 0)$ 策略时更高的现值。ε 策略意味着对所有 t,保持 $a = \varepsilon$。如果 $a = \varepsilon$ 对所有 t 成立,则有

$$A(t) = \frac{\varepsilon}{\delta}(1 - e^{-\delta t}) + A_0 e^{-\delta t}.$$

对上述式子求微分可得

$$\int_0^\infty e^{-rt} [\pi(A) - w(\varepsilon)] dt.$$

代入 ε 我们得到

$$\int_0^\infty e^{-rt} \left\{ \pi'(A) \left[\frac{1 - e^{-\delta t}}{\delta} \right] - w'(\varepsilon) \right\} dt. \tag{a}$$

上式表示现值以一个很小的增量 ε 发生变动。如果企业处于信誉水平为 0(即 $A_0 = 0$),且式(a)在 $\varepsilon = 0$ 时求值,那么对于给定某个包含较小但不为 0 的 ε 值时,我们得到现值的变动如下式:

$$\frac{\pi'(0)}{r(r+\delta)} - \frac{w'(0)}{r}. \tag{b}$$

如果式(b)大于 0,企业将发现保持 0 水平的信誉并不是最优的。因此,根据式(b)我们得到排除解的最优性在稳定状态具有 0 水平信誉的一个充分条件

$$\pi'(0) > r(r + \delta)w'(0). \tag{c}$$

出于本文目的,式(c)被假定成立。

㉘ 只要我们意识到厂商本身在市场上嵌入了告知(informing)成本的概念,广告将不利于竞争的理念。市场具有完美知识的条件并不预先排除信息作为一个经济商品的可能性。一个类似的论点得到了更好的建立。对此有兴趣的读者,可以参见 Lester Telser, "Advertising and Competition," *Journal of Political Economy*, 72(1964),pp.537—562。

㉙ 在厂商包含调整资本存量成本的物质资本投资模型中,一个相应的结论已经得到了论证。参见 I. P. Gould, "Adjustment Cost, in the Theory of Inventment of the Firm," *Review of Economic Studies*, 35 (1968),pp.47—55;以及 Arthur Treadway, *Optimal Inventment Dynamics and Distributed Lag Models*, 未发表的博士学位论文,芝加哥大学,1966。

$$A^* = \delta a^*. \qquad (13)$$

从式(13)我们可清楚地看到,r 或 δ 增加将减少广告支出的费用,那么信誉的边际利润 γ 的增加将增加广告支出。边际广告成本函数 $w'(a)$ 的向上移动将降低 a^*。

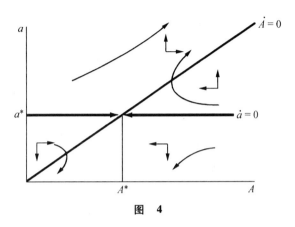

图 4

有趣的是,我们观察到在商誉的边际盈利性保持不变的情形下,最优广告策略将和这里构建的一样,看上去令人惊讶地等同于罗纳和阿罗在线性广告成本情形下确定的最优广告策略,但在事实上它们两者之间的差异是很明显的。如果为了线性利润(LP)的厂商和线性成本(LC)的厂商,我们固定 A^* 在一个给定的水平,我们将会观察到,当 $t>0$ 时,如果 δ 对于每一个是相同的,两个厂商的 $a^*(t)$ 是相同的。当 $t=0$ 时,线性利润的厂商将有 $a^*(0)=\delta A^*$,然而,线性成本的厂商将有 $a^*(0)=\infty$,当 $A_0<A^*$ 时。作为一个结果,线性成本的厂商将有

$$\dot{A}(t) = 0, \quad t>0,$$

线性利润的厂商将有

$$\dot{A}(t) = \delta(A^* - A(t)), \quad t \geq 0,$$

因此对于所有的 $t>0$,线性利润厂商商誉的存量比线性成本厂商的小,并且将会渐近地到达后者的值。一个重要的结果是,在线性利润模型的经验检验中,使用现行的销售额是不适当的,但是,在一定环境下,对于线性成本的模型,这也许是适当的。

3 一些比较动态分析

我们再次证明了如果广告成本为非线性,瞬时跳跃策略并非最优,一些有趣

的比较动态分析之门也随之开启。㉚

首先，我们考虑信誉函数的边际利润的下降会对最优广告路径产生什么影响。这可以通过比较联结两个边际利润函数 $\pi_1'(A)$ 与 $\pi_2'(A)$ 的最优路径而获得，其中，对于所有 A，

$$\pi_2'(A) > \pi_1'(A).$$

可以通过方程组（11）看出，在 (a, A) 相位空间，与 π_1' 相应的 $\dot{a} = 0$ 曲线在与 π_2' 相应的 $\dot{a} = 0$ 曲线的下方，而且在曲线 $\dot{A} = 0$ 上没有变化，所以 $A_1^* < A_2^*$。

我们现在证明与 $\pi_1'(A)$ 相应的最优路径不与 π_2' 相应的最优路径相交。㉛ 因为除了驻点，最优路径的斜率为负，所以在 $A_1^* < A < A_2^*$ 处无交点，这一点从图 5 可以清楚地看到。如果最优路径在 A_1^* 的左边相交，那么在 A_1^* 左边的第一个交点必须满足 $da/dA|_{\pi_1'} < da/dA|_{\pi_2'}$。根据方程组（11）我们得到：

$$\frac{da}{dA}\bigg|_{\pi_i'} = \frac{\dot{a}}{\dot{A}}\bigg|_{\pi_i'} = \frac{(r+\delta)w'(a) - \pi_i'(A)}{w''(a)[a - \delta A]}.$$

在交点处，a、A、r 和 δ 的值将是相等的，故不等式

$$\frac{da}{dA}\bigg|_{\pi_1'} < \frac{da}{dA}\bigg|_{\pi_2'}$$

仅在

$$\pi_1'(A) > \pi_2'(A)$$

时成立，这是一个矛盾。㉜ 因此，当商誉的边际利润对于所有 A 递减时，我们可以看到，最优广告支出路径会向下移动，且 A 的静态水平也会下降。

类似的分析可以用来显示，如果 r 增加，或者如果 $w'(a)$ 以一个常数向上移动，那么最优广告路径会下移。当 δ 增加时，$\dot{c} = 0$ 曲线向下移动而 $\dot{A} = 0$ 曲线向上移动。这必定会降低 A^*，但 a 的静态值可能既不上升也不下降，如图 6 所示。

由于当 δ 增加时，导数 da/dA 必定增加，我们可以作出如下结论：如果 δ 的增加满足 $a_1^* > a_2^*$（如图 6 所示），那么最优广告路径会下移。如果 $a_2^* > a_1^*$，导数 da/dA 的增加不会取消以下可能性——指向 a_1^* 的路径在一些区域不会位于

㉚ 注意到瞬时跳跃策略部分是由连续性假设造成的。正如 L. G. Telser 和 R. L. Graves 在一个相关文献中已经表明的那样，一个离散型的问题将不具备瞬时调整的条件，即使它的连续型版本能够。参见 L. G. Telser 和 R. L. Graves, "Continuous and Discrete Time Approaches to a Maximization Problem," *Review of Economic Studies*, 35(1968), pp. 307—325。

㉛ 在 Arthur Treadway 一个描述利率变动对投资函数影响效应的厂商"成本调整"模型中，此处采用的分析思路已经被使用过。参见 Arthur Treadway, 前引。

㉜ 注意到一个相似的矛盾在 A_2^* 右侧的交点中同样存在。

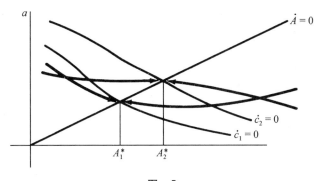

图 5

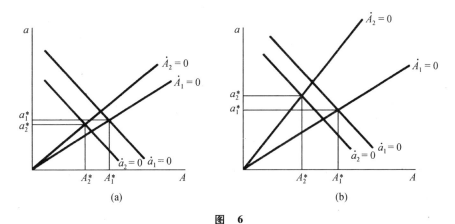

图 6

指向 a_2^* 的路径之上。这样商誉贬值率的增加会导致广告的增加或减少,甚至它必然经常导致一个更低的商誉最优静态水平。

4 第一扩散模型的最优广告策略

继续用罗纳—阿罗模型的相似方法分析,我们得到一个运营利润函数 $\pi(K)$,其中 K 是市场中知道公司广告信息的人数。假设 $\pi'(K) > 0, \pi''(K) \leqslant 0, K \geqslant 0$。

接触系数 u 被假设成与满足成本函数 $w(u)$ 的广告支出相联系,其中 $w'(u) > 0, w''(u) > 0$。进一步假设 $\pi'(0) > [(b+r)/N]w'(0)$。㉝ 利用式(6b)给出的扩散过程,正式的问题变为:

㉝ 这个假设排除了最优稳态 K 为 0 的可能性,它通过"ε 策略"的处理(由注释㉗表述)推导得出。

$$\max_{u(t) \geqslant 0} \int_0^\infty e^{-rt} [\pi(K) - w(u)] dt, \tag{14}$$

$$\text{s.t.} \quad \dot{K} = u(t)N - (b + u(t))K(t),$$
$$K(0) = K_0.$$

注意到当 $K_0 \leqslant K < N$ 时,$\pi(N) > \pi(K)$,并且只要 $b > 0$,仅当 $u = \infty$,K 能保持在 N 水平。因此,由于

$$\lim_{u \to \infty} w(u) = \infty,$$

因此式(14)在所有可行的路径中有一个有限的上界。

但是,存在一个严重的问题。关于 u 和 K 的微分约束性方程的凹性缺乏,意味着欧泽瓦(Uzawa)建立的最优路径的存在性和唯一性的观点在这儿不能被采用,如同第 3 部分一样。但是,幸运的是,我们还有证明当前问题存在一个最优解的希望。西萨(Cesari)曾扩展过菲里普夫(Fillipov)的一个定理:为确立庞特里亚金问题里最优控制的存在性,对于汉密尔顿函数,在控制变量而不必在状态变量上是凹的。[34] 由于微分约束方程在控制状态上是线性的,并且由于式(14)的被积函数关于 K 和 u 是凹的,所以有应用西萨结果的可能性。的确,对于定义在紧集 k 和 u 上的一个有限水平的问题,西萨结果可以直接予以应用。隐藏的困难是我们正在处理的问题是一个无限水平问题,并且 u 的范围是没有上界的。后者的困难可以以一个合理的、直截了当的方式被处理,因为 $\pi(K) - w(u)$ 的有限上界意味着它在经济时候,对公司保持 u 在某个确定的 $\bar{u}$ 值上水平,都没有最优解。因此,如果我们加上限制条件 $u(t) \leqslant \bar{u}$,这里 $\bar{u}$ 是一些大的有限值,该问题也不会有大的改变。可以看到,剩下的问题,关于无限水平的假设,也可以同道达克斯(Drandakis)与胡(Hu)在一篇相关文章里利用哈里定理(Helly's theorem)一样予以解决。[35] 因此,看起来对于当前问题,最优控制的存在性可以确定了,即使在此处没有提供正式的证明。现在我们转向检验当前问题的必要条件。

式(14)的汉密尔顿函数为:

$$\mathscr{H} = e^{-rt} \{\pi(K) - w(u) + \psi[uN - (b+u)K]\},$$

从中可以推出以下必要条件:

$$\dot{\psi} = (b + u + r)\psi - \pi'(K), \tag{15a}$$

---

[34] 参见 L. Cesari, "Existence Theorems for Optimal Solutions in Lagrange and Pontryagin Problem," *Journal of SIAM Contral*, Series A(1965), pp. 475—498。

[35] 参见 E. M. Drandakis and S. C. Hu, "On the Existence of Optimal Policies with Induced Technical Progress"(未发表的手稿,计量经济学会 1968 年 11 月会议论文)。我从这两位作者那里受益颇多,在此表示我对他们的谢意。他们的论文不仅使我注意到了 Cesari 和 Fillipov 的结论,而且表明了这些结论提供处理无限水平问题中解的存在性的一个方法,在约束条件下,它们不满足凹性。

$$\psi = \frac{w'(u)}{N-K}, \tag{15b}$$

$$\dot{K} = u(N-K) - bK. \tag{15c}$$

这些条件产生下面的微分方程系统:

$$\dot{u} = \frac{1}{w''}\left\{\left(b + r + \frac{bK}{N-K}\right)w' - (N-K)\pi'(K)\right\}, \tag{16a}$$

$$\dot{K} = Nu - (b+u)K. \tag{16b}$$

根据式(16b)我们可以看到单调曲线 $\dot{K}=0$ 在 (k,u) 相位图中由下式给出:

$$K = \frac{uN}{b+u}, \tag{17}$$

其中,

$$\left.\frac{dK}{du}\right|_{\dot{K}=0} = \frac{bN}{(b+u)^2} > 0,$$

$$\left.\frac{d^2K}{du^2}\right|_{\dot{K}=0} = \frac{-2bN}{(b+u)^2} < 0.$$

类似地,根据式(16a),$\dot{u}=0$ 曲线由下式的 (K,u) 决定:

$$\left(b + r + \frac{bK}{N-K}\right)w'(u) - [N-K]\pi'(K) = 0. \tag{18}$$

当 $K \leq N$ 时,式(18)的全微分为:

$$\left.\frac{dK}{du}\right|_{\dot{u}=0} = \frac{\left(b+r+\frac{bK}{N-K}\right)w''(u)}{(N-K)\pi'' - \pi' - \frac{Nb}{(N-K)^2}w'(u)} < 0.$$

从式(17)可以清楚地看出,对于在单调曲线 $\dot{K}=0$ 以下的点 (K,u),$\dot{K}>0$;而在其上的点 (K,u),$\dot{K}<0$。而且,因为,当 $K<N$ 时

$$\frac{\partial \dot{u}}{\partial K} = \frac{1}{w''}\left[\frac{Nb}{(N-K)^2} - (N-K)\pi'' + \pi'\right] > 0,$$

上式表明,对于在 $\dot{u}=0$ 以上的点,有 $\dot{u}>0$;而对于在 $\dot{u}=0$ 以下的点,有 $\dot{u}<0$。

现在有必要说明 $\dot{K}=0$ 与 $\dot{u}=0$ 的交点为一个鞍点。系统(16)是以与式(12)类似的用向量 $[u,K]$ 和 $[\dot{u},\dot{K}]$ 代替向量 $[A,a]$ 和 $[\dot{A},\dot{a}]$ 的方法,围绕静止点 (K^*,u^*) 的线性化。$\|\alpha_{ij}\|$ 的组成部分由下式给出:

$$\alpha_{11} = \left.\frac{\partial F}{\partial u}\right|_{\substack{u=u^* \\ K=K^*}} = r + b + u^*,$$

$$\alpha_{12} = \frac{\partial F}{\partial K}\bigg|_{\substack{u=u^*\\K=K^*}} = \frac{w'(u^*)}{w''(u^*)}\left[\frac{(b+u^*)^2}{bN}\right]$$

$$- \frac{(N-K^*)\pi''(K^*) - \pi'(K^*)}{w''(u^*)},$$

$$\alpha_{21} = \frac{\partial G}{\partial u}\bigg|_{\substack{u=u^*\\K=K^*}} = N - K^* = \frac{bN}{b+u^*},$$

$$\alpha_{22} = \frac{\partial G}{\partial K}\bigg|_{\substack{u=u^*\\K=K^*}} = -(b+u^*),$$

其中,$F(u,K)$ 与 $G(u,K)$ 分别表示式(16a)与(16b)右边的式子。$\|\alpha_{ij}\|$ 的特征值为:

$$\lambda = \frac{(\alpha_{11}+\alpha_{22}) \pm \sqrt{(\alpha_{11}+\alpha_{22})^2 - 4(\alpha_{11}\alpha_{22} - \alpha_{12}\alpha_{21})}}{2}. \tag{19}$$

如果$(\alpha_{11}\alpha_{22} - \alpha_{12}\alpha_{21}) < 0$,那么这个特征值为正实数,这是因为:$\alpha_{11} > 0$,$\alpha_{22} < 0$,$\alpha_{12} > 0$,$\alpha_{21} > 0$。因此点$(u^*, K^*)$是一个鞍点,且在$(K, u)$相位图中,存在唯一一个通向该点的路径。这些结论在图7的相位图中已描绘出。

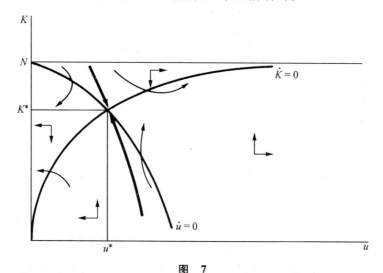

图 7

最优路径的本质特点如同带有加入信誉的非线性成本的罗纳—阿罗模型的特点。特别地,对于$K_0 < K^*$,最优策略是开始时加大广告力度,然后在K趋近于K^*时不断地减少广告支出。与罗纳—阿罗模型相比,这里的广告支出的一般模型在假设$\pi'(K)$不变时仍然适用。有趣的是,$\dot{u} = 0$ 单调曲线与K轴相交于$K = N$,而且因为最优的$u^*(t)$路径在该单调曲线的右方,那么即使是$K_0 > K^*$,

最优策略总有 $u^*(0) > 0$。因此，可以看出扩散过程的性质对于最优广告策略有一些重要的影响。这在第 5 部分将要分析的模型中更为明显。

5 第二扩散模型的最优广告策略

如果假设信息按照模型(7b)的方式扩散，其中厂商通过其广告策略影响参数 $c(t)$，那么利用上两节的分析模式，正式问题变为：

$$\max_{0 \leq c(t)} \int_0^\infty e^{-rt} [\pi(K) - w(c)] dt, \tag{20}$$

$$\text{s.t.} \quad \dot{K}(t) = -bK(t) + c(t)K(t)\left[1 - \frac{K(t)}{N}\right].$$

微分约束方程对于控制量 c 来说是线性的，所以，在第 4 部分已讨论过的 c 的存在性问题将在本模型中得到应用。[36]

式(20)的汉密尔顿表达式为：

$$\mathscr{H} = e^{-rt}\left\{\pi(K) - w(c) + \psi(t)\left[(c-b)K(t) - \frac{c}{N}K(t)^2\right]\right\},$$

从中我们得到

$$\dot{\psi} = \psi\left[r - c + b + 2\frac{c}{N}K\right] - \pi'(K), \tag{21a}$$

$$\psi = \frac{w'(t)}{K - (K^2/N)}, \tag{21b}$$

$$\dot{K} = (c-b)K - \frac{c}{N}K^2. \tag{21c}$$

从式(21a)与(21b)中我们消去 ψ 和 $\dot{\psi}$，经过整理我们得到

$$\dot{c} = \frac{1}{w''}\left\{w'\left[r + \frac{bK}{N-K}\right] - \left[K - \frac{K^2}{N}\right]\pi'\right\}, \tag{22a}$$

$$\dot{K} = (c-b)K - \frac{c}{N}K^2. \tag{22b}$$

对于 $\dot{K} = 0$，存在两个单调曲线，$K = 0$ 与

$$K = N\left(1 - \frac{b}{c}\right), \quad K \neq 0. \tag{23}$$

---

[36] 显然，对于这个模型以及第 4 部分的模型而言，关于证据存在性和充分性的其他研究是适当的。鉴于本文篇幅已经很长，而引进这点将会使本文中的数学分析的篇幅大幅增加，所以我决定把这些考虑留给以后的研究。必须强调的是，这种更进一步的分析可能导致对本文结论的相关修正。

根据式(23)可得到

$$\frac{dK}{dc}\bigg|_{\substack{\dot{K}=0 \\ K\neq 0}} = N\left(\frac{b}{c^2}\right) > 0,$$

$$\frac{d^2K}{dc^2}\bigg|_{\substack{\dot{K}=0 \\ K\neq 0}} = -N\left(\frac{2b}{c^3}\right) < 0.$$

这两个单调曲线将(K,c)相位空间分割为四个相应的子空间。㊲ 对于$0 < K < N$,有

$$\frac{\partial \dot{K}}{\partial c} = K\left(1 - \frac{K}{N}\right) > 0,$$

对于$K < 0$,上式为负。这些结果被描绘在图8中。

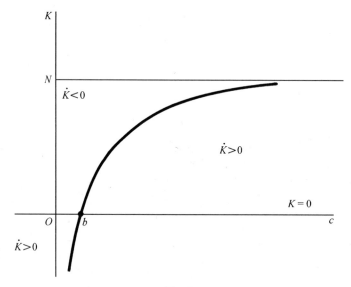

图 8

转向$\dot{c} = 0$的单调曲线,如果点(K,c)满足下式:

$$w'(c) = \frac{K\left(1 - \dfrac{K}{N}\right)\pi'(K)}{r + \dfrac{bK}{N-K}} = h(K), \tag{24}$$

那么式(22a)将等于0。

对式(24)的右边进行分析(该式以$h(k)$表示)表明,$h(k)$的形状已由图9

㊲ 我们忽略了处于$K = N$线上点$\dot{K}$的轨迹。

给出。从图9中我们可以看到,当 c 很小时,与每个这样的 c 都有两个 k 值与之对应。例如,对于 $c = c_1$,当 $K = K_1^0$ 或 $K = K_1^1$,$\dot{c}$ 等于 0。类似地,K_2^0、K_2^1 与 $\dot{c} = 0$ 曲线上的 c_2 相联系。当 c 变大时,相应的 K 值越来越接近;当 c 足够大时,根本没有解存在。因为 $w'(0) > 0$ 和 $h(0) = h(N) = 0$,所以当 $c = 0$ 时,$\dot{c} = 0$ 单调曲线与 K 轴在 0 到 N 之间交于两点。这从下式得来:

$$\left.\frac{\partial \dot{c}}{\partial c}\right|_{\dot{c}=0} = r + \frac{bK}{N-K} > 0 \quad (K < N).$$

对于单调曲线 $\dot{c} = 0$ 右边的点,$\dot{c} > 0$,而对于该曲线左边的点,$\dot{c} < 0$。把这些结果与我们在图 10 中得到的关于单调曲线 $\dot{K} = 0$ 的结果结合起来。⑧

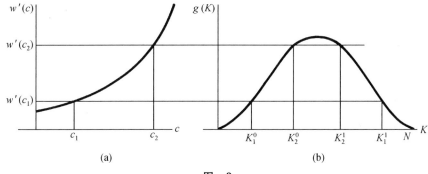

图 9

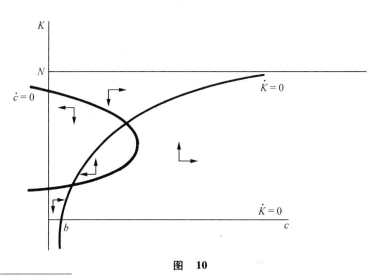

图 10

---

⑧ 应当注意到图 10 绝不是唯一能够想到的图示。例如,$\dot{c} = 0$ 和 $\dot{K} = 0$ 可能并不相交,或者只有一个切点。

在这个相位图中有两个静止点,有必要检验两个系统的行为。我们线性化式(12)的系统,用$[\dot{K},\dot{c}]$和$[K,c]$相应地替换$[\dot{A},\dot{a}]$和$[A,a]$,把$\|\alpha_{ij}\|$看做在静止点处取偏导得到的相应矩阵,具体地有:

$$\alpha_{11} = \frac{\partial \dot{K}}{\partial K}\bigg|_{\substack{K=K^*\\c=c^*}} = b - c^*,$$

$$\alpha_{22} = \frac{\partial \dot{K}}{\partial c}\bigg|_{\substack{K=K^*\\c=c^*}} = K^*\left(1 - \frac{K^*}{N}\right),$$

$$\alpha_{21} = \frac{\partial \dot{c}}{\partial K}\bigg|_{\substack{K=K^*\\c=c^*}} = \frac{1}{w''}\left\{\left(r + \frac{b}{(N-K^*)^2}\right)w'\right.$$
$$\left. - \left(1 - \frac{2K^*}{N}\right)\pi' - \left(K^* - \frac{K^{*2}}{N}\right)\pi''\right\},$$

$$\alpha_{22} = \frac{\partial \dot{c}}{\partial c}\bigg|_{\substack{K=K^*\\c=c^*}} = r + c^* - b.$$

静止点是$c^* > b$和$K^* = N(1 - b/c^*)$,所以有$\alpha_{11} < 0, \alpha_{12} > 0, \alpha_{22} > 0, \alpha_{21}$的符号还不确定,因为它取决于与$N$联系的$K^*$的大小。为方便分析,我们引入以下引理:

引理:静止点(K^*, c^*)在以上系统是一个鞍点,当且仅当在这点,$\dot{c} = 0$曲线的斜率$\left(\dfrac{\mathrm{d}c}{\mathrm{d}K}\bigg|_{\dot{c}=0}\right)$小于$\dot{K} = 0$曲线的斜率$\dfrac{\mathrm{d}c}{\mathrm{d}K}\bigg|_{\dot{K}=0}$。

证明:这个引理只不过是对静止点为鞍点,$\|\alpha_{ij}\|$在该静止点处的特征值是实数且符号相反这一事实的几何解释。从式(19)中可以看出,特征值为实数且符号相反,当且仅当:

$$-\alpha_{11}\alpha_{22} + \alpha_{12}\alpha_{21} > 0. \tag{25}$$

在以上系统中给出α_{ij}的符号,式(25)与以下条件等价:

$$\frac{\alpha_{21}}{\alpha_{22}} > \frac{\alpha_{11}}{\alpha_{12}}. \tag{26}$$

在点(K^*, c^*),斜率

$$\frac{\mathrm{d}c}{\mathrm{d}K}\bigg|_{\dot{c}=0} = -\frac{\alpha_{21}}{\alpha_{22}}$$

与斜率

$$\frac{\mathrm{d}c}{\mathrm{d}K}\bigg|_{\dot{K}=0} = -\frac{\alpha_{11}}{\alpha_{12}}.$$

将这两个式子与式(26)相结合,我们看出(K^*, c^*)为鞍点,当且仅当:

$$\frac{\mathrm{d}c}{\mathrm{d}K}\bigg|_{\dot{c}=0} = -\frac{\alpha_{21}}{\alpha_{22}} < -\frac{\alpha_{11}}{\alpha_{22}} = \frac{\mathrm{d}c}{\mathrm{d}K}\bigg|_{\dot{K}=0}.$$

如果$\|\alpha_{ij}\|$的特征值为正实数,那么非鞍点(saddle)的静止点是不稳定的

交点,而且如果这些特征值是带正实部的复数时,它将是不稳定的交点。因为在以上系统中 $\alpha_{11} + \alpha_{22} = r > 0$,所以根据式(19)与该引理,我们可以得到以下推论:

推论: 如果在系统(22)中,在静止点处,$\dot{c} = 0$ 曲线的斜率大于 $\dot{K} = 0$ 曲线的斜率,那么该点不稳定。

返回到图10,我们可以看到在更大 K^* 值的静止点,$\dot{c} = 0$ 曲线的斜率为负,而 $\dot{K} = 0$ 曲线的斜率为正,所以,根据引理,这是一个鞍点。在更小 K^* 值的静止点,$\dot{c} = 0$ 曲线与 $\dot{K} = 0$,所以有 $dc/dK|_{\dot{c}=0} > dc/dK|_{\dot{K}=0}$,我们从引理可知这是一个不稳定的静止点。

有趣的是,我们发现在这个扩散过程模型中,如果 $K_0 = 0$,那么无论厂商花多少钱在广告上,都没有任何方法使 K 的均衡水平为正。这意味着对于 K_0 的特定值,通向鞍点的路径不是最优的,因为对于足够小的 K_0,可推出的最优策略是保持 c 趋于 0。但是,在本论文的最后部分,已假设 K_0 足够大以使厂商在唯一路径上通向鞍点。图 11 的最优路径与前面的两个模型有很大差别。在第一个模型里,广告支出的最优路径总要求当 K(或 A)趋近其均衡点过程中,初始投入广告支出很大,接着不断减小支出。相比而言,当前模型的最优路径可以开始于一个低水平的支出,使 c_m 成为一个大于均衡水平 c^* 的最大值,然后当 K 趋近于 K^* 时,c 不断减少也趋向 c^*。因此,当在最优路径上不断增长时,c 随着时间起初增大,然后减小。[39] 当然,如果按照当前的模型,这并不一定总能成立。例如,如果 K_0 大于 K_m(该点是最优路径与 $\dot{c} = 0$ 单调曲线交点的纵坐标),那么广告支出会在最优路径上不断地减少。另一方面,考虑图12,其中 $\dot{c} = 0$ 曲线在两个交点处的斜率都为正。在 K^* 大的那个点,$\dot{c} = 0$ 曲线从 $\dot{K} = 0$ 曲线下方与之相交,所以 $dc/dK|_{\dot{c}=0} < dc/dK|_{\dot{c}=0}$,根据引理,这是一个鞍点。另外一个交点为不稳定点,因为 $\dot{c} = 0$ 曲线从 $\dot{K} = 0$ 曲线上方与之相交。因此,如图所示,当 $K_0 < K^*$ 时,粗线表示最优路径,广告支出初始很小,之后随着 K 趋向 K^* 而不断增大。[40]

---

[39] 注意到下述两点是有趣的,即当 $K_0 > K^*$ 时,最优路径 c 是单调递增的;而当 $K_0 < K^*$ 时,单调性不再成立。

[40] 当 $K_0 > K^*$ 时,c 以较小值开始上升,之后随着 K 趋近于 K^* 而下降。

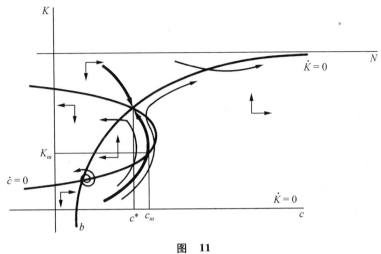

图 11

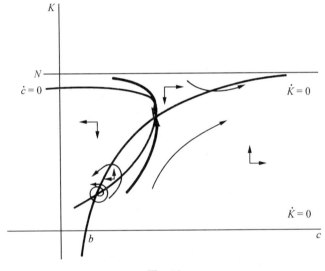

图 12

6 摘要与总结

本文通过放松线性广告成本函数,以认识到存在关于信息通过市场传播方法的替代假设,扩展了厂商动态最优广告策略的罗纳—阿罗模型。如同罗纳和阿罗在他们的论文中提到的,非线性广告成本函数的引入,使他们为线性成本函数建立的瞬间"跳跃策略"无效。非线性成本函数,也影响紧随初始开支时间段的最优策略(虽然这点在罗纳—阿罗的论文里不完全清楚),而且,作为一种结果,许多罗纳—阿罗结论在有些方面是"准动态"的。

信息传播不同过程的引入,导致了最优路径的不同类型,如表1概述。

表 1

当 $A_0 < A^*(K_0 < K^*)$ 且 $A^*(K^*)$ 稳定时, 最优广告支出路径的斜率	模型
瞬时跳跃至最优值	包含线性广告成本函数的 Nerlove-Arrow 模型
常数	包含非线性广告成本函数和良好意愿利润线性的 Nerlove-Arrow 模型
单调递减	包含非线性广告成本函数的 Nerlove-Arrow 模型、扩散和传染(如果 K_0 足够大)模型
先递增,后递减	包含非线性广告成本和足够小初始 K_0 值的传染模型
单调递增	包含非线性广告成本(对特定 K^* 值而言)的传染模型

如同在表中看到的,信息传播的过程对最优广告策略有重大的影响。发现下述这点是有趣的,即,虽然探索广告的"资本存量"方面明显有用,但是,类似的分析不应该被推广得太远。在投资模型的内容里,当理想的和实际的资本存量之间的差距最大时,考虑对资本存量作最小的增加,当差距小的时候,降低投资率,这有点与直觉相反。尽管如此,随着信息传播模型的改进,这种类型是可能发生的,如同本文最后部分所表明的。

还有许多没有回答的问题,值得一提的是,至少其中的某些问题是重要的。首先,为了分析的方便,在上面的分析中假设外生参数是静态的,这明显是不现实的。很可能竞争性商标的进入、竞争者价格和广告策略的变化,将会影响到遗忘系数 b。而且,随着时间的流逝,需求函数会变动。虽然这些变化的准确结果不能在这儿被详细地拓展,但清楚的是,厂商在做出现行决策的时候,会考虑到这些外生变量将来的时间路径。因此,如果厂商预期需求在将来下降,厂商可能在当前减少广告支出,此时的广告支出将少于厂商预期需求在将来上升时的情况。

最后,应该强调的是,上面分析使用的模型可能代表了某些极端情况。一个似乎更加合理的假设是,信息通过更一般的过程传播。尽管如此,通过孤立地检验极端的情况来洞察这一复杂的过程,仍然是十分有用的。

第10章 价格动态理论*

唐纳德·F. 戈登（Donald F. Gordon）
艾伦·海尼斯（Allan Hynes）

本文建立在作者关于非均衡价格动态逻辑的基础上，包括菲利普斯曲线行为关系及其相关的扩展。在以传统的比较静态为基础的最大化假设条件下，我们的基本关注点在于，如何推导出非均衡价格动态公式中所表示的行为关系的可能性。在第1部分，我们简要回顾了应用于垄断市场和竞争市场的价格调整理论的某些方面。我们推断：非均衡价格动态理论不可能来自于最大化假设，除非引入其他的不完全信息形式，否则不能得出该理论；并且，我们详细阐述了这种不完全信息状态的必要条件。在第2部分，我们引入了随机需求函数，它超越了传统的随机需求函数在趋向于更为一般化的闲置资源理论以及存货理论中的使用。这里的重要结论是，假设每个经济单元知道自己的需求分布函数，我们处理比较静态及其不同状态之间的非均衡价格运动，我们必须假定一种不确定性状态，以对应于奈特（F. H. Knight）提出的有别于不确定的风险。在这种状态下，价格的变动代表了学习的结果。在第3部分，我们专门介绍非均衡价格动态理论本身。这里最重要的结论是，菲利普斯曲线的稳定性是描述与最大化假设不一致的非均衡价格动态行为的一般稳定公式的一个特殊案例。最后，第4部分指出，我们的发现对通货膨胀理论中的争论焦点提供了一种特定的解释。

---

* 该研究得到了国家科学基金会的资助，作者在1965年8月份的西部经济联合会的会议上提交了最近的版本。感谢华盛顿大学以及罗彻斯特大学的广大同仁在很多方面的有益讨论。

1 当前的价格调整理论

A 竞争模型

在亚当·斯密以前很久一段时间里,经济理论文献包涵了关于以下观点的争论:在竞争市场中,当存在超额需求时,价格将上涨;当存在超额供给时,价格将下跌。在1941年,萨缪尔森①(Samuelson)在描述一个孤立的市场时,第一次明确地提出正式的"供给需求定律",

$$\frac{dp}{dt} = F(D-S), \quad 满足 \quad F(0)=0 \text{ 且 } F' > 0, \quad (1a)$$

$$D = D(p, a), \quad S = S(p), \quad (2a)$$

其中 p 代表市场价格,D 和 S 分别代表单位时间的需求量和供给量,a 是移动参数。与多重互联市场对应的公式为:

$$\frac{dp_i}{dt} = F_i(D_i - S_i), \quad F_i(0)=0 \text{ 且 } F_i' > 0$$
$$对所有 i = 1, 2, \cdots, n, \quad (1b)$$
$$D_i = D_i(p_1, p_2, \cdots, p_i, \cdots, p_n, a_i),$$
$$S_i = S_i(p_1, p_2, \cdots, p_i, \cdots, p_n). \quad (2b)$$

这些公式中包含的无关紧要的澄清,已经形成了纯粹价格动态研究和非均衡劳动力市场经验研究的基础。后者的研究导致一些经济学家提出选择不同通货膨胀率和就业水平以作出权衡的可能性建议。

在萨缪尔森教授的带领下,理论研究主要集中在决定多重市场中动态稳定性的正式条件方面。这些研究工作主要集中在,为式(1a)或(1b)的动态关系推导出充分的必要基础,这些公式遵循随时间变化的从任意非均衡点到均衡点的价格演变的时间路径②。

菲利普斯教授以及其他学者试图估计一种符合式(1a)的劳动力市场表现形式③,这种反函数关系被用于支持以下观点:在或多或少带有一些自由的劳动

---

① 萨缪尔森的早期贡献总结于 P. A. Samuelson, *The Foundations of Economic Analysis* (Harvard University Press, Cambridge, Mass., 1947) pp. 257—349。

② 该领域工作的综述发表在 T. Negishi, "The Stability of a Competitive Economy," *Econometrica*, 30 (October 1962), pp. 635—669。

③ 关于这个领域早期研究的一个批评性综述,参见 G. Peery, *Unemployment, Money Wage Rates, and Inflation* (M.I.T. Press, Cambridge, Mass., 1966)。当然,一些经济学家可能会认为菲利普斯曲线没有代表劳动力市场的非均衡状态,这种论点与本文相反。第3部分对此进行了讨论。

力市场上,政策制定者在货币工资增长率和失业水平之间可以进行权衡。尽管经验发现至多只能被认为是高度非结论性的,"菲利普斯曲线"已经被植入传统的经济智慧中,且它占据如此重要的地位,以至于在标准的初等教科书中已经出现。

尽管式(1a)和(1b)作为理论和政策的分析基础,已经得到了扩展。但是,在假设的动态过程中,重要概念的弱点也已经被认识到④。首先,式(1a)和(1b)在动机方面,本质上有点牵强。静态需求和供给公式的特性来自于下述命题的基础,即家庭和企业最大化的目标函数;另一方面,它们的动态特性根本不是由经济单元更改数据带来的最大化过程演绎出来的。⑤ 第二,当所有交易者采纳的价格(在竞争经济模型中)被当作给定时,经济参与者并没有得到定义,问题自然就被提了出来:经济单元中谁的(或者什么样的)行为,由式(1a)和(1b)描述? 在一个组织良好的市场中,人们认为:"我们可以想象存在一个作为市场竞争力量化身的拍卖师,他按照供给与需求之间差价的合适比例,提高商品价格。"⑥基于事实的角度,拍卖师作为解困人(deus ex machina)被引进,以便进行公式上的分析和解释,尽管这与竞争市场的逻辑假定存在矛盾。⑦

最后,式(1a)和(1b)遭到了来自不同层面的批评。尽管引入式(1a)和(1b)对真实非均衡状态下的价格行为进行了总结,但是它们没有描述调整成本所导致的价格上涨;由后者产生的调整代表了一个移动的均衡。在存在最大化交易者的私人市场中,假定任何公式的稳定性没有任何意义。式(1a)的稳定性表示,在给定初始价格和超额需求时,未来的定价过程是可预测的。但是如果这是正确的话,获利机会将存在,发现这些机会的私人交易者会采取一种破坏假定

---

④ 例如,参见 K. Arrow, "Toward a Theory of Price Adjustment," *The Allocation of Economic Resources*, M. Abramovitz et al., eds. (Stanford University Press. Standford, Calif., 1959), pp. 41—51;以及 T. Koopmans, *Three Essays on the State of Economic Science* (McGraw-Hill, Inc., New York, 1957)。马歇尔式的动态体系(其中 dx/dt 是一个关于需求价格和供给价格之间差异的函数),在本文不予以讨论。

⑤ 问题的另一个方面关注由萨缪尔森(Samuelson)提出且得到一些最顶级数理经济学家发展的对应原理。这个原理认为经济学家应当研究动态稳定性条件,因为它构成了经济系统中静态函数受到限制的一个独立来源。

⑥ 参见 Negishi, *Loc. cit.*。

⑦ 当然,传统动态分析归因于竞争市场,它被证明与模型中的一个重要公理一致并不奇怪。当需求不等于供给时,任何一个交易者在给定的价格上购买或者销售不受限制的数量,这从逻辑上讲是不可接受的;因此,竞争模型在其本身的逻辑上是不可应用的。

当前文献中许多其他的不相称涉及了价格动态,尤其讨论了宏观经济理论和政策。在对低于充分就业状态的许多分析中,假定在达到充分就业之前劳动力具有完全弹性。而且,一般认为企业或工会在充分就业之前提高价格或工资会导致卖方通货膨胀。这些推论不仅与式(1a)和(1b)矛盾,而且它们之间也是互相矛盾的。因此,不能从最大化行为的一般公理中推导得出。后面我们会陈述更多对式(1a)和(1b)的正面批评。

上微分方程稳定性的方式。这个争论的逻辑基础与股票市场中价格随机游走理论相似。⑧

当分析扩展到多重市场时,问题变得更加复杂。式(1b)意味着,存在一个给定价格集的任何一个价格的可预测过程。因此个人去预测真实的关系形式,将变得更加困难。然而,如果可以从新开始,任何系统性的联系可以预期被发现,而且买或卖的动机将证明初始公式无效的形式存在。⑨

B 垄断模型

由于竞争模型非常不适用于分析价格动态,以至不能形成一个完整的分析框架,使用垄断模型进行非均衡行为的研究就非常自然。这里,我们至少明确确定改变价格的经济主体。因此在本文的其他部分,我们将放松价格选择的竞争性假设,就像我们讨论价格的变化过程一样。然而,重要的分歧来源依然存在。奥斯卡·兰格(Oscar Lange)已经假定了垄断者面临非随机需求表时的价格调整关系。⑩ 他的表述等价于下式:

$$\frac{dp}{dt} = G(R' - C'), \quad G' < 0 \text{ 且 } G(0) = 0, \tag{3}$$

其中,公式中 R' 和 C' 分别代表边际收益和边际成本。紧接着的问题是:公式(3)所描述的经济状态和环境是什么?为什么垄断者甚至会处于非最大化的位置?存在两种相关的可能性:垄断者通常被认为了解整个市场的需求表,但是,当需求表发生变动时,如果价格改变的成本随着价格改变的速率上升,那么瞬时的调整将不会发生;作为选择,垄断者将被假设知晓的只是某一点的情况,而式(3)表述了一个过程,通过此过程他能够得到需求表。

如果前面的模型被采纳,一个表述他在时间变化基础上最大化行为的正式分析,可以支持式(3)中的调整关系。尽管感到压力很大,我们还是引用了可能带来争论的关于经济成本的案例;相对于价格动态重要前提的源泉,它看起来非常贫瘠(rather sterile)。为什么大幅度调整相对于小幅度调整而言,单位时间价

---

⑧ 参见 P. Cooter, ed., *The Random Character of Stock Market Prices* (M. I. T. Press, Combridge, Mass., 1964)。

⑨ 为了与后面从一个不同推理思路得出的结论相一致,注意到以下这点是非常有趣的。即,上述分析可以被扩展以用于对菲利普斯曲线或任何试图预测经济体中的价格与产出,以回应于总需求的一个变动的更为精确的方程的检验。如果总需求确实发生了波动,并且一个稳定的函数描述了经济体中价格和产出对这种波动的反应,那么将会出现获利机会,且对获利机会的利用会使它们迅速消失,从而破坏了被我们考虑到的函数所假定的稳定性。

⑩ 参见 O. Lange, *Price Flexibility and Full Employment* (The Principia Press, Bloomington, Ill., 1944), p.107。

格调整过程的成本更高？（注意到这里我们不讨论生产成本。）

上述分析把获得信息的过程作为对动态行为关系最有力的解释，这正是本文剩余部分所采纳的立场。然而，在进入不完全信息效应的分析之前，如果把信息的缺乏作为重要的经济考虑，我们希望检验在研究文献中频繁预示的不确定因素，并且指出我们研究所必须坚持的方向。

C 存在非均衡价格的一个条件

在对需求、成本和供给函数的传统分析中，把商品交易作为流量关系来定义；尽管这里可能有两种解释。变量是在时间上连续的，就像关于时间的微分是连续的、某个存量的瞬时变化速率一样。作为选择，变量可以被定义为在离散时间间隔交易的离散数量，它通过时间平均可以变成一个流量。这是微分与平均差分之间最简单的逻辑差异。相对于检验比较静态分析中理论问题的较少重要性，这种差异在理解非均衡行为中至关重要。

现存理论文献的一个显著部分，似乎假定交易是连续的，这要求商品可以完全可分。如果这种解释可采纳，搜索未知需求表的费用将（几乎）是无成本和即时的。因为交易是连续的，卖方拥有重要信息。以买者提出的价格而形成需求的产出速率是即时调整的，而且任何需求的变化迅速提示出销售的变化。卖者可以在任意短的时间间隔中计算他的价格并描绘出他新的需求曲线。在一定范围内，市场将始终处于平衡状态，价格变化速率可以无穷大。

从而，我们将对在离散时间点交易的市场进行分析。在相对正式的环境下，也就是基于最大化行为中的价格变化速率有限性的期望下，购买和销售的这个观点看起来是可以接受的。这是正确的。尽管对于比较静态分析的许多目的而言，现实中的这些方面并不是至关重要的，而且它们确实已经被忽略了。显然，这些建议对于分析价格动态不仅是非常重要、而且也是完全现实的。

首先，考虑物质商品。大量的这种商品具有成本高昂的不可分割性，或者至少是技术上无法克服的。例如：服装、耐用消费品和资本品，或者在极端情形下的配用物品。现实中存在大量的物质商品可以被认为在形态上是可以无限分割的。例如：气体和液体，但是由于交易的规模效应，甚至它们也是可以按照有限增量进行交易的。人们不会进行交易价值仅值5分钱的普通股和如此少量价值的汽油交易；更准确地说，人们不会以连续的流量来购买这些商品。现实世界中的交易是离散时间点上有限数量的交易。

由于时间拥有该性质，物质财富的服务可以自然地进行无限分割。但这些服务的交易不是连续的；相反地，它们发生在离散时间点和有限的时间间隔（即：以服务流的现值为形式）之内。连续时间交易的费用是被禁止的，因此，人们可以承租一段离散时间间隔的办公区、宾馆和公寓。

前面的观察对于劳动力市场在总体上是适用的,同时也适用于产品市场以及其他要素市场。在存在法定合同的市场上,例如工会市场,该适用性显而易见。对于没有法定合同存在的劳动力市场,习惯上我们认为,服务按照连续时间的方式进行供给和购买,因为雇主和雇员随时会解除他们之间的合作关系。在现实中,当讨价还价中断时,双方都认为有限(尽管持续期限不可决定)的交易服务是不明确的协议。雇主和雇员的搜寻成本以及正式和非正式的工作培训成本,阻止双方不间断地重新签署合同。[11]

以离散单位发生购买和销售活动的市场的重要方面,是位于交易两边的销售者不能够及时观察到自己的实际需求。严格来讲,唯一能够被观察到的是那些过去已经签署的合同中的价格和数量。即使当增量销售相对微不足道时,这也是正确的。例如:连续包装的香烟。在这种情况下,只有未来的需求存在,通常现实和未来之间的明显区别被立即和相对未来的不完全精确的差异所代替。在这种情况下,引进随机需求函数就非常自然,[12]它被广泛应用在库存理论中,现在我们将转入到随机需求的探讨。

2 随机需求表和价格调整

A 标准库存模型

我们已经深入讨论了非均衡价格动态,它应该包含某种形式的不完全信息。在这一节,我们首先指出:如果不完全信息被引入到已知的随机需求表中,结论将与式(1a)和(1b)的零超额需求相矛盾。其次,卖方知道自身的需求分布函数,一般的随机模型不足以得出发生在商业周期中"真实"的非均衡;后者必须由奈特式(Knightian sense)的不确定性得出,其中相对分布的参数并不知道。最后,我们将陈述库存理论中的最优失业率扩展到其他市场中的简化例子,包括劳动力市场。

价格调整理论中的随机需求模型的逻辑含义,简单地被单一垄断模型所概括。假定卖者拥有一个不确定的特定价格下的、销售数量的不完全信息,但是他

---

[11] 经济学家已经习惯把交易看成两种类型:存量和流量,这点对于许多研究目的而言是十分重要的。因此,我们很难注意到事实上所有的交易都是资产的交换。

[12] 随机模型在分析中引入了一个不确定的形式,因此可能存在为什么人们不愿意从事连续性交易的其他原因。风险厌恶动机也增加了把效用(而非财富)最大化作为分析框架的可能性。本文使用财富最大化模型,因此隐含地假定存在线性效用函数和(或)完美资本市场。

们知道需求的概率分布函数。因此,需求函数可以表示为:
$$x = f(p, V, u), \tag{4}$$
在公式中 x 代表单位时间的需求数量,p 代表单位数量的价格,$V=(v_1,\cdots,v_m)$ 是信息向量或者预测变量,u 是满足零均值和常数方差的随机变量。在一般的情况中(企业将存续一个单位时期以上),正回报与终期存量相关,成本与短缺相关。人们认为,[13]遵从式(4)中需求函数的最大化预期收入以及正常成本函数 $c(x)$,将产生一个描述企业保持最优库存(或"闲置"资源)水平的方案。这个结论与传统动态研究的均衡公理相矛盾,传统动态研究一般认为 $F(0)=0$。

这些模型中观测到的价格是不稳定的,但是将在不同的库存时期之间波动;当给定之前一个时期的需求样本时,它可以维持一个连续性的商品存量均衡。如果随机观察相关性太强,存货的相关性将减弱;伴随增长的边际成本函数,价格在下一个时期将更高。因此价格的变化是一个正的 $(D-S)$ 函数,这里的 D 代表观察到的需求,而不是预期的需求。虽然,这些变化过程不同于从非均衡状态到均衡状态的变化过程;在给定描述需求和成本函数已知参数集的情况下,它们连续地保持均衡状态。此外,如果参数按照卖者预测的规则进行变化,比方说,因为稳定的连续通货膨胀,价格将不断变化以保持闲置资源的均衡水平。因此,如果式(4)充分地说明了决定需求表的力量,包括仅遵从随机部分的货币政策和财政政策的时间路径,那么闲置资源长期的异常水平将不会被观察到。例如:假设卖者确实知道他们需求的分布函数,而且总需求以已知的方式长期连续相关。总需求的过去值将被包含在可预测的变量中,价格将调整到符合已知的相关性上。对于任何给定的需求函数,预期失业水平$(D-S)$在任何一个期间将处于最优或均衡水平。连续时期的需求不足,将代表"极不可靠"的运转趋向。在长期紧缩情况下,运转趋向的概率事实上几乎等于零;它们将被价格上大幅度的波动所代替。

上面的讨论自然地暗示着:非均衡被意味深长地定义为卖者不清楚描述他们需求函数准确参数的情况;非均衡价格变化因此被定义为,当卖者发现这些参数真实值时所带来的诸多变化。关于非均衡状态是否存在的争论,在细节上被假定为不是必要的。在企业、产业以及总需求中,式(4)中 u 的分布原则上可以被分为单独的组成部分。经济单元必须知道非均衡状态中每个部分分布函数的参数,这种情况只是一个例外,而不是普遍的规则。

因此,价格动态理论事实上是一个关于学习的理论。从而,包含在式(1a)和(1b)中的非均衡价格动态的神秘的动机特征,可以被解释为最大化行为。但

---

[13] 相关例子参见 E. S. Mills, *Price, Output, and Inventory Policy* (John Wiley Sons, Inc., NewYork, 1962)。

是，由于存在学习的过程，价格的调整是滞后的。当一个潜在的随机过程不稳定时，这种学习的一个正式的决策过程是不可能得到的。从事后来看，卖者对新数据作出的反映，被描述为遵循之前分布的理性反映。然而由于没有关于频率的足够的信息积累，这些主观评估将至少部分依赖于"判断"，并且在不同的理性人面对相同测量数据时的预测也将不同；以个人经验以外的数据为基础，预测将周期性地以不可预知的方式变化。在奈特式的意义上，这些差别与波动大概就是风险与不确定之间在操作中的差异。稍后，我们将检验这些学习是否能够产生一个稳定的价格调整($D-S$)，或者与现在（或过去）的其他变量相关的方程，其中，卖者以估计的需求采取行动。

B 最优失业水平的其他来源

在对非均衡行为进行更深入的探讨之前，我们将简要介绍可以扩展到更加一般的闲置资源理论的传统存货理论中对于最优失业的定义。大多数经济学家可以容易地接受该定义，即，在面对不确定性时，产品市场中的最优行为就是保留闲置资源的调节性库存储备，这区别于投机性持有；即使未来需求函数被预期到不发生变化，这些储备也将生产和保留。在前面的分析中，库存缓冲明显地依赖于随机需求表中信息的缺失。很少有人建议在产品（如，资产）市场中，纯粹为自己获利而使社会受损的闲置。然而，描述卖者面临随机需求的其他交易的一种不同见解，似乎非常盛行。在对待劳动力的态度中，失业非常明确地被认为是一种社会浪费，它对于劳动者而言更是一种负担。[14]

在许多市场中上述论点的逻辑也非常相似。例如：能够有效控制工资水平的劳工组织（工会），被认为符合式（4）的需求函数。它大概试图最大化某些偏好函数。在均衡状态下，即，工会知道需求的真实概率分布时，这一般不会引导它们确立预期失业率为零的工资水平。再者，在非均衡的现实世界中，它将带来与单一卖者十分相似的学习和预测难题。

通过考虑单一资产的销售，可以看到最优失业率的其他方面。这种极端的情况启发我们思考大范围交易的重要特性，而这些特性对于分析非弹性价格和失业非常重要。房子、公寓和商业建筑的销售就是明显的案例。还有其他不太明显的案例；公寓的主人有限时间的出租公寓，就是销售一系列服务（即一项资产）的现值。同样，非工会化的单个劳动力有限（尽管期限不确定）地出售他的服务流，也就是在销售一项资产。

---

[14] 一个显著的例外参见 A. Alchian and W. Allen, *University Economics* (Wadsworth Publishing Co., Belmont, Calif., 1968), Chap. XXV。在许多重要方面上，作者在书中得到了和本小节相似的结论。

在分析单一资产的销售中,相关随机变量不是单位时间的数量,而是形成交易需要的时间长度。假定卖者不遵循式(4)所定义的需求函数,但遵循一个以价格为变量的单位时间销售资产的概率函数。当销售的概率由 0 变为 1 时,看起来资产的价格变化也相应地非常大。这个范围依赖于资产的异质性,以及形成交易所需花费成本的差异。异质资产的质量由大量不同的成分所决定,这些属性描述起来非常复杂,但可以通过直接观察估定。对于购买过房子的任何消费者而言,这些费用是显而易见的。当然,搜寻成本本身也是一个经济变量,主要由搜寻者的时间价值决定;尽管潜在购买者的数量可能很大,只有少数人可以评估并提出单位时间上的特殊别墅的价格。

销售类似于特定公司普通股的同质资产,与销售别墅问题形成对照。我们可以假定,在一定价格之上存在愿意购买该别墅的需求者,但由于品位不同,价格的分布可能是一个较大的范围。如果卖者只能够从一个时期的小部分购买者中进行抽样,而不管在任何特定价格存在多少购买者,那么他将不得不大幅降低价格,从而提高单位时期的销售概率。另一方面,由于不同份额普通股持有者的同质性,较大数量的潜在购买者可以快速地获得相关信息;而且由于卖者通过代理和交易所与大部分市场进行联系,一个相对较小的价格下降将引起销售概率迅速提高到 1。

一个应用于别墅销售者的方程在图 1 中得到描述,Π 代表单位时间间隔资产的销售概率,它是要价 S 的函数;[15]$\Pi = h(S)$,其中对于某些 $S' \leq S \leq S''$,有 $0 \leq \Pi \leq 1$。因此,资产可能售出的时间间隔 T 是随机变量,在 $T = t$ 时,概率为 $\Pi(1-\Pi)^{t-1}$。假定卖者知道市场的真实状态,并且该状态将持续到将来,卖者自然被认为将最大化预期现值,因此选择一个满足最大化公式(5)的价格。

$$S\Pi \sum_{j=0}^{\infty} \left(\frac{1-\Pi}{1+r} \right)^j, \qquad (5)$$

其中,r 代表单位时间间隔没有销售别墅的成本,它表示为销售价格的一个百分比。[16] 如果别墅不是趋向于 0,而且不贬值,那么 r 只是他没有实现资产的盈利水平。更一般地说,r 将随着贬值程度而增加,随着他利用别墅带来的收入(如,投入或实际出租等)而降低,对几何数列求和,并且计算当价格趋于 0 时的导数,我们可以得到

---

[15] 函数被假定满足线性仅仅是为了分析的简便。图中的函数可能只表示对一个住宅的需求,而对于整手交易的普通股,它几乎是垂直的。

[16] 上述例子中假定交易在时期的开始发生。同样地,应当注意到分析隐含假定被取样到的买方人数不会发生变化;否则当 t 取无穷时,函数将趋向垂直。

$$S^* = -\frac{h(S^*)[h(S^*)+r]}{rh'(S^*)}, \tag{6}$$

其中,S^*是最大化价格,最优销售价格意味着最优Π^*,它反过来意味着最优期望间隔$(1-\Pi^*)/\Pi^*$,一般地说,在这个期望间隔上资产将处于没有找到买家的市场中。[17]

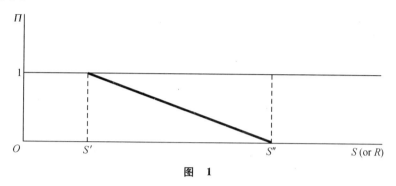

图 1

尽管上面很可能是问题结构的最简单特征,它仍然提供了重要的见解。最大化价格只是一个关于决定$h(S)$的参数的方程;除非参数发生了变化,不管资产被卖出的时间有多长,要价将依然不变。如果参数发生变化,并且假定别墅所有者知道这种变化,他的要价将迅速移动到新的均衡价格。

问题中一个有趣和重要的变量,就是出租一项独特资产而不是销售。为简单起见,假定卖者最大化预期财富,并且不存在贴现率。单位时间间隔Π的出租概率是一个关于R的函数,$g(R)$代表要求的租金价格,卖者同样希望保持函数的稳定性。租期T遵循几何分布,T的期望值等于$(1-\Pi)/\Pi$。如果其他费用被忽略,关于贴现率的假设意味着,当预期收入流最大化时,资产的预期价值也取得最大化。因此,租金价格R满足最大化条件:

$$\frac{RL\Pi}{\Pi(L-1)+1}, \tag{7}$$

其中L代表损失;尽管这个最后的变量是假定给出的,更完善的分析将它当作内生变量处理。[18] 对式(7)关于R差分可得

---

[17] 不同资产的"流动性"可以按照时期$(1-\Pi^*)/\Pi^*$的长度进行分等。
一方面是最优预期销售时间,另一方面是某个购买者的最优搜寻时间,两方面的动机对货币理论模型的有用性提出了质疑。因为在货币理论中,对货币的需求瞬时(或者几乎瞬时)地等于供给。当适用于高度市场化的证券而非销售一幢别墅时,一个增加的货币需求将被迅速地意识到。类似地,一个下降的货币需求和一个增加的别墅需求,可能涉及一个购买者长久的最优搜寻时间。

[18] 如果$(1-\Pi)/\Pi$是单个月租用的概率,那么$L+[(1-\Pi)/\Pi]$是她将被租用的预期时间(此时租用在月初开始)。$L/\{L+[(1-\Pi)/\Pi]\}$表示成功的租用之间的预期时间比率。它乘以R得到(7)式。

$$R^* = -\frac{g(R^*)\{g(R^*)[L-1]+1\}}{g'(R^*)},\qquad(8)$$

其中 R^* 代表最大化价格。最后,我们可以以 L 和 $g(R)$ 的参数形式,得出预期空闲率的最优值;在 R^* 时,预期空闲率满足

$$\frac{1-g(R^*)}{g(R^*)(L-1)+1}.\qquad(9)$$

再一次地,上式阐明了问题中的随机元素与摩擦性失业之间的正式联系。如果所有者知道并保持他关于 $g(R)$ 的估计,他将最大化其收益,而不是由于制度上的原因保持带来空置率的价格。"闲置"资源可以被观察到,但这只是简单地反映了在随机世界中运作的费用。

关于最优出租决策的分析,在形式上可以直接应用于某些非工会化劳动力市场的行为特征。单位劳动者在寻找工作时,面临与公寓所有者在出租公寓时相同的决策;劳动者希望将一段有限时间的服务提供出来。在已知满足 $g(R)$ 的市场条件下,$g(R)$ 可能包含其他变量,劳动者将寻找工作,直到满足他要价的水平为止。只要 $g(R)$ 保持不变,他就不会改变工资水平,不管他处于失业状态多久。当然,这个结论与来自随机需求表的结论非常相似;卖者始终处于知晓确立随机决策函数参数值的情况下的均衡状态。非均衡价格变化出现在对知识积累的反映中,这些知识包括那些数量未知的参数值的大小。

在上面的讨论以及其他绝大部分的情形中,我们假定卖者确定报价单但不决定价格。对于某些市场(劳动力市场是一个重要的例子),这个假设是非常不现实的。为了引入雇主的工资报价单,更全面的分析是必要的:这将包括产品需求,以及作为产品生产中重要要素的劳动力需求之间的相互关系。在随机世界运作的企业,自然存在随机的劳动力(以及其他投入要素)需求函数,它们则由产品需求表得出。这些与前面讨论一致的费用考虑问题,将明确地指引企业连续地处理劳动力服务流量的问题(传授给企业专用型现有雇员的在职培训,在这个方面上是特别重要的)。作为这些要素的结果,企业将发现保持均衡的劳动力库存是有益的。在最优库存策略的表达公式中,必须考虑具有随机成分的辞职概率,[19] 在新劳动力的市场上,企业将面对关于在确定价格水平的单位时间间隔中,获得不同劳动力数量的概率的供给函数。给定预期雇用条件下,将出现企业愿意发布的均衡工资水平(即,利润最大化时),只要定义相关概率分布的

---

[19] 单个工人的部分辞职决策,涉及它们对自己在被雇用时以及不被雇用时搜寻市场的成本和收益之间的权衡。这些论题的一个完备讨论,在重要的方式上补充了我们研究的不足,参见本书 A. Alchian 的论文。

参数保持不变,这样的报价将不会改变;低工资不会保持劳动力长期处于均衡水平,而高工资增加了不必要的费用。给定总需求的未知增长,例如:企业可以观察到辞职率高于公认的合理水平的趋势,而且在原有的均衡工资水平下,它想获得需要的劳动力将存在困难。然而,相对于该信息的使用,没有论点特别适用于前面没有讨论到的问题。与产品价格的调整以及工人要求工资的调整相似,企业所提供的工资水平的非均衡调整,同时发生在企业获得未知参数值的确定信息时。这就是下面我们要讨论的内容。

3 非均衡价格回应

A 非均衡设置中的价格调整

第二部分重点描述了均衡与非均衡情况下价格调整之间的重要区别。本节将以此作为线索进行讨论。分析将重点关注由真实的"奈特式"不确定性(上文中所定义的)所代表的世界中,学习是否能够产生式(1a)和(1b)或者它们的差分方程所假定的价格行为。为了清楚地进行讨论,式(4)可以被一般化,重写为

$$x^e = f^e(V, p, u_1, u_2, u_3, \alpha^e), \qquad (10)$$

其中 x^e 代表需求的估计;u_1, u_2, u_3 分别是企业、产业和总需求的随机元素;α^e 是移动变量的估计。尽管被引入到标准垄断模型的上下文中,上述关系也可以应用于对租金市场的解释;卖者被认为拥有大量他所租赁来的公寓,x^e 可以被重新解释为能够满足需求的特定时期单元的比例。[20]

为了分析的简单和推导上下文的论点,假定经济处在货币当局已经长时间保持货币价格水平稳定的情况下,它的含义也应用于研究通货膨胀的权衡。另外,暂时假定货币政策变化将引起需求变化的不确定性;u_1, u_2 被暂时抑制。在这样一个假设的经济中,如果均衡在瞬时得到重新建立,在当期,孤立地考虑货币价格10%的增长,必然引起一次性地名义货币数量的增加。[21]

在通货膨胀的偏离过程中,超额需求以空置率、存货以及劳动力市场失业率水平下降的形式出现。假定一个经济环境中的"代表性"卖者,他的需求函数遵

---

[20] 一项单一资产的租用者——"劳动者"——并没有观察到一个空缺率,但是他观察到了租用之间不同的间隔。当然,就此假定这是他获得信息的唯一来源是不符合现实的。除了他自己的经历之外,他还可以从市场中其他交易者那里收集信息。

[21] 严格来说,如果经济正在扩张,那么一个不变的价格水平将要求一个货币扩张的均衡速度。同时,一个货币扩张速率一次性的偏离也将要求一个价格的一次性调整。

出于阐述目的,我们已经选用了这个简单的教科书中的例子,如果总需求随着财政政策的变动而发生变动,我们的分析也同样适用。

循式(10)，而且其行为如图2所示。假定他设定与最优空置率和存货水平(由图2中 U^* 表示)一致的价格,给定 α^e 为没有任何价格变化趋势的基于长期证据的估计。

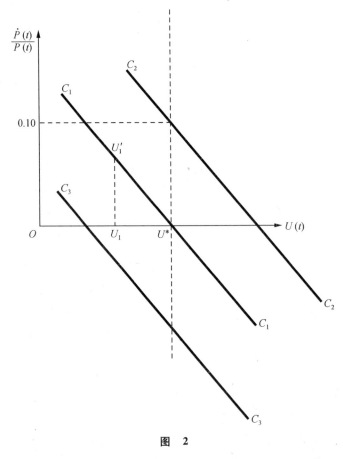

图 2

因为货币供应量变化带来了需求变化,可以观察到库存水平 U_1 小于 U^*。对于那些意识到存在不确定性的卖者来说,当他们形成 α^e 的估计时,不会对当前闲置资源水平的减少给予过多的重视;过去数据将依然被用于计算。因此价格的升高 $U_1 U_1'$ 还不足以在现阶段恢复均衡。事实上,观察到的价格增长可以概念性地分为两个部分:(a) 由于卖者对其数据的进一步观察,从而对 α^e 的估计变动引起的部分;以及(b) 利用类似于在变量 V 中所包含的新信息而造成的部分。[如果式(1a)和(1b)现在作为预测公式从新进行表示,他们被任意地误认为是式(2)中变量缺少的结果,而且它们的解释力将丧失。在菲利普斯回归曲线中,制度变量含义的成功可能归因于它们拥有的信息内容,且在预测中得到帮助的事实。][22]

也许最自然地描述所涉及行为的方式,是采用贝叶斯分析理论的术语。卖者拥有主观的关于 α^e 的先验分布,而 α^e 被最新的信息所修正(大致上讲,对于每一个卖者,过去历史价格的稳定时间越长,对于当前偏离量权重的影响越小,因此对价格调整的影响越小)。检测总需求偏离的问题,由于引入 u_1, u_2 的潜在影响而变得越加复杂;其中 u_1, u_2 代表企业和产业影响的主观随机部分的影响。这些造成的主观差异将更大,因此诱使卖者基于过去经验而赋予当前观察值一个更小的权重。[23]

对于和稳定价格一致的长期均衡策略重新确立后的某段时间,前面的推论意味着货币价格实际水平会比较低。在第二阶段,观测到的价格将迅速地上升,远远超过前面认为的与长期货币策略相一致的价格(事实上,没有先验理由解释为什么价格不能迅速增长,以超过货币数量扩张的通货膨胀的前期)。一旦价格设定者拥有总需求异常增长的认知能力,他们必然意识到这只是短时间偏离均衡策略。最近通货膨胀经验对总经验的充实,将导致对所谓标准策略的修正,这种修正将造成价格短时间内以超过均衡水平、与长期货币政策相一致的速度增长。后一阶段(上升的价格带来产出暂时性的"超额供给"),被用来传递货币扩张已经恢复到长期均衡水平的信息。特定的均衡路径(从而,超额需求测量与价格变化率之间被观察到的关系),将依赖于学习路径。给定一个符合前面定义的充满不确定性的真实世界,这个路径将依赖于每次调整所发生的特定历史环境。然而,如果长期货币政策与稳定的货币价格相一致,我们为代表性的卖者勾画出围绕图 2 中 U^* 的连续观测点的分布,U^* 代表闲置资源的均衡水平。U^* 右边的连续观测代表由于卖者内在不确定性而带来的自然失业,而 U^* 左边的连续观测代表自愿性超额雇用的状态。两侧位置本质上归因于政府当局以不可预测的方式改变它们的行为,从而造成暂时性地愚弄经济现象。

当大量原因揭示 $\dot{p}(t)/p(t)$ 和 $U(t)$ 之间的简单关系不是很稳定时,前面描述偏离的调整将预期围绕图 2 中的 C_1C_1 直线波动。当然货币当局将错误地认

---

[22] 关于报告这些变量得到成功运用的研究例子给出了相当不同的解释。参见 O. Eckstein 和 T. A. Wilson, "Determination of Money Wages in American Industry," *Quarterly Journal of Economics*, 76 (August 1962), pp. 379–423; 以及 O. Eckstein, "Wage Determination Revisited," *Review of Economic Studies*, 35 (April 1968), pp. 133–144。尤其地,失业的额外变化改进了解释工资变动的观点是十分含糊的。在商业周期的过程中,它趋向于在正常的菲利普斯曲线中产生逆时针环(anticlockwise loops)。

[23] 得出这个推论的隐含思路与后续分析理论的结论是相类似的。后续分析理论的结论表明,研究一个给定概率水平的决策所需要的样本数量,是一个关于方差的递增函数。

为,菲利普斯曲线对描绘可获得的均衡权衡是有用的。假定如此,通过观察历史上的关系,当局转换为与10%通货膨胀率相适应的新均衡策略(未公开的,或者公开但不被信任的),以获得一个较低的均衡失业率。短时间状态下的某些时刻,当局可能通过向后看以及观测新政策带来的可测量的增长效果。正如我们假设,个体最终知晓任何稳定环境,并对之作出反应,他们会及时地将稳定的10%的通货膨胀率包括到预测变量中,因此以10%的年度速率增加他们的货币价格,重新建立均衡的相对价格,以维持 U^*。菲利普斯曲线将移动到 C_2C_2;货币扩张速度瞬时偏离的权衡分散在这条线的周围。同样地,长期通货紧缩政策将得到如 C_3C_3 的菲利普斯曲线。尽管短期关系不稳定,由于不确定世界里学习存在滞后性,短期权衡同样会出现;然而对于一个给定的永久性货币扩张速率,通货膨胀率与失业水平之间的权衡可以获得。长期菲利普斯曲线是一条通过 U^* 的垂线。[24] 给定经济单位的最大化目标函数,以及所有货币变量的零度同质性,这个分析与任意程度的竞争或垄断相一致;它们都将菲利普斯曲线的增长归因于产品或要素市场中垄断力量的增强。

B 一般价格动态的可能性

前述的论点表明,由于决策单位最终将发现(或者更准确地说,形成)没有偏差的估计,因此货币当局不能在均衡通货膨胀率和均衡失业水平之间进行权衡决策。偶然观测到的变量似乎预示,通过货币扩展速度的持续增加,货币当局可以保持 U 的平均值小于 U^*,因此使得卖者对均衡(或"真实")通货膨胀率的估计出现持续偏差。然而,如果我们援引"经济单元最终会知道任何稳定状态"的假定,他们将意识到稳定政策影响货币供给(从而价格)的加速效应,并把这些信息运用到他们的估计函数中,从而阻止政策诱使持续偏离的估计,以保持 U 的水平低于 U^*。

通过考虑被经济学家广泛使用的一个学习模型,可以有效地阐明上述推理。假设卖者将使用关于 α^e 的适应性预期模型。

$$\alpha_t^e = \alpha_{t-1}^e + \lambda(\alpha_t - \alpha_{t-1}^e), \tag{11}$$

---

[24] 在完成本文的早期草稿之后,我们发现另外两篇论文在长期权衡可能性方面与本文得出了相同的结论。参见 E. S. Phelps, "Phillips' Curves, Expectations of Inflation and Optimal Unemployment over Time," *Economica*;以及 M. Friedman, "The Role of Money Policy," *American Economic Review*, 63 (March 1968), pp. 1—17.

我们的论点和弗里德曼(Friedman)教授讨论暂时状态产生的论点显然存在差异。弗里德曼认为暂时性的菲利普斯曲线之所以产生,是因为未预期到的通货膨胀将会导致工人认为货币工资的上升代表了实际工资的上升(他们并没有预期到价格的上升将会抵消货币工资的上升)。

其中，λ 是预期的固定系数。上述微分方程的解显而易见：

$$\alpha_t^e = \lambda \sum_{i=0}^{i=\infty} (1-\lambda)^i \alpha_{t-i}. \tag{12}$$

如果个体严格遵守上述模型，那么他们将被货币当局欺骗；当局在预测经济行为模式后可以简单地创造下一期的需求，这将不同于按照合理百分比所期望的总量。他们借助此策略，诱使价格设定者将价格抬高至略微超过最优水平，此时，价格设定者知道需求的实际状态，而无需通过式(12)进行估计。当然，即便采用这个模型，货币当局也不得不接受持续升高的通货膨胀率，以保持失业水平低于 U^*；即，他们不能享受一个简单的菲利普斯曲线关系。然而，我们拒绝接受如下论点：即，当经济政策变得非常清晰时（给定政府政策时），经济单元将持续遵循式(12)，他们每次的行动都会犯错；我们重申，决策主体将意识到一致的加速政策，并且在作出决策时引入这些信息。类似于菲利普斯曲线，如果政府试图利用该公式作为保持失业水平在 U^* 的左边或右边的措施，那么式(12)将变得没有任何效果。㉕

这些考虑形成的批评，成了最近阿莱(Allais)提出的简单适应性预期模型修正的基础。他表明，调整系数（我们定义中的 λ）不应该被认为是常量，应该被认为是过去预测数值变化率的函数。㉖ 这形成了似是而非的见解：当最近的变化率非常高时，个体将对现在的数据非常敏感（λ 值将非常大）。然而，如果应用在更加拙劣的模型中，这个模型将遭受同样基础的批评。货币当局不得不改变价格的增长率，以愚弄人们并诱使他们产生有偏差的预期；财政—货币当局基于过去任何预测未来的数据模式进行计算，然后使预期下降，使其略微低于合理数量的"实际"值。"人们最终将学会"的公理重新盛行。当价格增加的速度上升时，如果当局遵循一致的策略，理性的个人将利用这种知识调整他的价格，并使

㉕ 这个论点将以一种略微不同的形式得到陈述。式(12)表示某种稳态随机过程的一个最优无偏预测。参见 J. Muth, "Optimal Propeties of Exponentially Weighted Forecasts," *Journal of the American Statistical Association*, 56 (June 1960), pp.299—306；以及 J. Muth, "Rational Expectations and the Theory of Price Movements," *Economitria*, 29 (July 1961), pp.315—335。因为货币—财政当局是相关时间序列的制造者，所以他们似乎认为可以通过一种私人交易者不知道的方式修改控制参数，以使式(12)出现一个偏离的预测，从而使经济按照他们合意的方式运行。但是理性的交易者不会以一个持续有偏离的方式采取行动；他们会学会潜在的变化，修改他们的预测方程，从而抵消当局蓄意的货币行为。

㉖ 参见 M. Allais, "A Restatement of the Quantity Theory of Money," *American Economic Review*, 61 (December 1966), pp.1123—1157。

389 上述政策作为诱导权衡的行为无效。㉗ 这个论点导致了正式的概括：即，不存在满足下述形式的稳定差分公式。

$$H[\Delta^n \ln p(t), \cdots, \Delta \ln p(t), \ln p(t), t; Y] = 0,$$

其中，Y 是当前和过去变量的向量，包括超额供给程度的测量，它支配学习和预期，货币当局可以基于此选择 U 的任意均衡值。政府不能了解到人们是如何学习、并利用这种知识去改变均衡就业的；或者推断他们并没有学习。

尽管前述的分析已经特别地聚焦在通货膨胀和就业率之间存在的交易可能性方面。一般结论已经迅速扩展到了更大范围的、目前人们所关注货币政策理论的论题上。最近的发展更加强调货币政策的动态方面，它们已经着重获得关于货币政策操作不同渠道滞后结构的证据。当前的发现预示，滞后结构的研究结论对于货币当局可能具有较小的实用价值。由于货币政策效应滞后带来的价格和数量调整，（大部分）是因为个人需要花费时间去学习变量新的均衡值、并应用到他们的决策函数中；在给定历史经验滞后的这种特殊形式中，不能够预期它们会保持稳定，尤其是面对货币当局尝试探索这些知识时。货币当局使经济持续遵循可观测函数运行的任何尝试，将始终如一地造成个人不准确的预测。人们最终将知道目标和货币政策的影响效应，包括引进信息到他们的决策函数中，并最终使前面观测到的、对市场行为的规范学习路径无效。㉘㉙

㉗ 当弗里德曼写道"一个上升的通胀率会降低失业，而一个较高的通胀率并不会如此"时，他看起来是过于乐观了。相反地，如果通胀率以慢于过去一段时期普遍实现的速度上升，那么它应当会增加失业率。他进一步地表明，我们有关于经济体调整货币利率以适应通胀率所需要的时间长度的"系统性的证据"。如果政府试图探索利用它们，这些关于利率的证据应当被证明如同菲利普斯曲线一样短暂。

㉘ 一个类似的结论与脚注⑨是相一致的。那里的论点从货币当局和私人交易者之间的交互关系抽象得出，它不要求特别适用于反映预期和学习形成的动态关系。上述推理仅仅在于，任何描述非均衡价格行为的稳定方程都将被私人交易者发现。通过对获利机会的利用，它们会以一种破坏稳定性的方式采取行动。在上述论点的内涵中，人们会提出私人交易者（在缺乏政府和电脑的帮助，以及职业经济学家等资源的情况下）是否能够找到这样一个函数（如果它确实存在）的质疑。如果他们不能，这个事实可能证明赠（补助）款是合理的。但是，成功的经济学家将不得不为他自己以及他所工作的机构保持结论。一旦这个发现得以公布，私人交易者的行为将产生这种关系不再成立的条件。因为公布效应会使价格迅速达到均衡，所以在公布中会声称一个未来价格或未来价格的一个无偏估计、将等于当前价格加上一个所有成本的正常收益率。这正是股票价格随机游走理论推广到所有价格时的情形。

注意到本文在此涉及的关于学习的论点是较为简单的，因此从这个意义上而言它比早期讨论得更为有力。私人交易者不得不从函数上的点所收集到的数据中寻找一个动态函数。此时，如果政府坚持要使经济处于过度失业状态，那么在事后，私人交易者必定会意识到，它们一直都不得不在同一个方向上犯错以改变假设的行为关系。

㉙ 当然，必须意识到政府的反应不会试图通过降低失业以使之低于图 2 中 U^* 表示的最优水平，即使它永远都能够做到这点。在一个包含完全信息的世界上，帕累托最优要求一个商品被出售给最高的出价者。而在一个包含随机需求曲线的世界上，上述模棱两可的推论认为，劳动或资产在预期收入最高时被出售，这与导致 U^* 的失业水平相一致。

十五年前,弗里德曼(Friedman)在综述经济理论现状时,写到:

> 目前经济理论最脆弱和最不能令人满意的部分,对于我来说是货币动态的研究领域。这个领域把经济整体作为对环境变化的适应过程,同时在总量活动中纳入短期波动。在这个领域中,还没有存在一个适合被我们称作货币动态的理论。[30]

4 卖方通货膨胀和价格动态理论

A 成本推动幻觉和繁荣—萧条交替循环的现实

第二次世界大战后,专业的经济学家和感兴趣的门外汉,重新对老掉牙的假设表现出兴趣。该假设认为,经济单元试图通过"自发地"提高货币工资和价格,以增加国民收入的企图将引起通货膨胀。这种现象被认为是不完全竞争市场的经济特征。最近的讨论表明,成本推动的通货膨胀表现为菲利普斯曲线的自发移动。

卖方通货膨胀作为比较静态中的假定,在事实上没有任何意义,我们认为这点得到了普遍接受。在变化发生以前,如果作最大化处理,不管是在完全还是不完全竞争市场中的运作,该市场最大化静态决策函数,也就是所有的货币变量的零度均值,从而基于部分经济单元的变化必须仅被认为是一个回应。然而,当价格从一个均衡向另一个均衡的移动过程,被认为在不确定世界中预测未来需求的问题时,调整将产生的证据可能误导折中的观测者,因为他们认识到了通货膨胀作为成本通货膨胀的因果机理。

上述问题通过重新考虑第 2 部分提出的案例,并阐明非均衡价格的调整理论能够得到清晰地阐明:货币当局长期遵循稳定价格水平,现在需求政策坚决地进行 10% 价格的偏移。第 2 部分的结论即为,在不确定的世界中价格制定者不会给于需求的当前增长施加足够的压力,从而价格在当期的增长小于迅速恢复均衡时的水平。因此,在标准政策的重新建立后,价格将持续过低,超额需求的现象将持续存在,并且价格将不断提高,最终使得货币当局不得不与稳定价格保持一致。一旦价格设定者检测到需求的真正增长,他们必须意识到它就是以前

---

[30] 参见 Milton Friedman, *The Methodology of Positive Economics* (University of Chicago Press, Chicago, 1953), p.42。当然,我们的推理与众所周知的弗里德曼发现是高度一致的,即货币政策存在一个长期且可变的滞后效应,特别要注意"可变"。参见 "The Lag in the Effect of Monetary Policy," *Journal of Political Economy* (October 1961), pp.447—466。

的偏移。基于他们的总体经验,通货膨胀阶段将造成他们重新修订通货膨胀水平的一般估计,并调整他们新的通过新均衡水平的价格以提高预期。通货膨胀均衡水平没有改变的信息,将通过与相对价格提高相伴随的超额需求的出现而得到传递。

证据被错误解释的可能性非常明显。通过观察货币数量传递增加阶段及其后续阶段,观测者将试图把初始阶段定义为需求引致通货膨胀而后续阶段定义为卖方通货膨胀(后续时期中均衡仍然保持不变)。在这些后续阶段,价格好像自发性地提高了。货币政策的紧缩暗示着,一般政策对于价格提高将不再有效,事实上它只是延缓了过去总量增长的相对反应。

流行的经济思维长期以来一般认为,经济体满足在繁荣与萧条之间交替循环的现实。"增长的最后必然衰退。"上述概括试图表达这种动机,与成本推动型通胀的理论相反,它具有更合理的基础。在我们典型化的案例中,在实际价格低于均衡水平的阶段,过渡充分的就业将作为经济的特征,一旦价格由于通货膨胀预期临时形成的原因而提高到超过均衡水平时,非自愿失业将会发生。预期的修正需要繁荣与萧条之间交替循环中的繁荣。㉛

B 管制价格与相对价格调整

关于卖方通货膨胀的文献,由于强调在通货膨胀过程中要素和产品价格自发性增长的因果作用,已经和拥有"市场力量"的企业或工会所管制市场的自发性或"自然"价格集合形成了对照。"市场力量"大致上包含不明确垄断程度的部分假定。更具体地说,这种差别的经验内涵是,当存在总需求变化反应的长期滞后时,经济单元被当作"管理"价格处理,从而得到存在闲置资源所对应的价格提高的证据。我们的分析表明,这种行为并非与一些包含斜率参数的需求和供给函数的垄断力量中的静态度量相关,而是与决策制订者所面临的学习结果问题,以及不确定性的程度相关联。

作为例子,我们考虑两个具有如式(10)所示的随机需求表,以及同样的总需求分布误差的卖者,可以通过下述事实对他们进行区分:即,一个卖者比另一个卖者拥有企业和行业内的随机成分的较大方差。如果他们初始时处于 α^* 估计值等于 α 实际值的均衡位置,对于由总需求变化导致的 α 实际值的任何给定偏移,保持其他变量不变,具有较大方差的卖者将花费更长的时间检测到偏移,从而较慢地进行价格调整。对于拥有较大随机成分的卖者,给定量级的偏移,非

㉛ 应当注意到,这点意味着,周期性的行为有别于包含任意假设的分布滞后系统得出的结论。本文的推理即为,萧条—繁荣的交替循环是传递信息和修正错误预期的必要条件。

均衡状态的连续阶段将更相似。[32] 因而,企业或劳工组织(工会)潜在地面对在教科书中所暗示的垄断力量极小的需求和费用函数,并缓慢调整到基本非均衡状态,因为需求的较大方差被认为是正常的。

相同的推理步骤适用于图 1 中描述的资产需求曲线。需求曲线越陡,最优价格越低,[33] 最优概率越高,预期销售时间越短,销售时间的方差也就越小。最后两个因素将影响卖者更快地洞悉需求变化。实际均衡价格的给定偏移改变实际概率的幅度越大,需求函数越陡,这也是正确的。正如陡峭函数所反映的,卖者拥有信息的程度越大,调整价格的速度就越快。

C 一些历史阐释:历史随机经验主义的实践

基于上述分析,能够重新对历史上就业—工资现象的某些形式进行定性讨论,这些现象已经对需求拉动理论提出质疑,并与成本推动理论的机制一致。三个例子如下:(a) "即使在 19 世纪大型工业联盟出现之前,当失业率低于 6% 时,平均每小时收入增长速度超过生产率增长速度;"[34] (b) "在可比较的失业率下,制造行业平均每小时的收入,在战后超过了 1930 年以前;"[35] (c) "1950 年代后半期成本推动型通货膨胀理论的观察(价格提高和超额供给),以及 1960 年代相对稳定价格时期的长期繁荣"。

第一个事实可以通过通货膨胀在这段时期的发展得到解释。价格从 1896 年到 1914 年以 2.5% 的年度速率增长,假定货币工资增长包含了通货膨胀预期是非常合理的。第二个事实与在不同时期之间的不同通货膨胀率,以及预期的相应差异相关。最后,第三个事例可以作为紧随 20 世纪 50 年代早期的降低通货膨胀的财政紧缩政策得到解释。前者造成对预期的向下修正,从而允许 20 世纪 60 年代初期以相对较低的通货膨胀率进行扩张。

---

[32] 这个论点的逻辑和上文脚注[23]中的讨论相同。

[33] 这点成立是因为,曲线趋向于垂直形状的移动,降低了当销售概率上升时,以之前价格计算的成本。

[34] W. G. Bowen, "Wage Behavior and the Cost-Inflation Problem," in *Labor and the National Economy*, W. G. Bowen, ed. (W. W. Norton & Co., Inc., New York, 1965), p.84.

[35] Bowen, *ibid.*, p.85.

第11章 异质资本商品的市场出清[*]

唐纳德·A. 尼科尔斯(Donald A. Nichols)

  本文围绕一个简单的模型,提出了一些命题以刻画异质资本商品市场特征(资本商品是指生产工业品的生产资料——译者注)。我们把大部分精力放在确定该模型的均衡闲置率上。当所讨论的不是劳动力市场时,我们会更经常使用"存货"这个词而不是"失业",但是该模型显然适用于劳动力市场(劳动力市场是异质商品市场的一种,本文中"unemployment"与"inventory"同义。"unemployment"用在劳动力市场上,翻译为"失业";用在一般商品市场上,翻译为"闲置"——译者注)。事实上,对于异质性资产的卖方来讲,该模型所产生的均衡闲置率是最佳"存货"水平,优于其他所有闲置水平。这个闲置水平实现了市场参与者对闲置水平的期望。在过去,术语"摩擦性闲置"被广泛用于描述这种类型的闲置。本文解释了在异质资产市场中为什么应该存在一定水平的摩擦性闲置。

  研究的动力来源于为一个偶然观察到的现象寻求解释的渴望,这个现象是:在非同质商品市场上,资源闲置现象最为明显,如劳动力市场、房屋市场、固定资本商品市场等。异质资产市场上的资产,它们彼此相似而又有差别,下面所发展的模型就是基于这种市场。研究表明:与同质资产相比,这种资产有着更高的期望闲置率。在非常严格的假设下,我们将看到这个市场如何展现出它的规模经济效应——随着市场规模的扩大,买方可以以更低价格购买商品,卖方可以以更高价格出售商品,并且闲置水平降低。

---

[*] 作者衷心感谢联邦存款保险公司(the Federal Deposit Insurance Corporation)和威斯康星大学研究生研究委员会(the Research Committee of the Graduate School of the University of Wisconsin)的财政资助。

除异质因素外,其他因素对闲置均衡水平的存在也有影响,为把它们的影响区别开,下面所构建的模型假定:除非是异质性商品,否则闲置均衡点为零。

只有当商品是异质时,未出售的商品和未得到满足的需求才会同时存在。在这个模型中,异质性可以被看做是存在摩擦性失业的经济原因。这种在劳动力市场上所观察到的失业现象(该市场上失业率从来不等于零),仅仅可能发生在异质性资产身上。

为什么异质性是导致闲置的关键因素呢?原因是:异质性导致了大量不同价格的同时存在。买方和卖方可能会发现:等待一个更好的价格是最优的选择。对于不存在搜寻成本的同质资产来讲,这种情况是不可能发生的。在本文模型中,假设不存在搜寻成本,但是存在等待成本。换句话说,在调查了所有待售商品后,买方可能选择去等待新商品在市场上的出现。与之相关联的成本是等待成本,而不是调查成本。

此外,我们可能还注意到搜寻成本仅仅与异质性资产有关。如果资产是同质的,那么买方只需知道价格就可以做出是否购买的决定。而对异质性资产,买方还需要详细了解商品的各种特性。只需对房屋与普通股票的购买过程进行比较,读者就能认识到异质性的重要。因此,以前关于搜寻成本的文献主要是针对异质性资产而言的。[①]

本文的讨论不涉及闲置率对商品需求变化的影响。以前有关市场的研究工作仅仅关注(市场的)动态性而忽略了那些决定闲置均衡水平的因素[②],所以本文是对其他有关市场研究工作的补充。然而,本文的模型确实洞察到异质性可能影响价格期望的形成。一段简短的结论性讨论显示,该模型的一个拓展模型可以涵盖价格期望并产生一个菲利普斯变化的价格—调整等式。从拓展模型的均衡价值推导出的闲置率,更大程度上依赖于市场主体对未来价格的预期。在本文中,凯恩斯所说的劳动力市场参与者所存在的"货币幻觉",我们把它描述为"错误的价格预期"。

我的研究步骤是先建立一个简单的买卖资产的优化模型。建立该模型的目标是寻找市场出清的条件,对于买卖双方进入市场的决策,该模型并不关心。随着价格上涨,购买者会越来越少而卖出者将越来越多。但他们一旦进入市场之后,所做出的买卖决策就与是否进入市场的决策无关。一旦进入市场,他们必须

---

① 参见 J. Stigler, "The Economics of Information", *Journal of Political Economy*, 61(June 1961), pp. 213—225, 以及 J. Macqueen, "Optimal Policies for a Class of Search and Evaluation Problems", *Management Science*, 10, No. 4(July 1964)。

② 参见 R.E. Lucas, Jr., and L.A. Rapping, "Real Wages, Employment, and Inflation", 本书。

留在市场中,直到完成或买或卖的交易。这个简化假设不会严重影响我们所研究问题的结果。

为了研究存货模型,就必须提到耐用商品。存货之所以存在,是因为拥有者期望在将来能卖个更好的价钱。为了实现这种可能性,商品就必须是耐用的,所以"资本(商品)"一词才会出现在文章标题中。

1　模　　型

在这里,我们把将要建立的模型简单归纳如下:已经进入市场的卖者或买者观察当前商品价格并作出未来价格预期。他们在商品期望现值最小(最大)时做出买入(或卖出)的决策。潜在的出售者做出暂时不销售商品的决策,相当于决心把商品暂时变为存货,或者视为做出自愿闲置的决策。这里不允许出现第三种可能——出租资产。③

卖出或等待的决策取决于两个简单的函数:价格水平以及利息成本——两者都是时间的函数。一个典型的决策过程如下:一个商品卖出者预测到未来价格将高于当前价格,为了能够以更高的价格出售,商品卖出者还要考虑在资产持有期内产生的利息成本,然后决定是否继续持有资产。

为了能够处理待售资产是独特商品的情况,特做以下简化假设:每个销售者只有一单位商品需要出售;每个购买者也只希望购买一单位商品;一旦买卖双方进入市场,他们将留在市场中,直到交易完成;每个时期的市场新进入者数量是价格的函数,市场新进入者数量的不断变动使需求和供给获得了价格弹性。

数学上,这些假设用公式(1)—(4)表示,其中:$S(t)$ = 时刻 t 市场上出售者的数量;$D(t)$ = 时刻 t 市场上购买者的数量;$s(t) = \mathrm{d}S(t)/\mathrm{d}t$ = 时刻 t 出售者数量的变化;$d(t) = \mathrm{d}D(t)/\mathrm{d}t$ = 时刻 t 购买者数量的变化;$s^*(t)$ = 时刻 t 从外部进入市场的出售者数量;$d^*(t)$ = 时刻 t 从外部进入市场的购买者数量;$q(t)$ = 时刻 t 完成的交易次数;$P(t)$ = 时刻 t 所完成交易的平均价格。

$$s(t) = s^*(t) + \alpha P(t) - q(t), \quad \alpha > 0, \tag{1}$$

$$d(t) = d^*(t) - \beta P(t) - q(t), \quad \beta > 0, \tag{2}$$

$$S(t) = \int_{-\infty}^{t} s(v)\,\mathrm{d}v, \tag{3}$$

$$D(t) = \int_{-\infty}^{t} d(v)\,\mathrm{d}v. \tag{4}$$

---

③　一旦允许借款,购买并转售就相当于出租。在该模型中,我们没有限制借款。

式(1)—(4)把购买者和出售者的数量作为价格和交易的时间函数。一旦购买方和出售方出现在市场中，就必然要选择使其价值最大化的买卖行为，但上述公式没有告诉我们这些最大化行为的本质。通过改变买卖者的市场行为以及外部力量作用于市场的假设，我们可以改变价格时间路径、存货(S)以及未满足的需求(D)的其他结果。

因为有以下关键性假设：一旦商品出售方进入市场，他仅能消费到希望出售商品的部分服务价值（即商品的自用价值小于其市场交易价值——译者注），所以商品库存(S)与闲置数量成正比。下面简单说明这个假设的合理性：如果某商品对其出售者来讲，自用价值等于市场价值，他将选择不出售该商品（所以也就不能称之为商品出售者）。如果一个失业者认为他的闲暇价值等于工资价格，他将选择不去寻找工作，所以也就不能称之为处于失业状态。所以，我们假设只有当某项资产对其所有者的自用价值小于其市场价格的时候，资产所有者才会是一个资产出售者。为了简化分析，我们假设资产对其所有者的自用价值与其市场价格之比是一个常数($1-k$)。

我们假设资产产生的服务流密度 a，在时间区间内是一个均匀的常数。因此，ks 是对闲置资源总量的度量（以人工或房屋数量度量），kaS 是对闲置资源流密度的度量（以工时或房屋/日度量）。流密度 a 有一个市场价格(p_a)，kap_aS 就是闲置资源的价值。

与之相对应，购买者之所以是购买者，是因为资产对他们而言，其价值超过它们的市场价格。所以购买者的等待成本可以视作效用流失，这是因为在等待期间购买者不能占有该资产。同样假设购买者等待服务的效用损失与资产价值之比是一个常数(g)。所以，gaD 是市场上选择等待的购买者所损失服务的度量，p_agaS 是对这些服务价值的度量。

假设购买者和出售者基于资产未来价格信息做出最优选择。资产出售者的目标是使销售价格与销售之前的(资产)自用收益之和最大化。假设折现率(r)是常数。那么对于出售方来说，将在 T 时刻销售的资产在 t 时刻的价值如式(5)所示。如果未来价格不确定，$P(T)$ 表示在时刻 T 资产的期望价格。

$$PV(t) = P(T)e^{-r(T-t)} + \int_t^T (1-k)p_a(v)ae^{-r(v-t)}dv. \tag{5}$$

关于 T 求式(5)的最大值，销售者就可以发现他的最优销售时刻：

$$\frac{dPV(t)}{dT} = P'(T)e^{-r(T-t)} - rP(T)e^{-r(T-t)}$$
$$+ (1-k)p_a(T)ae^{-r(T-t)} = 0. \tag{6}$$

所以，

$$r = \frac{P'(T)}{P(T)} + \frac{(1-k)ap_a(T)}{P(T)}.$$

结果显示,最佳销售时刻是当利率等于资本收益加上销售者收益率的物化价值时。式(5)的二阶条件告诉我们当 $t > T$ 时,如果 r 大于式(6)中确定的 r 值,式(5)取最大值。根据式(6)我们能得到一系列未来资产价格,这些价格都使出售者处于持有和售出资产的临界状态。

图 1 表示:由于对 k 的不同假设,出现三条备择价格路径,都使资产出售者处于持有和售出资产的临界状态。如果 $k = 1$(资产对出售者没有自用价值),为使出售者保持在临界状态,资产价格增长率必须恰好等于利率。如果 $k = 0$,为使出售者保持在临界状态,价格根本不必增值,因为资产对出售者的自用价值等于它的市场价格。如果 $0 < k < 1$,使出售者保持在临界状态的价格路径处于以上两条路径之间。把 $\lambda(T)$ 定义为使资产出售者处于买卖临界状态的价格增长率:

$$\lambda(T) = r - \frac{(1-k)ap_a(T)}{P(T)}. \tag{7}$$

注意:如果不存在交易成本,商品出售就不能视为"一次性"的行为。实际上,卖方的行为可以看做是:无论何时,只要价格增长率预期高于 $\lambda(T)$,卖方将选择持有资产;当资产价格增长率预期低于 $\lambda(T)$ 时,卖方将选择卖出资产。所以,T 不是唯一的。因为我们的兴趣在于一项资产处于持有状态的时间长度,上述分析应该能够应用于资产出售者最初的卖出决策。

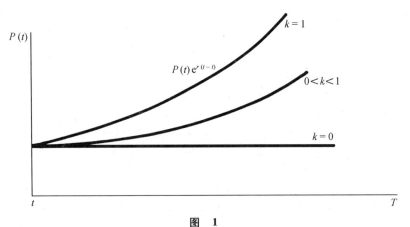

图 1

除了用 $(1+g)$ 替代 $(1+k)$ 之外,买方只需像式(5)一样,对任一方程求最大值即可。买方尽管希望以尽可能低的价格购买资产,但当他们不能拥有此项资产时,会有一定效用损失,因为对买方而言,资产价值高于市场报价。买方的价格函数对 T 求导,得到式(8),对于 $t>T$,如果 r 小于式(8)中的 r 值,买方价格函数就是一个最小值。

$$r = \frac{P'(T)}{P(T)} + \frac{(1+g)ap_a(T)}{P(T)}. \tag{8}$$

式(8)也产生了一系列未来价格,使买方处于现在购买与将来购买没有区别的临界状态。图2显示:如果 $g=0$,期望价格是常数就可以使买方处于买或不买的临界状态。如果 $g>0$,因为资产对购买者而言其价值高于市场价格,所以只有当价格预期走低的时候,买方才会处于这种临界状态。

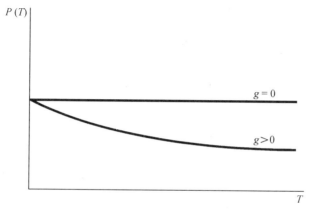

图 2

把 ρ 定义为使资产购买者处于买入、等待临界状态的价格降低率:

$$\rho(T) = r - \frac{(1+g)ap_a(T)}{P(T)}. \tag{9}$$

一旦预期价格下跌幅度超过 $\rho(T)$,买方将选择购买;但当预期价格下跌幅度低于 $\rho(T)$ 时,他们将选择卖出。

为了完成这个模型,我们只需对决定资产未来价格的假设进行讨论。一旦这些假设是已知的,买方和卖方将按模型所描述的方式选择他们的行为。现在,我们来看不同的假设是如何导致不同的闲置水平和价格水平的。

2 同质商品的市场出清

在这一部分,我们把上文中所建立的模型应用于同质商品市场分析,并列出一些显而易见的推导结果。这样,我们就能把本部分的分析结果与第3部分中对异质商品的分析结果相比较。

从以上讨论可见:如果期望价格不是呈上升趋势,卖方将选择立即出售资产。所以,如果卖方感觉商品未来价格不能超出当前价格,就不会存在闲置或存货。相应地,如果买方感觉商品价格不会走低,它们将不会选择延期购买。因此,如果每个人都以相同的方式形成价格预期,未满足的需求和未满足的供给(存货)就不可能同时存在。在商品价格保持长期不变条件下达到的均衡状态,既不存在未满足的需求,也不存在未满足的供给。

已知式(1)和(2),对于常数 s^* 和 d^*,当商品价格如式(10)所示时,市场达到长期均衡状态。

$$P = \frac{d^* - s^*}{\alpha + \beta}. \tag{10}$$

最初,如果商品存在超额供给,就会存在一个较低的市场价格,以及一个以速率 $\lambda(T)$ 增长的未来价格。商品初始价格必须足够低,以便超额供给能够被市场吸收,直至达到市场均衡价格。未来预期价格必须以速率 $\lambda(T)$ 增长,这样卖方才愿意把资产作为存货来持有。

如果常数 s^* 和 d^* 是完全可以预测的变量,仍然会存在一条价格路径,使买方和卖方对他们所做出的决策感到满意。具体来说,如果价格增长速度小于 λ,那么就不会存在超额供给。如果能预见到未来商品需求将大幅度增长,价格就会以速率 λ 增长,卖方就会建立起商品库存以满足未来对商品的需求。商品的高价位会促使更多出售者进入市场,同时也降低购买者的购买意愿。

P、$D-S$ 和 d^* 的典型时间路径绘于图3之中,它刻画了前两个变量如何对 d^* 的预期增长做出反应,这里预期增长仅持续了一个时间段。

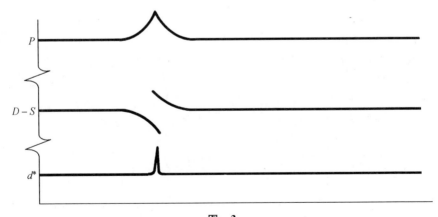

图 3

如果 d^* 的变化是不可预测的，价格水平就可能发生不连续的运动。价格将随着 d^* 的增长而增长，直到所有未满足的商品需求得以满足，市场重新达到均衡状态。价格由最初的不连续上升到后来按照速率 ρ 下跌。

以上讨论基于以下假设：市场中每个人都知道 d^*、s^* 和 P^* 的长期数值。如果我们假设这些数值是未知的，那么我们必须使用一些函数来确定 d^* 的期望水平。一个经常使用的方法是用 d^* 的当前和过去数值的加权平均值来计算 d^* 的期望值，权重随（过去与现在的）时间距离的增大呈几何降低。令 δ 表示当前期 d^* 的权重，$(1-\delta)\delta$ 是上一期 d^* 的权重，$(1-\delta)^2\delta$ 是上两期 d^* 的权重，以此类推。当 $\delta=1$ 时（d^* 期望值等于当前 d^*），如果能够使市场出清，长期期望价格由式(11)给出：

$$P(t) = \frac{d^*(t) - s^*(t)}{\alpha + \beta}. \tag{11}$$

选择 $\delta=0$，如果我们最初给定一个 d^*，之后 d^* 的任何变化都可以被看做是临时的。当 d^* 增长时，价格将相应增长并向着长期期望均衡水平的方向调整，其增长幅度足以消除市场上购买者数量 D 的变化。当然，调整发生在价格 P 以速率 $\rho(t)$ 下跌时。事实上，如果 d^* 确实发生了变化，为了保持它的水平高于期望值，对商品的超额需求将不会随着价格的增长而消除。实际上，每个时期都存在的超额需求将导致 D 的增长，进而是 $P(t)$ 的增长，但是只有当 d^* 回复到期望水平，P 的增长才足以最终满足 D。如果 d^* 保持在较高水平，市场也会逐渐达到均衡，其中 P 将会足够高，以使 D 不再增长。也就是说，P 的取值要使 s 等于 d。然而，已存在的购买者数量 D 将保持不变。

这个例子可以视为一种长期的货币幻觉。购买者期望未来价格会降低，因此愿意花费一定成本来等待。然而，更低的价格始终没有出现。

刚才讨论的是两个极端的例子，一个具有不断调整的期望值，一个从不做调整。前例中，价格是波动的，但市场随时保持在出清状态。后例中，价格调整极慢，市场始终不能出清。介于两种极端情况之间的是，价格虽然不能做到即使调整，但是最终能够实现出清的市场。这些中间情况所产生的价格调整等式可以具有多种形状，但其中任何一个都不能与最初的菲利普斯等式完全一致。变量的时间路径的一组可能状态见图4。

本部分模型所得到的重要结论是，存货和超额需求的均衡水平总是零。现在，我们来看异质商品市场，在这个市场上，存货和未满足需求的均衡水平为正。

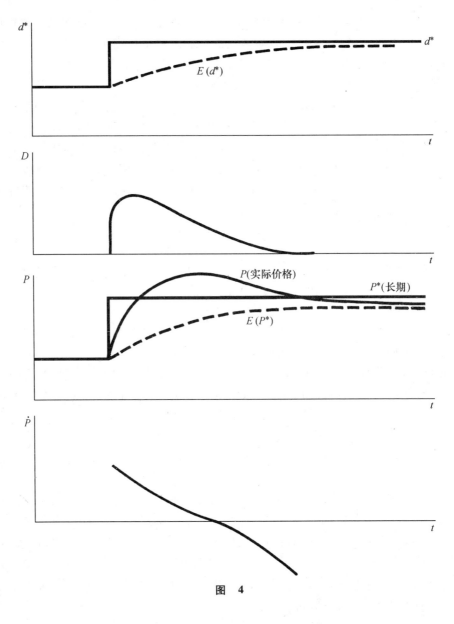

图 4

3 异 质 性

根据定义,异质性资产之间互相都有区别。所以,这个市场上的资产不必具有唯一的价格。对这些稍微有点区别的资产,购买者面临许多不同的出售报价。

因为每个购买者对这些特征不同的资产各有不同的评价,所以出售者所拥有的资产面临许多不同的购买报价。现在,我们来看在这样一个市场上,购买者和出售者如何选择他们的行为。

A 出售一份异质资产

对于待售资产,卖方会面临许多不同的购买报价。首先,在以下假设下我们对卖方所面临的决策问题谋求解决方法:卖方已知产生购买报价的分布,但却不知道这些报价的出现次序。购买报价是从已知分布中产生的随机抽样。假如已知购买报价所服从的分布,资产卖方就能够回答以下问题:如果要价 P', 我必须等待多长时间才能找到愿意按此价格购买的顾客? 问题的答案就是把等待时间作为要价的函数。要价越高,有购买意愿的顾客所花费的期望等待时间越长。

为简化问题,我们假设卖方行为不受所存在不确定性的影响。卖方的行为就好像他能够完全确信在某日以某个价格出售他的资产一样。(要价函数的)反函数将告诉卖方未来任意时间段的期望价格。

之后,卖方会按照第1部分研究出的方法做决策:如果价格期望增长率超过 $\lambda(t)$, 卖方将决定不出售资产;一旦价格期望增长率小于或等于 $\lambda(t)$, 他将售出资产。但是对于待售资产,不同购买者会有不同报价,期望价格增长率现在是他们共同作用的结果。对于卖方来讲,即使在期望上报价没有普遍的增长,卖方也可观察到资产期望售价是时间的增函数。对此可以说明如下:

假设卖方知道产生购买报价的密度函数。对于任意选定的要价 P', 图5中的阴影区域是卖方收到超出要价的报价的概率,图中 $f(P)$ 表示概率密度函数。卖方要想等到阴影区域内的报价所需等待的平均报价次数是 $1/P(P > P')$。所以,如果收到超出 P 的报价概率是 0.1,卖方平均需要等待 10 次买方报价,才能发现报价超出 P' 的购买者。

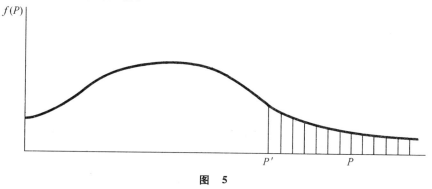

图 5

卖方也可观察到收到报价的速率,每单位时间 n 次。这能告诉卖方,收到第 10 次报价所需等待的时间。所以,期望等待时间(T)作为卖方要价的函数可由式(12)给出,如下:

$$E(T) = \frac{1}{np(P > P')}. \tag{12}$$

待售商品的现值见式(13)④,卖方要把它最大化:

$$PV(\text{sale}) = P'e^{-rT(P')} + \int_0^{T(P')} (1-k)ap_a e^{-rt} dt. \tag{13}$$

式(13)把待售商品现值表示为价格的折现值加上销售之前的自用价值。与前面类似,这里把自用价值表示为商品市场价格的一个固定比例$(1-k)$。关于 P' 求导以最大化式(13),得到式(14):

$$rP' = (1-k)ap_a + \frac{1}{dT/dP'},$$

$$P' = \frac{(1-k)ap_a}{r} + \frac{1}{rdT/dP'}. \tag{14}$$

式(14)告诉了卖方:当持有资产的利息成本等于资产自用价值加上价格期望增长率之和⑤的时候,就应该是出售资产的时机。这与我们出售同质资产的条件相同,只是报价函数均值没有伴随着资产价格发生的增长而增长。等待可以产生更高的购买报价,特别钟爱该待售资产特征的购买者终归会出现。所以,即使卖方对其资产的期望价格没有上涨,等待也会有收益。这里假设卖方所面对的报价函数稳定。

应注意到,一旦卖方确定了要价,无论何时,只要购买报价满足要价,卖方都将接受这个报价,即使这意味着资产的立即出售。均衡值 T 仅仅是时间的期望值,实际等待时间可能多于或少于 T。

如果存在未满足的需求,那很可能有在可接受范围内的购买报价,卖方就不需要再等待。如果是这种情况,就可以接受购买报价。如果不是,未满足的需求不影响卖方对资产的要价,因为它对卖方的期望等待时间没有影响。

B 购买异质性资产

买方面临的问题与卖方不同,因为买方必须详细考虑资产存在的异质性。

---

④ S. Karlin 曾在 "Stochastic Models and Optimal Policy for Selling an Asset," *Studied in Applied Probability and Management Science*(斯坦福大学出版社,斯坦福,加利福尼亚,1962),pp. 149—158 中研究过类似的问题。

⑤ 如果 $d^2T/dP'^2 > 0$,这是最大值。

另一方面,卖方无须关注资产的特征,只需卖出其所拥有的资产即可。而买方不仅要决定报价,还要决定购买什么样的资产。

假设资产在主观特征 k 上有差异。对每个资产包含 k 的数量可能存在不同的观点。可以把 k 看做是依赖于千百种特征的主观数值,虽然每一种特征对购买者都有一定价值但却不能单独购买。⑥ 买方观测待售资产。他们的观测由一系列表示每个资产的价格和 k 的数量的点组成。对于 k 的数量给定如(k^*)时的所有资产,买方可以像卖方那样形成一个关于等待时间的函数。最小化这个函数,可以得到质量为 k^* 的资产的期望购买价格以及期望等待时间。图6中,点 b 代表了那样的点。它表示点 k^* 的最低可购买价格,是价格费用加上等待时间的折现值。

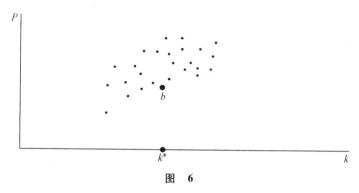

图 6

对于 k 的每个可能取值,都存在像 b 这样的点。把这些点连接起来,就给出了 (P, k) 空间里的一条边界线,它表示如果买方想购买特征为 k 的资产所必需的期望花费。如图7所示。

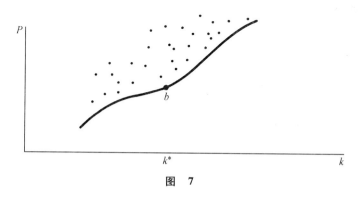

图 7

---

⑥ 比如,某个房屋的位置可能是靠近商场,远离交通,靠近喧闹的邻居,或者容易遭受泥石流。每一个购买者都可能对该房屋的位置做出不同的评价,这是因为市场不允许对这些特征单独出售。

407　　　买方具有的偏好也可以在 k 和 P 的坐标系中表示。这些偏好应该告诉购买者图 7 中边界线上的哪些点能给他带来最大的满足。这些偏好用图 8 中的无差异曲线表示。假定有合适的凸度,将存在一个切点,切点代表买方希望购买的资产和愿意为该资产提供的报价。

买方当然能够为具有不同 k 的资产提供报价,但是在报价到达切点以前,他不指望这些报价会被卖方接受。当然,买方给出的"其他报价"必须在无差异曲线 I_1 上。根据买方的期望,他对图 8 中所示的 k 的报价要先于"其他报价"被卖方所接受。但如果不存在报价成本,买方仍将会给出"其他报价",因为实际中"其他报价"也有可能首先被卖方接受。

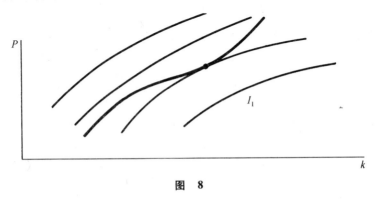

图 8

C　买方和卖方

这里我们来看买卖双方都按上文所示策略行事的后果。异质市场和同质市场之间最惊人的差异是:在异质市场中,买卖双方都能等到将来更好的交易价格,并且都能达到满意! 也就是说,对于买卖双方来讲,等待是个理性的选择。

408　　在将来,买方将找到一个更低的购买价格,而卖方将找到一个更高的出售价格。事实上,唯一能使卖方放弃等待、选择卖出资产的原因是持有资产的利息成本。

所以,我们会观察到未售出资产和未满足需求的同时存在。这在同质商品市场上是不可能存在的。摩擦性闲置或说摩擦性存货水平很少为零的一个充分条件就是所讨论的对象是异质商品。

以上都是些定性结论。定量结果将从分布的均值中得出。我们已经对买方和卖方的决策行为进行过分析。给定买方对资产的偏好和卖方所拥有的资产,双方将面临具体的价格分布和等待成本。因此刻画整个市场的变量只能是它们的平均值。对于不同的人,价格和等待时间也将不同。但是,诸如"工资率"或"持续失业时间"这些市场统计量能够用观测值的简单平均数来构造,现在正是这些平均值引起了我们的研究兴趣。

卖方的平均等待时间表示为 T_s。在均衡状态,单位时期内有 $\bar{s}$ 个新出售者进入市场,所以,均衡市场上,卖方的等待时间共计 $\bar{s}T_s$。这些构成了失业的劳动力或库存的商品。这些卖方在等待青睐他们资产的购买者出现。

类似于卖方,市场上处于等待状态的买方的均衡数量是 $\bar{d}T_d$,$\bar{d}(=\bar{s})$ 表示单位时间内新入购买者的均衡数量,T_d 表示购买者的平均等待时间。没有先验的理由使人相信 T_d 等于 T_s;它们的取值范围取决于所收到报价\要价的数量以及报价\要价所服从的分布。比如,卖方很可能公开地对他们的商品做广告,相当于对所有潜在购买者给出要价,而买方只是有选择的对某些商品进行报价。这样,卖方所收到的报价次数就少于买方,要完成交易,卖方可能需要更长的等待时间。

假设 $\bar{s}=\bar{d}$,均衡闲置水平由 T_s 决定。从式(22)中可见:T_s 的决定因素是所收到报价的次数和报价所服从的分布。如果市场规模的扩大增加了卖方收到"服从给定分布报价"的次数,并且 P' 保持不变,那么 T_s 将降低。⑦ 当然,T_s 和 P' 的互相决定,使 P' 的增长也能导致 T 的增长。也就是说,如果收到报价的速率在增加,卖方等到一个可接受报价的期望时间将会缩短。另一方面,卖方可以提高要价并使 T 保持不变,或者以其他方式组合这两个变量。实际中,确实存在这样的价格分布:卖方可以把价格提到足够高,以有意增加等待时间。对具体市场的结果的推导,需要对报价分布进行经验性研究。归纳性的讨论到此为止。

D 进一步的拓展

本部分中,需要修改我们所做的假设才能用来推导菲利普斯曲线本质结论。第2部分,我们检验了一个期望形成的假设如何产生一个价格调整的表达式。在本部分,我们假设市场的主导价格是确定性的,也就是说,报价分布不变。分布的均值为常数。我们没有检验异质商品市场如何随着商品需求的变化做出调整。

把分析拓展到囊括需求变化的情况,一个显然的方法是把问题转化为一个贝叶斯决策问题。买方和卖方对报价有一个先验性分布。这个先验性分布会随着不断收到的报价\要价而做出修正。所以,收到大量低报价\要价后,卖方\买方将调低他们的要价\报价。需求或供给的变化就以这种方式慢慢地让市场参与者察觉。先验分布的缓慢调整将导致闲置率的短暂变化,使其高于或低于它的长期均衡闲置水平。也就是说,如果需求增加,卖方将观察到单位时间内更多次数的报价,可能会随之提高他们的要价。买方将会观察到商品的价格变得更昂贵,如果他希望交易成功的期望等待时间不变,将不得不提高报价。卖方将会

---

⑦ 如果不存在报价成本,卖方收到报价的次数与 s 成正比。

发现他们收到的报价均值高于先验分布的均值。因此,卖方将修正报价的先验分布,同时提高要价。然而,在修正先验分布之前,卖方所接收到的高报价将促进交易量的上升,因此导致存货水平的下降。这样,就能推导出模型中价格调整和闲置水平之间的关系。对此本文不再赘述。

4 结 论

总结第 3 部分所得到的结果,我们知道:在不存在询价成本的异质商品市场,资产闲置和未满足的需求并存;这样的市场存在规模经济效应,随着市场规模的扩大,购买的费用(包括等待时间)降低了,出售商品的收入增加了;报价分布的形状决定了收益如何在价格变化和等待时间之间进行分配。上文虽没有提到,但可以从前面的结果直接得到的另外一个结论是:一般而言,我们不能说异质性越强的市场,闲置率就越高。异质性越强,只意味着这些商品的报价具有更大的方差。最后一个结论与我们的直觉似乎不一致。当然,对于大部分价格分布来讲,大的方差将导致闲置水平的增加。

我已经证明:对于异质性资产,市场参与者期望未来价格将比现价更为有利,是一种理性行为。买方将能够以更低价格购买,而卖方将能以更高价格销售。等待成本是阻止他们继续等待,促使他们进行交易的因素。所以,资产所有者要确定使资产处于闲置状态的最优时间长度。异质性资产市场将具有一个摩擦性闲置水平。

异质性是一种阻碍资产流动的特征。托宾(Tobin)把流动性定义为:在收回资产全部价值的一定比例基础上,卖出资产所需要的时间长度。[⑧] 这里,我们不讨论资产价值独立于等待成本的内容。异质性资产是不易流动的,然而,销售资产的期望收入却是等待时间的增函数。

闲置的长期均衡水平不需要存在"货币幻觉"。但是,如果观察到的闲置水平不等于均衡水平,则一定是存在错误的价格预期。

翻译说明:"unemployment",原意是"没有处于被利用的状态"。我们通常把它翻译为"失业",但这只适用于劳动力市场。对于一般商品市场,翻译为"失业",显然不合适,本文把它翻译为"闲置"。相应的,对于"frictional unemployment",劳动力市场上译为"摩擦性失业",一般商品市场上译为"摩擦性闲置"。

---

⑧ 詹姆士·托宾(James Tobin),未发表的手稿。

第 12 章 使用者成本、产出和未预期的价格变动*

保罗·陶布曼(Paul Taubman)
莫里斯·维尔金森(Maurice Wilkinson)

本文的目的是分析经历产品和要素价格变动的竞争性企业的生产和要素利用决策;这些价格变化是企业没有预料到的,但企业预期这些变化的价格会逐渐回归到先前的水平。本文这一模型的独特之处在于,对于给定的资本存量,它们所产生的服务流是不固定的,而是服从于企业的控制。这一模型的静态分析的版本,我们已经在早期的一篇文章中详细讨论过。① 在本文中,我们将全面分析不可置换资产和可置换资产两种情况。

本文的主要框架如下:第 1 部分,首先简短讨论了一个资产利用和使用者成本的模型。接着,通过变分法,得到最大化竞争性企业净值的必要条件。然后,运用这些条件,检查给定价格预期条件下,企业的生产和要素利用决策。第 2 部分,考虑可再生资产情况,并以此结束本文的讨论。

1 不可再生资产

在本部分中,我们将考虑不可再生资产的情况。这一概念包括了两种不同

---

* 作者特别感谢埃德蒙·S. 菲尔普斯(Edmund S. Phelps)和唐纳德·卡兹纳(Donald Kataner),感谢他们对这项工作早期版本的实质改进。

① P. Taubman and M. Wilkinson, "User cost, Capital Utilization, and Investment Theory," *International Economics Review* (forthcoming).

类型的资本品：首先，可能是自然资源。其次是那些在长期可再生的资产，这种再生需要在长期中考虑各个时期计划和生产这些资产的必要性。在这一部分，我们假设到现在为止，企业可以获得这些资本，暂时和未预期的价格变化还在发生一个微小的作用。

为了在生产过程中发挥作用，资本必须提供服务。但是资本的利用和服务率通常不是由工程规则所固定的，而是服从于企业的选择。利用率的变化可以通过以下途径得到，比如改变在24小时内资本运行的时间长度，或者改变单位时间内使用的强度或者运行的速度。当然这种利用的改变不是免费的，而是要满足一个"使用者成本"（user cost）。[②]

从物质单位的角度，使用者成本可以用未来资本服务和产量的损失来度量，而使用者成本的货币度量需通过未来价格来计算。这种未来资本服务的损失可能是由于几个原因。首先，对于自然资源，比如矿石，"资本"在它提供服务时被自动耗尽。对于机器，更多的使用是以预防性维修和未来报废为代价。播种机和农业机械通过使用而被损耗；而金属磨损等，则和累积的使用量和使用的强度有关。一些使用者成本所造成的资本服务减少，可以通过修理和维护而被抵消，但是这种修理应当被归到投资下面，而且只和可再生资产部门相关。应当注意的是，在特定的情况下，企业如果可以在现在大量使用资本，而后以一个较低的价格来重置它们，则能够从一个暂时的生产扩张中得利。

如果资产是不可再生的，企业就必须做出选择：现在使用资产，或者先保留它稍后再使用。这个选择部分地取决于企业关于价格的预期。

在我们先前的文章中，我们考虑当企业预期将来价格不会发生变化时，使用者成本和资本利用对于资本和投资理论的含义。这个模型由下面的变量组成：H = 资本利用指数；S = 在单位时间里，单位资本折旧掉的物质数量；K = 以单位计量的资本存量；P_k = 资本的当前置换价格，即市场价格；L = 单位时间里的工人—小时数；w = 工资率；m = 货币利率；Q = 产量；P = 产出价格。

这些变量可以被组合到如下方程：

$$S = S(H), \qquad (1)$$

$$Q = F(H, K, L)^*. \qquad (2)$$

方程（1）是一个技术方程，函数 S 在所有点上是二次可微的。在一些情况下，对于一些 H，$\partial S/\partial H < 0$ 是可能的（例如，一条运河如果根本不被使用，会更快

[②] 假如改变资本利用方式不存在成本，那么企业会总会选择最大的利用率，那么这个问题就变为一个没有资本利用率变化的情况。

* 疑有误，似应为 $Q = G(HK, L)$。——译者注

地被淤泥充塞);然而,我们的分析会限制在 $\partial S/\partial H > 0, \partial^2 S/\partial H^2 \leqq 0$ 的情况。生产函数(2)也是二次可微的,我们假设 $F_1, F_2, F_3 > 0$,而 $F_{11}, F_{22}, F_{33} < 0$。资本服务是 H 和 K 的函数,但不必然是 H 和 K 的乘积。如果生产函数被假设为 $Q = G(HK, N)$,我们的结论在所有主要的方面都不会被改变。

到现在为止,我们已经讨论了一个暂时的但是未被预期的通货膨胀,但是没有对其作出定义。我们用下面的方式来定义这种通货膨胀:

$$P_t^e = \bar{P} + (P_0 - \bar{P})e^{-gt}, \quad 0 < g, \qquad (3)$$

其中 P_t^e 是 t 时的预期产出价格,而 $\bar{P}$ 是预期长期价格水平或者稳态价格水平。假设对于一段比较长的时间,直到 $t = 0$,每个 P_t 实际上都等于 $\bar{P}$,但是由于某种原因,P_0 未预期地超过了 $\bar{P}$。那么,未来的价格会预期回到 $\bar{P}$。此外,$\dot{P}^e$ 用来表示 P^e 关于时间的导数,预期价格的百分率变化为

$$\frac{\dot{P}_t^e}{P_t^e} = -g\left(\frac{P_t^e - \bar{P}}{P_t^e}\right), \qquad (4)$$

从而,在每个时期,当前价格非均衡的百分之 g 会被消除掉。

我们进一步假设预期工资率和资本的预期销售价格(当资本是可再生的)总是和 P_t^e 成比例的。因此,

$$w_t^e = \alpha P_t^e, \qquad (5)$$

$$P_{kt}^e = \beta P_t^e. \qquad (6)$$

最后,我们假设企业认为名义利率下降得没有产品和要素价格那样快:

$$m = i + \delta\left(\frac{\dot{P}^e}{P^e}\right)_t, \quad 0 \leq \delta < 1, \qquad (7)$$

其中,i 是预期长期利率或者稳态利率,m 是预期名义利率。[③]

如果 V 是企业的净价值,我们希望最大化下式

$$V = \int_0^\infty e^{-mt}\left[P_t^e F(H_t, K_t, L_t) - w_t^e L_t\right]dt, \qquad (8)$$

服从于以下约束条件

$$\int_0^\infty (\dot{K}_t + S_t K_t)e^{-mt}dt = 0, \qquad (9)$$

而且,从现在开始式(1)会被组合到式(9)中。

为了在式(9)的约束下,最大化式(8),变分法的欧拉—拉格朗日方程产生

[③] 这个假设是由卢卡斯和拉宾给出的,他们还讨论了预期利率值至少部分地得到建立的经验证据,参见 R. E. Lucas, Jr. and L. A. Rapping, "Real Wage, Employment, and the Price Level," 本书, pp.257—305。

了如下必要条件:④

$$P_t^e F_H + \lambda S_t' K_t = 0, \tag{10}$$

$$P_t^e F_K + \lambda (S_t + m_t) - \dot{\lambda} = 0, \tag{11}$$

$$P_t^e F_L - w_t^e = 0, \tag{12}$$

$$\dot{K}_t + S_t K_t = 0, \tag{13}$$

其中 λ 是拉格朗日乘子,而且是负的,而 $\dot{\lambda}$ 是 $d\lambda/dt$。

根据式(10),我们得到资本利用的隐含租金价格:

$$S_t' K_t \lambda = - P_t^e F_H. \tag{14}$$

因此,λ 是资本利用的边际产出价值(以预期产出价格赋值)关于资本存量物质折旧的比率。资本的影子价格 η,从式(11)中得到:

$$\eta = \lambda(S_t + m_t) - \dot{\lambda}. \tag{15}$$

当 λ 进入 H 和 K 影子价格的时候,分部积分产生了 m 和 $\dot{\lambda}$ 项。马上可以看到,正是 $\partial m/\partial P_0$ 的行为决定了我们的答案。当没有使用者成本和关于 K 的控制时,就不需要进行分部积分,这时 m 不会影响我们的结论。

为了决定未预期到但短暂的价格膨胀(price inflation)对于企业的影响,对式(10)到(12)式关于 P_0 进行微分,借助于式(4)到(7)*的价格预期以简化结果,再利用式(14)决定 $\dot{\lambda}$,并组织成矩阵形式:

$$DV + W = P, \tag{16}$$

其中

$$D = \begin{bmatrix} P^e F_{KK} & P^e F_{KH} + \lambda S' & P^e F_{KL} & S + m \\ P^e F_{HK} + \lambda S' & P^e F_{HH} + \lambda K S'' & P^e F_{LH} & S'K \\ P^e F_{KL} & P^e F_{HL} & P^e F_{LL} & 0 \\ S & S'K & 0 & 0 \end{bmatrix},$$

$$V = \begin{bmatrix} \partial K/\partial P_0 \\ \partial H/\partial P_0 \\ \partial L/\partial P_0 \\ \partial \lambda/\partial P_0 \end{bmatrix};$$

---

④ 为了得到式(11),必须消去变量 K 关于时间的导数。这通过分部积分,并计算结果项在 $t=0$ 和 $t=\infty$ 的值完成。

* 疑有误,似应为式(10)到(13)。——译者注

另外 W 是一个关于时间导数的矩阵,用于分析在价格预期没有变化的情况下企业调整路径,表示为:

$$W = \begin{bmatrix} \dfrac{P_t^e \partial [\,\mathrm{d}(F_H/K_t S_t')/\mathrm{d}t\,]}{\partial P_0} \\ 0 \\ 0 \\ \dfrac{\partial \dot{K}}{\partial P_0} \end{bmatrix}.$$

价格向量 P 是

$$P = \begin{bmatrix} +\dfrac{\mathrm{e}^{-gt}}{P_t^e}\left[\lambda(S_t + m_t) - g\dfrac{\overline{P}}{(P_t^e)}\lambda + g\delta\dfrac{\overline{P}}{(P_t^e)}\lambda\right] \\ +\dfrac{\mathrm{e}^{-gt}}{P_t^e}(\lambda S_t' K_t) \\ 0 \\ 0 \end{bmatrix}. \tag{17}$$

首先考虑 $\partial \lambda/\partial P^{*}$。注意到,价格向量每一项的第一个元素和 D 中第四列成比例,而且这些元素的展开式必然产生一个与 $|D|$ 成比例的和。从而,以 $|D|$ 表示 D 的行列式,$|D_{ij}|$ 表示 $i^{\mathrm{th}}j^{\mathrm{th}}$ 的余子式,$\partial \lambda/\partial P_0$ 是

$$\frac{\partial \lambda}{\partial P_0} = \frac{\mathrm{e}^{-gt}}{P_t^e}\left[1 + \frac{g\overline{P}}{P_t^e}(1-\delta)\frac{|D_{14}|}{|D|}\right]\lambda. \tag{18}$$

如果我们乘以 P_0/λ,并且在 $t=0$ 求值,我们发现 λ 关于 P_0 的弹性是

$$\frac{\partial \lambda}{\partial P_0}\frac{P_0}{\lambda} = \left[1 + \frac{g\overline{P}}{P_t^e}(1-\delta)\frac{|D_{14}|}{|D|}\right]. \tag{19}$$

从而,如果货币利率完全按预期价格变化百分率进行调整,即 $\delta=1$,那么 λ 与 P_k^e 和 w^e 一样,与 p^e 成比例。在这种情况下,马上可以看到,H、K、L 和 Q 不受未预期通货膨胀的影响。然而,如果 $0<\delta<1$,那么在 $|D_{14}|/|D|<0$ 的情况下,λ 会以比 P_0 小一些的比例上升,$|D|$ 显然是我们变分法问题的二阶条件行列式,而且,为了得到最大值,必须小于零。而当 $|D_{14}|$ 是一个非对角线子式时,它的取值显然为正。⑤ 从而,λ 必然以比 p 小一些的比例上升。

---

* 疑有误,似应为 $\partial \lambda/\partial P_0$。——译者注

⑤ $|D|<0$,但是 $|D|=-S|D_{14}|+KS'|D_{24}|$。只要 $|D_{24}|\geqslant 0$,$|D_{14}|$ 必定大于零。然而,展开 $|D_{14}|$ 和 $|D_{24}|$,可以发现即使 $|D_{24}|<0$,$|D_{14}|$ 也大于零。

前面已经注意到,价格向量的第一个元素和 D 中的第四列元素成比例。由行列式展开的一般规则,将这些元素用于另外一列,会产生一个为零的和。因此,这些项在计算 $\partial H/\partial P_0$、$\partial K/\partial P_0$ 和 $\partial L/\partial P_0$ 时可以被忽略。我们可以得到

$$\frac{\partial Q}{\partial P_0} = \frac{\partial H}{\partial P_0} F_H + \frac{\partial K}{\partial P_0} F_K + \frac{\partial L}{\partial P_0} F_L. \tag{20}$$

令

$$A = -g \frac{e^{-gt}}{(P_t^e)^2} \bar{P} \lambda (1-\delta) > 0. \tag{21}$$

那么我们有

$$\frac{\partial H}{\partial P_0} = -\frac{A|D_{12}|}{|D|}, \tag{22}$$

$$\frac{\partial K}{\partial P_0} = \frac{A|D_{11}|}{|D|}, \tag{23}$$

$$\frac{\partial L}{\partial P_0} = \frac{A|D_{13}|}{|D|}. \tag{24}$$

从而

$$\frac{\partial Q}{\partial P_0} = \frac{A}{|D|}(-F_H|D_{12}| + F_K|D_{11}| + F_L|D_{13}|) \tag{25}$$

或者

$$\frac{\partial Q}{\partial P_0} = \frac{A}{|D|}|G|,$$

其中

$$G = \begin{bmatrix} F_K & F_H & F_L & 0 \\ P^e F_{HK} + \lambda S' & P^e F_{HH} + \lambda K S'' & P^e F_{LH} & S'K \\ P^e F_{LK} & P^e F_{LH} & P^e F_{LL} & 0 \\ S & K_t S_t' & 0 & 0 \end{bmatrix}. \tag{26}$$

如果 $\delta \leq 1$,竞争性企业的均衡条件要求当 $A \geq 0$ 时,$|G|<0$ 且 $|D|<0$。从而如果 $\delta<1$,有 $\partial Q/\partial P_0 > 0$。[6]

简而言之,如果为了对一个暂时的价格上升做出反应,企业预期货币政策将允许长期均衡利率保持不变而使得名义利率下降,那么在企业上述价格预期的基础上,产量将会增加。

从而,对于不可再生资本,可以知道,一个由式(3)到式(7)所定义的预期通

---

⑥ G 可以重新排列为一个由生产函数主子式和它的边际产出加边组成的矩阵。

货膨胀,会以小一些的比例提高 λ,如果名义利率没有完全包括一个关于 $\dot{P}_t^e/P_t^e$ 的调整。在这种情况下,H 和 K 以实际单位衡量的租金价格会下降,而产量会增加。理解这个结果的最容易的方法可能是这样:当价格上升,但是预期会下降时,从未来"借入"一些产量并以更高的价格销售变得可能了。以这种方式获得的资金可以用于投资债券。如果利率对预期价格变化做出完全调整,通过更快地获得更多的收益将不会产生利润——刚好和没有通货膨胀时的情况相反。当利率没有做出完全调整时,企业通过转换它的资产组合来增加净价值是可能的。

在考虑可再生资产的情况之前,需要强调下面几点。对于 $\delta<0$,只有非比例的价格效应发生,因为这时当对式(11)进行分部积分时,必须计算 $d(e^{-mt}\lambda)dt^*$。更进一步,因为 K 可以通过变量 H 来控制,所以也只需要计算这个积分。如果不可再生资产不存在伴随着使用者成本的可变利用的可能,那么只有式(12)是和企业相关的。在式(12)中,w_t^e/P_t^e 总是不变的,从而 $\partial Q/\partial P_0$ 等于零。因此,正是资本及其利用成本的引入,使得我们得出了对于一个暂时的通货膨胀(其中名义利率预期比产品和要素价格下降得要小一些),有 $\partial Q/\partial P_0>0$ 的结论。

2 可置换资本存量的情况

现在考虑更为典型的情况,在这种情况下,企业的资本存量是可以置换的。我们接下来分析一种最简单的情形,此时 $\partial P_K/\partial I=0$。企业希望最大化它的净价值:

$$R = \int_0^\infty \{e^{-mt}[P_t^e F(H,K,L) - w_t^e L_t - P_{Kt}^e I_t]\} dt \qquad (27)$$

服从式(1)和下面的约束条件:

$$\int_0^\infty \{e^{-mt}[\dot{K}_t + S_t K_t - I_t]\} dt = 0. \qquad (28)$$

一阶必要条件是

$$P_t^e F_H + \lambda^* S_t' K_t = 0, \qquad (29)$$

$$P_t^e F_K + \lambda^*(S_t + m_t) - \lambda^* = 0,^* \qquad (30)$$

$$P_t^e F_L - w_t^e = 0, \qquad (31)$$

---

* 疑有误,似应为 $d(e^{-mt}\lambda)/dt$。——译者注

* 疑有误,似应为 $P_t^e F_K + \lambda^*(S_t + m_t) - \dot{\lambda}^* = 0$。——译者注

$$-P^e_{K_t} - \lambda^* = 0, \tag{32}$$

$$\dot{K}_t + S_t K_t - I_t = 0. \tag{33}$$

从式(32)中我们看到,λ^* 现在是资本的预期市场价格。

用式(32)替换 λ^*,并除以 P^e_t,然后借助式(3)到式(7),对式(29)到式(33)关于 P_0 进行微分,排列成矩阵形式:

$$\begin{bmatrix} F_{KK} & F_{KH} - S'_t & F_{KL} & S_t \\ F_{HK} - S'_t & F_{HH} - \beta K_t S''_t & F_{HL} & S'_t K_t \\ F_{LK} & F_{LH} & F_{LL} & 0 \\ S_t & K_t S'_t & 0 & 0 \end{bmatrix} \begin{bmatrix} \partial K | \partial P_0 \\ \partial H | \partial P_0 \\ \partial L | \partial P_0 \\ \partial \lambda | \partial P_0 \end{bmatrix} + W$$

$$= \begin{bmatrix} \beta \dfrac{\partial m}{\partial P_0} - \beta g \dfrac{\partial P^e_t}{\partial P_0} \cdot \dfrac{\bar{P}}{(P^e_t)^2} \\ 0 \\ 0 \\ 0 \end{bmatrix} \tag{34}$$

或者

$$Ck + W = r. \tag{34a}$$

价格向量中的第一项可以简化为

$$B = \left[\beta \left(g \cdot \dfrac{\bar{P} e^{-gt}}{(P^e_t)^2} \right) (1 - \delta) \right]. \tag{35}$$

从而

$$\dfrac{\partial Q}{\partial P_0} = \dfrac{B}{|C|}(-F_H | C_{12} | + F_K | C_{11} | + F_L | C_{13} |), \tag{36}$$

仿照第1部分的讨论,当 $\delta < 1, \beta > 0$ 时,$\partial Q / \partial P_0 > 0$。

从而,如果对可置换资产的投资是被允许的,并且如果 P_k 不被 I 或者 $\dot{K}$ 影响,那么上面所描述的价格预期将和不可再生资产的情况一样,是关于 $\partial Q / \partial P_0$ 的定性结果。另外,可以指出,假如不可再生资产的影子价格的绝对值(12),等于资本的销售价格,那么对于 $t = 0$,关于 $\partial Q / \partial P_0$ 的定量结果是相同的。

为了得到这一点,比较一下式(35)和式(21)所给出的非零价格效应。前者通过除以 P^e_t 得到;而利用相同的运算却不能得到式(21)。为了校正这个结果,两个表达式的比率变为

$$\frac{B}{A} = \frac{P_k^e}{-\lambda}. \tag{37}$$

对于一个完全竞争市场的长期均衡，B/A 应当等于 1。从而，定量化影响或者我们的通货膨胀是一致的，还应当认识到，如果资本利用率不能改变，那么当 $\delta < 1$ 时 $\partial Q/\partial P_0$ 还是会不等于零，因为企业会发现重新安排它们的资产组合是有利可图的。

3 概要和结语

从上面的分析中我们得出以下的结论：

a. 一旦将新古典企业理论的内容扩展到包含资本利用，那么未预见到的价格变动和适应性预期，即使是在工资率相对于产出价格预期不会变化，并且资本不能被购买的情况下，也可以使产量发生变化。这个结果源于人们预期名义利率不会和产出以及要素价格同比例变动的假设。

b. 如果对资本进行投资是允许的，给定关于价格（包括利率）的相同的期望值的组合时，我们会得到相同的结果。

c. 另外，如果资本的市场价格被预期会随着总投资或者净投资（根据埃斯纳-斯特罗茨和卢卡斯的研究思想，Eisner-Strotz and Lucas）变化，改变资本利用率的可能性会比这种可能性不存在时，导致一个更大的产量变化。

d. 上面在未预见到的价格变动和适应性预期条件下，关于产量和要素利用的模型，补充了卢卡斯和拉宾[7]关于相同条件下劳动供给的分析。如果这两个模型被组合起来，一般均衡分析或许是可能存在的。

e. 最后，或许我们的模型对于备用设备难题会有一些建设性的启发意义。当过度生产能力可能属于最新时代的产物时，备用设备通常属于较早一点的时间的产物。一个正式的包括资本利用的制造年期模型超出了本文的范围，然而似乎可以通过变量 H 来度量闲置机器的数量。因此，我们的分析将表明，本文所考虑的暂时通货膨胀将会使备用设备得到重新利用。

---

[7] Lucas and Rapping, *op. cit*.

索引

说明:索引中的页码为英文原书页码,在正文边际处。

Abramovitz, M. 阿伯拉莫维茨,M. 371
Ackley, G. 阿克利,G. 126
Acceptance levels, reducing 递减的可接受水平 250
Acceptance wages 可接受工资 63—66
 length of unemployment and 失业长度和可接受工资 174
Agenda for the Nation (ed. Gordon) 241
Aggregate labor-supply function 劳动总供给函数 257—305
 marginal productivity condition 边际生产率条件 270—272
 meaning of 劳动总供给函数的意义 263
 measured unemployment 测度到的失业 272—276
 models 劳动总供给函数模型
  highlights of 总供给函数模型的洞见 289
  structure of 劳动总劳动供给函数模型的结构 259—263
  summary of estimates 估计总结 289
 time series (1930—1965) 时间序列 290—302
 relationship to real wage 和实际工资的关系 263—270
 results of 劳动总供给函数的结论 278—284, 287—305
 summary of 劳动总供给函数的总结 184—286
 variables used in regressions 回归中使用的变量 286
 World War II 第二次世界大战 266
Albrecht, W. P. 阿尔布雷克特,W. P. 108
Alchian, Armen A. 阿尔钦,阿门 A. 10, 13, 27—52, 124, 273, 283, 284, 378, 382
Aliber, R. Z. 阿利伯,R. Z. 126, 130, 241
Allais, M. 阿莱,M. 388
Allen, W. R. 艾伦,W. R. 34, 273, 378
Allocation of Economic Resources, The (ed.

Abramovitz) 经济资源的分配 371

American Academy of Political and Social Science 美国政治与社会科学院 252

American Economic Association 美国经济学会 55，59，84，202

American Economic Review 美国经济评论 28，38，44，84，87，126，130，170，212，217，224，226，258，387，388

Analysis of the Dynamics of Consumer Behavior and Its Implications for Marketing Management, An（Kuehn） 动态消费者行为分析与对市场管理的应用 76

Ando, A. 安多，A. 288

Andrew, J. E. 安德鲁，J. E. 105

Archibald, G. C. 阿奇博尔德，G. C. 167

Arms control Agency 军备控制署 99，100

Arrow, K. J. 阿罗，K. J. 28，270，315，324

Aspects of Labor Economics（ed. Lewis） 劳动经济学的方方面面 102，258

Atomistic markets 原子式市场
 exchange theory and 交换理论和原子式市场 40
 under optimal price policy 最优价格政策下的原子式市场 309—337
  comparative statistics of 的比较统计量 325—332
  constant costs, expansion rate 不变成本，扩张速率 332—334
  customer flow dynamics 消费者流量动态 311—314
  industry equilibrium 行业均衡 334—336
  necessary conditions 必要条件 315—319
  phase diagram analysis 相位图分析 319—325
  present value maximization 现值最大化 314—315
  turnover and generalized excess demand 流转和一般化的超额需求 131—142

Atkinson, J. 阿特金森，J. 62，96，100，101

Augmented Phillips' curve 扩展的菲利普斯曲线 142—153
 steady-state equilibrium locus 稳态均衡轨迹 148

Bailey, N. T. J. 贝利，N. T. J. 344

Ball, R. J. 鲍尔，R. J. 117

Barth, Nancy 巴斯，南希 108

Basic wage dynamics 基本工资动态
 acceptance wage 可接受工资 63—66
 aspiration levels 期望水平
  of unemployed worker 失业工人的期望水平 61—63
  variable initial 可变的初始期望水平 72—74
 basic Phillips' relation 基本的菲利普斯关系 68—70
 changes and level of （工资）变化和失业水平
  unemployment 56—74
  general wage level 普通工资水平 68
  implications of model 模型的含义 71
 flexibility and differential without unions 没有工会时（工资的）弹性和差别 76—78
 job search by employed worker 就业工人的工作搜寻 66—67
 labor market structure 劳动力市场结

构 56—59

on-the-job changes 在职（工资）变化 67—68

response to change in employment 就业变动的反应 74—76

union dynamics and 工会动态（和） 78—95

vacancy relation 空位关系 70—71

wage-change process 工资变动过程 59—61

wage-creep process 工资爬行过程 72

see also Phillips' curve relation 参见菲利普斯曲线关系

Wage dynamics 工资动态

Becker, G. 贝克尔，G. 178, 271

Belitsky, A. H. 贝立特斯基，A. H. 38, 98, 99, 101, 106, 236

Bell, P. W. 贝尔，P. W. 106

Belllman, Richard 贝尔曼，理查德 210

Bellman, Barbara 贝尔曼，巴巴拉 105

Berry, R. A. 贝里，R. A. 118, 129

Bhatia, R. J. 巴提亚，R. J. 118, 119

Black, S. W. 布莱克，S. W. 258

Bodkin, R. G. 博得金，R. G. 224, 225

Boeing company 波音公司 99—100

Bond, E. P. 邦德，E. P. 224

Boschan, Charlotte 波希恩，夏洛特 102, 235

Bowen, W. G. 鲍恩，W. G. 102, 112, 118, 129, 257—258, 393

Bradley, P. D. 布拉德利，P. D. 128

Brechling, F. P. R. 布雷奇林，F. P. R. 167, 216

Brokers, exchange theory and 交换理论和经纪人 32

Bronfenbrenner, M. 布朗芬博瑞纳，M. 126, 152, 259

Brown, A. J. 布朗，A. J. 126

Brown, E. C. 布朗，E. C. 288

Brownlie, A. D. 布朗利，A. D. 55

Burley, Peter 伯利，彼得 150

Burnstein, E. 波恩斯坦，E. 62, 101

Bush, R. R. 布什，R. R. 62, 101

Business Cycle Developments (publication) 商业周期发展（出版） 149

Cagan, P. H. 卡干，P. H. 1, 262, 269

Cain, G. C. 凯恩，G. C. 102, 258, 263, 266

Calculus Variations and Optimal Control Theory (Hestenes) 变分泛函与最优控制论 186

Capron, W. M. 凯普伦，W. M. 28

Cesari, L. 塞萨里，L. 357

Chamberlain, N, W. 张伯伦，N, W. 270

Chow, G., C. 邹至庄 288

Civil War 内战 283

Cohen, M. S. 科恩，M. S. 150

Collective bargaining 集体谈判（议价）

advantage over individual bargaining 优于单独谈判（议价） 84

effect of 集体谈判效应 262

guidelines 集体谈判指引 251—252

influence on relative wages 对相对工资的影响 78—87

labor force covered by 参加集体谈判的劳动力 262

response to marker conditions 对市场条件的反应 92—94

Collective Bargaining (Chamberlain and Kuhn) 集体谈判（张伯伦和库恩） 78, 84

Commons, John R. 康芒斯，约翰 R. 113

Compartmentalization, labor market 劳动力市场划分 236—237

Competitive market, price adjustments and

价格调整和竞争市场 370—372
computer-aided counseling 计算机辅助咨询 251
cootner, P. 库特纳, P. 372
Cost inflation, defined 定义的成本膨胀 128
Council of economic Advisors 经济顾问委员会 254
counseling, computer-aided 计算机辅助咨询 251
Current Population Reports (Bureau of the Census) 当前的人口报告（共同委员会署） 280
Customer flow dynamics 消费者流量动态 311—314
David, Martin, H. 戴维, 马丁 54, 55, 105, 106, 122, 225, 273
Dembo, T. 丹宝, T. 62
Demsetz, E. F. 德姆塞茨, E. F. 279
Demand fluctuation, concept of 需求波动概念 33
Depression unemployment 萧条失业
 exchange theory and 交换理论和萧条失业 41—43
 interproduct shift versus 产品间移动对萧条失业 41
DeVany, A. 德瓦尼, A. 48
Dicks-Mireaux, L. A. 迪克斯—密罗, L. A. 70, 102, 114, 117, 149, 235
Diffusion process 扩散过程
 comparative dynamics 比较动态 354—356
 Nerlove-Arrow model 内洛夫—阿罗模型 338—342
 optimal advertising policy 最优广告策略 338—368
 Ozga model of information spread 信息传递的奥兹加模型 342—348, 356—360
 Stigler model of information spread 信息传递的斯蒂格勒模型 342—348, 356—360
 summary of 扩散过程总结 366—368
disequilibrium price dynamics 非均衡价格动态 369—393
 condition for existence of 非均衡价格动态存在条件 373—375
 responses 反应 382—390
  on possibility of general price dynamics 一般价格动态可能性的反应 387—390
  price adjustments 价格调整的反应 382—386
 sellers' inflation and 销售者膨胀（和） 390—393
  administered prices 销售者膨胀和管理价格 392—393
  boom-bust reality 繁荣—萧条的现实性 390—392
  cost-push illusion 成本推动（通货膨胀）幻觉 390—392
  historical interpretations 历史的解释 392
 stochastic demand 随机需求 375—382
  sources of optimal unemployment 最优失业的来源 377—382
  standard inventory model 标准存货模型 375—377
 theory of price adjustments 价格调整理论 370—375
  competitive model 竞争模型 370—372
  monopoly model 垄断模型

372—373

Donner, Arthur　唐纳,阿瑟　150

Douglas, P. H.　道格拉斯, P. H.　258

Dow, J. C. R.　道, J. C. R.　70, 102, 114, 117, 149, 235

Drandakis, E. M.　德兰大基斯, E. M.　357

Dubin, R.　杜宾, R.　70

Dunlop, John T.　邓洛普,约翰　53, 125, 127, 152

Dyna-Soar（space vehicle）　戴纳—索尔（太空交通工具）　99—100

Dynamic monopsony power　动态垄断势力　131

Dynamics of Supply: Estimation of Farmers Response to Price（Nerlove）　供给的动态:农民对价格的反应估计　269

Eagly, R. V.　伊利, R. V.　69, 139

Easterling, R. A.　伊斯特林, R. A.　263

Eckstein, Otto　埃克斯坦,阿图　118, 122, 129, 259, 271, 385

Econometric Analysis for Economic Planning: Sixteenth Symposium of the Colston Research society（eds. Hart, Mills and Whitaker）　经济计划的计量分析:第七届卡尔斯顿研究学会讨论会　129

Econometrica（publication）　计量经济学杂志　130, 371, 388

Economic friction, meaning of　经济摩擦的意义　310

Economic Journal　经济学杂志　125, 126, 153, 178

Economic stability, improving　改进的经济稳定性　244

Economica（publication）　经济学　69, 74, 118, 127, 128, 129, 130, 139, 167, 168, 212, 217, 259, 338, 386

Economics of Information and Job Search（McCall）　信息经济学与工作搜寻　42

Economics of Keynes and Keynesian Economics（Leijonhufvud）　凯恩斯的经济学与凯恩斯主义经济学　37

Economics of Recession and Revival, The（Roose）　衰败与振兴的经济学　49

Economics of Trade Unions, The（Rees）　工会经济学　116

Eisner, R.　埃斯纳, R.　182

Elements of Queueing Theory（Saaty）　排队论基础　32

Empirical Investigation of the U. S. Manufacturing Production Function in the Post-War Period, An（McGuire）　战后美国制造业生产函数的经验调查　271

Employed workers　就业工人
　　job search by　就业工人的工作搜寻　66—67
　　voluntary quits　自愿辞职　177—178

Employment and Earnings（Department of Labor）　就业与收入　272, 279

Employment, Policy and the Labor Market（ed. Ross）　就业、政策与劳动力市场　97, 102

Employment and wage dynamics　就业和工资动态　6—18, 27—305
　　excess demand for labor　超额劳动需求　212—223
　　information costs　信息成本　27—52
　　labor market equilibrium　劳动力市场均衡　124—166
　　Phillips' curve to reduce inflation-unemployment　菲利普斯曲线以减少通货膨胀—失业　224—256
　　Phillips' wage relation　菲利普斯的工资关系　53—123

pricing 定价 27—52
real wages, employment and inflation 实际工资,就业和通货膨胀 257—305
resource unemployment 资源闲置 27—57
theory of （的）理论 167—211
　　flow supply of labor to firm 企业劳动力流动供给理论 173—181
　　market model 市场模型 191—196
　　nature of labor market 劳动力市场性质 170—172
　　Phillips' curve, inflation-unemployment 菲利普斯曲线,通货膨胀—失业 197—204
　　stability of model 模型的稳定性 208—211
　　summary of 总结 204—208
　　wage choice 工资选择 182—191
　　union influence 工会影响 53—123
Equilibrium, labor market 劳动力市场均衡 124—166
　　evolution of Phillips' curve 菲利普斯曲线的演化 142—153
　　expectations and microequilibrium 预期和微观均衡 153—161
　　nonwage recruitment over time 跨时非工资招募 164—166
　　summary of 总结 161—162
　　turnover and generalized excess demand 流转和一般化的差额需求 131—142
　　wage change under staggered wage setting 交错工资设定下的工资变动 162—163

Essays in Honor of Eric Lindahl（Hansen and Rehn）林达尔纪念文集 114
Essays in the Theory of Unemployment（Robinson）非就业理论的论文集 125
Excess demand for labor 超额劳动需求
　　concept of 超额劳动需求的概念 131—142
　　structure of 超额劳动需求的结构 212—223
　　　wage dynamics in closed two-sector model 封闭的两部门模型中的工资动态 218—223
　　turnover and 流转和劳动超额需求 131—142
Exchange, theory of 交换理论 27—52
　　atomistic versus monopolistic market 原子式与垄断式市场 40
　　brokers and middlemen 经纪人和中间人 32
　　depression unemployment 萧条失业 41—43
　　graphic interpretation 图形解释 30
　　interproduct shift 产品间的移动 41
　　introduction to 交换理论介绍 27—30
　　job vacancies 职位空缺 40—41
　　the "lag" and 滞后和交换理论 43—45
　　layoffs 临时解雇 39—40
　　liquidity 流动性 31
　　mathematical simulation (fixed sample size) 数学模拟（固定样本规模） 50—52
　　output per unit of input 每单位投入的产出 41
　　price stability 价格稳定性 32—36
　　unemployment and 失业和交换理论

38—40

Exchange and Production：Theory in Use（Alchain and Allen） 交换与生产 34

Falker, C. H. 福尔克,C. H. 251

Fellner, William J. 费尔纳,威廉姆 J. 39, 103, 116, 128

Ferber, Robert 费伯,罗伯特 102, 248

Festinger, L. 费斯廷格,L. 62

Finegan, T. A. 法恩根,T. A. 102, 257—258

Fisher, I. 费雪,I. 267

Flow supply（labor to firm）（企业劳动力的）流动供给 170—211

 from unemployed stock 从失业存量中的流动供给 173—177

 intramarket turnover 市场内的流转 178—181

 market model 市场模型 191—196

 nature of 流动供给的性质 170—172

 Phillips' curve and 菲利普斯曲线和流动供给 197—204

 stability of model 模型的稳定性 208—211

 summary of 总结 204—208

 voluntary quits of employed workers 就业工人的资源辞职 177—178

 wage choices 工资选择 182—191

Fluctuations in Job Vacancies—An analysis of Available Measures（Boschan） 工作空闲的波动——一种可利用的测度分析 235

Foundations of Economic Analysis（Samuelson） 经济分析基础 211, 370

France, R. R. 弗朗斯,R. R. 118

Friedman, Milton 弗里德曼,米尔顿 13, 45, 49, 92, 130, 170, 201, 202, 207, 212, 241, 266, 269, 275, 283, 387, 389—390

Garbarino, J. W. 加巴里诺,J, W 225

Gaver, D. 盖弗,D. 275

General Theory of Employment, Interest and Money, The（Keynes） 就业、利息与货币通论 44, 125

General Theory of the Price Level, Output, Income Distribution and Economic Growth, A（Weinsraub） 价格水平、产出、收入分配与经济增长通论 126

Geographic Mobility of Labor：A First Report（Lansing, Mueller, Ladd and Barth） 劳动力的地理流动：第一份报告 108

Gilbert, Milton 吉尔伯特,米尔顿 103

Gordon, Donald F. 戈登,唐纳德 F. 13, 15—18, 21, 124, 369—393

Gordon, Kermit 戈登,柯米特 241

Gordon, M. S. 戈登,M. S. 71, 258

Gordon, R. A. 戈登,R. A. 71, 116, 258

Gould, John P. 古尔德,约翰 P. 182, 310, 332, 338—368

Graves, R. L. 格雷夫斯,R. L. 354

Great Inflation, 1939—1951, The（Brown） 1939—1951年的大萧条 126

Greenberger, M. 格林伯格,M. 123

Guffey Coal Act 古费煤炭法案 49

Guidelines, Informal Controls, and the Market Place（eds. Schultz and Aliber） 指引、非正式控制与市场 126, 130, 241

Haberler, G. 哈伯勒,G. 126

Haines, George 海恩斯,乔治 338

Hamilton, M. T. 哈密尔顿,M. T. 108, 118, 129

Hampton, P. 汉普顿,P. 55

Hansen, A. 汉森,A. 283

Hansen, Bert 汉森,波特 103, 114, 152

Harris, S. E. 哈里斯,S. E. 269

Harsanyi, J. C. 海萨尼, J. C. 84

Hart, P. E. 哈特, P. E. 129

Hestenes, M. R. 赫斯泰尼斯, M. R. 186

Heterogeneous capital goods 异质的资本品
   market for 异质资本品市场 394—410
      heterogeneous assets 异质资产 404—410
         buyers and sellers 买者和卖者 407—409
         buying 购买 406—407
         future extension 未来延伸 409—410
         selling 销售 404—406
   market clearing for 异质资本品的市场出清 400—402
   model 异质资本品市场模型 309

Hicks, J. R. 希克斯, J. R. 37, 84, 153, 269

Higher Underemployment Rates 1957—1960: Structural Transformation or Inadequate Demand? (Kalacheck and Knowles) 高失业率1959—1960: 结构转型还是非充分需求 70

Hines, A. G. 海因斯, A. G. 79, 113, 119, 127

History of Greenbacks, A (Mitchell) 美钞的历史 283

History of Labor (Commons) 劳动的历史 113

Hoffa, James 霍法,詹姆斯 126

Holt, Charles C. 霍尔特,查尔斯 C. 7, 10—11, 53—123, 126, 168, 171, 174, 213, 224—256, 273

Holzman, F. D. 霍尔兹曼, F. D. 259

Hours of work and Hours of Leisure (Lewis) 工作时间与闲暇时间 257

Hu, S. C. 胡淑琴 357

Huber, G. P. 休伯, G. P. 55, 228, 251

Human Capital: A Theoretical and Empirical Analysis with Special Reference to Education (Becker) 人力资本:对教育的理论分析与经验分析 271

Hunt, J. M. 亨特, J. M. 62

Hutt, W. H. 赫特, W. H. 37, 41

Hynes, Allan 海因斯,阿伦 13, 15—16, 17—18, 21, 124, 369—393

Impact of the Union (ed. Wright) 工会的影响 92

Impacts of Monetary Policy (Eisner and Strotz) 货币政策的影响 182

Income and Substitution Effects in a Family Labor Supply Model (Kosters) 家庭劳动力供给模型的收入与替代效应 257

Industrial Conflict (eds. Kornhauser, Dubin and Ross) 产业冲突 70

Industrial disputes, wage drift and 劳资纠纷,工资漂移(和) 87—90, 114—116

Industrial and Labor Relations Review 产业与劳动关系评论 102, 116, 118, 259

Industrial mobility 产业流动性 107—108

Industrial Relations Research Association 产业关系研究协会 69

Industry equilibrium 产业均衡 334—336

Inflation expectations, lowering 降低的通货膨胀预期 250

Inflation and Theory of Money (Ball) 通胀与货币理论 117

Inflation-unemployment, Phillips' curve and 通货膨胀—失业,菲利普斯曲线(和) 197—204, 224—256
   change in operation of market 市场运作变动 242—244

collective bargaining guidelines 集体谈判指引 251—252

computer-aided counseling and placement 计算机辅助咨询和工作安排 251

economies of scale 规模经济 245

extended manpower program proposal 扩展的人力规划提议 254—255

existence under steady inflation 存在于稳定通货膨胀之下 241—242

improving economies stability 改进的经济稳定性 244

increasing search efficiency 增加搜寻效率 250

interviews resulting in placement 获得工作安排的面试 247—248

lowing 降低的

    inflation expectations 通货膨胀预期 250

    layoff rates 降低的裁员率 248

    quit rates 降低的辞职率 248

monopoly power 垄断势力 252

offer-acceptance probability 录用—接受概率 247—248

policies to reduce 减少通货膨胀和失业的政策 242—252

reducing 减少的

    imbalance 不平衡 246—247

    quit-to-layoff ratio 辞职—解雇率 250

    wage offer and acceptance level 工资提供和接受水平 250

relations among probabilities, stocks, flows, and wages 概率,存量,流量,和工资之间的关系 231—236

search, vacancies, and wage changes 搜寻,空缺,和工资变动 226—231

segmentation of labor market 劳动力市场的分割 236—241, 255—256

    decreasing 减少劳动力市场分割 245—246

tendency of increased labor turnover 增加劳动力流转的趋向 249—250

International Economic Review 55, 117, 182, 411

International Harvester Company 跨国收割机公司 56

International Labor Review 国际劳动评论 38, 97

Intramarket turnover, flow supply and 市场内流转,流动供给(和) 178—181

Job hunt, The: Job seeking Behavior of Unemployed Workers in a Local Economy (Sheppard and Belitsky) 工作搜寻:地方经济中失业工人的工作搜寻行为 38, 98, 99, 101, 106, 236

Job rationing 工作配给

    occurrence of 工作配给的发生 133—134

    unemployment and quit rate 失业和辞职率 138

Job search 工作搜寻

    by employed workers 就业工人的工作搜寻 66—67

    Phillips' wage relation and 菲利普斯工资关系和工作搜寻 53—123

        basic wage dynamics 基本工资动态 56—78

        empirical evidence 经验证据 95—119

        research methodology 研究方法论 120—123

        summary of 总结 120

        union dynamics 工会动态 78—95

Job vacancies, exchange theory and 职位空缺,交换理论(和) 40—41

Journal of Abnormal Social Psychology 变态社会心理学杂志 62

Journal of Advertising Research 广告研究杂志 341

Journal of the American Statistical Association 美国统计学会杂志 102,388

Journal of Business 商业杂志 42

Journal of Economic History 经济历史杂志 283

Journal of Law Economics 法律和经济学杂志 46,108,283

Journal of Political Economics 政治经济学杂志 55,126,129

Journal of Political Economy 政治经济学杂志 28,89,106,122,124,126,130,196,241,248,257,259,261,271,273,288,341,352,390,395

Journal of Royal Statistical Society 皇家统计学会杂志 105,114

Journal of SIAM Control SIAM控制杂志 357

Kahn, Richard 卡恩,理查德 103
Kalacheck, E. P. 卡拉切克, E. P. 70,71,102
Kaliski, S. F. 卡里斯基, S. F. 117
Karlin, S. 卡林, S. 405
Kasper, Hirschel 卡斯珀,赫索 38,97
Kellogg, F. 凯洛格, F. 251
Kelly, T. F. 凯利, T. F. 248
Kessel, R. A. 凯赛尔, R. A. 36,44,283,284
Keynes, John Maynard 凯恩斯,约翰梅纳德 2—3,39,125
　demand inflation of 需求膨胀 128
　emphasis on relative wage 相对工资的强调 153
　on involuntary unemployment 非自愿失业 44
Klein, L. R. 克莱因, L. R. 117
Klotz, B. P. 克洛茨, B. P. 248
Knowles, James W. 诺尔斯,詹姆斯 W. 70,102
Koopmans, T. 库普曼斯, T. 371
Korbel, John 科贝尔,约翰 102,123
Kornhauser, A. 科恩豪泽, A. 70
Kosters, M. 科斯特斯, M. 257,263,267
Kuehn, Alfred 库恩,阿尔弗雷德 76
Kuh, Edward 库,爱德华 118,129,271
Kuhn, J. W. 库恩, J. W. 78,84
Kurihara, K. K. 栗原, K. K. 152
? Kuska, E. A. 前叶, E. A. 74

Labor Economics and Labor Relations (Reynolds) 劳动经济学与劳资关系 38
Labor-force participation 劳动力参与 102
Labor markets 劳动力市场
　aggregate labor-supply function 劳动总供给函数 257—305
　atomistic competition 原子式竞争 309—337
　desirable changes in operation of 劳动力市场运作中的合意变动 242—244
　diffusion process 扩散过程 338—368
　disequilibrium price dynamics 非均衡价格动态 369—393
　empirical evidence 经验证据 95—119
　employment and wage dynamics 就业和工资动态 6—18,27—305
　equilibrium 均衡 124—166
　excess demand for labor 超额劳动需求

131—142, 22—223

exchange theory 交换理论 27—52

flow supply labor to firm 企业劳动力的流动供给 170—211

heterogeneous capital goods 异质资本品 394—410

money wage behavior 货币工资行为 6—18, 124—166

optimal advertising policy 最优广告策略 338—368

optimal price policy 最优价格策略 309—337

output and price dynamics 产出和价格动态 18—22, 307—420

Phillips' curve relation 菲利普斯曲线关系 4, 53—123

pricing 定价 27—52

real wages, employment and inflation 实际工资、就业和通货膨胀 257—305

resource unemployment 资源闲置 27—52

segmentation of 劳动力市场的分割 236—241, 245—246

theory of wage and employment 工资和就业理论 167—211

union dynamics 工会动态 78—123

user cost, output, and unexpected price change 使用者成本、产出、和未预期的价格变动 411—420

Labor and the National Economy (ed. Bowen) 劳动力与国民经济学 393

Labor turnover, reducing 减少的劳动流转 249—250

Ladd, William 拉德,威廉 108

Lane, K. F. 莱恩,K. F. 105

Lange, O. 兰格,O. 261, 363

Lansing, J. B. 兰辛,J. B. 108

Lases from Full Employment (Pigou) 44

Layoff rate, lowering 降低的解雇率 248

Lebergott, S. 勒伯格特,S. 279

Leijionhufvud, Axel 莱乔霍夫德,阿克瑟尔 37, 44

Lerner, A. P. 勒纳,A. P. 13, 126, 130, 283

Lewin, K. 卢因,K. 62

Lewis, H. Gregg 刘易斯,H. 格雷格 47, 108, 113, 257, 258, 262, 269

Lipsey, R. G. 利普西,R. G. 74, 119, 128, 168, 169, 207, 259

Liquidity, exchange theory and 流动性,交换理论(和) 31

Litwin, G.. 利特维,G.. 62, 96, 100, 101

Liviatan, N. 利维亚坦,N. 264

Lucas, Robert E., Jr. 小卢卡斯,罗伯特 E. 16, 182, 257—305, 310, 332, 395, 414

Lutz, Friedrich 卢茨,弗里德里希 103

McCall, J. J. 麦考尔,J. J. 42, 52

McCormick Company 麦考密克公司 56

McGuire, T. W. 麦圭尔,T. W. 257, 271

MacQueen, J. 麦奎因,J. 42, 52, 62, 395

Macroequilibrium, expectations and 宏观均衡,预期(和) 153—161

Management Science (Publication) 管理科学 55, 62, 228, 395

Mangum, G. L. 曼格姆,G. L. 254

Manpower Development and Training Act 人力发展和培训法案 224

Manpower in Economic Growth: The American Record since 1800 (Lebergott) 经济增长

中的人力：自1800年以来的美国记录 279

Manpower Journal 人力杂志 38

Manpower program, extension of 人力规划扩展 254—255

Manpower Report of the President（Department of Labor） 总统人力报告（劳工部） 279，280

March, J. G. 马奇，J. G. 60

Married Women in the Labor Force: An Economic Analysis（Cain） 劳动力中的已婚妇女：一个经济学分析 258

Marshallian dynamic system, defined 定义的马歇尔动态系统 371

Marquand, Judith 马昆德，朱迪思 115

Martin Company 马丁公司 100

Mathematical Theory of Epidemics, The（Bailey） 流行病的数学理论 344

Mathematical Theory of Optimal Process, The（Pontryagin） 最优过程的数学理论 315，349

Mathematics of the Decision Sciences（Arrow） 决策科学的数学 315

MDTA, Foundation of Federal Manpower Policy（Mangum） 联邦人力政策基础 254

Measurement and Interpretation of Job Vacancies, The（ed. Ferber） 职位空缺的测度与解释 54，102，105，248，273

Meltzer, A. H. 梅尔泽，A. H. 257，288

Methodology of Positive Economics, The（Friedman） 实证经济学方法论 389—390

Microanalysis of Socioeconomic Systems（eds. Orcutt, Rivlin, Greenberger and Korbel） 社会经济系统的宏观分析 123

Middlemen, exchange theory and 中间人，交换理论（和） 32

Miller, H. L. 米勒，H. L. 31

Miller, J. J. 米勒，J. J. 62

Miller, R. G., Jr. 小米勒，R. G. 42，52

Mills, E. S. 米尔斯，E. S. 376

Mills, G. 米尔斯，G. 129

Mincer, Jacob 明塞尔，雅各布 102，258，263，266

Minhas, B. S. 明哈斯，B. S. 270

Mises, L. von 米塞斯，L. 冯 129

Mitchell, W. C. 米切尔，W. C. 283

Models of Man（Simon） 人的模式（西蒙） 273

Modigliani, F. 莫迪格利阿尼，F. 122，248，261

Monetary History of the United States, A（Friedman） 美国货币史 45

Monetary Policies and Full Employment（Feller） 货币政策与充分就业 39

Monetary Studies of the National Bureau; The National Bureau Enters Its Forty-Fifth Year, Forty-Fifth Annual Report（Friedman） 国民经济研究局的货币研究；国民经济研究局以及它进入的45年：第45届年度报告 49

Money（Robertson） 货币 20

Money, Interest, and Price（Patinkin） 货币、利息与价格 261

Money wage dynamics 货币工资动态 6—18，124—166

equilibrium and 均衡和货币工资动态 124—166

evolution of Phillips' curve 菲利普斯曲线的演化 125—131

expectations and microequilibrium 预期和微观均衡 153—161

momentary, augmented Phillips' curve 货币，扩展的菲利普斯曲线

142—153

    nonwage recruitment over time 跨时非工资招募 164—166

    summary of 总结 161—162

    turnover and generalized excess demand 流转和一般化超额需求 131—142

    wage change under staggered wage setting 交错工资设定下的工资变动 162—163

Monopolistic market 垄断市场

    exchange theory and 交换理论和垄断市场 40

    theory of price adjustments 价格调整理论 372—373

Monopoly Power 垄断势力 252

Montague, J. T. 蒙塔古，J. T. 107

Monthly Labor Review 月度劳工评论 114

Mortensen, Dale 莫滕森，戴尔 7, 9—10, 18, 124, 167—211, 213, 310

Mosteller, Fredrick 莫斯提勒，菲德里克 62, 101

Mueller, Eva 米勒，伊娃 108

Muth, J. F. 穆特，J. F. 122, 248, 388

Myers, C. 迈尔斯，C. 262

Myers, J. G. 迈尔斯，J. G. 105, 248

National Bureau of Economic Research 国家经济研究局 36, 102, 116

National Income and Product Accounts of the United States, 1929—1965, The (Department of Commerce) 美国的国民收入与生产账户：1929—1965 279

National Industrial Recovery Administration (NIRA) 国家产业振兴局 49

National Labor Relations Act 国家劳工关系法 49

National Manpower Policy Task Force 国家人力政策工作小组 254

National Science Foundation 国家科学基金会 369

Neef, A. F. 尼夫，A. F. 114

Negishi, T. 根岸，T. 371, 372

Negroes 黑人 78, 255

Nerlove, M. 纳洛夫，M. 269, 282, 338, 341

Nerlove-Arrow model 纳洛夫—阿罗模型 338—342

    optimal advertising policy for 纳洛夫—阿罗模型的最优广告策略 360—366

    optimal policy for 最优策略 348—354

New Economics, The (ed. Harris) 新经济学 (ed. Harris) 269

Nichols, Donald A. 尼科尔斯，唐纳德 A. 394—410

Nixon-Agnew Campaign Committee 尼克松—阿格纽运动委员会 251

Nonreproducible assets 不可再生资产 412—417

Nonwage recruitment, over time 跨时非工资招募 164—166

O'Brien, F. 奥布赖恩，F. 89

Occupational mobility 职业流动性 107—108

Office of Economic Opportunity 经济机会办公室 254

Oi, W. Y. 欧，W. Y. 106, 248, 257, 271

On-the-job wage changes 在职工资变动 67—68, 103

Operations Research Journal 运筹学杂志 42

Optimal Adjustment of Factors of Production and the Study of Investment Behavior

（Schramm） 生产要素的最优调整与投资行为研究 271

Optimal advertising policy 最优广告策略
 comparative dynamics 比较动态 354—356
 diffusion process 扩散过程 338—342, 360—366
 Nerlove-Arrow model 纳洛夫—阿罗模型 338—342, 360—366
 Ozga model of information spread 信息传递的奥兹加模型 342—348, 356—460
 Stigler model of information spread 信息传递的斯蒂格勒模型 342—348, 356—360
 summary of 总结 366—368

Optimal Investment Dynamics and Distributed Lag Models (Treadwat) 最优投资动态与分配滞后模型 353

Optimal price policy 最优价格策略
 atomistic competition 原子式竞争 309—337
 comparative statistics of 的比较统计量 325—332
 constant costs, expansion rate 不变成本，扩张速度 332—334
 customer flow dynamics 消费者流量动态 311—314
 industry equilibrium 产业均衡 334—336
 necessary conditions for 最优价格策略的必要条件 315—319
 phase diagram analysis 相位图分析 319—325
 present value maximization 现值最大化 314—315

Orcutt, G. H. 奥克特，G. H. 123

Ordinary Differential Equations (Pontryagin) 一般微分方程 351

Organizations (March and Semion) 组织 60

Toshio Otsuki 105

Output and price dynamics 产出和价格动态 18—22, 307—420
 atomistic competition 原子式竞争 309—337
 diffusion processes 扩散过程 338—368
 market clearing for heterogeneous capital goods 异质资本品的市场出清 394—410
 optimal advertising policy 最优广告策略 338—368
 optimal price policy 最优价格策略 309—337
 theory of price dynamics 价格动态理论 369—393
 user cost, output and unexpected price changes 使用者成本，产出和未预期的价格变动 411—420

Output per unit of input, exchange theory and 每单位投入的产出，交换理论（和） 41

Oxford Economic Papers 牛津经济论文 70, 115, 122, 149, 216, 235

Ozanne, Robert 奥泽恩，罗伯特 56, 79, 113

Ozga, S. 奥兹加，S. 341, 344, 346—348

Ozga model of information spread 信息传递的奥兹加模型 342—348
 optimal policy for 信息传递的奥兹加模型的最优政策 356—359

Parners, H. S. 帕内斯，H. S. 108

Patinkin, D. 帕丁根，D. 261

Perfect market, meaning of 完美市场的意义 30
Permanent unemployment thesis 永久性失业理论 4
Perry, G. L. 佩里, G. L. 74, 129, 224, 259, 371
Personality and the Behavior Disorder (ed. Hunt) 人格与行为的无序 62
Phelps, Edmund S. 菲尔普斯, 埃德蒙 S. 1—23, 122, 124—166, 168, 191, 202, 212, 213, 241, 257, 309—337, 386
Phillips, A. W. 菲利普斯, A. W. 74, 117, 127, 167, 169, 259
Phillips' curve relation 菲利普斯曲线关系 4, 53—123
    augmented 扩展的菲利普斯曲线关系 142—153
    and steady-state equilibrium 扩展的菲利普斯曲线关系和稳态均衡 148
    basic 基本的菲利普斯曲线关系 68—70
    basic wage dynamics 基本工资动态 56—78
        change and level of unemployment 失业的变动和水平 56—74
        differentials without unions 没有工会时的差别 76—78
        flexibility 灵活性（弹性）76—78
        response to changes in employment 对就业变动的反应 74—76
    empirical evidence 经验证据 95—119
        on labor-market relations 劳动力市场关系的经验证据 95—108
        on Phillips' relation 菲利普斯关系的经验证据 116—119
        on union effects 工会影响的经验证据 108—116
    evolution and opposition 演化和反对方 125—131
    inflation-unemployment and 通货膨胀—失业（和）224—256
        manpower program proposal 人力规划建议 254—255
        policies to reduce 减少通货膨胀和失业的政策 242—252
        relations among probabilities, stocks, flows, and wages 概率, 存量, 流量, 和工资之间的关系 231—236
        search, vacancies, and wage changes 搜寻, 空缺, 和工资变动 226—231
        segmentation of labor market 劳动力市场的分割 236—241, 255—256
        steady inflation 稳定的通货膨胀 241—242
        trade-off 权衡 197—204
    moving to reduce inflation-unemployment 向减少通货膨胀—失业移动 242—252
    natural rate of unemployment 自然失业率 197—204
    out-of-equilibrium adjustment function 均衡外调整函数 259
    research methodology 研究方法论 120—123
    steady inflation and 稳定的通货膨胀（和）241—242
    summary of 总结 120
    union dynamics 工会动态 78—95

Pigou, A. C. 庇古，A. C. 44
Placement, computer-aided 计算机辅助工作安排 251
Planning Production, Inventories and Work Force (Holt, Modigliani, Muth and Simon) 计划性生产、存量和工作人员 122, 248
Pontryagin, L. S. 庞特里亚金，L. S. 315, 349, 351
Post-Keynesian Economics (ed. Kurihara) 后凯恩斯主义经济学 152
Price adjustments 价格调整
 current theory of 价格调整的当前理论 370—375
  competitive model 竞争模型 370—372
  condition for nonequilibrium prices 非均衡价格的条件 373—375
  monopoly model 垄断模型 372—373
 disequilibrium price responses 非均衡价格反应 382—390
  possibility of general price dynamics 一般价格动态的可能性 387—390
  the setting for 非均衡价格反应的设置 382—386
 stochastic demand schedules 随机需求表 375—377
Price dynamics, output and 价格动态，产出（和） 307—420
 atomistic competition 原子式竞争 309—337
 diffusion processes 扩散过程 338—368
 market clearing for heterogeneous capital goods 异质资本品的市场出清 394—410

 optimal advertising policy 最优广告政策 338—368
 optimal price policy 最优价格政策 309—337
 user costs, output, and unexpected price changes 使用者成本，产出，和未预期的价格变动 411—420
 theory of 理论 369—393
  disequilibrium price responses 非均衡价格反应理论 382—390
  price adjustments 价格调整 370—375
  sellers' inflation and 卖者膨胀（和） 390—393
  stochastic demand 随机需求 375—382
Price Flexibility and Full Employment (Lange) 价格弹性与充分就业 261, 373
Price, Output, and Inventory Policy (Mills) 价格、产出与存量政策 376
Price stability, exchange theory and 价格稳定性，交换理论（和） 32—36
Price Stability and High Employment: The Options for Canadian Economic Policy, An Econometric Study (Bodkin, Bond, Reuber and Robinson) 价格稳定性与高就业水平：加拿大经济政策的选择和计量研究 224
Price Theory: A Provisional Text (Friedman) 价格理论：一本通行教材 266
Prosperity and Unemployment (ed. Gordon) 繁荣与失业 71, 258
Public Stake in Union Power, The (ed. Bradley) 工会力量的公共利益 128
Quarterly Journal of Economics 经济学季刊 28, 32, 84, 117, 259, 267, 341, 385
Quit-to-layoff ratio, reducing 递减的辞职—

解雇率 250
Quit rate 辞职率
 lowering 降低的辞职率 249
 unemployment and 失业和辞职率
  job rationing 工作配给 138
  vacancies 空缺 101—102
 voluntary, employed workers 自愿, 就业工人 177—178
 wage exchanges and 工资交换和辞职率 103
Quit threats 辞职威胁 82—85
 comparisons between the strike and 罢工和辞职威胁之间的比较 83—85

Random Character of Stock Market Price, The（Cootner） 股票市场价格的随机特征 372
Rao, R. V. 拉奥, R. V. 38
Rapping, Leonard A. 拉宾, 里奥纳多 A. 16, 257—305, 395, 414
Rational Entrepreneurial Behavior and the Dynamics of Investment（Treadway） 理性企业家行为与投资动态 182
Readings in Monetary Theory（Modigliani） 货币理论读本 261
Real wage 实际工资
 bargaining 讨价还价 94—95
 employment and inflation 就业和通货膨胀 257—305
  relationship 就业和通货膨胀关系 263—270
Rees, Albert 里斯, 阿尔伯特 28, 55, 70, 89, 108, 116, 118, 129, 157, 261, 262
Regional mobility 区域流动性 107—108
Rehn, G. 雷恩, G. 114
Relation between the Duration of Unemployment the Change in Asking Wage（Kasper） 失业持续时间与工资询问变动之间关联的研究 97
Relationship of Prices to Economic Stability and Growth, The（Lerner） 经济稳定性的价格与增长关联研究 126
Research on Labor Mobility: An Appraisal of Research Findings in the United States（Parnes） 劳动力流动性研究：一个对美国研究资料的评估 108
Resource unemployment 资源闲置
 atomistic versus monopolistic market 原子式与垄断式市场 40
 depression unemployment 萧条失业 41—43
 exchange theory 交换理论 27—36
  brokers and middlemen 经纪人和中间人 32
  graphic interpretation 图形解释 30
  introduction to 交换理论介绍 27—30
  labor markets 劳动力市场 36—45
  liquidity 流动性 31
  price stability 价格稳定性 32—36
 interproduct shift 产品间移动 41
 job vacancies 职位空缺 40—41
 labor markets 劳动力市场 36—45
 the "lag" and 滞后(和) 43—45
 layoffs 裁员 39—40
 mathematical simulation (fixed sample size) 数学模拟（固定样本规模） 50—52
 output per unit of input 每单位投入的产出 41
 potential tests of theory 理论的潜在检

验 45—52

Reuber, G. L. 鲁伯, G. L. 224

Review of Economic Studies 经济研究评论 39, 79, 118, 127, 129, 182, 259, 310, 349, 353, 354

Review of Economics and Statistics 经济学与统计学评论 38, 97, 105, 126, 129, 130, 150, 270, 271

Reynolds, L. 雷诺兹, L. 38

Rising Prices（Fellner） 涨价 116

Rivlin, A. 里夫林, A. 123

Robertson, D. H. 罗伯逊, D. H. 20

Robinson, J. 鲁滨逊, J. 125

Robinson, T. T. 鲁滨逊, T. T. 224

Roose, A. M. 鲁斯, A. M. 38

Roose, K. D. 鲁斯, K. D. 49

Rosen, S. 罗森, S. 257

Ross, A. M. 罗斯, A. M. 70, 87, 97, 102, 225, 258

Ross, Philip 罗斯,菲利普 69

Russell, R. R. 拉赛尔, R. R. 258

Saaty, T. L. 萨迪, T. L. 32

Salop, Steven 萨洛普,史蒂文 150

Samuelson, P. A. 萨缪尔森, P. A. 163, 211, 370, 371

Sargan, J. D. 萨根, J. D. 129

Sargent, T. 萨金特, T. 267, 269

Schramm, R. 施拉姆, R. 271

Schultz, G. P. 舒尔茨, G. P. 126, 130, 241

Schultze, C. L. 舒尔茨, C. L. 118

Search efficiency, increasing 递增的搜寻效率 244

Sears, P. 希尔斯, P. 62

Segmentation of labor market 劳动力市场的分割 236—241

　　compartmentalization 划分 236—239

　　decreasing 递减的 245—246

　　effect of imbalances 不平衡的影响 238—239

　　optimal distribution of vacancies and unemployment 空缺和失业的最优分布 255—256

　　reducing imbalances 减少的不平衡 246—247

　　stocks and durations 存量和持续期间 239—241

Selden, R. T. 赛尔登, R. T. 126

Shanks, C. M. 尚克斯, C. M. 252

Sheppard, H. L. 谢泼德, H. L. 38, 98, 99, 101, 106, 236

Sidrauski, M. 希德劳斯基, M. 130

Silcock, H. 西尔科克, H. 105

Simon, H. A. 西蒙, H. A. 60, 273

Simon, J. L. 西蒙, J. L. 341

Simon, M. A. 西蒙, M. A. 122, 248

Singer, H. W. 辛格, H. W. 126

Sobel, Irvin 索贝尔,欧文 97, 98, 106

Solow, R. M. 索洛, R. M. 150, 270

Sources of Economic Growth in the United States and the Alternatives Before Us, The（Denison） 美国经济增长的源泉以及在美国面前的抉择 279

Southern Economics Journal 南部经济学杂志 31

Stability Theory of Differential Equations（Bellman） 偏微分方程的稳定性理论 210

Stabilization Policies（Ando and Brown） 稳定性政策 288

Staggered wage setting, wage change under 交错工资设定下的工资变动 162—163

Starbuck, William 斯塔巴克,威廉 96

Steady inflation, Phillips' curve and 稳定通货膨胀,菲利普斯曲线（和） 241—242

Stein, Herbert 斯坦,赫伯特 241

Stigler, G. J. 斯蒂格勒, G. J. 28, 29, 196, 341, 346—348, 395

Sigler model of information spread 信息传递的斯蒂格勒模型 342—348

    optimal policy for 信息传递的斯蒂格勒模型的最优策略 356—359

Stochastic demand schedule 随机需求表 375—382

    sources of optimal unemployment 最优失业的来源 377—382

    standard inventory model 标准存货模型 375—377

Stochastic Process Model of the United States Labor Market, A (Gaver and Rapping) 美国劳动力市场的随机过程模型 274

Stochastic Models of Learning (Bush and Mosteller) 学习的随机模型 62, 101

Strikes, union 工会罢工

    ability for 工会罢工能力 79

    membership, pushfulness and 成员,进取(和) 112—114

    advantages of collective bargaining 集体谈判优势 84

    and company ability to pay 工会罢工和公司支付能力 85

    cost of 罢工成本 81

    influence of bargaining power on wages 谈判能力对工资的影响 78—87

    quit threat and 辞职威胁和罢工 82—85

    and shift of wage increase to consumer 工会罢工和消费者工资增加移动 85

    threat of 罢工威胁 80—82

    union wage differential 工会工资差异 85—87

wage drift and industrial disputes 工资漂移和劳资纠纷 87—90

Strong expectations hypothesis 强预期假说 4

Strotz, R. H. 斯特罗茨, R. H. 182

Structural Transformation (Kalacheck and Knowles) 结构性转型 102

Studies in Applied Probability and Management Science (Karlin) 应用概率论和管理科学研究 405

Study in Labor Market Adjustment, A (Montague and Vanderkamp) 劳动力市场调整研究 107

Substitution between Labor and Capital in U. S. Manufacturing, 1929—1958 (Lucas) 美国制造业的劳动与资本替代: 1929—1958 282

Taubman, Paul 陶布曼,保罗 22, 411—420

Technological efficiency, increasing 递增的技术效率 250

Tella, A. 特拉, A. 258

Theory of the Consumption Function, A (Friedman) 消费函数理论 266

Theory of Idle Resources, The (Hutt) 闲置资源理论 37

Theory of Interest (Fisher) 利息理论 267

Theory of Money and Credit, The (Mises) 货币与信贷理论 129

Theory of Wage Determination, The (ed. Dunlop) 工资决定论 152

Theory of Wages, The (Hicks) 工资理论 37, 84

Three Aspects of Labor Dynamics (Woytinsky) 劳动力动态的三个方面 104, 235

Three Essays on the State of Economic Science (Koopmans) 关于经济科学现状的三篇

论文 371
Tobin, James 托宾,詹姆斯 39,269,410
Trade-off, unemployment-inflation and 权衡,失业—通货膨胀(和) 197—204
Treadway, Arthur 特雷德韦,阿瑟 167,182,191,353
Tryon, J. L. 特赖恩,J. L. 118
Unemployed workers 失业工人
 flow supply of labor to firm 企业劳动力的流动供给 173,181
 wage aspiration level 工资期望水平 61—63
Unemployment, Money Wage Rates, and Inflation(Perry) 失业、货币工资率与通胀 74,119,224,371
Unexpected price changes 未预期的价格变动
 user cost, output, and 使用者成本,产出和未预期的价格变动 411—420
  nonreprocucible assets 不可再生资产 412—417
  replaceable capital stock case 可置换资本存量情况 418—420
  summary of 总结 419—420
Union dynamics 工会动态 78—123
 ability to strike 罢工能力 79
 basic wage dynamics 基本工资动态 56—78
 and company ability to pay 和公司支付能力 85
 effect of changing union differentials 改变工会差异的影响 90—94
 influence on Phillips' relation 对菲利普斯关系的影响 116—119
 quit threat 辞职威胁 82—83
 real wage bargaining 实际工资谈判 94—95

shift of wage increases to consumer 消费者工资增加的移动 85
strike threat 罢工威胁 80—82
 compared to quit threat 罢工威胁对比于辞职威胁 83—85
wage drift and industrial disputes 工资漂移和劳资纠纷 87—90
see also Phillips' curve relation; Strikes; Wage dynamics 也可参见菲利普斯曲线关系;罢工;工资动态
Union wage differential 工会工资差异 85—87,108—111
 union dynamics and 工会动态和工会工资差异 90—94
Unionism and Relative Wage in the United States: An Empirical Inquiry(Lewis) 美国的工会主义与相对工资:一个经验性调查 108,113,262,269
U.S. Bureau of the Census 美国人口普查局 280
U.S. Department of Commerce 美国商务部 149,254,279,280
U.S. Department of Defense 美国国防部 99,100
U.S. Department of Health, Education, and Welfare 美国联邦卫生、教育、福利部 254
U.S. Department of Labor 美国劳工部 224,251,254,272,378
University Economics(Alchain and Allen) 大学经济学 273,378
Uzawa, H. 宇泽,H. 309
Value and Capital(Hicks) 价值与资本 269
Vanderkamp, J. 范德坎普,J. 107
Voluntary quit rate 自愿辞职率 177—178
 lowering 降低的自愿辞职率 249

Wage aspiration level 工资期望水平 96—101
  unemployed worker 失业工人 61—63
Wage Behavior in the Post War Period—An Empirical analysis（Bowen）战后的工资行为——一个经验性分析 112, 118, 129
Wage-change process 工资变动过程 59—61
Wage changes 工资变动
  on-the-job 在职工资变动 67—68
  and between jobs 在职工资变动和工作间工资变动 103
  quits and 辞职和工资变动 103
  relation between vacancies and 空缺和工资变动之间的关系 103
  under staggered wage setting 交错工资设定下的工资变动 162—163
  vacancies, and vacancy relation 空缺，和空缺关系 70—71, 103
Wage choice, theory of 工资选择理论 182—191
Wage-creep process 工资爬行过程 72
Wage Determination Under Trade Unions（Dunlop）贸易工会下的工资确定 127
Wage differentials 工资差异
  cyclical fluctuations in 工资差异的周期性波动 106—107
  union 工会 85—87, 90—94, 108—111
  without unions 没有工会 76—78
Wage dispersion 工资散布 108—111
Wage drift, industrial disputes and 工资漂移，劳资纠纷（和）87—90, 114—116
Wage dynamics 工资动态
  employment and 就业和工资动态 6—18, 27—305

excess demand for labor 超额劳动需求 212—223
information costs 信息成本 27—52
labor market equilibrium 劳动力市场均衡 124—166
Phillips' curve to reduce inflation-unemployment 减少通货膨胀—失业的菲利普斯曲线 224—256
Phillips' wage relation 菲利普斯工资关系 53—123
pricing 定价 27—52
real wages, employment and inflation 实际工资，就业和通货膨胀 257—305
resource unemployment 资源闲置 27—52
theory of 理论 167—211
  flow supply of labor to firm 企业劳动力流动供给理论 173—181
  market model 市场模型 191—196
  nature of labor market 劳动力市场的性质 170—172
  Phillips' curve, inflation-unemployment 菲利普斯曲线，通货膨胀—失业 197—204
  stability of model 模型的稳定性 208—211
  summary of 总结 204—208
  wage choice 工资选择 182—191
  union influence 工会影响 53—123
Wage offer, reducing 递减的工资提供 250
Wage Practice and Theory（Ozanne）工资实践和理论 56, 79, 113
Wage-price spiral 工资—价格螺旋 230
Wage union differentials 工资的工会差异 85—87

dispersion, unemployment and 散布,失业和工资的工会差异 108—111

union dynamics and 工会动态和工资的工会差异 90—94

Wage and Labor Mobility（Wolff） 工资与劳动力流动 99

Wages, Prices, Profits and Productivity（ed. Myers） 工资、价格、利润与生产率 262

Watanabe, Tsunekiko 渡边,Tsunekiko 117

Weintraub, Andrew R. 温特劳布,安德鲁 R. 116

Weintraub, S. 温特劳布,S. 126

Weiss, L. W. 韦斯,L. W. 112

Whitaker, J. K. 惠特克,J. K. 129

Wilcock, R. C. 威尔科克,R. C. 97,98

Wilkinson, Maurice 维尔金森,莫里斯 22,411—420

Wilson, T. A. 威尔逊,T. A. 129,259,271,385

Winter, Sidney G., Jr. 小温特,悉德尼 G. 309—337

Wolff, Pieter de 沃尔夫,皮埃特·德 99,103

Working, H. J. 沃金,H. J. 33

World War II 第二次世界大战 266

Woytinsky, W. S. 沃伊廷斯基,W. S. 104,235

Wright, D. McCord 赖特,D.麦科德 92

Yale Economic Essays 耶鲁经济论文 126,128

译后记

在新古典的理想范式中,市场上假定存在着一个无所不能的瓦尔拉斯"拍卖人"。这一"拍卖人"可以在市场中准确无误地发布各种各样的市场信息,使得不同的市场参与者不需花费任何成本就能掌握市场上的所有信息;而且,这些无成本地得到全部市场信息的理性经济人通过精准的成本收益分析,作出最有效的决策行为,消除市场运转过程中产生的任何随机噪声扰动。由此,任何市场在瞬间内便可形成"市场出清"的一般均衡状态。这样,一个新古典视野中"无摩擦"和"均衡"的理想世界也就跃然于纸。但是,凯恩斯似乎并不满足于这些只研究抽象的"价格和数量"的研究范式,而对现实中真实存在的人类知识和努力等事实熟视无睹。在1929—1933年世界经济大萧条的催生下,创立了一门以经济增长、就业与通胀、商业周期为研究对象的现代宏观经济学分析框架,这一理论体系极大地拓展了人们对现实世界的思考和分析能力。同时,人们的关注点也跳出了微观的价格理论分析框架而进入一个更大的宏观分析视野中。之后,再经过萨缪尔森等一大批新生代经济学家的融合,宏观经济学也迎来了三十余年最为鼎盛的"黄金岁月"。

尽管如此,遗憾的是,不同思想流派的宏观经济学家之间从未达成真正的共识。经济学圈内至今还流传着"10个经济学家存在11种不同的见解(其中凯恩斯有两种)"之类的自嘲性笑话。在20世纪60年代,反对新古典主流理论的凯恩斯宏观范式与新古典主流的支持者芝加哥学派的论争占据了当时宏观经济研究的主体地位。而由新西兰经济学家威廉·菲利普斯(William Phillips)教授在1958年发表了关于"菲利普斯曲线"的著名论文"The Relationship between Unemployment and the Rate of Change of Money Wages in the United Kingdom 1861—

1957",更是把两种流派、思潮间的长期争执推向不可调和的白热化阶段。正是在这个时代的大背景下,埃德蒙·S. 菲尔普斯、小罗伯特·E. 卢卡斯、戴尔·T. 莫滕森、查尔斯·C. 霍尔特等一大批年轻的天才经济学家们开始致力于寻找一个动态宏观经济的微观经济构架,以弥补新古典的微观范式与凯恩斯的宏观框架之间的巨大鸿沟。1969 年,这些年轻的经济学家聚集在美国费城的宾夕法尼亚大学盘整已有的研究成果,并展望这一方向的未来发展纲领。呈现在我们面前的《就业与通货膨胀理论的微观经济基础》一书,正是集合当时那些最富有远大抱负的年轻经济学家们对长期—短期、宏观—微观动态机制的原创性研究成果,也是 1969 年费城会议的思想碰撞之后新凯恩斯主义者的重要理论结晶之一。

正如至今仍活跃在宏观经济政策研究领域的杰出经济学家罗伯特·霍尔教授(Robert Hall)在本书封底所评价的那样,这本书在出版之后的 18 个月即被证明是一本经典,影响着整整一代年轻经济学家的研究。菲尔普斯教授在 2006 年的诺奖获奖词中,也浓情笔墨地回忆起 1969 年费城会议和此书的出版经历:

> 我并不是唯一从微观角度构建失业决定模型的经济学家……这么多的学者一时之间汇聚在如此新鲜的一个主题上,真是件让人愉悦的幸事。它对新思想的开放和包容,使我对经济学研究的职业产生了由衷的敬意……1970 年 3 月,此会议论文集《微观经济基础》的出版给整个经济学领域带来了巨大的震动,尤其是年轻一代的那些经济学家。罗伯特·霍尔在该书封底的评论,清晰地表明它是试图转向微观经济学分析的典范。直到最近,我还经常听到一些经济学家告诉我,他们对于拥有这本书且在此基础之上做出进一步研究的喜悦之情。这本书的出版是我学术经历中最大的"高度"。虽然我们已经取得了巨大的进步,但这项艰巨的研究却才刚刚开始(Phelps,2006)

作为"现代宏观经济学的缔造者"、"影响经济学进程的最重要人物"之一,埃德蒙·费尔普斯教授而今已快耄耋之年,但仍活跃在主流经济学的各大重要研究领域,目前还担任美国哥伦比亚大学地球研究所资本主义和社会主义研究中心的政治经济学教授。2006 年,他以对"宏观政策跨时权衡"的研究贡献,独立摘取了诺贝尔经济学奖的桂冠,这是对他多年来孜孜不倦致力于学术的一种回报。也正如他自己获奖之后对媒体所言,"这是意料之外、也是意料之中的事情"。可见,这位老辈经济学家昔日的风采和一贯的谦逊。

耶鲁大学考勒斯基金(Cowles Foundation)资助的 5 年半时间(1960—1966 年)是菲尔普斯学术生涯发展的一个独特而重要的阶段,他发表了关于国民储蓄的"黄金分割率"的著名论文。1956年,索洛曾提出著名的"平衡增长理论",而菲尔普斯则利用这一理论进一步探讨了劳动和资本的关系,发现了经济增长过程的"黄金分割律"。很快,他开始晋升到具有国际声望的经济学家行列。不过,他放弃了MIT的邀请,而选择去宾夕法尼亚大学经济系工作。这是他学术成果最丰硕的时期。按照菲尔普斯自己的回忆,"在那段属于职业生涯开始起步的几年中,他就像一个不断溢出思想的容器"。在这一时期,菲尔普斯迅速地建立和发展了一系列模型,对当时的菲利普斯曲线进行了批评和完善。很快,他就发表了另一篇著名的论文《菲利普斯曲线、通货膨胀预期和随时间变动的最优就业》。菲尔普斯成为当时试图在宏观经济学与微观经济学之间架起沟通桥梁的先锋经济学家之一,他也带领宾夕法尼亚大学的经济学研究步入了巅峰时期。也正是在这一时候,菲尔普斯利用其个人在这一领域的影响力召开这次在现代经济学说史上具有跨时代意义的费城会议,之后也有了此书的出版。可惜的是,此时的菲尔普斯陷入第一次婚姻的破裂和外界生活的不断干扰,学术生涯走入低谷。1971年,菲尔普斯换到哥伦比亚大学经济系工作。在哥大,他遇到了第二任妻子,并很快走出低谷,重新进入学术的多产阶段。这时候,他的主要研究精力集中在经济公平问题、劳动市场结构刚性、理性预期下货币政策、非一致工资或价格制定、非对称信息下的隐性合同以及理性预期本身等问题。1985年,菲尔普斯将自己认为重要的经济学问题整理成一本导论性教科书《政治经济学:入门教材》。1990年,按照自己对宏观经济学现状和进展的理解,出版了《宏观经济思想七大流派》一书,作为其学术研究的阶段性成果总结。

更有意思的是,在这位经济学大师步入60岁时,对自己的工作进行了一次系统的清算和检讨。他感到自己的事业已进入了一个平和的阶段,他不再有动力去试图在最快的时间里获取成功。同时,在他看来,学术影响并不是他个人成就的一个主要部分,其他方面的回报,特别是从工作本身中得到的回报,才是最重要的评判标准。只有了解这一点,才能根据自己的爱好,而非外界眼光选择适合自己的研究课题。用菲尔普斯本人的话说,这是很有"解放性"的。1995年,菲尔普斯教授又以"献身经济学的一生"为标题撰写了自传,并列出自己未来的几个研究方向。或许别人用这样的标题来总结自己未免显得矫揉造作,但用在菲尔普斯身上却是如此恰如其分。回顾菲尔普斯一路走来的学术历程,我们不难发现菲尔普斯作为一名理论经济学家的纯粹和天赋。

菲尔普斯教授当年的这一成名作终于要在国内出版了,心中那悬着许久的石头也算落下。无论是此书曾经的学术价值,还是这些天才经济学家的个人表现,尽早翻译出版此书对中国经济学界来说都是件幸事。说来遗憾,自2006年上半年北京大学出版社张燕、张慧卉两位编辑把此书交给我算起,已有五年的光阴。在这期间，我也从北京到东京再到杭州的来回颠簸中，始终无法集中精力，一气呵成来完成此书的翻译工作。同时，也在此书的翻译过程，备感自己能力的局限和学术的差距所在。正因如此，此书的翻译始终无法准时完成，一拖再拖。也本想就此书中12篇论文的内容写一篇译者前言，但菲尔普斯的开篇导言已对本书的部分论文、研究范围和已取得的成就都做了精辟的概述和介绍。在此也无须赘述，个中的思想和现实寓意就留给读者们自己品读。

此书的翻译初稿是由我和吴振球博士、周禹博士、贵斌威博士以及杨新臣博士共同完成，最后由我和姜井勇负责统校工作。尽管之后已有人选择离开大学，但此番新凯恩斯主义经典著作的回顾实乃一次难忘的经历，期间的收获和相互间的鼓励足以终身受用。也要感谢沈燕波、缪仁余、陈准准、钟辉勇、汤余平等人在翻译过程中给予各种的帮助和支持。同时，本书的翻译工作也得到教育部人文社科应急项目（2009JYJR020）、浙江工商大学现代商贸研究中心（10JDSM12YB）等项目的支持。在此，一并表示谢意。

需要说明的是，虽然本书的出版已有40年之久，但它仍不啻为一本艰深难懂的原创性论文集，包含着许多新鲜的术语和复杂的理论模型。从最先获奖的罗伯特·卢卡斯（1995），到埃德蒙·菲尔普斯（2006），再到最近的戴尔·莫滕森（2010），此书的作者中已有三位摘得诺贝尔经济学奖的桂冠。不仅如此，此书的作者中还有为数众多的诺奖候选人，或许不久的将来又会涌现新科的诺奖得主。此书的实力和价值由此可见一斑！但同时，由于14位经济学家不同的语言风格和写作方式，再加上译者自身的学识有限，本书的翻译和校对中出现错误或不能令人满意之处是在所难免的。在此，我们谨向原书作者和读者表示深深的歉意。如若以后再有机会，希望我们能做得更好。

陈宇峰
2011年夏于杭州

菲尔普斯的其他作品

《与经济增长相关的财政中性》,*Fiscal Neutrality Toward Economic Growth*
《经济增长的黄金法则》,*Golden Rules of Economic Growth*
《通货膨胀政策与失业理论》,*Inflation Policy and Unemployment Theory*
《理论》(合著),*Theory*(with others)
《经济增长目标》(编著),*The Goal of Economic*(editor)
《私人欲望与公共需求》(编著),*Private Wants and Public Needs*(editor)